교과서 옆 개념 잡는 초등한자 사전

1판 1쇄 발행 | 2020. 11. 18.
1판 3쇄 발행 | 2023. 6. 9.

백승도, 양태은 글 | 우지현 그림 | 김대조 감수

발행처 김영사
발행인 고세규
편집 김지아 | 디자인 윤소라 | 마케팅 곽희은 | 홍보 조은우, 박다솔
등록번호 제 406-2003-036호
등록일자 1979. 5. 17.
주　　소 경기도 파주시 문발로 197(우:10881)
전　　화 마케팅부 031-955-3100 편집부 031-955-3113~20
팩　　스 031-955-3111

값은 표지에 있습니다.

ISBN 978-89-349-9102-1 (74030)
ISBN 978-89-349-9038-3 (세트)

좋은 독자가 좋은 책을 만듭니다. 김영사는 독자 여러분의 의견에 항상 귀 기울이고 있습니다.
전자우편 book@gimmyoung.com | 홈페이지 www.gimmyoungjr.com

이 도서의 국립중앙도서관 출판시도서목록(CIP)은 서지정보유통지원시스템 홈페이지(http://seoji.nl.go.kr)와
국가자료공동목록시스템(http://www.nl.go.kr/kolisnet)에서 이용하실 수 있습니다.
(CIP제어번호 : CIP2020032420)

어린이제품 안전특별법에 의한 표시사항

제품명 도서　제조년월일 2023년 6월 9일　제조사명 김영사　주소 10881 경기도 파주시 문발로 197
전화번호 031-955-3100　제조국명 대한민국　⚠주의 책 모서리에 찍히거나 책장에 베이지 않게 조심하세요.

示	보일 시
禸	짐승발자국 유
禾	벼 화
穴	구멍 혈
立	설 립

6획

竹	대 죽
米	쌀 미
糸	실 사
缶	장군 부
网(罔, 罒)	그물 망
羊(⺶)	양 양
羽	깃 우
老	늙을 로
而	말이을 이
耒	쟁기 뢰
耳	귀 이
聿	붓 율
肉(月)	고기 육
臣	신하 신
自	스스로 자
至	이를 지
臼	절구 구
舌	혀 설
舛	어그러질 천
舟	배 주
艮	그칠 간
色	빛 색
艸	풀 초
虍	범 호
虫	벌레 충
血	피 혈
行	다닐 행
衣(衤)	옷 의
襾	덮을 아

7획

見	볼 견
角	뿔 각
言	말씀 언
谷	골 곡
豆	콩 두
豕	돼지 시
貝	조개 패
赤	붉을 적
走	달아날 주
足	발 족
身	몸 신
車	수레 거
辛	매울 신
辰	별 진
辵(辶)	책받침
邑(⻏右)	고을 읍
酉	닭 유
里	마을 리

8획

金	쇠 금
長(镸)	긴 장
門	문 문
阜(⻏左)	언덕 부
隶	미칠 이
隹	새 추
雨	비 우
靑	푸를 청
非	아닐 비

9획

面	낯 면
革	가죽 혁
韋	가죽 위
韭	부추 구
音	소리 음
頁	머리 혈
風	바람 풍
飛	날 비
食	밥 식
首	머리 수
香	향기 향

10획

馬	말 마
骨	뼈 골
高	높을 고
髟	터럭발머리
鬥	싸울 투
鬯	울창주 창
鬼	귀신 귀

11획

魚	물고기 어
鳥	새 조
鹵	소금밭 로
鹿	사슴 록
麥	보리 맥
麻	삼 마

12획

黃	누를 황
黍	기장 서
黑	검을 흑

13획

鼎	솥 정
鼓	북 고
鼠	쥐 서

14획

| 鼻 | 코 비 |
| 齊 | 가지런할 제 |

15획

| 齒 | 이 치 |

16획

| 龍 | 용 룡 |
| 龜 | 거북 귀 |

글 백승도
연세대학교 중어중문학과를 졸업하고, 같은 대학원 박사 과정을 마치고 대학에서 강의를 하면서 번역 일을 하고 있습니다. 번역한 책으로는 《동양과 서양 그리고 미학》(공역)이 있습니다.

글 양태은
연세대학교 중어중문학과를 졸업하고, 같은 대학원 박사 과정을 마치고 번역 일과 어린이를 위한 한자 책을 쓰고 있습니다. 번역한 책으로는 《바다소》《상큼한 오렌지, 작은 물고기》가 있습니다.

그림 우지현
서울에서 태어나고 자랐습니다. 그림을 그린 어린이 책으로 《논술이 밥이다》《똑똑한 만화 교과서-고사성어》《한자 대왕 수리온》《13세부터 읽는 논리 노트》《기체, 태양계로 드라이브 떠나다》《소문난 100문제》등이 있습니다.

감수 김대조
아이들을 가르치기도 하고 아이들에게 배우기도 하는 초등학교 교사입니다. 2008년 '매일신문 신춘문예'에 동화가 당선되며 '작가'라는 멋진 호칭을 얻었습니다. 국어가 좋아서 국어 공부를 하다 보니 2007 개정 교육 과정부터 지금까지 초등 국어 교과서 집필에도 참여하고 있습니다. 지은 책으로 《우리 반 스파이》《아인슈타인 아저씨네 탐정 사무소》《니 하오 황짬뽕》《하루 10분 국어 교과서》《귀신통 소리》《낱말 모아 국어 왕》《국어 시간에 졸지 말아야 할 이유 25가지》등이 있습니다.

일러두기

* 이 책에는 한국어문회(한국한자능력검정회)가 지정한 1000자(8급~4급)를 수록했습니다.
* 가나다 차례로 되어 있어서 음은 알지만 뜻을 모르는 한자를 쉽게 찾을 수 있습니다.
* 한자가 만들어진 원리를 알 수 있도록 한자가 만들어진 과정을 설명해 놓았습니다.
* 한자의 예문은 되도록 초등학생이 꼭 알아야 하거나 알아두면 유용한 용어를 뽑았습니다.
* 한자의 중국어 발음, 영어 표기, 해당 급수를 모든 한자에 표시했습니다.
* 부수, 총 획수, 글씨 쓰는 순서(필순)를 밝혀 두었습니다.
* 〈얽히고설킨 한자〉 코너를 통해 초등학생이 틀리기 쉬운 한자어나 헷갈리는 한자어, 한자와 관련된 다양한 상식을 실었습니다
* 모르는 한자를 획수나 급수로 쉽게 찾을 수 있도록 〈급수별 한자 찾기〉〈획수별 한자 찾기〉를 뒤에 실었습니다.

교과서 옆

개념 잡는
초등한자
사전

백승도 · 양태은 글
우지현 그림
김대조 감수

주니어김영사

머리말

**한자로
구체적으로 생각하고
이미지로 상상하는
힘을 기르세요**

    요즈음 세계의 관심이 동아시아에 집중되고 있습니다. 앞으로 중국, 한국, 일본을 중심으로 한 동아시아의 국가들이 세계를 주도하게 될 것이라고 예견하기 때문이지요. 우리가 세계의 중심에 우뚝 서려면 먼저 세계를 깊이 바라보는 안목을 기르고, 이를 바탕으로 다르게 생각할 수 있는 창의적인 상상력이 필요합니다. 그러자면 무엇보다 자신의 생각을 정확하고 바르게 표현할 수 있는 말이 바로 서야 합니다. 정확하고 바른 언어 사용은 사고력을 길러 주고, 창의적인 상상력을 자극하기 때문이지요. 그래서 항상 말의 뜻을 바르고 정확하게 밝혀 주는 사전이 필요한 것입니다.

    우리말은 60퍼센트 정도가 한자어로 되어 있어요. 우리가 우리말의 뜻을 정확하고 바르게 쓰려면 한자를 제대로 알고 있어야 가능한 셈이지요. 그러자면 늘 곁에 두고 살펴볼 수 있는, 한자의 바르고 정확한 뜻을 가르쳐 주는 사전이 필요하겠지요.

    우리 주변에는 많은 한자 사전이 있습니다. 그러나 대부분 어른을 위한 사전이며, 한자의 뜻과 소리만 단순하게 가르쳐 주고 있답니다. 어른들은 이미 많은 언어를 습득하였고, 그 말들의 쓰임새를 알고 있기 때문에 이런 사전만으로도 큰 불편이 없겠지요. 그러나 왕성한 호기심으로 이제 막 새로운 사실을 배워 가는 어린이들에게는 말의 원래 뜻을 자세하게 가르쳐 주는 것이 중요합니다.

한자는 그 뿌리를 캐 보면, 원래 아주 구체적이고 이미지가 풍부한 사고를 바탕으로 만들어졌답니다. 그래서 이 책에는 한자가 생겨났을 때의 모양으로부터 지금까지 변화해 온 모습을 담았습니다. 그리고 한자가 왜 그런 뜻을 가지게 되었는지, 왜 그런 소리가 나게 되었는지, 다양한 의미의 갈래는 어떻게 파생되었는지를 '자원'(字源)을 통해 설명했습니다. 이를 통해 우리는 어린이들이 뜻과 소리를 무턱대고 외울 것이 아니라, 한자의 각 부분을 하나하나 뜯어보며 혼자서도 한자의 의미를 이해할 수 있기를 바랍니다.

그리고 같은 모양을 공유하는 글자를 함께 익힐 수 있도록 뭉치로 배열했습니다. 이 뭉치를 잘 살펴보면 같은 모양을 공유하는 한자들은 의미도 함께 공유하고 있다는 사실을 알 수 있을 거예요. 이렇게 한 이유는 사전에 없는 새로운 한자를 보았을 때, 어린이 여러분이 이 사전에서처럼 한자를 뜯어보며 그 의미를 짐작할 수 있도록 하기 위해서입니다.

또한 이 사전에서는 한자능력급수시험의 준4급까지의 한자 약 1000자를 가나다 차례로 배열하여, 일상생활에서 자주 보고 듣는 말들을 쉽게 찾아볼 수 있도록 했답니다. 더불어 영어와 중국어 발음도 함께 실려 있어, 하나를 통해 세 가지를 함께 익힐 수 있도록 했습니다. 또 용례도 함께 실어 한자가 우리말에서 구체적으로 쓰이는 사례를 살펴보았습니다.

아무쪼록 이 사전을 통해 여러분이 단순히 한자를 많이 암기하기보다는 한자가 가진 의미에 대한 깊이 있는 이해를 통해 세계를 바라보는 안목을 키울 수 있기를 바랍니다. 그리고 한자를 통해 구체적으로 생각하고 이미지로 상상하는 힘을 기를 수 있으리라 믿습니다.

백승도 · 양태은

머리말

ㄱ

家 집 가 · 18
可 옳다 가 · 19
歌 노래 가 · 19
加 더하다 가 · 20
街 거리 가 · 20
假 거짓 가 · 21
暇 겨를 가 · 21
價 값 가 · 22
角 뿔 각 · 22
各 저마다 각 · 23
刻 새기다 각 · 24
覺 깨닫다 각 · 24
間 사이 간 · 25
簡 대쪽 간 · 25
看 보다 간 · 27
干 방패 간 · 27
感 느끼다 감 · 28
減 덜다 감 · 28
監 살펴보다 감 · 29
甘 달다 감 · 29
敢 감히 감 · 30
甲 갑옷 갑 · 30
江 강 강 · 31
強 굳세다 강 · 32
康 편안하다 강 · 32
講 익히다 강 · 33
降 내리다 강
　　항복하다 항 · 33

開 열다 개 · 34
改 고치다 개 · 34
個 낱 개 · 35
客 손 객 · 36
車 수레 거/차 · 36
擧 들다 거 · 37
去 가다 거 · 37
巨 크다 거 · 38
拒 막다 거 · 39
據 기대다 거 · 39
居 살다 거 · 40
建 세우다 건 · 40
健 튼튼하다 건 · 41
件 물건 건 · 41
傑 뛰어나다 걸 · 42
儉 검소하다 검 · 42
檢 검사하다 검 · 43
格 격식 격 · 43
擊 부딪치다 격 · 44
激 과격하다 격 · 45
見 보다 견 · 45
堅 굳다 견 · 46
犬 개 견 · 46
決 결단하다 결 · 47
缺 빠지다 결 · 47
結 맺다 결 · 48
潔 깨끗하다 결 · 48
京 서울 경 · 49
景 볕 경 · 49
敬 받들다 경 · 50
警 경계하다 경 · 50

驚 놀라다 경 · 51
競 겨루다 경 · 51
輕 가볍다 경 · 52
經 날실 경 · 52
境 경계 경 · 54
鏡 거울 경 · 54
慶 기쁜 일 경 · 55
傾 기울다 경 · 55
更 고치다 경
　　다시 갱 · 56
界 지경 계 · 66
計 셈 계 · 57
系 잇다 계 · 57
係 걸리다 계 · 58
繼 잇다 계 · 58
階 섬돌 계 · 59
戒 경계하다 계 · 60
季 끝 계 · 61
鷄 닭 계 · 61
高 높다 고 · 62
古 옛 고 · 63
苦 쓰다 고 · 63
固 굳다 고 · 64
故 연고 고 · 64
告 알리다 고 · 65
考 헤아리다 고 · 65
孤 외롭다 고 · 66
庫 곳집 고 · 66
曲 굽다 곡 · 67
穀 곡식 곡 · 68
困 괴롭다 곤 · 68

骨	뼈 골 · 69	救	구원하다 구 · 87	給	주다 급 · 106
工	장인 공 · 69	句	글귀 구 · 88	氣	기운 기 · 106
空	비다 공 · 70	構	얽다 구 · 88	汽	김 기 · 107
功	공 공 · 70	國	나라 국 · 89	己	자기 기 · 107
共	함께 공 · 71	局	관청 국 · 89	記	기록하다 기 · 108
公	공평하다 공 · 71	軍	군사 군 · 90	起	일어나다 기 · 108
孔	구멍 공 · 72	君	임금 군 · 90	紀	벼리 기 · 109
攻	치다 공 · 73	郡	고을 군 · 92	基	터 기 · 110
科	과목 과 · 73	群	무리 군 · 93	旗	기 기 · 110
果	열매 과 · 74	屈	굽다 굴 · 93	期	기약하다 기 · 111
課	과정 과 · 74	宮	집 궁 · 94	技	재주 기 · 111
過	지나다 과 · 75	窮	다하다 궁 · 95	器	그릇 기 · 112
關	빗장 관 · 75	勸	권하다 권 · 96	奇	기이하다 기 · 112
觀	보다 관 · 76	權	권력 권 · 96	機	틀 기 · 113
官	벼슬 관 · 76	卷	책 권 · 97	寄	의뢰하다 기 · 114
管	대롱 관 · 77	券	문서 권 · 97	吉	길하다 길 · 114
光	빛 광 · 78	貴	귀하다 귀 · 98		
廣	넓다 광 · 79	歸	돌아가다 귀 · 98		**ㄴ**
鑛	쇳돌 광 · 79	規	법 규 · 99	暖	따뜻하다 난 · 115
交	사귀다 교 · 80	均	고르다 균 · 99	難	어렵다 난 · 116
校	학교 교 · 80	極	다하다 극 · 100	南	남쪽 남 · 116
敎	가르치다 교 · 81	劇	심하다 극 · 101	男	남자 남 · 117
橋	다리 교 · 82	根	뿌리 근 · 101	納	들이다 납 · 117
口	입 구 · 83	近	가깝다 근 · 102	內	안 내 · 118
九	아홉 구 · 84	筋	힘줄 근 · 102	女	여자 녀 · 118
區	구역 구 · 84	勤	힘쓰다 근 · 103	年	해 년 · 119
舊	옛 구 · 85	禁	금하다 금 · 103	努	힘쓰다 노 · 119
究	다하다 구 · 85	金	쇠 금 · 104	怒	성내다 노 · 120
具	갖추다 구 · 86	今	이제 금 · 104	農	농사 농 · 120
求	구하다 구 · 86	急	급하다 급 · 105	念	생각하다 념 · 121
球	공 구 · 87	級	등급 급 · 105	能	능하다 능 · 121

多	많다 다 · 122		都	도읍 도 · 140		覽	보다 람 · 156
短	짧다 단 · 123		徒	무리 도 · 140		朗	밝다 랑 · 157
團	둥글다 단 · 123		逃	달아나다 도 · 141		來	오다 래 · 157
壇	단 단 · 124		盜	훔치다 도 · 141		冷	차다 랭 · 158
檀	박달나무 단 · 125		獨	홀로 독 · 142		略	빼앗다 략 · 158
斷	끊다 단 · 126		讀	읽다 독 · 142		良	좋다 량 · 159
端	바르다 단 · 126		督	감독하다 독 · 143		量	헤아리다 량 · 159
單	홑 단 · 127		毒	독 독 · 143		糧	양식 량 · 160
段	층층대 단 · 127		東	동쪽 동 · 144		兩	두 량 · 160
達	다다르다 달 · 128		同	한가지 동 · 145		旅	군사 려 · 161
擔	메다 담 · 128		洞	골짜기 동 · 145		慮	생각하다 려 · 161
談	말씀 담 · 129		銅	구리 동 · 146		麗	곱다 려 · 162
答	대답하다 답 · 129		冬	겨울 동 · 146		力	힘 력(역) · 163
堂	집 당 · 130		動	움직이다 동 · 147		歷	지내다 력 · 163
當	마땅하다 당 · 131		童	아이 동 · 147		練	익히다 련 · 164
黨	무리 당 · 131		豆	콩 두 · 148		連	잇다 련 · 164
大	크다 대 · 132		頭	머리 두 · 149		列	줄 렬 · 165
代	대신하다 대 · 132		斗	말 두 · 149		烈	세차다 렬 · 165
對	대하다 대 · 133		得	얻다 득 · 151		令	명령하다 령 · 166
待	기다리다 대 · 133		登	오르다 등 · 151		領	옷깃 령 · 167
隊	대 대 · 134		燈	등잔 등 · 152		例	법식 례 · 167
帶	띠 대 · 135		等	가지런하다 등 · 152		禮	예도 례 · 168
德	덕 덕 · 135					老	늙다 로 · 169
道	길 도 · 136		ㄹ			路	길 로 · 169
導	이끌다 도 · 137		羅	그물 라 · 153		勞	일하다 로 · 170
圖	그림 도 · 137		樂	즐기다 락		綠	푸르다 록 · 170
度	법도 도 · 138			악기 악		錄	기록하다 록 · 171
到	이르다 도 · 138			좋아하다 요 · 154		論	논의하다 론 · 171
島	섬 도 · 139		落	떨어지다 락 · 154		料	되질하다 료 · 172
			亂	어지럽다 란 · 155		龍	용 룡 · 173
			卵	알 란 · 156		類	무리 류 · 174

流 흐르다 류 · 174	命 명하다 명 · 192	半 반 반 · 208
留 머무르다 류 · 175	鳴 울다 명 · 192	班 나누다 반 · 209
柳 버들 류 · 175	母 어미 모 · 193	發 쏘다 발 · 209
六 여섯 륙/육 · 176	毛 털 모 · 193	髮 터럭 발 · 210
陸 뭍 륙 · 176	模 법 모 · 194	方 모 방 · 210
輪 바퀴 륜 · 177	木 나무 목 · 194	放 놓다 방 · 212
律 법 률 · 177	目 눈 목 · 195	防 둑 방 · 212
里 마을 리 · 178	牧 치다 목 · 195	房 방 방 · 213
理 다스리다 리 · 178	妙 묘하다 묘 · 196	妨 방해하다 방 · 214
利 이롭다 리 · 179	墓 무덤 묘 · 196	訪 찾다 방 · 214
李 오얏나무 리 · 180	無 없다 무 · 197	倍 곱 배 · 215
離 떠나다 리 · 180	舞 춤추다 무 · 197	配 나누다 배 · 216
林 수풀 림 · 181	武 무사 무 · 198	背 등 배 · 216
立 서다 립 · 181	務 일 무 · 198	拜 절 배 · 217
	門 문 문 · 199	白 희다 백 · 218
ㅁ	問 묻다 문 · 199	百 일백 백 · 218
	文 글월 문 · 200	番 갈마들다 번 · 219
馬 말 마 · 182	聞 듣다 문 · 200	伐 치다 벌 · 219
萬 일만 만 · 183	物 물건 물 · 201	罰 벌 벌 · 220
滿 차다 만 · 184	米 쌀 미 · 201	範 법 범 · 221
末 끝 말 · 184	美 아름답다 미 · 203	犯 범하다 범 · 221
亡 망하다 망 · 185	未 아니다 미 · 203	法 법 법 · 222
望 바라다 망 · 185	味 맛 미 · 204	壁 벽 벽 · 223
每 늘 매 · 186	民 백성 민 · 204	邊 가 변 · 223
買 사다 매 · 186	密 빽빽하다 밀 · 205	辯 말을 잘하다 변 · 224
賣 팔다 매 · 187		變 변하다 변 · 224
妹 손아래 누이 매 · 188	ㅂ	別 나누다 별 · 225
脈 맥 맥 · 188		病 병들다 병 · 226
面 낯 면 · 189	朴 순박하다 박 · 206	兵 군사 병 · 226
勉 힘쓰다 면 · 190	博 넓다 박 · 207	報 갚다 보 · 227
名 이름 명 · 190	拍 치다 박 · 207	寶 보배 보 · 228
明 밝다 명 · 191	反 돌이키다 반 · 208	

保 지키다 보 · 229	備 갖추다 비 · 246	産 낳다 산 · 265
步 걸음 보 · 229	悲 슬프다 비 · 246	散 흩어지다 산 · 266
普 널리 보 · 231	非 아니다 비 · 247	殺 죽이다 살 · 266
服 옷 복 · 231	飛 날다 비 · 247	三 석 삼 · 267
福 복 복 · 232	秘 숨기다 비 · 249	上 위 상 · 267
復 돌아오다 복	碑 돌기둥 비 · 249	相 서로 상 · 268
다시 부 · 232	貧 가난하다 빈 · 250	商 장사 상 · 268
伏 엎드리다 복 · 233	氷 얼음 빙 · 251	想 생각하다 상 · 269
複 겹치다 복 · 234		常 늘 상 · 269
本 밑 본 · 234	ㅅ	賞 상 주다 상 · 270
奉 받들다 봉 · 235	四 넉 사 · 252	狀 형상 상
父 아비 부 · 235	事 일 사 · 253	문서 장 · 271
夫 지아비 부 · 236	使 부리다 사 · 254	床 상 상 · 271
婦 지어미 부 · 237	社 모이다 사 · 254	象 코끼리 상 · 272
富 넉넉하다 부 · 237	死 죽다 사 · 255	傷 다치다 상 · 272
副 버금 부 · 238	士 선비 사 · 255	色 빛 색 · 273
府 곳집 부 · 238	史 역사 사 · 256	生 나다 생 · 273
否 아니다 부 · 239	仕 벼슬하다 사 · 256	西 서쪽 서 · 274
負 지다 부 · 239	思 생각하다 사 · 257	書 글 서 · 275
部 떼 부 · 240	寫 베끼다 사 · 258	序 차례 서 · 275
北 북쪽 북	査 조사하다 사 · 258	夕 저녁 석 · 276
달아나다 배 · 240	射 쏘다 사 · 259	石 돌 석 · 277
分 나누다 분 · 241	謝 사례하다 사 · 260	席 자리 석 · 278
粉 가루 분 · 241	師 군사 사 · 261	先 먼저 선 · 278
憤 분하다 분 · 242	舍 집 사 · 261	線 줄 선 · 279
不 아니다 불/부 · 242	寺 절 사 · 262	仙 신선 선 · 280
佛 부처 불 · 243	辭 말 사 · 262	鮮 곱다 선 · 280
比 견주다 비 · 243	絲 실 사 · 263	善 착하다 선 · 281
鼻 코 비 · 244	私 사사롭다 사 · 263	船 배 선 · 281
費 쓰다 비 · 244	山 산 산 · 264	選 가리다 선 · 282
批 치다 비 · 245	算 세다 산 · 265	宣 베풀다 선 · 282

雪 눈 설·283	續 잇다 속·301	始 처음 시·318
說 말씀 설·283	屬 엮다 속·301	示 보이다 시·319
設 베풀다 설·284	孫 손자 손·302	詩 시 시·319
舌 혀 설·284	損 덜다 손·302	視 보다 시·320
姓 성 성·285	松 소나무 송·303	試 시험하다 시·320
性 성품 성·286	送 보내다 송·303	施 베풀다 시·321
成 이루다 성·287	頌 기리다 송·304	是 옳다 시·321
省 살피다 성	手 손 수·304	食 밥 식·322
덜다 생·287	水 물 수·306	植 심다 식·323
城 성 성·288	數 세다 수	式 법 식·324
盛 성하다 성·288	자주 삭·306	識 알다 식·324
誠 정성 성·289	樹 나무 수·307	息 숨 쉬다 식·325
聖 성인 성·289	首 머리 수·307	信 믿다 신·325
聲 소리 성·290	收 거두다 수·308	身 몸 신·326
星 별 성·291	受 받다 수·308	新 새롭다 신·326
世 세대 세·292	授 주다 수·309	申 펴다 신·327
洗 씻다 세·292	修 닦다 수·309	神 귀신 신·328
歲 해 세·293	守 지키다 수·310	臣 신하 신·328
勢 기세 세·293	秀 빼어나다 수·310	室 방 실·330
細 가늘다 세·294	宿 잠자다 숙·311	失 잃다 실·330
稅 세금 세·294	肅 엄숙하다 숙·312	實 열매 실·331
小 작다 소·295	叔 아재비 숙·312	心 마음 심·332
少 적다 소·295	順 따르다 순·313	十 열 십·333
所 곳 소·296	純 순수하다 순·313	深 깊다 심·333
消 사라지다 소·296	術 재주 술·314	氏 성 씨·334
掃 쓸다 소·297	崇 높다 숭·314	
笑 웃다 소·298	習 익히다 습·315	◉
素 본디 소·299	勝 이기다 승·315	
速 빠르다 속·299	承 받들다 승·316	兒 아이 아·335
束 묶다 속·300	時 때 시·316	惡 악하다 악
俗 풍속 속·300	市 시장 시·318	미워하다 오·336
		安 편안하다 안·336

案	책상 안 · 337	然	그러하다 연 · 357	浴	씻다 욕 · 376
眼	눈 안 · 338	燃	타다 연 · 357	用	쓰다 용 · 377
暗	어둡다 암 · 340	煙	연기 연 · 358	勇	날래다 용 · 377
壓	누르다 압 · 340	演	펴다 연 · 358	容	담다 용 · 378
愛	사랑 애 · 341	硏	갈다 연 · 359	右	오른쪽 우 · 378
液	진액 · 341	延	끌다 연 · 359	雨	비 우 · 380
額	이마 액 · 342	緣	인연 연 · 360	友	벗 우 · 381
野	들 야 · 342	鉛	납 연 · 360	牛	소 우 · 381
夜	밤 야 · 343	熱	덥다 열 · 361	遇	만나다 우 · 382
弱	약하다 약 · 343	葉	잎 엽 · 362	優	광대 우 · 383
藥	약 약 · 344	英	뛰어나다 영 · 362	郵	우편 우 · 383
約	묶다 약 · 344	永	길다 영 · 363	運	움직이다 운 · 384
洋	바다 양 · 345	映	비추다 영 · 363	雲	구름 운 · 384
養	기르다 양 · 346	榮	영화 영 · 364	雄	수컷 웅 · 385
羊	양 양 · 347	營	경영하다 영 · 365	遠	멀다 원 · 385
陽	볕 양 · 348	迎	맞이하다 영 · 365	園	동산 원 · 386
樣	모양 양 · 348	藝	재주 예 · 366	元	으뜸 원 · 387
語	말 어 · 349	豫	미리 예 · 366	院	담 원 · 388
魚	물고기 어 · 349	五	다섯 오 · 367	原	언덕 원 · 388
漁	고기 잡다 어 · 350	午	낮 오 · 368	願	바라다 원 · 389
億	억 억 · 350	誤	그르치다 오 · 368	源	근원 원 · 389
言	말씀 언 · 351	屋	집 옥 · 369	員	인원 원 · 390
嚴	엄하다 엄 · 351	玉	옥 옥 · 369	圓	둥글다 원 · 391
業	일 업 · 352	溫	따뜻하다 온 · 370	怨	원망하다 원 · 391
如	같다 여 · 352	完	완전하다 완 · 370	援	돕다 원 · 392
餘	남다 여 · 354	王	임금 왕 · 371	月	달 월 · 392
與	주다 여 · 355	往	가다 왕 · 372	偉	훌륭하다 위 · 393
逆	거스르다 역 · 355	外	밖 외 · 373	位	자리 위 · 393
易	바꾸다 역 쉽다 이 · 356	要	요긴하다 요 · 373	圍	에워싸다 위 · 394
		曜	빛나다 요 · 374	衛	지키다 위 · 394
域	지역 역 · 356	謠	노래 요 · 376	爲	하다 위 · 395

危	위태하다 위 · 395
威	위엄 위 · 396
委	맡기다 위 · 397
慰	위로하다 위 · 397
有	있다 유 · 398
由	말미암다 유 · 399
油	기름 유 · 399
遺	잃어버리다 유 · 400
乳	젖 유 · 400
遊	놀다 유 · 401
儒	선비 유 · 401
育	기르다 육 · 402
肉	고기 육 · 402
銀	은 은 · 403
恩	은혜 은 · 404
隱	숨다 은 · 404
音	소리 음 · 405
飮	마시다 음 · 405
陰	응달 음 · 406
邑	마을 읍 · 406
應	응하다 응 · 407
意	뜻 의 · 407
醫	의원 의 · 408
衣	옷 의 · 408
依	의지하다 의 · 409
義	옳다 의 · 409
儀	거동 의 · 410
議	의논하다 의 · 411
疑	의심하다 의 · 411
二	두 이 · 412
以	써 이 · 412

耳	귀 이 · 413
異	다르다 이 · 414
移	옮기다 이 · 416
益	더하다 익 · 416
人	사람 인 · 417
因	말미암다 인 · 417
認	알다 인 · 418
印	도장 인 · 418
引	끌다 인 · 419
仁	어질다 인 · 419
一	하나 일 · 420
日	해 일 · 421
任	맡기다 임 · 421
入	들어가다 입 · 422

ㅈ

子	아들 자 · 423
字	글자 자 · 424
自	스스로 자 · 425
姿	맵시 자 · 425
資	재물 자 · 426
姉	손위 누이 자 · 426
者	사람 자 · 427
作	짓다 작 · 427
昨	어제 작 · 428
殘	해치다 잔 · 428
雜	섞이다 잡 · 429
長	길다 장 · 429
張	베풀다 장 · 430
帳	휘장 장 · 431
章	글 장 · 431

障	가로막다 장 · 432
場	마당 장 · 432
腸	창자 장 · 433
壯	씩씩하다 장 · 433
將	장수 장 · 434
奬	권면하다 장 · 434
裝	꾸미다 장 · 435
才	재주 재 · 435
材	재목 재 · 436
財	재물 재 · 436
在	있다 재 · 437
再	다시 재 · 437
災	재앙 재 · 438
爭	다투다 쟁 · 439
低	낮다 저 · 439
底	밑 저 · 440
貯	쌓다 저 · 440
的	과녁 적 · 441
敵	겨루다 적 · 441
適	마땅하다 적 · 442
賊	도둑 적 · 443
積	쌓다 적 · 443
績	공 적 · 444
籍	문서 적 · 444
赤	붉다 적 · 445
典	법 전 · 446
全	온전하다 전 · 446
前	앞 전 · 447
專	오로지 전 · 447
傳	전하다 전 · 448
轉	구르다 전 · 449

展 펼치다 전 · 450	祭 제사 제 · 468	注 물 대다 주 · 487
戰 싸우다 전 · 450	際 가장자리 제 · 469	州 고을 주 · 487
田 밭 전 · 451	提 들다 제 · 469	周 두루 주 · 488
電 번개 전 · 451	題 표제 제 · 470	週 돌다 주 · 488
錢 돈 전 · 452	除 덜다 제 · 470	晝 낮 주 · 489
折 꺾다 절 · 453	祖 조상 조 · 471	朱 붉다 주 · 489
切 끊다 절	助 돕다 조 · 471	走 달리다 주 · 490
모두 체 · 453	組 짜다 조 · 472	酒 술 주 · 490
絕 끊다 절 · 454	條 가지 조 · 472	竹 대나무 죽 · 491
節 마디 절 · 455	操 잡다 조 · 473	準 법도 준 · 491
占 차지하다 점 · 456	早 일찍 조 · 473	中 가운데 중 · 492
店 가게 점 · 456	朝 아침 조 · 474	重 무겁다 중 · 492
點 점 점 · 457	潮 밀물 조 · 475	衆 무리 중 · 493
接 사귀다 접 · 457	造 만들다 조 · 476	增 더하다 증 · 493
丁 넷째 천간 정 · 458	調 고르다 조 · 476	證 증거 증 · 495
停 머무르다 정 · 458	鳥 새 조 · 477	地 땅 지 · 495
庭 뜰 정 · 459	族 겨레 족 · 477	志 뜻 지 · 496
情 뜻 정 · 459	足 발 족 · 478	誌 기록하다 지 · 496
精 세밀하다 정 · 460	存 있다 존 · 479	指 손가락 지 · 497
靜 고요하다 정 · 460	尊 높다 존 · 480	持 지키다 지 · 497
定 정하다 정 · 461	卒 군사 졸 · 480	知 알다 지 · 498
正 바르다 정 · 461	宗 마루 종 · 481	智 슬기 지 · 499
政 정치 정 · 463	從 따르다 종 · 481	支 가르다 지 · 499
整 가지런하다 정 · 463	種 씨 종 · 482	止 멈추다 지 · 500
程 정도 정 · 464	鍾 종 종 · 483	至 이르다 지 · 500
制 만들다 제 · 464	終 마치다 종 · 483	紙 종이 지 · 501
製 짓다 제 · 465	左 왼쪽 좌 · 484	直 곧다 직 · 501
帝 임금 제 · 465	座 자리 좌 · 484	職 직책 직 · 502
弟 아우 제 · 466	罪 허물 죄 · 485	織 짜다 직 · 502
第 차례 제 · 467	主 주인 주 · 485	眞 참 진 · 503
濟 건너다 제 · 467	住 살다 주 · 486	盡 다하다 진 · 503

珍 보배 진 · 504
陣 진 치다 진 · 505
進 나아가다 진 · 505
質 바탕 질 · 506
集 모이다 집 · 507

次 버금 차 · 508
差 다르다 차 · 509
着 붙다 착 · 510
讚 기리다 찬 · 510
察 살피다 찰 · 511
參 참여하다 참 · 511
創 비롯하다 창 · 512
唱 (노래) 부르다 창 · 512
窓 창 창 · 513
採 따다 채 · 513
册 책 책 · 514
責 꾸짖다 책 · 514
處 곳 처 · 515
川 내 천 · 515
千 일천 천 · 516
天 하늘 천 · 517
泉 샘 천 · 517
鐵 쇠 철 · 518
靑 푸르다 청 · 519
淸 맑다 청 · 519
請 청하다 청 · 520
聽 듣다 청 · 520
廳 관청 청 · 521
體 몸 체 · 521

招 부르다 초 · 522
初 처음 초 · 522
草 풀 초 · 523
寸 마디 촌 · 524
村 마을 촌 · 524
銃 총 총 · 525
總 다 총 · 525
最 가장 최 · 526
推 밀다 추/퇴 · 527
秋 가을 추 · 528
祝 빌다 축 · 528
築 쌓다 축 · 529
蓄 모으다 축 · 529
縮 오그라들다 축 · 530
春 봄 춘 · 530
出 나다(나가다) 출 · 531
充 차다 충 · 532
忠 충성 충 · 532
蟲 벌레 충 · 533
取 가지다 취 · 533
趣 달리다 취 · 534
就 이루다 취 · 535
測 재다 측 · 535
層 층 층 · 536
治 다스리다 치 · 536
致 이르다 치 · 537
置 두다 치 · 538
齒 이 치 · 538
則 법칙 칙 · 539
親 친하다 친 · 539
七 일곱 칠 · 540

侵 침입하다 침 · 540
寢 잠자다 침 · 541
針 바늘 침 · 541
稱 일컫다 칭 · 542

快 상쾌하다 쾌 · 543

他 다르다 타 · 545
打 치다 타 · 546
卓 뛰어나다 탁 · 546
炭 숯 탄 · 547
歎 한숨 쉬다 탄 · 547
彈 탄알 탄 · 548
脫 벗다 탈 · 548
探 찾다 탐 · 549
態 모양 태 · 549
太 크다 태 · 550
宅 집 택 · 551
擇 고르다 택 · 551
土 흙 토 · 552
討 치다 토 · 552
統 거느리다 통 · 553
痛 아프다 통 · 553
通 통하다 통 · 554
退 물러나다 퇴 · 555
投 던지다 투 · 555
鬪 싸움 투 · 556
特 특별하다 특 · 556

ㅍ

派 갈래 파 · 557
波 물결 파 · 558
破 깨뜨리다 파 · 559
判 판가름하다 판 · 559
板 널빤지 판 · 560
八 여덟 팔 · 560
敗 무너지다 패 · 562
便 편하다 편
　　오줌 변 · 562
篇 책 편 · 563
平 평평하다 평 · 563
評 평하다 평 · 564
閉 닫다 폐 · 564
包 싸다 포 · 565
胞 태보 포 · 565
砲 대포 포 · 566
布 베 포 · 566
暴 사납다 폭/포 · 567
爆 터지다 폭 · 567
票 표 표 · 568
標 표시하다 표 · 568
表 겉 표 · 569
品 물건 품 · 570
豊 풍성하다 풍 · 570
風 바람 풍 · 571
疲 지치다 피 · 571
避 피하다 피 · 572
必 반드시 필 · 572
筆 붓 필 · 573

ㅎ

下 아래 하 · 574
河 강 하 · 575
夏 여름 하 · 575
學 배우다 학 · 576
寒 차갑다 한 · 577
漢 강 이름 한 · 577
韓 한국 한 · 578
恨 한하다 한 · 578
限 한계 한 · 579
閑 한가하다 한 · 579
合 합하다 합 · 580
港 항구 항 · 580
抗 맞서다 항 · 581
航 (배로) 건너다 항 · 581
海 바다 해 · 582
害 해치다 해 · 583
解 풀다 해 · 583
核 씨 핵 · 584
幸 다행 행 · 584
行 가다 행
　　줄 항 · 585
向 향하다 향 · 586
香 향기롭다 향 · 586
鄕 시골 향 · 587
許 허락하다 허 · 587
虛 비다 허 · 588
憲 법 헌 · 588
險 험하다 험 · 589
驗 시험하다 험 · 590
革 가죽 혁 · 590
現 나타나다 현 · 591
顯 나타나다 현 · 591
賢 어질다 현 · 592
血 피 혈 · 592
協 (힘을) 합치다 협 · 593
兄 맏이 형 · 593
刑 형벌 형 · 594
形 모양 형 · 595
惠 은혜 혜 · 595
呼 숨을 내쉬다 호 · 596
好 좋아하다 호 · 597
湖 큰 못 호 · 597
戶 지게문 호 · 598
號 부르짖다 호 · 598
護 보호하다 호 · 599
或 혹 혹 · 599
婚 혼인하다 혼 · 600
混 섞다 혼 · 601
紅 붉다 홍 · 601
火 불 화 · 602
化 (바뀌게) 되다 화 · 603
和 화합하다 화 · 603
畵 그림 화 · 604
華 화려하다 화 · 604
花 꽃 화 · 605
話 말하다 화 · 606
貨 재화 화 · 606
確 굳다 확 · 607
患 근심 환 · 607
歡 기뻐하다 환 · 608
環 고리 환 · 608

活 살다 활 · 609
況 상황 황 · 610
黃 누렇다 황 · 611
回 돌다 회 · 611
灰 재 회 · 612
會 모이다 회 · 612
孝 효도 효 · 613
候 살피다 후 · 613
後 뒤 후 · 614
厚 두텁다 후 · 615
訓 가르치다 훈 · 615
揮 휘두르다 휘 · 616
休 쉬다 휴 · 616
凶 흉하다 흉 · 617
黑 검다 흑 · 617
吸 숨을 들이쉬다 흡 · 618
興 일어나다 흥 · 618
喜 기쁘다 희 · 619
希 바라다 희 · 619

급수별 한자 찾기 · 620
획수별 한자 찾기 · 632

家 가 [jiā] home, house (7급)

① 집, 집안 ② 전문가

아주 옛날에는 집(宀) 아래쪽에 돼지(豕)를 놓아 기르던 풍습이 있었어요. 그래서 '집'을 이렇게 표현했어요.

家族(집 **가**, 겨레 **족**) 부모와 자식, 형제자매, 부부 등 한집안으로 맺어진 사람들
企業家(꾀할 **기**, 일 **업**, 전문가 **가**) 기업을 운영하는 전문인

부수 宀 필순 총 10획 家家家家家家家家家家

난 企業家(기업가)가 되고 싶어.

난 커서 화가가 될래.

可 가 [kě] approve (5급)

① 옳다, 찬성하다　② 허락하다　③ 마땅히

크게 벌린 입 안쪽(ㄱ)에서 터져 나오는 말(口)이라는 뜻이에요. 그러니까 '옳다, 찬성하다'라는 뜻이 되었어요.

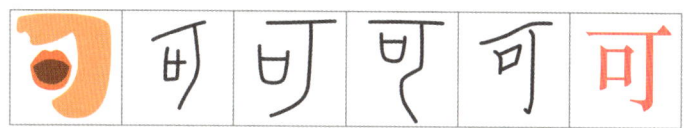

可否(옳을 **가**, 아닐 **부**) 옳고 그름의 여부
許可(허락할 **허**, 옳을 **가**) 허락함
可能(마땅히 **가**, 능할 **능**) 할 수 있음

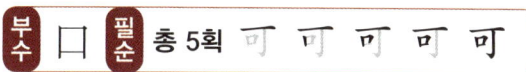
부수 口　필순 총 5획 可 可 可 可 可

歌 가 [gē] song (7급)

① 노래

입(口)을 크게 벌려(ㄱ) 소리를 내는데, 하품(欠)할 때처럼 길게 소리가 나오는 것을 표현한 글자입니다. '노래'를 이렇게 표현한 것이지요. '可'를 두 번 써서 '哥'로 한 것은 계속해서 이어짐을 뜻합니다.

歌手(노래 **가**, 사람 **수**) 노래 부르는 재주가 뛰어나 노래 부르는 것을 직업으로 하는 사람
歌謠(노래 **가**, 노래 **요**) 유행가, 동요, 민요 따위의 노래를 통틀어 이르는 말

부수 欠　필순 총 14획 歌 歌 歌 歌 歌 歌 歌 歌 歌 歌 歌 歌 歌 歌

加 가 [jiā] plus (5급)

① 더하다 ② 들다, 들어가다

입(口)으로 응원하고 팔(力)로 도와준다는 것입니다. 힘을 '더하다'라는 뜻이에요.

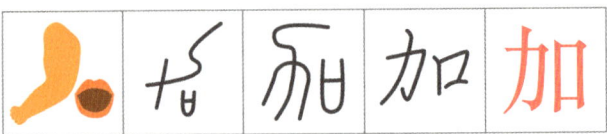

增加(더할 **증**, 더할 **가**) 수나 양이 많아짐
加入(들 **가**, 들 **입**) 어떤 단체나 조직에 들어감

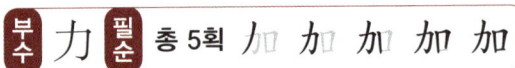

부수 力　필순　총 5획

街 가 [jiē] street (4급)

① 거리

사람들이 다니는(초는 발자국 모양을 본뜬 글자임) 사거리(行) 모습을 본떠 만든 글자로, '거리'라는 뜻이에요.

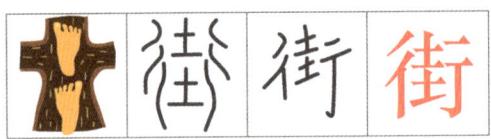

街路樹(거리 **가**, 길 **로**, 나무 **수**) 길 양쪽에 심은 나무
市街(저자 **시**, 거리 **가**) 도시의 거리, 상점이 죽 늘어선 거리

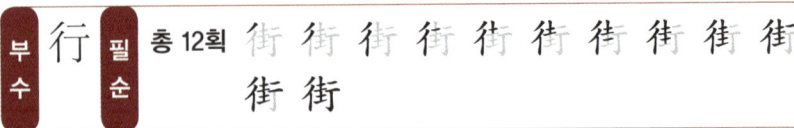

부수 行　필순　총 12획

假 가 [jiǎ] fake (4급)

① 거짓, 가짜 ② 임시 ③ 가령(예를 들면, 이를 테면)

사람(人)이 임시(叚)로 꾸며 낸 것으로, '거짓, 임시'를 나타내요.

假面(거짓 **가**, 얼굴 **면**) 가짜로 만든 얼굴, 즉 얼굴에 쓰는 탈
假定(임시 **가**, 정할 **정**) 임시로 사실인 것으로 함
假令(가령 **가**, 가령 **령**) 만약, 가정하여 말해서

| 부수 | 人 | 필순 | 총 11획 |  |

暇 가 [xiá] leisure (4급)

① 겨를, 틈

임시(叚)로 남는 시간(日)이므로 '겨를, 틈'을 나타내요.

餘暇(남을 **여**, 겨를 **가**) 일하는 가운데 남는 시간, 틈
閑暇(한가할 **한**, 겨를 **가**) 하는 일 없이 여유가 있음

| 부수 | 日 | 필순 | 총 13획 | 
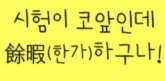 |

시험이 코앞인데 餘暇(한가)하구나!

잠깐 閑暇(여가)를 즐기는 거라고요~!

價 가 [jià] price (5급)

① 값, 값어치

사람(人)이 장사(賈)할 때 물건의 값을 매겨야 하잖아요. 그래서 '물건의 값'을 뜻하는 글자를 이렇게 만들었어요.

價值(값 **가**, 값 **치**) 값
評價(품평할 **평**, 값어치 **가**) 가치를 따져 정함

부수 人 / 필순 / 총 15획

角 각 [jiǎo] horn (6급)

① 뿔

짐승의 뿔 모양을 본떠서 만든 글자예요.

三角(석 **삼**, 뿔 **각**) 세 개의 모서리, 세모
角度器(뿔 **각**, 정도 **도**, 그릇 **기**) 각의 크기를 재는 기구

부수 角 / 필순 / 총 7획

'총각'은 무슨 뜻일까요?

총각은 한자로 '總角'(합할 총, 뿔 각)이에요. 요즘은 '총각'이라고 하면 결혼하지 않은 남자 어른을 이르지요. 하지만 원래 이 말은 머리를 두 갈래로 묶은 남자아이를 이르는 말이었습니다. 머리를 두 갈래로 묶어서(總) 동물의 뿔(角)처럼 보였기 때문이에요. 옛날에는 남자아이를 부르던 말이 요즘은 젊은 남자 어른을 가리키는 말이 되었다니 참 재미있지요?

各 각 [gè] each (6급)

① 저마다, 따로따로

어떤 장소(口)에 사람들이 하나씩 도착하였음을 나타내어, '저마다, 따로따로'라는 뜻이 되었어요. 여기서 발(夂)은 사람을 상징합니다.

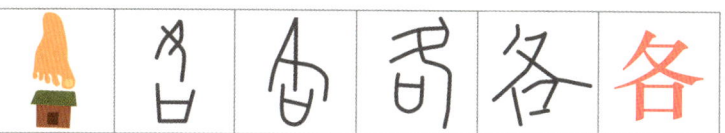

各自(저마다 **각**, 스스로 **자**) 각각의 자기, 제각기
各種(저마다 **각**, 종류 **종**) 갖가지

부수 口 필순 총 6획

刻 각 [kè] carve (4급)

① 새기다　② 모질다

칼(刂)로 돼지(亥)의 모양을 새겨 넣었다는 것입니다. 그래서 '모질다'라는 뜻으로도 쓰여요.

彫刻(새길 **조**, 새길 **각**) 재료를 깎거나 새겨서 입체적인 모양을 만드는 일
刻苦(모질 **각**, 쓸 **고**) 어떤 일을 이루기 위하여 뼈를 깎는 고통을 참으며 애를 씀

부수 刀　필순　총 8획　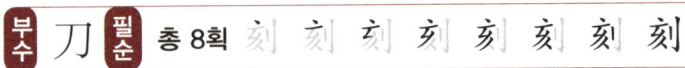

覺 각 [jué] perceive (4급)

① 깨닫다

학교도 없던 아주 오래전 옛날에는 집(冖)에서 산수 공부를 했는데, 그때 두 손(⺽)에 산가지(爻)를 들고 계산을 했어요. 계산한 것을 두 눈으로 보고(見) '깨닫게 되었다'는 뜻이에요.

知覺(알 **지**, 깨달을 **각**) 사물을 이해하는 감각
錯覺(섞일 **착**, 깨달을 **각**) 사실과 다르게 느끼거나 생각함

부수 見　필순　총 20획　

친구네 집이 어디인지 헷갈려서 錯覺(착각)했네.

間 간 [jiān] between (7급)

① 사이, 틈

문(門) 사이로 햇빛(日)이 비치는 모습을 표현한 글자입니다. '사이'라는 뜻이 있어요.

間食(사이 **간**, 먹을거리 **식**) 본 식사 사이에 간단하게 먹는 음식
空間(빌 **공**, 사이 **간**) 무엇인가 들어갈 수 있도록 비어 있는 곳

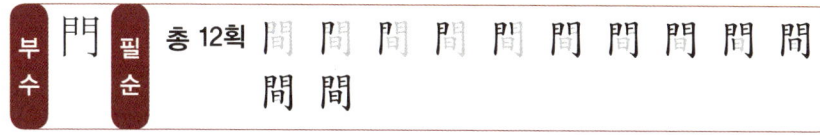

簡 간 [jiǎn] simple (4급)

① 대쪽 ② 간단하다

아주 옛날, 종이가 발명되기 전에는 대나무를 쪼갠 조각인 대쪽(竹)을 사이사이(間) 엮어서 책을 만들었어요. 간(簡)은 그렇게 책을 만들기 위해 다듬어 놓은 '대쪽'을 뜻합니다. '간단하다'는 뜻은 나중에 생겼어요.

竹簡(대나무 **죽**, 대쪽 **간**) 종이가 발명되기 전에 중국에서 글자를 기록해 두었던 대나무 조각
簡便(간단할 **간**, 편리할 **편**) 간단하고 편리함

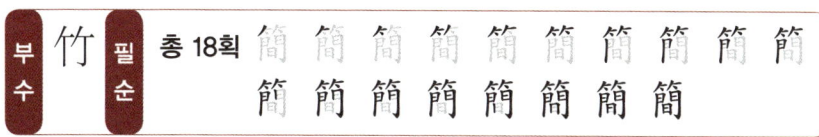

> 얽히고설킨 한자

'죽간'은 무슨 뜻일까요?

죽간은 한자로 쓰면 '竹簡'(대나무 죽, 대쪽 간)이에요. 중국에서 종이가 일반인에게 보급되기 전에 쓰던 것으로, 대나무를 세로로 쪼갠 뒤 가죽이나 비단 끈으로 엮어서 공책처럼 썼어요. '冊'(책)이라는 한자도 대쪽으로 만든 책의 모양에서 유래했어요.

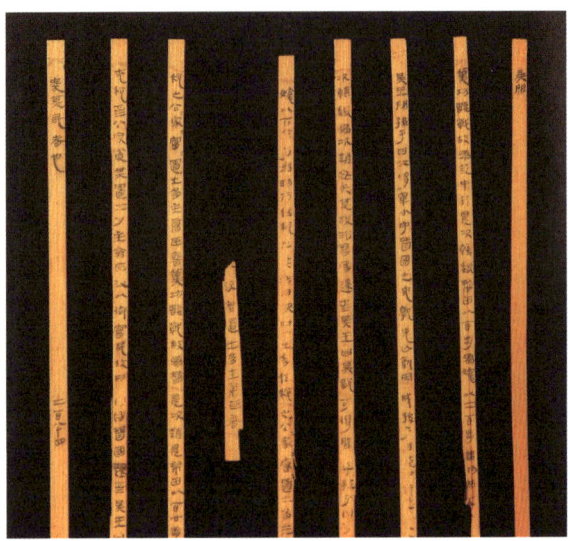

죽간

看 간 [kàn] see (4급)

① 보다

이마에 손(手)을 대고 본다(目)는 뜻이에요.

看板(볼 **간**, 널빤지 **판**) 가게 등의 이름을 사람들이 볼 수 있도록 크게 만든 널빤지 등에 써 놓은 표지

看護(볼 **간**, 보호할 **호**) 아픈 사람을 돌보고 보살핌

부수 目 **필순** 총 9획

干 간 [gān] shield (4급)

① 방패 ② 간여하다 ③ 얼마

끝이 두 갈래로 갈라져 공격과 방어를 다 할 수 있는 무기 모양을 본떠 만든 글자예요. 무기라는 뜻에서 '간여하다'는 의미가 나오고, '얼마'는 이와는 상관없이 덧붙여진 뜻이에요.

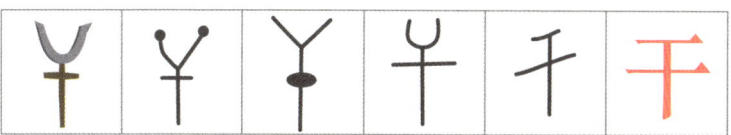

干戈(방패 **간**, 창 **과**) 방패와 창이라는 뜻으로 전쟁에 쓰이는 병기를 통틀어 이르는 말('큰 관심 없이 대강 보아 넘김'의 뜻인 **看過**(간과)와는 한자가 다른 낱말임)

干涉(간여할 **간**, 미칠 **섭**) 남의 일에 부당하게 참견함

若干(같을 **약**, 얼마 **간**) 조금

부수 干 **필순** 총 3획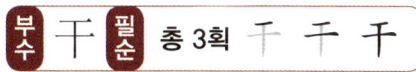

感 감 [gǎn] feel (6급)

① 느끼다

도끼에 찍혀 상처(咸)를 입었을 때의 마음(心)으로, '느끼다'라는 뜻이 되었어요.

感覺(느낄 **감**, 깨달을 **각**) 눈·귀·코·혀·살갗을 통해 어떤 자극을 받아들임
感動(느낄 **감**, 움직일 **동**) 느낀 바가 있어 마음이 움직임

부수 心 필순 총 13획 感 感 感 感 感 感 感 感 感 感 感

減 감 [jiǎn] decrease (4급)

① 덜다, 줄다

나무를 도끼로 찍어 내면(咸) 산속의 나무가 줄어들듯 물(氵)의 양이 줄어든다는 것이지요. 그래서 '덜다, 줄다'라는 뜻이 되었습니다.

減少(덜 **감**, 적을 **소**) 양이나 수치가 줄어듦
節減(절약할 **절**, 덜 **감**) 아껴서 비용을 줄임

부수 水 필순 총 12획 減 減 減 減 減 減 減 減 減 減 減 減

監 감 [jiān] supervise (4급)

① 살펴보다

사람(人)이 눈(臣)으로 물이 들어 있는 그릇(皿)에 스스로를 비추어 보는 모습을 표현한 글자입니다. 그래서 '살펴보다'라는 뜻이 되었어요.

監督(살펴볼 **감**, 감독할 **독**) 일이나 사람 등이 잘못되지 않도록 살피고 단속함

監獄(살펴볼 **감**, 옥 **옥**) 죄인을 가두어 두고 감시하는 곳

| 부수 | 皿 | 필순 | 총 14획 |

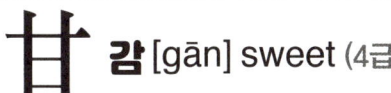

甘 감 [gān] sweet (4급)

① 달다

입(口) 안에 맛있는 것(一)이 들어 있는 모양을 본떠 '달다, 맛있다'라는 뜻을 나타냈어요.

甘草(달 **감**, 풀 **초**) 단맛이 있는 한약재를 뜻하는 말로, 빠져서는 안 되고 꼭 있어야 하는 것을 비유적으로 이를 때 쓰기도 함

苦盡甘來(괴로울 **고**, 다할 **진**, 달 **감**, 올 **래**) 쓴 것이 다하면 달콤한 것이 온다는 뜻으로, '고생 끝에 즐거움이 온다'는 말

| 부수 | 甘 | 필순 | 총 5획 |

敢 감 [gǎn] dare (4급)

① 감히

두 손(又+又)으로 광물(口)을 캐는 모습을 표현한 글자입니다. 땅속에 들어가 채굴하는 일의 위험성에 빗대 '감히'라는 뜻으로 썼어요. 나중에 글자 모양이 '敢'으로 변했어요.

敢行(감히 **감**, 갈 **행**) 어떤 일을 과감하게 함
勇敢(날쌜 **용**, 감히 **감**) 겁내지 않고 씩씩하고 과감함

| 부수 | 攵 | 필순 | 총 12획 |

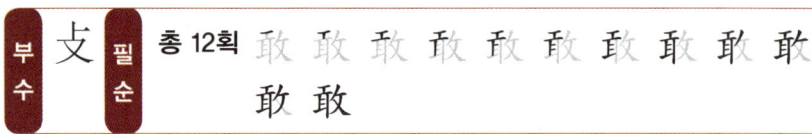

甲 갑 [jiǎ] armor (4급)

① 갑옷 ② 첫째, 첫 번째 천간

거북의 등딱지를 본떠 만든 글자입니다. '껍질, 갑옷'이라는 뜻으로 쓰이다가 나중에 순서를 나타내는 '갑을병정……'의 맨 앞에 놓여서 '첫째'를 뜻하게 되었어요.

甲板(갑옷 **갑**, 널빤지 **판**) 배 위에 철판이나 나무로 깐 평평한 바닥
甲富(첫째 **갑**, 부자 **부**) 어떤 지역에서 첫째 가는 부자

| 부수 | 田 | 필순 | 총 5획 |

얽히고설킨 한자

'갑순이와 갑돌이'라는 이름의 뜻은 무엇일까요?

옛날 할머니 할아버지 중에는 '갑순이', '갑돌이'라는 이름을 가진 분들이 많았어요. 이때의 갑(甲)은 첫째라는 뜻이에요. 그래서 '갑순이'는 집안의 첫째 딸이라는 뜻이고, '갑돌이'는 집안의 첫째 아들이라는 뜻이에요.

江 강 [jiāng] river (7급)

① 강

뜻을 나타내는 '氵'와 음을 나타내는 '工'(공)을 합쳐 만든 글자예요. 본래는 중국의 양쯔강(揚子江)만 가리키는 말이었는데, 후대에는 일반적인 '강'을 뜻하는 말로 쓰이게 되었어요.

江山(강 **강**, 메 **산**) 강과 산 또는 자연의 경치를 나타내는 말
江村(강 **강**, 마을 **촌**) 강가에 위치해 있는 마을

부수 水 필순 총 6획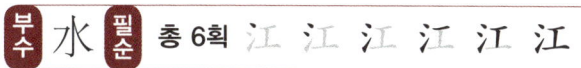

强 강 [qiáng] strong (6급)

① 굳세다, 힘이 있는 사람

껍질이 딱딱한(弜) 벌레(虫)이므로 '강하다, 굳세다'라는 뜻이 되었어요.

强度(굳셀 **강**, 정도 **도**) 강한 정도
强大國(굳셀 **강**, 큰 **대**, 나라 **국**) 부강하고 큰 나라

康 강 [kāng] peaceful (4급)

① 편안하다

쌀알(米)이 체에서 뚝뚝 떨어지는(庚) 모양을 본떠 '풍년이 들다'라는 뜻을 나타냈어요. 또 풍년이 들면 곡식이 넉넉해져 생활이 편안해지므로 '편안하다'라는 뜻으로도 쓰여요.

康寧(편안할 **강**, 편안할 **녕**) 몸이 건강하고 마음이 편함(주로 웃어른에게 씀)
健康(튼튼할 **건**, 편안할 **강**) 육체나 정신이 탈 없이 튼튼한 상태

講 강 [jiǎng] speech (4급)

① 익히다　② 이야기하다

말(言)을 짜 맞춘다(冓)는 것입니다. 남의 말을 잘 듣고 그 뜻을 잘 해석하는 것이 곧 공부하는 것, 익히는 것이지요. 그래서 '익히다, 이야기하다'라는 뜻이 되었습니다.

講堂(익힐 **강**, 집 **당**) 강의 등을 하는 장소
講演(이야기할 **강**, 펼 **연**) 특정 대상에 대해 자세히 펼쳐 이야기함

降 강/항 [jiàng/xiáng] come down/surrender (4급)

① 내리다 (강)　② 항복하다 (항)

계단(阝)과 아래를 향하고 있는 두 발(夅)을 더해 '내려가다, 항복하다'라는 뜻이 되었습니다.

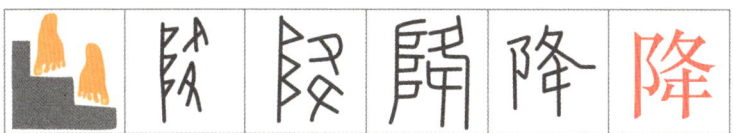

下降(아래 **하**, 내릴 **강**) 아래로 내려감
降伏(항복할 **항**, 엎드릴 **복**) 상대의 힘에 눌리어 굴복함

開 개 [kāi] open (6급)

① 열다

빗장이 걸린 문(門)을 두 손(廾)으로 여는 것입니다. 그래서 '열다'라는 뜻으로 쓰여요.

開放(열 **개**, 놓을 **방**) 열어 놓음
開天節(열 **개**, 하늘 **천**, 마디 **절**) '하늘이 열린 날'로 우리나라 건국 기념일 10월 3일을 나타냄

부수	필순	
門	총 12획	開 開 開 開 開 開 開 開 開 開 開 開

改 개 [gǎi] correct (5급)

① 고치다

굽은 것(己)을 두드려서(攵) 똑바로 하는 것입니다. '고치다'라는 뜻이에요.

改善(고칠 **개**, 착할 **선**) 잘못된 것을 고쳐 잘되게 함
改革(고칠 **개**, 고칠 **혁**) 제도나 기구를 새롭게 고침

부수	필순	
攵	총 7획	改 改 改 改 改 改 改

個 개 [gè] piece (4급)

① 낱, 하나 ② 개(물건을 세는 단위)

독립성이 굳은(囗) 한 사람(亻)이라는 뜻에서 '낱'을 나타내요.

個人(낱 **개**, 사람 **인**) 나라나 사회를 이루는 낱낱의 사람
個性(낱 **개**, 성품 **성**) 다른 사람과 구별되는 특별한 성질

부수 人 필순 총 10획 個 個 個 個 個 個 個 個 個 個

얽히고설킨 한자

'낱개'는 순우리말과 한자를 합쳐 만든 말이에요.

'낱'과 '개(個)'는 모두 물건을 셀 때 '하나'를 뜻하는 말이에요. 다만 '낱'은 순우리말이고 '개(個)'는 한자라는 차이가 있어요. 이 둘이 합쳐진 '낱개'라는 말은 '여러 개 중에서 하나하나'라는 뜻이에요.

客 객 [kè] guest (5급)

① 손, 손님

집(宀)에 찾아온(各) 사람이므로 '손님'을 뜻해요.

客室(손님 **객**, 방 **실**) 손님방
觀客(볼 **관**, 손님 **객**) 구경하는 사람

車 거/차 [chē] cart (7급)

① 수레

수레의 바퀴 부분을 본떠 만든 글자예요. 경우에 따라서 '거' 또는 '차'로 읽을 때가 있어요.

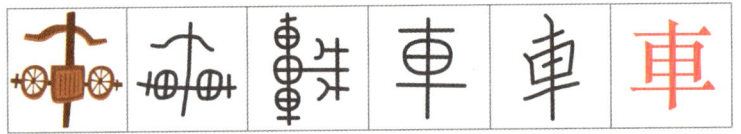

自轉車(스스로 **자**, 돌 **전**, 수레 **거**) 두 발로 페달을 밟아 움직이는 차
自動車(스스로 **자**, 움직일 **동**, 수레 **차**) 스스로 움직일 수 있게 만든 차

擧 거 [jǔ] lift (5급)

① 들다 ② 일으키다

원래는 4개의 손이 어떤 물건을 들고 있는 모습을 나타낸 글자였어요. 나중에 4개의 손이 5개(𦥑+ヨ+冖+丶+手)로 바뀌어 글자가 간략하게 되었습니다.

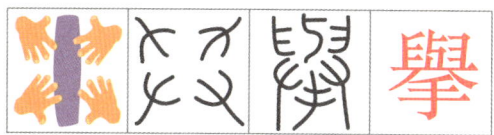

擧手(들 거, 손 수) 손을 듦

擧事(일으킬 거, 일 사) 큰 일을 일으킴

| 부수 | 手 | 필순 | 총 18획 |

去 거 [qù] go (5급)

① 가다

어떤 장소(厶←口)에서 나오는 사람(土←大)을 나타내는 글자입니다. '가다, 떠나다'라는 뜻이 되었지요.

過去(지날 과, 갈 거) 이미 지나간 때, 지나간 일이나 생활

去來(갈 거, 올 래) 주고받음. 사고팖

| 부수 | 厶 | 필순 | 총 5획 |

巨 거 [jù] huge (4급)

① 크다 ② 많다

원래 글자는 '𢀜'으로, 커다란 곱자 또는 공구(工)를 손(⼹)에 쥐고 있는 사람(大)의 모양을 본뜬 글자예요. 고대 중국에서는 제왕의 위대함을 나타내기 위해 '곱자' 등의 공구를 들고 있는 왕의 모습을 그렸습니다. 즉 도구를 만들고 이를 활용할 줄 아는 사람을 '큰사람', '위대한 사람'이라고 여긴 거예요. 나중에 글자 모양이 변해 공구(工)와 손잡이(⼹)가 합쳐져 지금의 '巨' 자가 되었습니다.

巨人(클 **거**, 사람 **인**) 보통 사람보다 훨씬 큰 사람
巨金(많을 **거**, 쇠 **금**) 많은 돈

부수 工 필순 총 5획

중국 전설에 나오는 복희와 여와예요. 오른쪽의 복희는 곱자를 들고 있고 왼쪽의 여와는 컴퍼스를 들고 있어요.

복희와 여와

拒 거 [jù] resist (4급)

① 막다 ② 거절하다

'巨'(손잡이가 달린 큰 자)는 '정해진 원칙에 따라 마음대로 하지 못하게 하다'라는 뜻이 있어요. 여기에 손(扌)을 더하여 '막다'라는 뜻을 나타냈어요.

拒否(막을 **거**, 아닐 **부**) 받아들이지 않고 물리침
拒絕(거절한 **거**, 끊을 **절**) 제안이나 요구를 받아들이지 않고 끊어 버림

부수 手 **필순** 총 8획 拒 拒 拒 拒 拒 拒 拒 拒

據 거 [jù] depend (4급)

① 기대다, 의지하다 ② 증거, 근거

손(扌)을 서로 얽히게 하는(豦) 것이므로 '기대다, 의지하다'라는 뜻이에요.

依據(의지할 **의**, 기댈 **거**) 사실이나 원리에 기댐
證據(증거 **증**, 증거 **거**) 어떤 사실을 증명할 수 있는 근거

부수 手 **필순** 총 16획 據 據 據 據 據 據 據 據 據 據 據 據 據 據 據 據

居 거 [jū] reside (4급)

① 살다

자리에 오래(古) 걸터앉은 사람(尸)의 모습을 본떠 '(어떤 장소에) 살다, 집'이라는 뜻을 나타냈어요.

居室(살 **거**, 집 **실**) 가족이 한데 모여서 생활하는 공간
住居(살 **주**, 살 **거**) 일정한 집에 머물러 삶

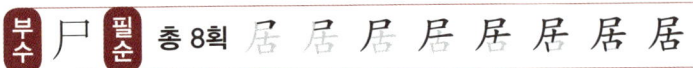
부수 尸 필순 총 8획

建 건 [jiàn] build (5급)

① 세우다

조정(廴←廷)의 법률(聿←律)을 세운다는 뜻이에요.

建物(세울 **건**, 물건 **물**) 벽과 지붕이 있는 커다란 구조물
建設(세울 **건**, 지을 **설**) 건물 등을 만들어 세우는 것

부수 廴 필순 총 9획

健 건 [jiàn] healthy (5급)

① 튼튼하다

사람(人)이 꿋꿋하게 서 있다는(建) 것이므로 '튼튼하다'라는 뜻이에요.

健康(튼튼할 **건**, 편안할 **강**) 육체나 정신이 탈 없이 튼튼한 상태
健全(튼튼할 **건**, 온전할 **전**) 의식이나 사상이 한곳에 치우치지 않고 올바름

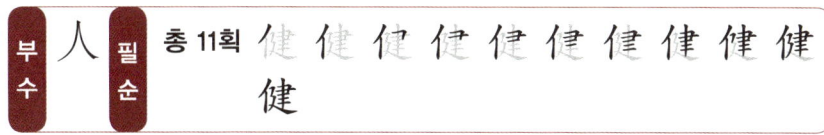

件 건 [jiàn] article (5급)

① 물건

사람(人)과 소(牛)를 본떠 만든 글자인데, 물건을 하나씩 세는 단위를 나타내요.

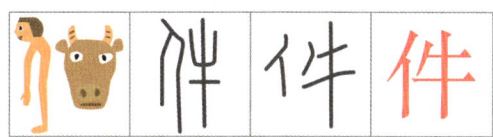

事件(일 **사**, 물건 **건**) 사회적으로 주목 받을 만한 뜻밖의 일
物件(물건 **물**, 물건 **건**) 사고파는 물품

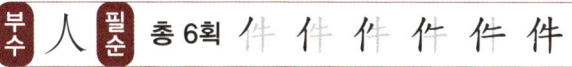

傑 걸 [jié] heroic (4급)

① 뛰어나다

빼어난(桀)이란 글자와 사람(人)이란 글자를 합쳐 '뛰어나다'라는 뜻으로 써요.

傑作(뛰어날 **걸**, 만들 **작**) 매우 뛰어난 작품
傑出(뛰어날 **걸**, 날 **출**) 남보다 썩 뛰어남

부수	人	필순	총 12획

儉 검 [jiǎn] frugal (4급)

① 검소하다

사람(人)이 여러 가지 물건을 한데 모으듯이(僉) 꽉 조이는 생활을 한다는 뜻이에요. 그래서 '검소하다'라는 의미입니다.

勤儉(부지런할 **근**, 검소할 **검**) 부지런하고 검소함
儉素(검소할 **검**, 꾸밈없을 **소**) 사치가 없고 수수함

부수	人	필순	총 15획

檢 검 [jiǎn] check (4급)

① 검사하다

원래는 여러 가지 물건을 한데 모아 두는(僉) 나무(木)로 만든 상자라는 뜻으로 쓰였어요. 나중에 '여러 가지 것을 살펴보다', 곧 '검사하다'라는 뜻으로도 쓰이게 되었습니다.

檢查(검사할 **검**, 조사할 **사**) 사실을 조사하여 판단함
點檢(점검할 **점**, 검사할 **검**) 낱낱이 검사함

부수 木 | 필순 | 총 17획 檢檢檢檢檢檢檢檢檢檢檢檢檢檢檢檢檢

格 격 [gé] form (5급)

① 격식

원래는 제각각(各) 자란 나뭇가지(木) 또는 나무가 자라는 모양이라는 뜻입니다. 나중에 제각각인 것을 바로잡는다는 뜻이 더해져 '바로잡다, 격식'이라는 뜻이 되었어요.

資格(재물 **자**, 격식 **격**) 일정한 신분이나 지위
合格(더할 **합**, 격식 **격**) 격식이나 조건에 맞음

부수 木 | 필순 | 총 10획 格格格格格格格格格格

擊 격 [ji] hit (4급)

① 부딪치다

손(手)에 몽둥이(殳)를 쥐고 굴대머리(車←軎)를 세게 때린다는 뜻이에요.

擊破(부딪칠 **격**, 깰 **파**) 쳐서 부숨
衝擊(부딪칠 **충**, 부딪칠 **격**) 세차게 부딪침

부수	手	필순	총 17획

얽히고설킨 한자

'굴대머리'는 무엇일까요?

수레바퀴의 살을 가운데에서 고정하는 둥근 나사못으로, 많은 바퀴살을 고정하려면 이 굴대머리를 단단히 박아 넣어야 한대요.

激 격 [ji] violent (4급)

① 과격하다 ② 심하다

물(氵)이 바위와 같은 장애물을 만나 부딪힌다(敫)는 뜻이에요. 그래서 '물결이 무엇에 부딪히며 흐르다', '과격하다'라는 뜻이 되었어요.

感激(느낄 **감**, 과격할 **격**) 마음에 깊이 느껴 감동함
激忿(심할 **격**, 성낼 **분**) 몹시 화를 냄

見 견 [jiàn] see (5급)

① 보다

꿇어앉은 사람(儿)의 얼굴에 있는 눈(目)을 강조해서 만든 글자입니다. '본다'라는 뜻으로 쓰여요.

見學(볼 **견**, 배울 **학**) 실제로 보고 배움
發見(일어날 **발**, 볼 **견**) 미처 찾아내지 못했거나 알려지지 않은 것을 찾아냄

堅 견 [jiān] solid (4급)

① 굳다 ② 단단하다

땅(土)이 단단하다(臤). 그러므로 '굳다'라는 뜻이에요.

堅固(굳을 **견**, 굳을 **고**) 매우 단단함
堅果類(단단할 **견**, 열매 **과**, 종류 **류**) 껍질이 단단한 열매들. 땅콩, 호두, 잣 등과 같은 것을 말함

부수 士 필순 총 11획

犬 견 [quǎn] dog (4급)

① 개

꼬리를 말고 있는 개의 모습을 본떠 만든 글자예요.

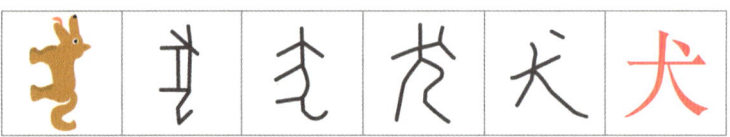

忠犬(충성 **충**, 개 **견**) 충성스러운 개
愛犬(사랑할 **애**, 개 **견**) 개를 사랑함

부수 犬 필순 총 4획

決 결 [jué] decide (5급)

① 결단하다

원래는 물길(氵)이 터져 나간다(夬)는 뜻이에요. 지금은 물길을 만들 때 그것을 어디에 만들지 결정한다는 뜻이 더해져 '결단하다'라는 뜻으로 쓰입니다.

決心(결단할 **결**, 마음 **심**) 마음을 정함
決定(결단할 **결**, 정할 **정**) 어떤 행동이나 태도를 분명하게 정함

부수 水 필순 총 7획 決決決決決決決

缺 결 [quē] lack (4급)

① 빠지다

항아리(缶)와 한쪽이 터지다(夬)라는 글자를 합쳐 만든 글자예요. 그래서 '빠지다, 이지러지다'라는 뜻이 되었어요.

缺席(빠질 **결**, 자리 **석**) 나아가야 할 자리에 나가지 않음
缺陷(빠질 **결**, 빠질 **함**) 무엇인가가 모자라 흠이 되는 점

부수 缶 필순 총 10획 缺缺缺缺缺缺缺缺缺缺

結 결 [jié] knot (5급)

① 맺다, 묶다

실(糸)을 꼬아 단단히(吉) 만든다는 뜻을 담은 글자예요. '매듭을 짓는다'는 뜻으로 씁니다.

結合(맺을 **결**, 합할 **합**) 둘 이상이 서로 관계를 맺고 합쳐 하나가 됨
結實(맺을 **결**, 열매 **실**) 열매를 맺음(어떤 일의 성과를 말함)

潔 결 [jié] clean (4급)

① 깨끗하다

지저분한 것을 없애고 깨끗하게(絜) 만든 물(氵)이라는 뜻이에요.

潔白(깨끗할 **결**, 흰 **백**) 깨끗하고 흼, 행동이나 마음이 깨끗하여 허물이 없음
淸潔(맑을 **청**, 깨끗할 **결**) 맑고 깨끗함

京 경 [jīng] capital (6급)

① 서울

높은 건축물을 본뜬 글자예요. 나중에 '높은 건축물이 있는 곳', 곧 '수도, 서울'이라는 뜻이 되었어요.

上京(위 **상**, 서울 **경**) 지방에서 서울로 올라옴
北京(북쪽 **북**, 서울 **경**) 베이징, 중국의 수도

| 부수 | 車 | 필순 | 총 8획 | 京 京 京 京 京 京 京 京 |

景 경 [jǐng] scenery (5급)

① 볕, 경치

태양(日) 아래 모습을 드러낸 높은 건물(京) 모양에서 '볕, 경치'라는 뜻이 되었어요.

景致(볕 **경**, 보낼 **치**) 자연의 아름다운 모습
風景(바람 **풍**, 볕 **경**) 아름다운 경치, 어떤 정경이나 상황에 대한 모습

敬 경 [jìng] respect (5급)

① 받들다, 공경하다

신에게 기도하는 사람(苟)은 스스로를 다독이며(攵) 살아갑니다. 그래서 '받들다, 삼가다'라는 뜻이 되었어요.

恭敬(공손할 **공**, 받들 **경**) 공손히 받들어 모심
尊敬(높일 **존**, 받들 **경**) 다른 사람의 인격, 사상, 행위 등을 받들어 모심

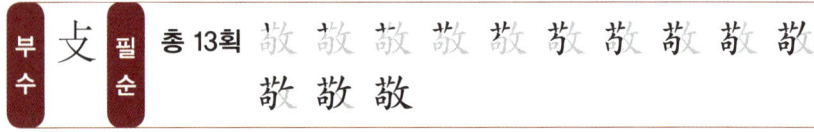

警 경 [jǐng] guard (4급)

① 경계하다, 조심하다

삼가며(敬) 말하는(言) 것으로, '경계하다'라는 뜻이에요.

警告(경계할 **경**, 알릴 **고**) 조심하라고 알림
警察(경계할 **경**, 살필 **찰**) 사회의 안녕을 지키고 국민을 보호하기 위해 애쓰는 사람

驚 경 [jīng] be frightened (4급)

① 놀라다

말은 동물 중에서도 유난히 잘 놀라요. 그래서 이 글자는 '馬'(말)의 성격을 글자의 뜻으로 삼고, 글자의 소리는 '敬'(경)으로 나타냈어요.

驚異(놀랄 **경**, 다를 **이**) 놀랍고 이상함
驚歎(놀랄 **경**, 탄식할 **탄**) 놀라서 감탄함

競 경 [jìng] compete (5급)

① 겨루다

머리에 투구를 쓴 사람이 나란히 서 있는 모양을 본떠 만든 글자예요. 금방이라도 싸울 것 같은 모습이므로 '싸우다, 겨루다'라는 뜻이에요.

競技(겨룰 **경**, 재주 **기**) 재주나 능력을 서로 겨루는 것
競爭(겨룰 **경**, 싸울 **쟁**) 서로 이기려고 다투는 것

輕 경 [qīng] light (5급)

① 가볍다

속이 텅 빈(巠←巠) 수레(車)예요. '가볍다'는 뜻이에요.

輕重(가벼울 **경**, 무거울 **중**) 가벼움과 무거움
輕快(가벼울 **경**, 상쾌할 **쾌**) 움직임이나 기분 등이 가볍고 상쾌함

經 경 [jīng] warp (4급)

① 날실 ② 지나다 ③ 경서

베틀에 세로로 걸어 놓은(巠) 실(糸)이라는 의미입니다. '날실'이라는 뜻이에요.

經度(날실 **경**, 법도 **도**) 지구 위의 위치를 표시하기 위해 그리니치를 기준으로 하여 남북으로 그은 선
經過(지날 **경**, 지날 **과**) 지나감
經典(경서 **경**, 법 **전**) 성현의 말이나 행실을 적은 책

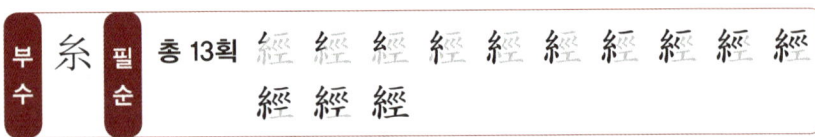

| 얽히고설킨 한자 |

'일의 경위를 밝힌다'는 말은 무슨 뜻일까요?

일이 진행되어 온 과정을 經緯(경위)라고 해요. 원래'經'(경)은 베틀에 세로로 걸어 놓은 날실이고, '緯'(위)는 베틀 위를 가로로 왔다 갔다 하는 씨실입니다. 이런 가로와 세로의 모양은 한자의 모양에서도 나타납니다.

세로로 늘어선 실   오른쪽으로 왔다 갔다 하는 발

그래서 '일의 경위를 밝힌다'는 말은 완성된 비단에서 씨줄과 날줄을 가려내듯, 일이 진행되어 온 과정을 순서대로 상세하게 밝힌다는 뜻이에요.

境 경 [jìng] boundary (4급)

① 경계, 지경

땅(土)의 끝, 가장자리(竟)이므로 '경계'라는 뜻이에요.

境界(경계 **경**, 지경 **계**) 기준에 따라 나뉘는 한계
逆境(거스를 **역**, 지경 **경**) 매우 어려운 지경

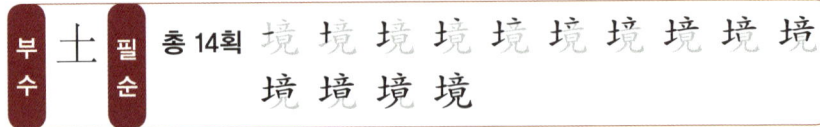

鏡 경 [jìng] mirror (4급)

① 거울

'竟'은 원래 땅의 끝에 서서 경계 표식을 쳐다보고 있는 사람의 모양을 본떠 만든 글자로 '가장자리'라는 뜻으로 쓰였어요. 나중에 그 뜻이 넓어져 물가에서 자신의 모습을 비춰 본다는 뜻으로도 쓰여 '거울'이라는 뜻도 갖게 되었어요. 거기에 청동거울의 재료인 '金'을 덧붙여 '거울'이라는 뜻으로 굳어졌습니다.

眼鏡(눈 **안**, 거울 **경**) 나쁜 시력을 보완하기 위해 쓰는 물건
明鏡(밝을 **명**, 거울 **경**) 맑은 거울

慶 경 [qìng] celebrate (4급)

① 경사(기쁜 일), 축하할 일

원래는 사슴과 심장을 합쳐 만든 글자였어요. 사슴(夂←鹿)의 가죽을 선물로 들고 기쁜 마음(心)으로 찾아가는(夊) 일이라는 뜻을 담고 있어요. '기쁜 일, 축하할 일'이라는 뜻입니다.

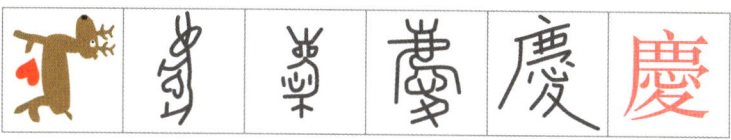

慶事(기쁜 일 **경**, 일 **사**) 축하할 일
慶祝(기쁜 일 **경**, 빌 **축**) 경사스러운 일을 축하함

| 부수 | 心 | 필순 | 총 15획 |

傾 경 [qīng] incline (4급)

① 기울다

사람(人)이 머리(頁)를 숙인(匕) 모양을 나타내어 '기울다'는 뜻으로 써요.

傾斜(기울 **경**, 기울 **사**) 기울어짐
傾向(기울 **경**, 향할 **향**) 어떤 방향으로 기울어 쏠림

| 부수 | 人 | 필순 | 총 13획 |

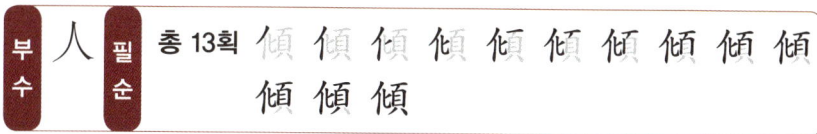

更 경/갱 [gēng] change (4급)

① 고치다 (경) ② 다시 (갱)

받침(丙)을 두드려(攵) 고친다는 뜻을 담고 있어요. 그래서 '고치다, 다시'의 뜻으로 쓰여요.

變更(변할 **변**, 고칠 **경**) 다르게 바꾸어 새로 고침
更生(다시 **갱**, 살 **생**) 다시 삶

부수 曰 필순 총 7획

界 계 [jiè] border (6급)

① 지경, 경계

밭(田)과 밭(田) 사이에 끼어 있는 것을 나타냈습니다. 즉, 밭과 밭을 구분 짓는(介) 것으로, '경계'라는 뜻이 되었어요.

世界(세상 **세**, 지경 **계**) 온 세상, 모든 나라
限界(한계 **한**, 지경 **계**) 사물이 정해진 범위

부수 田 필순 총 9획

計 계 [jì] count (6급)

① 셈, 셈하다 ② 꾀, 꾀하다

입으로 소리 내어(言) 수(十)를 헤아리는 것을 나타냈습니다. 이때 10(十)이라는 수는 숫자들을 대표한 것입니다. 그래서 '셈, 셈하다'는 뜻이 되었어요.

計算(셈 **계**, 셀 **산**) 셈, 식을 풀어 수치를 구하는 일
計劃(꾀할 **계**, 계획할 **획**) 앞으로 할 일의 방법, 차례, 규모 따위를 미리 잡음

부수 言 | 필순 총 9획

系 계 [xì] connect (4급)

① 잇다 ② 혈통

손(ノ←手)으로 이어져 있는 실(糸)을 거는 모습을 본떴어요. 그래서 '잇다, 매다'라는 뜻으로 써요.

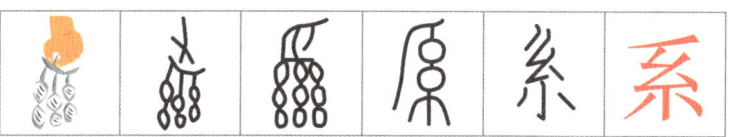

系列(이을 **계**, 벌릴 **열**) 서로 관련이 있어서 하나로 이어지는 계통이나 조직
直系(곧을 **직**, 이을 **계**) 혈연이 친자 관계로 직접 이어진 계통

부수 系 | 필순 총 7획

係 계 [xì] connection (4급)

① 걸리다 ② 매다

사람(亻) 사이를 서로 잇는다(系)는 뜻입니다. 그래서 '걸리다, 매다'의 뜻이 되었어요.

關係(관계할 관, 걸릴 계) 둘 이상이 서로 걸리는 일
係長(맬 계, 우두머리 장) 관청이나 회사에서 하위 단위인 계(係)의 책임자

부수 人　필순　총 9획

繼 계 [jì] continue (4급)

① 잇다

많은 실로 짠 천(絲)이 끊어진 것(𠄌)을 실(糸)로 다시 잇는다는 뜻이에요.

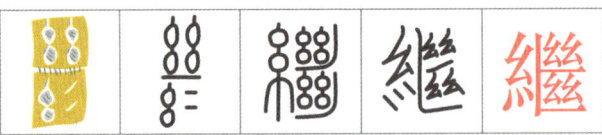

繼走(이을 계, 달릴 주) 이어달리기
繼承(이을 계, 받들 승) 조상의 전통이나 업적을 이어 받듦

부수 糸　필순　총 20획

얽히고설킨 한자

'계모'의 뜻은 무엇일까요?

원래 낳아 주신 어머니를 이어(繼), 길러 주시는 어머니(母)라는 뜻이에요.

階 계 [jiē] stairs (4급)

① 섬돌(집채의 앞뒤에 오르내릴 수 있게 놓은 돌계단)

언덕(阝)처럼 나란히 늘어서(皆) 있다는 뜻이에요. 그래서 '섬돌, 층계'라는 뜻이 되었어요.

階段(섬돌 계, 구분 단) 층계
階級(섬돌 계, 등급 급) 직위나 관직 등의 등급

부수	阜	필순	총 12획	階 階 階 階 階 階 階 階 階 階 階 階

戒 계 [jiè] warn (4급)

① 경계하다 ② 주의하다 ③ 타이르다

두 손(卄)에 창(戈)을 들고 있는 모습을 본떠 만든 글자예요. 옛날 군인들이 성을 지킬 때 이런 모습으로 사방을 살피며 서 있었어요. 그래서 '경계하다'는 뜻이 되었어요.

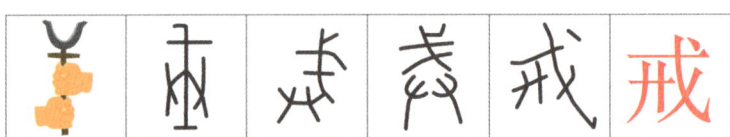

警戒(경계할 **경**, 경계할 **계**) 뜻하지 않은 일이나 적의 침입을 막고자 조심하여 단속함
訓戒(가르칠 **훈**, 타이를 **계**) 타일러 가르침

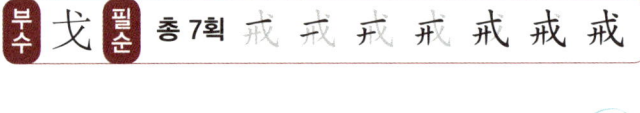

부수 戈 필순 총 7획

내가 실수할까 봐 마음가짐을 警戒(경계)하라는 뜻이었구나. 앞으로 어른들의 訓戒(훈계)를 귀담아 들어야겠다.

季 계 [jì] season (4급)

① 끝 ② 계절, 철

아기(子)처럼 어리다(禾) 하여 '막내, 끝'이라는 뜻으로 쓰였어요. 나중에 '계절'이라는 뜻으로 더 널리 쓰이게 되었어요.

季指(끝 계, 손가락 지) 새끼손가락 또는 새끼발가락
季節(철 계, 마디 절) 기온의 차이에 따라 1년을 나누는 것. 온대 지방은 보통 봄, 여름, 가을, 겨울로 나뉨

鷄 계 [jī] chicken (4급)

① 닭

원래는 닭의 모습을 본뜬 글자였어요. 그런데 나중에 묶어 놓고(奚) 기르는 새(鳥)로 글자의 구성이 바뀌었습니다. 뜻은 변함없이 닭이에요.

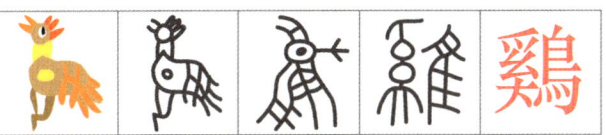

鷄卵(닭 계, 알 란) 달걀
養鷄場(기를 양, 닭 계, 마당 장) 설비를 갖추고 닭을 기르는 곳

高 고 [gāo] high (6급)

① 높다

높은 누각의 모양을 본떠 '높다'라는 뜻이 되었어요.

高架道路(높을 고, 시렁 가, 길 도, 길 로) 땅 위에 높이 지지대를 세우고 그 위에 세운 도로

高速(높을 고, 빠를 속) 매우 빠름

얽히고설킨 한자

고가도로는 '높이 매달아 놓은 길'이라는 뜻이에요

고가도로는 한자로 '高架道路'(높을 고, 시렁 가, 길 도, 길 로)라고 써요. 여기서 '시렁'은 옛날 방 벽에 나무판이나 막대기를 엮어서 걸어놓은 것을 말해요. 옛날 사람들은 그 위에 이불이나 다른 물건들을 얹어 두었습니다. 고가도로는 '시렁'처럼 땅 위에 높이 세워 놓은 길이라는 뜻에서 붙은 이름입니다.

古 고 [gǔ] old (6급)

① 옛, 옛날

여러(十) 대에 걸쳐 입(口)으로 전해 왔다는 뜻을 담아 '오래되었다'는 뜻으로 쓰지요.

古宮(옛 고, 집 궁) 옛 궁궐
古代(옛 고, 시대 대) 옛날. 오래전의 시대

부수 口 **필순** 총 5획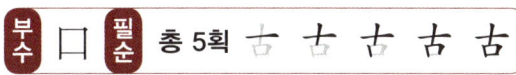

苦 고 [kǔ] bitter (6급)

① (맛이) 쓰다 ② 괴롭다

풀을 뜻하는 '艹'와 소리를 나타내는 '古'(고)를 더해 만든 글자예요. 그래서 '쓴 나물, 쓰다'라는 뜻이 되었어요. 쓴 나물은 먹기 괴로워서 '괴롭다'는 뜻으로도 쓰입니다.

苦痛(쓸 고, 아플 통) 괴롭고 아픔
苦生(괴로울 고, 날 생) 어렵고 힘든 일을 겪음

부수 艹 **필순** 총 9획

固 고 [gù] hard (5급)

① 굳다, 단단하다

한자리(口)에 오래(古) 머물러 있으면 단단해져요. 그래서 '굳다, 단단하다'의 뜻이 되었습니다.

堅固(굳을 **견**, 굳을 **고**) 굳고 단단함
固體(굳을 **고**, 몸 **체**) 일정한 모양과 부피가 있는 굳고 단단한 물체

부수 口 **필순** 총 8획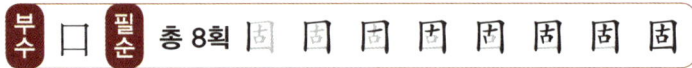

故 고 [gù] reason (4급)

① 연고, 까닭 ② 옛, 옛날 ③ 죽은 사람

회초리를 들고 재촉하듯(攵) 무엇인가가 그렇게 되도록 이끌었다는 뜻입니다. 그래서 이전부터 있었던 어떤 것(古), 곧 '연고, 까닭'이라는 뜻이 되었어요.

故意(연고 **고**, 뜻 **의**) 일부러 하는 생각이나 태도
故鄕(옛 **고**, 마을 **향**) 자기가 태어나고 자란 곳
故人(죽은 사람 **고**, 사람 **인**) 죽은 사람

부수 攵 **필순** 총 9획

告 고 [gào] tell (5급)

① 알리다

옛사람들은 하늘에 제사를 지낼 때 소(牛)를 제물로 바치면서 신에게 인간의 뜻을 말했어요(口). 여기에서 유래가 되어 '알리다'라는 뜻으로 쓰여요.

告發(알릴 **고**, 쏠 **발**) 피해자가 아닌 사람이 범죄 사실을 경찰이나 검찰 등에 알리는 일
忠告(충성 **충**, 알릴 **고**) 남의 잘못을 진심으로 타이름

부수 口 필순 총 7획

考 고 [kǎo] check (5급)

① 헤아리다, 생각하다

원래는 '老'와 같은 글자로, 듬성듬성한 머리카락에 구부러진 허리, 손으로 지팡이를 짚고 있는 노인의 모습을 본뜬 글자입니다. '考'는 곰곰이 생각하기 좋아하는 노인의 특징에 따라 '헤아리다'라는 뜻이 되었어요.

長考(길 **장**, 생각할 **고**) 생각하고 헤아려 봄
思考(생각 **사**, 헤아릴 **고**) 생각하고 궁리함

부수 老 필순 총 6획

孤 고 [gū] lonely (4급)

① 외롭다 ② 홀로

아이를 나타내는 '子'와 소리를 나타내는 '瓜'(고←과)가 합쳐진 글자예요. 아버지가 없는 아이, 곧 고아처럼 '외롭다'는 뜻이에요.

孤獨(외로울 **고**, 홀로 **독**) 외로움
孤兒(외로울 **고**, 아이 **아**) 부모가 없는 아이

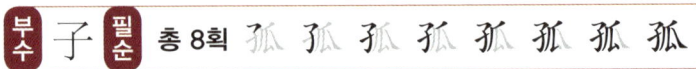

庫 고 [kù] warehouse (4급)

① 곳집

수레(車)를 넣어 두는 집(广)이라는 뜻이에요. 따라서 '곳집, 창고'를 뜻해요.

金庫(쇠 **금**, 곳집 **고**) 돈을 넣어 두는 곳
倉庫(곳집 **창**, 곳집 **고**) 쌀이나 무기, 갖가지 물건을 보관하는 곳

얽히고설킨 한자

'냉장고'는 무슨 뜻인가요?

냉장고의 '고'는 '곳집 고(庫)'예요. 원래는 '냉장', 즉 '차갑게(冷) 저장(藏)하는 창고'라는 뜻이에요.

曲 곡 [qū] bent (5급)

① 굽다

대나무를 구부려 만든 그릇을 본뜬 글자예요. 그래서 '굽었다'라는 뜻을 나타내요.

曲線(굽을 곡, 줄 선) 모나지 않고 부드럽게 굽은 선
屈曲(굽을 굴, 굽을 곡) 이리저리 굽어 꺾여 있음

穀 곡 [gǔ] grain (4급)

① 곡식

껍질(殼←殼)에 싸인 벼(禾)의 모습을 나타낸 글자입니다. '곡식'이라는 뜻으로 쓰여요.

穀食(곡식 **곡**, 먹을 **식**) 식량이 되는 쌀, 보리, 콩 등을 통틀어 이름
穀物(곡식 **곡**, 물건 **물**) 쌀, 보리, 콩 등의 사람이 주식으로 하는 곡식

부수 禾 | 필순 | 총 15획

困 곤 [kùn] distress (4급)

① 괴롭다

좁은 울타리(囗)에 나무(木)가 갇혀 있는 모습으로, '괴롭다'는 뜻을 담고 있어요.

困難(괴로울 **곤**, 어려울 **란**) 처리하기 어려움
疲困(지칠 **피**, 괴로울 **곤**) 몸이나 마음이 지쳐 괴로움

부수 囗 | 필순 | 총 7획

骨 골 [gǔ] bone (4급)

① 뼈

살(月=肉)이 붙어 있는 뼈(冎)를 나타낸 글자예요.

骨格(뼈 **골**, 격식 **격**) 뼈대
弱骨(약할 **약**, 뼈 **골**) 몸이나 뼈대가 약한 사람

부수 骨 필순 총 10획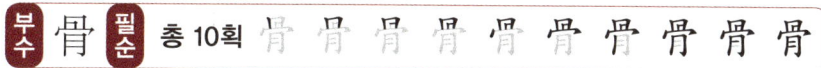

工 공 [gōng] artisan (7급)

① 장인 ② 공업

물건을 만들 때 쓰는 '工' 모양의 공구를 본떠 만든 글자인데, 물건을 만드는 '장인'이라는 뜻이 되었어요.

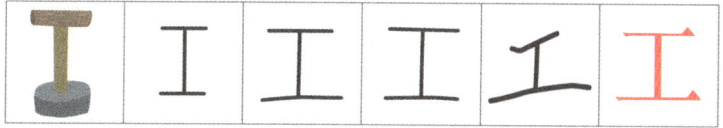

工事(장인 **공**, 일 **사**) 집이나 빌딩 같은 건물을 짓는 일
工業(공업 **공**, 일 **업**) 원료를 가공해 새로운 물건을 만드는 산업

부수 工 필순 총 3획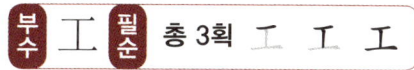

空 공 [kōng] empty (7급)

① 비다 ② 하늘 ③ 헛되다, 쓸데없다

연장(工)으로 구멍(穴)을 파낸 모습을 나타낸 글자입니다. 그래서 '비었다'라는 뜻을 나타내요.

空氣(빌 공, 기운 기) 지구를 뒤덮고 있는 투명한 기체
空港(하늘 공, 항구 항) 비행기가 뜨고 내릴 수 있도록 만든 곳
空想(헛될 공, 생각 상) 이룰 수 없는 헛된 생각

부수 穴 **필순** 총 8획

功 공 [gōng] merit (6급)

① 공, 공로

연장(工)을 가지고 힘(力)을 들여 무엇을 이룬 것을 상징하는 글자입니다. 그러므로 '공, 공로'라는 뜻을 나타내요.

功勞(공 공, 힘쓸 로) 어떤 일에 이바지한 공적과 노력
成功(이룰 성, 공 공) 공이나 뜻을 이룸

부수 力 **필순** 총 5획 功 功 功 功 功

共 공 [gòng] together (6급)

① 함께

두 손으로 물건을 받쳐 드는 모습을 본뜬 글자예요. 두 손을 함께 썼으므로 '함께'라는 뜻이 되었어요.

共通(함께 **공**, 통할 **통**) 여럿 사이에 두루 통용되거나 관계됨
共同(함께 **공**, 같을 **동**) 두 사람 이상이 일을 같이함

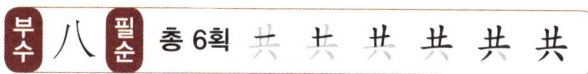

公 공 [gōng] public (6급)

① 공평하다 ② 여러 공적인 것

어떤 물건(厶)을 똑같이 나눈다(八)는 글자입니다. 그래서 '공평하다'라는 뜻으로 쓰여요.

公平(공평할 **공**, 평평할 **평**) 어느 한쪽에 치우치지 않고 공정함
公開(여러 **공**, 열 **개**) 여러 사람에게 널리 보임
公園(여러 **공**, 동산 **원**) 여러 사람이 함께 사용하는 큰 정원

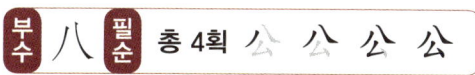

孔 공 [kǒng] hole (4급)

① 구멍

아기(子)가 엄마의 젖(乚)을 빠는 모습을 본떠 만든 글자예요. 그래서 젖이 나오는 '구멍'이라는 뜻이 되었습니다.

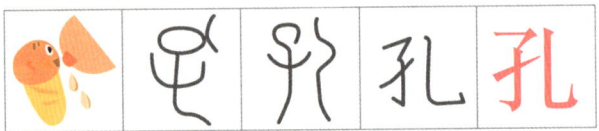

氣孔(공기 기, 구멍 공) 숨구멍
毛孔(털 모, 구멍 공) 털이 나는 구멍

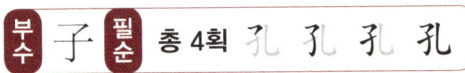

부수 子 필순 총 4획 孔 孔 孔 孔

얽히고설킨 한자

연탄을 왜 '구공탄'이라고도 하나요?

원래 석탄가루를 뭉쳐서 만든 연탄에는 구멍이 19개 나 있어요. 산소가 위아래로 들어가 연탄이 잘 타도록 만든 것이지요. 그래서 연탄을 '십구공탄'이라고도 했답니다. 그런데 나중에는 '십구'를 '구'로 줄여서 '구공탄(九孔炭)'이라고 했대요.

攻 공 [gōng] attack (4급)

① 치다 ② 닦다

연장(工)을 가지고 때리는(攵) 모양이에요. 그래서 '치다'라는 뜻이 되었어요.

先攻(먼저 **선**, 칠 **공**) 야구, 축구 등에서 먼저 공격을 시작함
專攻(오로지 **전**, 닦을 **공**) 어느 한 분야를 오로지 갈고닦음

부수 攴 **필순** 총 7획

科 과 [kē] course (6급)

① 과목, 조목

쌀(禾)을 말(斗)로 계량하면서 등급을 확인한다는 뜻이에요. 그래서 '등급, 조목'이라는 뜻으로 쓰여요.

科目(과목 **과**, 조목 **목**) 학문의 구분, 또는 교과를 구성하는 단위
科學(조목 **과**, 배울 **학**) 대상을 갈래지어 체계 있게 연구하는 것. 주로 자연과학을 가리킴

부수 禾 **필순** 총 9획

果 과 [guǒ] fruit (6급)

① 열매　② 결과

나무(木)에 열매(田)가 달린 모양을 본떠 만든 글자입니다. 그래서 '열매'라는 뜻으로 쓰여요.

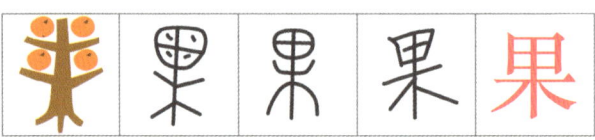

果實(열매 **과**, 열매 **실**) 사과, 배처럼 나무를 가꿔 얻는 열매
結果(맺을 **결**, 열매 **과**) 열매를 맺음

課 과 [kè] subject (5급)

① 과정, 과목　② 매기다

한 해에 얻은 열매(果)를 평가해 말한다(言)는 뜻이에요. 그래서 '매기다'라는 뜻으로도 쓰여요.

課外(과정 **과**, 밖 **외**) 정해진 학과 과정이나 근무 시간 이외의 것
課題(매길 **과**, 문제 **제**) 주어진 문제

過 과 [guò] pass (5급)

① 지나다 ② 잘못, 허물

구불구불한(咼) 길을 걸어간다(辵)는 뜻을 나타낸 글자로, '지나가다'라는 뜻이 되었어요. 또 곧게 나아가지 않고 구불구불 가는 것이므로 '옳지 않은 것', '잘못'이라는 뜻으로 쓰이게 되었어요.

過去(지날 **과**, 갈 **거**) 지나간 때, 현재에 앞선 때
謝過(사죄할 **사**, 잘못 **과**) 자신의 잘못에 대해 용서를 빎

關 관 [guān] close (5급)

① 빗장 ② 관계하다

문(門)에 자물쇠를 채운 모양을 본떠 만든 글자예요. '빗장' 또는 '닫다, 관계하다'라는 뜻으로 쓰입니다.

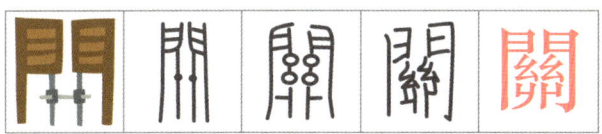

關門(빗장 **관**, 문 **문**) 국경이나 요새의 성문, 어떤 곳에 가려면 꼭 지나야 하는 길목
關係(관계할 **관**, 걸릴 **계**) 둘 이상이 서로 걸리는 일

觀 관 [guān] look (5급)

① 보다

원래는 눈이 밝다고 생각했던 부엉이의 모양을 본떠 '萑'이라는 글자를 만들어 '보다'라는 뜻으로 썼어요. 그러다가 나중에 '見'자를 곁들여서 뜻을 더욱 정확하게 표현했어요.

觀點(볼 관, 점 점) 사물을 보는 태도나 방향
觀察(볼 관, 살필 찰) 살펴봄

| 부수 | 見 | 필순 | 총 25획 |

官 관 [guān] official (4급)

① 벼슬

여러 신하들(目←自)이 관청(宀)에 모여 있음을 나타내는 글자예요. 벼슬아치들이라는 뜻과 '벼슬'이라는 뜻으로 쓰여요.

長官(어른 장, 벼슬 관) 한 관청의 으뜸 벼슬
官吏(벼슬 관, 벼슬아치 리) 나랏일을 하는 사람

| 부수 | 宀 | 필순 | 총 8획 |

管 관 [guǎn] pipe (4급)

① 대롱 ② 피리

대나무를 나타내는 '竹'과 소리를 나타내는 '官'(관)을 합쳐서 만든 글자예요. 가운데가 비어 있는 통, '대롱'이라는 뜻을 가진 글자인데 나중에 '피리'라는 뜻으로도 쓰게 되었습니다.

血管(피 **혈**, 대롱 **관**) 피가 흐르는 관
管樂器(피리 **관**, 음악 **악**, 그릇 **기**) 입으로 불어서 공기를 진동시켜 소리를 내는 둥글고 길쭉한 악기

부수 竹 필순 총 14획

光 광 [guǎng] light (6급)

① 빛, 빛나다

꿇어앉은 사람(儿)의 머리에서 빛나고 있는 불(火)을 표현한 글자로 '빛, 빛나다' 란 뜻이 되었지요.

光年(빛 광, 해 년) 빛이 1년 동안에 가는 거리
光明(빛 광, 밝을 명) 밝고 환한 빛

부수 儿 필순 총 6획

廣 광 [guǎng] wide (5급)

① 넓다

누런 땅(黃)처럼 커다란 집(广)을 나타낸 글자입니다. '넓다'라는 뜻으로 쓰여요.

廣告(넓을 **광**, 알릴 **고**) 널리 알림
廣大(넓을 **광**, 클 **대**) 크고 넓음

부수	필순	
广	총 15획	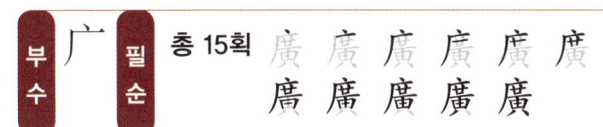

鑛 광 [kuàng] ore (4급)

① 쇳돌

쇠붙이(金) 성분이 넓게(廣) 퍼져 있는 돌을 나타내는 글자예요. 따라서 '쇳돌, 광석'이라는 뜻이 담겼어요.

鑛山(쇳돌 **광**, 메 **산**) 쇠나 금과 같은 광물을 캐는 곳
採鑛(캘 **채**, 쇳돌 **광**) 광물을 캠

부수	필순	
金	총 23획	

交 교 [jiāo] intersect (6급)

① 사귀다 ② 엇갈리다, 교차하다

사람이 다리를 꼰 모양을 본떠 만든 글자예요. '사귐, 엇갈림'이라는 뜻을 담게 되었어요.

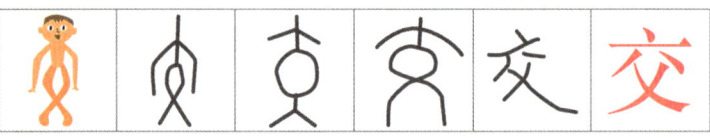

外交(밖 **외**, 사귈 **교**) 외국과 하는 교제, 사귐
交代(엇갈릴 **교**, 번갈아 **대**) 서로 번갈아 드는 것

부수 亠 필순 총 6획

校 교 [xiào] school (8급)

① 학교

처음에는 나무(木)를 엮어(交) 만든, 발을 묶는 '고랑'이라는 뜻으로 쓴 글자입니다. 나중에 '학교'라는 뜻이 되었어요.

校長(학교 **교**, 어른 **장**) 학교를 대표하는 사람
學校(배울 **학**, 학교 **교**) 학생들을 가르치는 교육 기관

부수 木 필순 총 10획

敎 교 [jiào] teach (8급)

① 가르치다 ② 종교

손에 회초리를 들고(攵←攴) 아이(子)에게 산가지(爻)로 셈하는 것을 가르치는 것을 나타냈어요. 그래서 '가르친다'는 뜻이 되었어요.

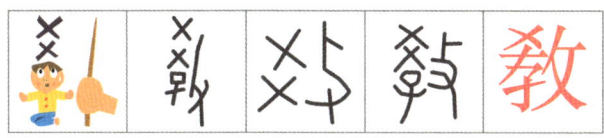

敎室(가르칠 **교**, 집 **실**) 학교에서 주로 수업하는 데 쓰는 방

宗敎(마루 **종**, 종교 **교**) 가장 높은 가르침이란 뜻으로, 신이나 절대자를 믿고 숭배함으로써 마음의 평안을 얻고자 하는 정신문화의 한 체계

| 부수 | 攵 | 필순 | 총 11획 |

橋 교 [qiáo] bridge (5급)

① 다리

강 위에 나무(木)를 사용해 '喬'(교)자 모양으로 높이 세워 놓은 것을 본떠 만든 글자예요. 그래서 '다리'를 뜻해요.

大橋(클 대, 다리 교) 큰 다리
陸橋(뭍 육, 다리 교) 차도나 철로 위로 사람이 건널 수 있게 만든 구름다리

얽히고설킨 한자

'오작교'는 무엇일까요?

오작교는 은하수를 사이에 두고 헤어져 있는 견우와 직녀가 해마다 7월 7일에 만날 수 있도록 까마귀와 까치가 만들어 준 다리랍니다. 한자로 나타내면 '烏鵲橋'(까마귀 오, 까치 작, 다리 교)예요.

口 구 [kǒu] mouth (7급)

① 입 ② 어귀

입 모양을 따라 만든 글자로 '입'이라는 뜻이에요. 뜻이 더 넓어져 무엇이 시작되는 곳이라는 뜻도 생겼어요.

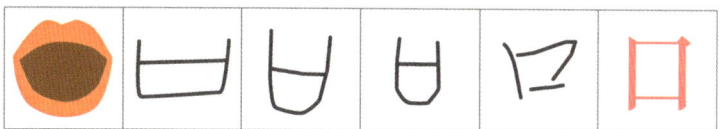

人口(사람 **인**, 입 **구**) 일정한 지역에 사는 사람의 수
入口(들 **입**, 어귀 **구**) 들어가는 어귀

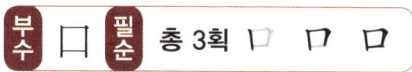

얽히고설킨 한자

입(口)이 '사람'을 뜻하기도 할까요?

"입이 몇인데 겨우 요걸 사 오냐?"

친구 10명이 모인 자리에 호떡 2개만 달랑 사 왔다면, 이런 말을 할 수 있겠지요? 여기서 '입'이란 음식을 먹는 사람의 수를 뜻합니다. 한자의 '口'도 마찬가지예요. '食口'(식구)는 단순히 '먹는 입'이 아니라 한집에 사는 사람들, 즉 가족을 뜻하며, '人口'(인구)는 특정 지역에 사는 사람들의 수를 가리킵니다.

九 구 [jiǔ] nine (8급)

① 아홉 ② 많다

본래 '갈고리'를 본떠 만든 글자였어요. 나중에 이 글자를 빌려 숫자 '9'의 뜻으로 썼습니다. 오늘날에도 중국인들은 둘째손가락을 갈고리처럼 구부려 '9'라는 표시를 해요.

九死一生(아홉 **구**, 죽을 **사**, 한 **일**, 살 **생**) 여러 번 죽을 고비를 넘기고 겨우 살아남

十中八九(열 **십**, 가운데 **중**, 여덟 **팔**, 아홉 **구**) 열 중에 여덟 또는 아홉. 거의 예외 없이 그러하다는 추측의 말

부수 乙 필순 총 2획

區 구 [qū] area (6급)

① 구역 ② 나누다

어떤 것들(品)이 있는 곳(匸)이라는 뜻이에요. 그래서 '구역' 또는 '나누다'라는 뜻으로 쓰입니다.

區(구역 **구**) 인구 50만 이상인 대도시에 두며, 동 위의 행정 구역 단위

區別(나눌 **구**, 나눌 **별**) 나눔

부수 匸 필순 총 11획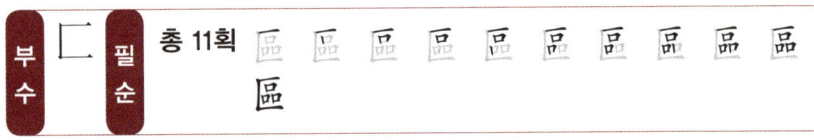

舊 구 [jiù] old (5급)

① 옛, 예전

원래는 다른 새의 둥지(臼)를 습격하는 새(雈)인 '부엉이'를 뜻하는 글자였어요. 그런데 나중에 '옛'이라는 뜻으로 더 널리 쓰이면서 원래 뜻은 사라졌어요.

舊式(옛 **구**, 법 **식**) 예전의 형식이나 방식. 시대에 뒤떨어지는 것
新舊(새 **신**, 옛 **구**) 새것과 옛것

부수 臼 | 필순 총 18획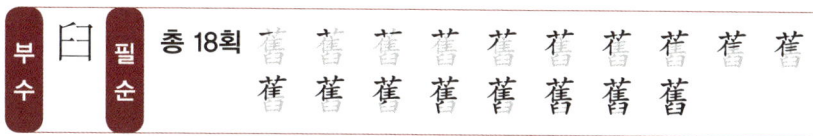

究 구 [jiū] investigate (4급)

① 다하다 ② 깊게 연구하다

구멍(穴)의 끝(九:9는 한 자릿수의 끝)까지 가는 것을 나타낸 글자예요. 그래서 '다하다'라는 뜻이 되었어요.

窮究(다할 **궁**, 다할 **구**) 끝까지 속속들이 파헤쳐 알아봄
研究(연구할 **연**, 깊게 연구할 **구**) 사물을 자세히 조사하여 그 이치나 사실을 밝혀냄

부수 穴 | 필순 총 7획

具 구 [jù] equip (5급)

① 갖추다 ② 가구, 그릇

음식이 가득 담긴 그릇(目←鼎)을 두 손(廾)으로 받쳐 들고 제사상에 올리는 모습을 본뜬 글자예요. 그래서 '갖추다, 그릇'이라는 뜻으로 쓰여요.

具備(갖출 **구**, 갖출 **비**) 필요한 것을 빠짐없이 갖춤
家具(집 **가**, 가구 **구**) 집안 살림에 쓰이는 온갖 물건

부수 八 필순 총 8획

求 구 [qiú] seek (4급)

① 구하다

털이 달린 옷소매와 손의 모양을 본떠 만든 글자로, 원래는 '가죽옷(裘)'이라는 뜻으로 썼어요. 나중에 이 글자를 빌려 '추구하다, 얻으려고 하다, 원하다'라는 뜻으로 더 널리 써서, 지금은 '구하다'라는 뜻을 나타내요.

要求(구할 **요**, 구할 **구**) 구함
求人(구할 **구**, 사람 **인**) 일할 사람을 구함

부수 水 필순 총 7획

球 구 [qiú] ball (6급)

① 공

가죽(求)으로 구슬(王←玉)처럼 둥글게 만들었다는 뜻이에요. 그래서 '공'을 뜻하는 말이 되었어요.

地球(땅 **지**, 공 **구**) 공처럼 둥근 땅이라는 뜻으로, 인류가 살고 있는 천체
野球(들 **야**, 공 **구**) 9명이 한 팀을 이루어 번갈아 가며 공격과 방어를 하는 구기 종목

| 부수 | 玉 | 필순 | 총 11획 | 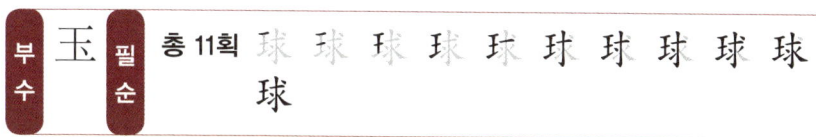 |

救 구 [jiù] save (5급)

① 구원하다, 돕다

손에 막대기를 쥐고(攵←攴) 위험에 빠지지 않도록 노력한다(求)는 뜻을 나타냈어요. 그래서 '구원하다, 돕다'라는 뜻을 나타내요.

救出(구원할 **구**, 벗어날 **출**) 위험에서 구하여 냄
救助(구원할 **구**, 도울 **조**) 위험이나 어려움에 빠진 사람을 구함

| 부수 | 攴 | 필순 | 총 11획 | 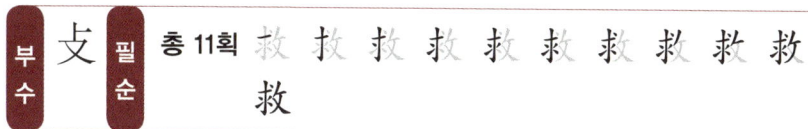 |

句 구 [jù] sentence (4급)

① 글귀

갈고리 모양을 본떠 만든 글자입니다. 그래서 처음에는 '갈고리'라는 뜻으로 썼는데, 나중에 이 글자를 빌려, 말을 끊어 토막을 짓는 '글귀, 구절'의 뜻으로 더 널리 썼어요.

句節(글귀 구, 마디 절) 한 토막의 말이나 글
文句(글월 문, 글귀 구) 글의 구절

부수 口 필순 총 5획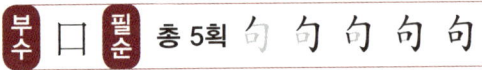

構 구 [gòu] construct (4급)

① 얽다

나무(木)를 짜 맞춘다(冓), 곧 '얽다, 짜내다'라는 뜻이에요.

構造(얽을 구, 만들 조) 부분이나 요소가 어떤 전체를 이룸
構成(얽을 구, 이룰 성) 부분으로 전체를 짜 이룸

부수 木 필순 총 14획

國 국 [guó] country (8급)

① 나라

창(戈)을 들고 지키는 일정한(一) 장소(口)라는 의미(或)에, 성벽으로 둘러싸인 큰 지역임을 표시하는 '口'(에워쌀 위)를 더해 '나라'라는 뜻이 되었어요.

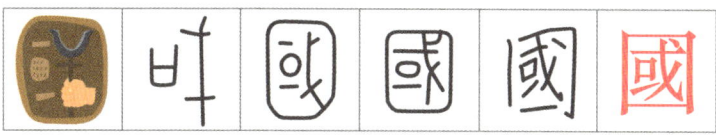

國家(나라 **국**, 노래 **가**) 한 나라를 상징하는 노래
國産(나라 **국**, 낳을 **산**) 자기 나라에서 생산한 것

부수	口	필순	총 11획

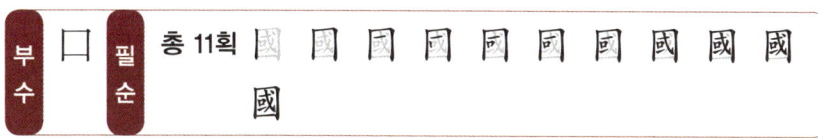

局 국 [jú] bureau (5급)

① 관청 ② 판

잣대(尺)를 가지고 말(口)을 함부로 하지 못하도록 규제하는 곳을 뜻합니다. 이런 곳이 바로 '관청'이에요.

放送局(놓을 **방**, 보낼 **송**, 관청 **국**) 일정한 시설을 갖추고 방송과 관련된 일을 하는 기관
結局(맺을 **결**, 판 **국**) 마지막에 이름

부수	尸	필순	총 7획

軍 군 [jūn] army (8급)

① 군사

전차(車)가 모여 있는 곳(冖)을 나타낸 글자예요.

軍士(군사 **군**, 선비 **사**) 군대에서 장교의 지휘를 받는 군인
國軍(나라 **국**, 군사 **군**) 나라를 보존하기 위해 조직한 군대

君 군 [jūn] lord (4급)

① 임금 ② 군자

손에 지휘봉을 들고(尹) 명령을 내리는(口) 사람을 나타낸 글자입니다. 이런 일을 하는 사람인 '임금'을 뜻해요.

君主(임금 **군**, 주인 **주**) 임금
君子(군자 **군**, 아들 **자**) 덕과 학식이 높은 사람

얽히고설킨 한자

김군은 '황금 임금님'이라는 뜻이라고요?

A) 이제부터는 나를 '황금 임금님'이라고 불러 줘.

B) 갑자기 무슨 소리야?

A) 김군은 '금 금(金)' 자에 '임금 군(君)' 자를 쓰니, 황금 임금님이라는 뜻이잖아? 어험! 그래서 이제부터는 나를 황금 임금님이라고 불러 달라는 거지.

* 君은 임금이라는 뜻 말고도 이군, 김군처럼 친구나 아랫사람을 친근하게 부를 때도 쓰입니다.

郡 군 [jùn] country (6급)

① 고을

지도자(君)를 중심으로 사람들이 모인 곳(阝)이라는 뜻입니다. 즉 '고을'을 뜻해요.

郡(고을 군) 도에 딸린 지방 행정 구역 단위의 하나
郡守(고을 군, 지킬 수) 군의 행정을 맡은 대표자

부수 邑 필순 총 10획

내가 사는 郡(군)은 참 아름다운 곳이야.

群 군 [qún] crowd (4급)

① 무리, 떼

우두머리(君)가 이끄는 양 떼(羊)를 나타낸 글자예요. 그래서 '무리, 떼'라는 뜻으로 쓰여요.

群衆(무리 **군**, 무리 **중**) 무리 지어 모여 있는 사람
群集(무리 **군**, 모일 **집**) 떼 지어 많이 모임

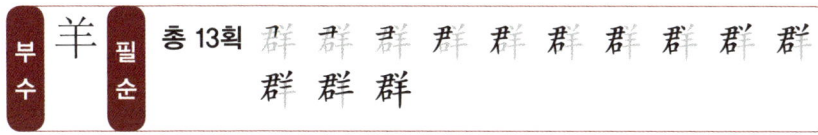

屈 굴 [qū] bent (4급)

① 굽다

꼬리(尸←尾)가 구불구불하게 나왔다(出)는 뜻이에요. '굽다'라는 뜻으로 쓰여요.

屈曲(굽을 **굴**, 굽을 **곡**) 이리저리 구부러짐
屈折(굽을 **굴**, 꺾을 **절**) 휘어져 꺾임

宮 궁 [gōng] palace (4급)

① 집 ② 대궐, 궁전

건물을 옆에서 본 모양(宀)과 위에서 내려다본 모양(呂)을 합해서 만든 글자입니다. 그래서 '집, 궁전'이라는 뜻이에요. 이때 '呂'(려)는 작은 건물 여러 채가 이어져 있는 모양을 본뜬 것이에요.

古宮(옛 고, 집 궁) 옛날에 임금이 살던 곳
宮中(대궐 궁, 가운데 중) 임금님이 거처하는 대궐 안

부수 宀 필순 총 10획

얽히고설킨 한자

'闕'(대궐 궐)이 원래 문이었다고요?

'궁궐', '대궐'이라고 할 때 '闕'은 원래 양쪽에 커다란 누대를 세우고 그 사이로 다닐 수 있게 만든 커다란 문이랍니다.

窮 궁 [qióng] exhausted (4급)

① 다하다 ② 궁하다

집(穴)의 중심(躬: 몸의 등뼈로서 '중심'을 뜻함)을 뜻하는 글자입니다. 그래서 지붕에 있는 '용마루'의 뜻으로 쓰였는데, 용마루가 지붕의 제일 위쪽에 있기 때문에 '끝, 다하다'라는 뜻도 생겼어요. 이것은 '極'(극) 자의 유래와도 같습니다.

窮極(다할 궁, 다할 극) 어떤 일의 마지막 끝
窮乏(궁할 궁, 가난할 핍) 재산이 없어 매우 가난함

부수	필순	총 15획

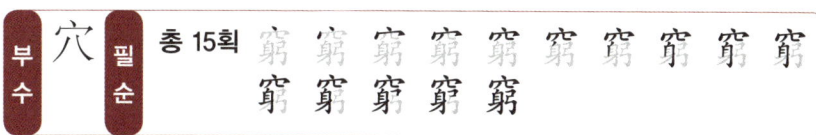

얽히고설킨 한자

'무궁화'는 무슨 뜻일까요?

무궁화는 단군 할아버지 때부터 우리나라에 많이 피었던 꽃이에요. 한자 이름 '無窮花'(없을 무, 다할 궁, 꽃 화)는 '다함이 없는 꽃' 즉 영원한 꽃이라는 뜻이에요. 원래 순우리말 이름이 있었을 텐데 지금은 정확히 알 수 없습니다.

勸 권 [quàn] advise (4급)

① 권하다

황새(雚)가 물고기를 잡듯이, 열심히 하라고 힘(力)을 보탠다는 뜻을 나타낸 글자예요. 그래서 '권하다, 힘쓰다'라는 뜻으로 쓰여요.

勸善(권할 **권**, 착할 **선**) 착한 일을 권함
勸學(권할 **권**, 배울 **학**) 학문에 힘쓰도록 권함

| 부수 | 力 | 필순 | 총 20획 |

權 권 [quán] authority (4급)

① 권력

나무를 뜻하는 '木'과 소리를 나타내는 '雚'(권←관)을 더해 만들었어요. 처음에는 나무 이름을 뜻하는 글자로 쓰였는데, 나중에 '저울추, 권세'라는 뜻으로 더 널리 쓰이게 되었어요.

權力(권세 **권**, 힘 **력**) 남을 복종시키거나 지배할 수 있는 힘
權利(권력 **권**, 이로울 **리**) 무슨 일을 자기 마음대로 할 수 있는 자격

| 부수 | 木 | 필순 | 총 22획 |

卷 권 [juǎn] roll (4급)

① 책 ② 말다

밥알을 두 손으로 뭉쳐서(廾←臼) 만든 둥근 모양과, 무릎을 꿇어서(㔾) 만든 둥근 모양을 합쳐서 만든 글자예요. 그래서 무엇인가를 '말다'라는 뜻이 되었어요. 옛날에는 대쪽이나 비단으로 만든 책을 둘둘 말아 두었기 때문에 나중에 '책'이라는 뜻으로도 쓰이게 되었어요.

卷頭言(책 **권**, 머리 **두**, 말씀 **언**) 책의 머리말
席卷(자리 **석**, 말 **권**) 자리를 말듯이 닥치는 대로 영토를 휩쓰는 것

券 권 [quàn] deed (4급)

① 문서

책(卷)에 글자를 새기듯 두 사람의 약속을 칼(刀)로 새겨 두었다는 뜻입니다. 그래서 '문서, 증서'라는 뜻이 되었어요.

旅券(여행 **여**, 문서 **권**) 외국에 여행하는 사람의 신분을 증명하는 공문서
福券(복 **복**, 문서 **권**) 당첨되면 어떤 상금이나 이득을 얻게 되는 표

貴 귀 [guì] precious (5급)

① 귀하다

두 손에 흙을 쥐고 있는 모습을 본떠 만든 글자입니다. '귀하다'라는 뜻으로 썼는데, 나중에 '돈'을 뜻하는 '貝'를 더해 그 뜻을 더 명확히 나타냈어요.

貴族(귀할 **귀**, 무리 **족**) 사회적으로 특별한 대접을 받던 특권 계급
貴重(귀할 **귀**, 무거울 **중**) 매우 가치가 있고 중요함

| 부수 | 貝 | 필순 | 총 12획 | 貴貴貴貴貴貴貴貴貴貴貴貴 |

歸 귀 [guī] return (4급)

① 돌아가다

신하들(𠂤)이 임금을 찾듯이 여자(帚←婦)가 가는 것(止)을 나타냅니다. 즉 '시집가다'라는 뜻이에요. 나중에 '돌아가다'라는 뜻으로 더 널리 쓰였어요.

歸家(돌아갈 **귀**, 집 **가**) 집으로 돌아감
復歸(다시 **복**, 돌아갈 **귀**) 다시 원래 상태로 돌아감

| 부수 | 止 | 필순 | 총 18획 | 歸歸歸歸歸歸歸歸歸歸歸歸歸歸歸歸歸歸 |

規 규 [guī] rule (5급)

① 법

사람들에게 보여(見) 본보기로 삼을 만한 어른(夫)이라는 뜻이에요. 이것이 곧, '법규, 본보기'예요.

規則(법 **규**, 법칙 **칙**) 여러 사람이 함께 지키기로 정한 원칙
規範(법 **규**, 법 **범**) 마땅히 따라야 할 본보기

| 부수 見 | 필순 | 총 11획 規 規 規 規 規 規 規 規 規 規 |

均 균 [jūn] equal (4급)

① 고르다

흙(土)을 가지런히 한다(匀)를 나타낸 글자입니다. 그래서 '고르다'라는 뜻이 되었어요.

均等(고를 **균**, 무리 **등**) 차별이 없이 고름
平均(평평할 **평**, 고를 **균**) 크고 작음, 또는 많고 적음이 차이가 나지 않게 한 것

| 부수 土 | 필순 | 총 7획 均 均 均 均 均 均 均 |

極 극 [jí] top (4급)

① 다하다 ② 끝

집에서 가장(亞) 위에 있는 나무 기둥(木)의 모습을 본떠 만든 글자예요. 그래서 처음에는 '용마루'라는 뜻이었는데, 나중에 주로 '끝, 다하다'라는 뜻으로 쓰게 되었습니다.

極甚(다할 **극**, 심할 **심**) 매우 심함
至極(이를 **지**, 끝 **극**) 정도나 상태가 더 이상 나아가지 못할 정도에 이름

| 부수 | 木 | 필순 | 총 13획 | 極 極 極 極 極 極 極 極 極 極 極 極 極 |

劇 극 [jù] severe (4급)

① 심하다 ② 연극

호랑이가 두 발을 들고 서 있는 모양(豦)을 본떠 맹렬함을 나타내고, 거기에 날카로운 칼(刂=刀)을 더해 '심하다'라는 뜻이 되었습니다.

劇變(심할 **극**, 변할 **변**) 갑자기 심하게 변함
劇場(연극 **극**, 마당 **장**) 연극이나 영화를 감상할 수 있도록 만든 곳

| 부수 | 刀 | 필순 | 총 15획 | 劇 劇 劇 劇 劇 劇 劇 劇 劇 劇 劇 劇 劇 劇 劇 |

根 근 [gēn] root (6급)

① 뿌리 ② 근본

뜻을 나타내는 '木'과 소리를 나타내는 '艮'(근←간)을 더해 만든 글자입니다. 나무의 뿌리라는 뜻이에요.

蓮根(연꽃 **연**, 뿌리 **근**) 연꽃의 뿌리줄기
根本(뿌리 **근**, 근본 **본**) 사물이 생겨나는 데 바탕이 되는 것

| 부수 | 木 | 필순 | 총 10획 | 根 根 根 根 根 根 根 根 根 根 |

近 근 [jìn] near (6급)

① 가깝다

손도끼(斤)를 들고 있다가 놓치면 그것이 가는(辶) 자리는 바로 가까운 곳이라는 뜻이지요. 그래서 '가깝다'라는 뜻으로 씁니다.

近方(가까울 **근**, 모 **방**) 가까운 곳
最近(가장 **최**, 가까울 **근**) 지금으로부터 앞뒤로 매우 가까운 시기

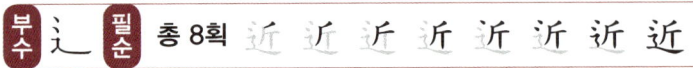

부수 辶 필순 총 8획

筋 근 [jīn] muscle (4급)

① 힘줄

살(月=肉) 속에 힘(力)을 쓸 수 있도록 대나무 줄기(竹)처럼 들어 있는 것을 나타낸 글자예요. 바로 '힘줄'을 뜻해요.

筋肉(힘줄 **근**, 고기 **육**) 몸의 힘줄과 살
筋力(힘줄 **근**, 힘 **력**) 근육의 힘

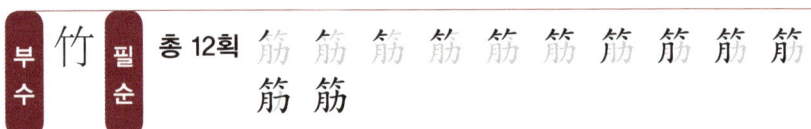

부수 竹 필순 총 12획

勤 근 [qín] diligent (4급)

① 힘쓰다 ② 부지런하다

힘(力)을 들여 진흙(堇)을 이겨 바른다는 뜻을 나타낸 글자예요. 그래서 '힘쓰다'라는 뜻으로 쓰여요.

勤勉(힘쓸 **근**, 힘쓸 **면**) 아주 열심히 일함
勤勞(부지런할 **근**, 일할 **로**) 부지런히 일함

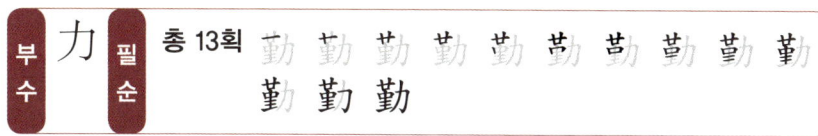

禁 금 [jìn] prohibit (4급)

① 금하다

신(示)이 머무는 신성한 숲(林)을 나타낸 글자입니다. 이런 곳은 사람이 함부로 들어가지 못하는 곳이라는 뜻에서 '금하다'라는 뜻이 되었어요.

禁止(금할 **금**, 멈출 **지**) 못하게 함
禁忌(금할 **금**, 꺼릴 **기**) 꺼리어서 싫어함

金 금 [jīn] metal (8급)

① 쇠 ② 황금 ③ 돈 ④ 성(김)

흙(土) 속(厶)에 있는 어떤 것(丶丶)을 나타내는 글자입니다. 본디 쇠는 흙 속에 있어서 캐내어 써야 하지요. 그래서 흙 속에 있는 어떤 것으로 '쇠'를 뜻하게 되었습니다.

金屬(쇠 **금**, 무리 **속**) 쇠붙이류
金銀(황금 **금**, 은 **은**) 황금과 은
料金(셀 **요**, 돈 **금**) 물건을 쓰고 대가로 내는 돈
金氏(성 **김**, 씨 **씨**) '김'이라는 성씨를 가진 사람을 부르는 말

今 금 [jīn] now (6급)

① 이제

뒤집어 놓은 입(A)과 입 안에 든 것(一)을 합해 만든 글자입니다. 지금 입에 머금고 있는 것이라는 뜻으로 '지금, 이제'라는 뜻이 되었어요.

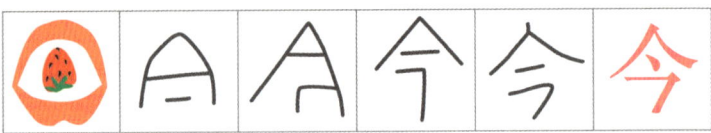

今年(이제 금, 해 년) 올해
今方(이제 금, 모 방) 이제 막

부수 人 필순 총 4획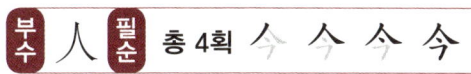

急 급 [jí] hurried (6급)

① 급하다 ② 빠르다

누군가가 따라붙을(刍은 及의 원래 글자) 때, 쫓기는 사람의 마음(心)을 나타내는 글자입니다. 쫓기는 사람의 심정은 아주 급하겠지요? 그래서 '급하다'라는 뜻이 되었습니다.

急急(급할 급, 급할 급) 어떤 일에 온통 매여서 다른 일을 할 여유가 없음
急速(빠를 급, 속도 속) 빠른 속도

부수 心 필순 총 9획

級 급 [jí] level (6급)

① 등급

실(糸)과 소리를 나타내는 '及'(급)을 더해서 만든 글자예요. 옷감을 짜는 실의 '등급'을 나타내는 뜻으로 쓰였습니다.

高級(높을 고, 등급 급) 높은 등급
學級(배울 학, 등급 급) 한 교실에서 함께 공부하도록 편성하는 단위

부수 糸 필순 총 10획 級 級 級 級 級 級 級 級 級 級

給 급 [gěi] give (5급)

① 주다

실(糸)을 자을 때 조금씩 모아서(合) 이어 나간다는 뜻이에요. 그래서 '주다(더하다)'라는 뜻이 되었어요.

給食(줄 급, 먹을 식) 일정한 기관에서 식사를 주는 것
月給(달 월, 줄 급) 일한 대가로 다달이 주는 보수

氣 기 [qì] energy (7급)

① 기운, 힘 ② 숨 ③ 공기, 기체

원래는 '气'로 뭉게뭉게 피어오르는 구름을 나타냈어요. 그래서 '기운, 숨'이라는 뜻으로 쓰이다가, 나중에 여기에 '米'가 더해져서 지금의 모양이 되었습니다.

勇氣(날쌜 용, 기운 기) 씩씩하고 굳센 기운
氣管(숨 기, 관 관) 숨 쉴 때 공기가 드나드는 관
氣溫(공기 기, 따뜻할 온) 지구를 둘러싸고 있는 공기의 온도

汽 기 [qì] steam (5급)

① 김

물(氵)로 만들어져 뭉글뭉글 피어오르는 것(气)을 나타낸 글자예요. '김, 수증기'라는 뜻이에요.

汽車(김 **기**, 수레 **차**) 증기 기관 등으로 궤도를 달리는 차
汽笛(김 **기**, 피리 **적**) 기차나 배 등에서 증기를 내뿜는 힘으로 내는 소리

부수 水 **필순** 총 7획

己 기 [jǐ] self (5급)

① 자기

구부러진 실패 모양과 비슷한 글자로 '紀'(기)의 옛 글자라고 해요. 나중에 '자기'를 뜻하는 글자가 되었습니다.

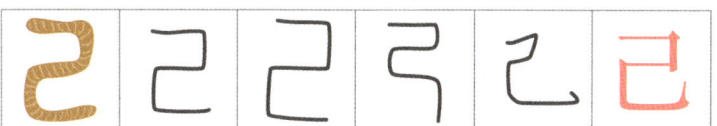

克己(이길 **극**, 자기 **기**) 자신의 욕망이나 욕심 등을 이겨 냄
自己(스스로 **자**, 자기 **기**) 그 사람 자신

부수 己 **필순** 총 3획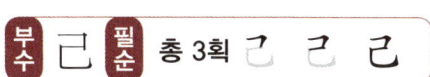

記 기 [jì] record (7급)

① 기록하다 ② 기억하다

'己'는 실을 정리하는 실패의 모양입니다. '記'는 말(言)을 가다듬어(己) 놓는다는 뜻이에요. 그래서 '기록하다'라는 뜻이 되었습니다.

日記(날 **일**, 기록할 **기**) 날마다 겪은 일을 적은 개인의 기록
記念(기억할 **기**, 생각할 **념**) 나중에 어떤 일을 떠올릴 근거로 삼음, 또는 그 물건

부수 言 **필순** 총 10획

起 기 [qǐ] rise (4급)

① 일어나다

꿇어앉은 사람(己)이 걷기(走) 위해서 일어난다는 뜻을 나타냈어요. 그래서 '일어나다'라는 뜻을 나타내요.

起立(일어날 **기**, 설 **립**) 일어나 섬
起床(일어날 **기**, 상 **상**) 잠자리에서 일어남, 즉 잠에서 깸

부수 走 **필순** 총 10획 起 起 起 起 起 起 起 起 起 起

紀 기 [jì] era (4급)

① 벼리 ② 기원

원래는 '己'가 본자(本字)로 '실패', 즉 '잘 정리된 실타래'라는 뜻이었어요. 그런데 나중에 '糸'를 덧붙여 그 뜻을 명확히 하고, 그물을 만들 때 가장 중요한 '벼리'(그물코를 꿴 굵은 줄)라는 뜻으로 쓰게 되었어요.

紀綱(벼리 **기**, 벼리 **강**) 으뜸이 되는 중요한 규율과 질서
紀元(기원 **기**, 으뜸 **원**) 하나의 나라를 세운 첫해, 역사의 연대를 세는 기준이 되는 해

부수 糸 **필순** 총 9획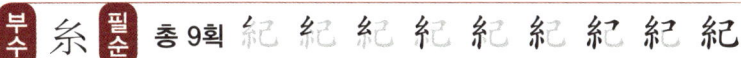

얽히고설킨 한자

'벼리'가 뭐예요?

벼리는 그물의 위쪽 코를 꿰어 놓은 줄이에요. 이것을 잡아당겨 그물을 오므렸다 폈다 합니다.

基 기 [jī] base (5급)

① 터

농기구인 키(其)로 흙(土)을 옮겨 '터'를 다진다는 데에서 생긴 글자예요.

基本(터 기, 근본 본) 가장 중심이 되고 밑바탕이 되는 것
基準(터 기, 수준 준) 무엇을 구별하거나 판단할 때 기초가 되는 것

부수	土	필순	총 11획 基 基 基 基 基 基 基 基 基 基 基

旗 기 [qí] flag (7급)

① 기, 깃발

사각형의 깃발을 뜻하는 '㫃'과 소리를 나타내는 '其'(기)를 합쳐 만든 글자예요.

國旗(나라 국, 기 기) 나라의 상징으로 정한 기
校旗(학교 교, 기 기) 학교의 상징으로 정한 기

부수	方	필순	총 14획 旗 旗 旗 旗 旗 旗 旗 旗 旗 旗 旗 旗 旗

期 기 [qī] term (5급)

① 기약하다, 기다리다　② 기간

구획 지어진(其) 시간(月)이란 뜻으로, '기약하다, 기간'을 뜻해요.

期待(기다릴 기, 기다릴 대) (어떤 일이 이루어지기를) 바라고 기다리는 것
期間(기간 기, 사이 간) 한때에서 다른 때까지의 시간

| 부수 | 月 | 필순 | 총 12획 | 期 期 期 期 期 其 其 其 期 期 期 期 |

技 기 [jì] skill (5급)

① 재주, 재능

손(扌)으로 하는 자질구레한(支) 일이라는 뜻으로, '재주'를 나타내요.

技能(재주 기, 능할 능) 기술적인 능력이나 재능
技術(재주 기, 꾀 술) 사물을 가공하고 다루는 능력

| 부수 | 手 | 필순 | 총 7획 | 技 技 技 技 技 技 技 |

나, 짜장면을 만드는 技術(기술)이 뛰어나지, 헤~.

① 그릇 ② 도구

갖가지 모양의 그릇(皿)과 그것을 지키는 개(犬)를 합쳐 만든 글자예요. '그릇'이라는 뜻을 나타내요.

食器(밥 식, 그릇 기) 음식을 담는 그릇
武器(굳셀 무, 도구 기) 적과 싸울 때 쓰는 도구

| 부수 | 口 | 필순 | 총 16획 |

① 기이하다

한쪽 다리가 길게 뻗은(可) 사람(大)으로, 절름발이를 표현한 글자예요. 그래서 '기이하다, 이상하다'라는 뜻이 되었어요.

奇異(기이할 기, 다를 이) 보통과는 다르게 이상함
奇跡(기이할 기, 자취 적) 자연적인 힘으로밖에는 설명하기 어려운 일

| 부수 | 大 | 필순 | 총 8획 |

機 기 [jī] machine (4급)

① 틀, 기계 ② 기회

실(絲)과 베틀의 옆모습(戈)과 거기에 앉아 있는 사람(人)을 더해서 만든 글자로 '베틀'이라는 뜻으로 썼습니다. 나중에 베틀을 만드는 재료인 나무(木)를 더해 지금의 글자가 되었어요. 뜻도 넓어져 '틀, 기계'까지 가리키게 되었습니다.

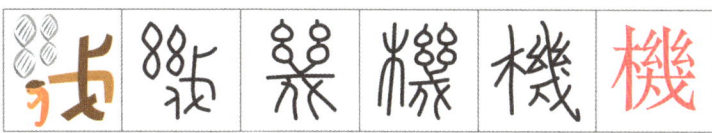

機械(틀 **기**, 틀 **계**) 사람의 힘이나 물리적인 힘으로 움직여 일을 하게 만든 장치
機會(기회 **기**, 맞출 **회**) 어떤 일이 성공하기에 알맞은 때

부수 木 필순 총 16획

베틀은 실로 베를 짜는 機械(기계)랍니다.

寄 기 [jì] send (4급)

① 의뢰하다 ② 보내다

한쪽 다리가 긴 사람, 즉 절름발이(奇)가 집 안(宀)에서 한쪽에 기대 있는 것을 나타낸 글자예요. 그래서 '의뢰하다, 보내다'라는 뜻이 되었어요.

寄居(의뢰할 **기**, 살 **거**) 남의 집에 덧붙어 삶
寄稿(보낼 **기**, 원고 **고**) 신문이나 잡지에 싣기 위해 원고를 보냄

| 부수 | 宀 | 필순 | 총 11획 |  |

吉 길 [jí] lucky (5급)

① 길하다

선비(士)의 도리에 딱 맞는 말(口)이니까 '길하다, 좋다'라는 뜻이 되었어요.

吉凶(길할 **길**, 흉할 **흉**) 운이 좋고 나쁨
不吉(아닐 **불**, 길할 **길**) 운수 따위가 좋지 않음

| 부수 | 口 | 필순 | 총 6획 |  |

暖 난 [nuǎn] warm (4급)

① 따뜻하다

해(日)와 끌어당긴다(爰)는 뜻이 합쳐져 만들어진 글자예요. 그래서 '따뜻하게 하다'라는 뜻이 되었어요.

暖房(따뜻할 **난**, 방 **방**) 따뜻한 방, 방을 따뜻하게 하는 것
溫暖(따뜻할 **온**, 따뜻할 **난**) (기온 등이) 따뜻함

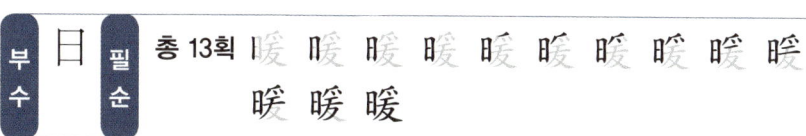

難 난 [nán] difficult (4급)

① 어렵다 ② 꾸짖다

진흙(堇) 속에 빠진 새(爰)라는 의미예요. 그래서 '어렵다'는 뜻이 되었고, 뜻이 넓어져 '꾸짖다'라는 뜻으로도 씁니다.

苦難(쓸 고, 어려울 난) 매우 괴롭고 어려움
非難(아닐 비, 꾸짖을 난) 남의 잘못을 나쁘게 말하는 것

부수 佳 필순 총 19획 難 難 難 難 難 難 難 難 難 難 難 難 難 難 難 難 難 難 難

南 남 [nán] south (8급)

① 남쪽

원래는 매달아서 사용하는 악기의 모양(㞷)을 본떠 만든 글자인데, 나중에 '남쪽'이라는 뜻으로 쓰이게 되었어요.

南極(남쪽 남, 다할 극) 지구의 남쪽 끝
南大門(남쪽 남, 클 대, 문 문) 서울을 둘러싼 큰 문 중에서 남쪽에 있는 문

부수 十 필순 총 9획 南 南 南 南 南 南 南 南 南

男 남 [nán] man (7급)

① 남자, 사내 ② 아들

밭(田)에서 힘(力)을 써서 일하는 사람이라는 뜻이에요. 그래서 '남자, 사내'라는 뜻이 되었어요.

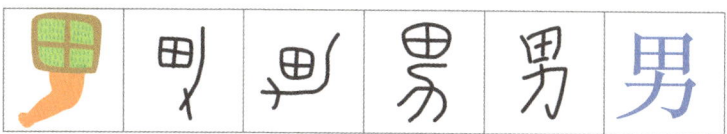

男女(남자 **남**, 여자 **녀**) 남자와 여자
長男(어른 **장**, 아들 **남**) 맏아들

부수 田 | 필순 | 총 7획

納 납 [nà] offer (4급)

① 들이다 ② 바치다 ③ 받다

실(糸)에 습기가 들어간(內) 상태를 뜻하는 글자입니다. 그래서 물을 '들이다'라는 뜻이 되었어요. '바치다'라는 뜻은 나중에 생긴 거예요.

納得(들일 **납**, 얻을 **득**) 다른 사람의 말이나 행동 등을 잘 알아서 받아들이고 이해함
納稅(바칠 **납**, 세금 **세**) 세금을 바침
受納(받을 **수**, 들일 **납**) 금품 등을 받아서 넣음

부수 糸 | 필순 | 총 10획

內 내 [nèi] inside (7급)

① 안, 속

어떤 장소(冂) 안으로 들어간다(入)는 의미를 나타낸 글자입니다. 그래서 '안'이라는 뜻이 되었어요.

內部(안 내, 거느릴 부) 안쪽 부분
內容(안 내, 담을 용) 안에 들어 있는 것

부수 入 필순 총 4획 內 內 內 內

女 녀 [nǚ] woman (8급)

① 여자 ② 딸

두 손을 포개고 무릎을 꿇고 앉아 있는 여자의 모습을 본떠 만든 글자예요.

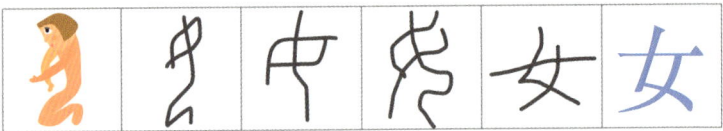

子女(아들 자, 딸 녀) 아들과 딸
魔女(마귀 마, 여자 녀) 마력을 가진 여자
美女(아름다울 미, 여자 녀) 아름다운 여자

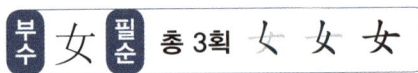
부수 女 필순 총 3획 女 女 女

年 년 [nián] year (8급)

① 해 ② 때, 시대

거둬들인 벼(禾)를 머리에 이고 가는 사람(人)의 모습을 본떠 만든 글자예요. 추수 시기는 1년에 한 번씩 돌아오기 때문에 '1년'이라는 뜻이 되었어요.

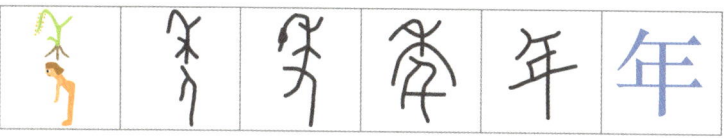

來年(올 **내**, 해 **년**) 올해의 다음 해
青少年(푸를 **청**, 적을 **소**, 때 **년**) 소년기에서 청년기에 접어드는 젊은이. 흔히 10대 후반을 가리킴

부수 干 필순 총 6획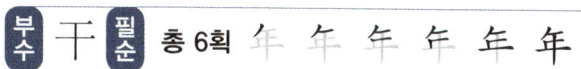

努 노 [nǔ] work hard (4급)

① 힘쓰다

강제로 일을 하는 노예(奴)와 힘을 뜻하는 '力'을 덧붙여 만든 글자예요. 그래서 '힘쓰다, 부지런히 일하다'라는 뜻이 되었어요.

努力(힘쓸 **노**, 힘 **력**) 힘을 들여 애쓰는 것
努力派(힘쓸 **노**, 힘 **력**, 갈래 **파**) 꾸준히 노력하는 사람들의 무리

부수 力 필순 총 7획

怒 노 [nù] rage (4급)

① 성내다　② 세차다

강제로 일을 해야 하는 노비(奴)의 마음(心) 상태를 본뜬 글자이므로 '성내다, 화내다'의 뜻을 담게 되었어요.

喜怒哀樂(기쁠 희, 성낼 로, 슬플 애, 즐거울 락) 기쁨과 노여움, 슬픔과 즐거움 등 사람의 온갖 감정

怒濤(세찰 노, 파도 도) 거센 파도

부수 心　필순　총 9획　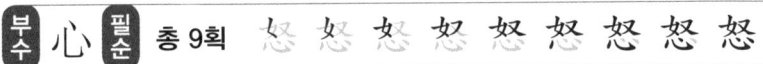

農 농 [nóng] agriculture (7급)

① 농사

농기구(辰)로 밭(田)을 간다는 뜻이에요. 나중에 '田'이 '曲'으로 변해 지금의 글자 모양이 되었어요.

農事(농사 농, 일 사) 논이나 밭에 채소나 곡식 등을 가꾸어 기르는 일
農産物(농사 농, 낳을 산, 만물 물) 농사를 지어 생산한 것

부수 辰　필순　총 13획　

念 념 [niàn] think (5급)

① 생각하다 ② 외다

마음(心)에 담고 있는 것(今←舍)이므로 '생각하다, 외다'라는 뜻을 나타내요.

專念(오로지 전, 생각할 념) 한 가지에만 마음을 쏟음
念佛(욀 염, 부처 불) 부처의 공덕을 생각하며 '나무아미타불'이나 불경을 외우는 일

부수 心 필순 총 8획

能 능 [néng] can (5급)

① 능하다 ② 할 수 있다 ③ 능력

재주가 많은 곰의 모양을 본떠 만든 글자입니다. 그래서 '능하다, 능력'이라는 뜻이 되었어요. 지금 사용하는 글자에서 'ㅿ'는 곰의 머리, '月'은 곰의 커다란 입, '덥'는 다리 부분을 본뜬 거예요.

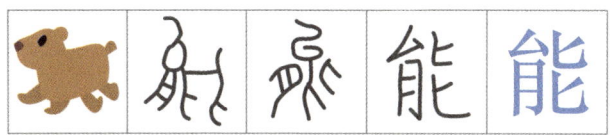

可能性(옳을 가, 능할 능, 성품 성) 일이 이루어지거나 실현될 수 있는 정도
才能(재주 재, 능력 능) 재주와 능력
機能(틀 기, 능력 능) 어떤 기관이 작용하는 것

부수 肉 필순 총 10획

多 다 [duō] many, much (6급)

① 많다

고기(夕←肉·月)가 많이 쌓여 있는 모양을 본떠 만든 글자로, '많다'라는 뜻을 나타내요.

多幸(많을 다, 다행 행) 운수가 좋음
多情(많을 다, 뜻 정) 정이 많음

부수 夕 필순 총 6획

일이 잘 해결되어서 多幸(다행) 이야!

短 **단** [duǎn] short (6급)

① 짧다 ② 허물

제기 그릇(豆)처럼 키가 작은 사람(矢)이므로 '짧다'라는 뜻이 되었어요. 짧은 것은 긴 것에 비해 좋지 않기에 '허물'이라는 뜻도 갖게 되었어요.

長短(길 **장**, 짧을 **단**) 길고 짧음, 장점과 단점
短點(허물 **단**, 점 **점**) 모자라거나 흠이 되는 점

부수	矢	필순	총 12획	短 短 短 短 短 短 短 短 短 短 短 短

團 **단** [tuán] round (5급)

① 둥글다 ② 모이다, 모으다

손(寸)에 들고 있는 실패(叀) 중에서 둥근 부분(口←○)을 강조한 것으로, 실이 실패에 감겨 있는 모양을 본떠 만든 글자입니다. '둥글다' 또는 '모이다, 모으다'라는 뜻이 되었어요.

團坐(둥글 **단**, 앉을 **좌**) 둥글게 모여 앉음
團體(모일 **단**, 몸 **체**) 여러 사람이 모여 이루어진 집단

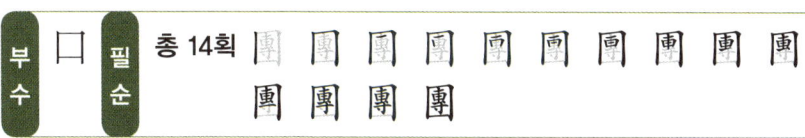

壇 단 [tán] altar (5급)

① 단

흙(土)을 높이 쌓아 올린(亶) 모습을 나타낸 글자입니다. 신에게 제사를 지내는 '단, 제단'을 뜻해요.

祭壇(제사 제, 단 단) 제사를 지내기 위해 만든 단
花壇(꽃 화, 단 단) 화초를 심기 위해 만들어 놓은 곳

부수 土 필순 총 16획 壇 壇 壇 壇 壇 壇 壇 壇 壇 壇 壇 壇 壇 壇 壇 壇

檀 단 [tán] sandalwood (4급)

① 박달나무

신성한 제단(亶←壇)의 나무(木)를 가리키는 글자예요. 나무 중에서도 제일 단단한 '박달나무'라는 뜻입니다.

檀君 (박달나무 **단**, 임금 **군**) 한민족의 시조로 받드는 태초의 임금
檀紀 (박달나무 **단**, 벼리 **기**) 단군이 고조선을 세운 기원전 2333년을 시작 점으로 하여 해를 세는 것

부수	필순	
木	총 17획	

얽히고설킨 한자

'단기'는 무엇일까요?

단군이 고조선을 세운 해를 원년으로 해서 햇수를 세는 것을 '단기'(檀紀)라고 해요. 단기는 예수 탄생을 원년으로 하는 서기보다 2333년이나 앞섰어요. 그래서 서기전 2333년은 단기 1년, 서기 2000년은 단기 4333년, 서기 3000년은 단기 5333년, 서기 4000년은 단기 6333년…… 이렇게 세요.

斷 단 [duàn] sever (4급)

① 끊다 ② 결단하다

실로 엮어서 만든 천(𢇍)의 한가운데(一)를 도끼(斤)로 끊는 모습이지요. '끊다'라는 뜻이에요.

中斷(가운데 중, 끊을 단) 일이 진행되는 중에 그만둠
判斷(판가름할 판, 결단할 단) 여러 사정을 따져 판가름을 하고 결정함

| 부수 | 斤 | 필순 | 총 18획 |

端 단 [duān] upright (4급)

① 바르다 ② 끝 ③ 실마리

똑바로 서 있는 사람(立)과 시초(耑)의 깨끗함을 합쳐 만든 글자예요. '바르다, 곧다'라는 뜻으로 쓰여요.

上端(위 상, 끝 단) 위의 끝
發端(펼 발, 실마리 단) 일이 일어남, 또는 그 일의 실마리

| 부수 | 立 | 필순 | 총 14획 |

單 단 [dān] single (4급)

① 홑, 하나 ② 얇다, 종이 한 장

새총처럼 생긴 사냥 도구(单)를 본뜬 글자예요. 나중에 이 글자를 빌려 '홑, 하나'의 뜻으로 쓰고 있어요.

單語(홑 **단**, 말씀 **어**) 홀로 쓰일 수 있는 가장 작은 말의 단위
名單(이름 **명**, 종이 한 장 **단**) 사람들의 이름을 적어 놓은 문서

段 단 [duàn] stairs (4급)

① 층층대 ② 구분, 갈림 ③ 방법

손(又)에 도구(几)를 쥐고 벼랑에 높이 오를 수 있는 계단(厂)을 만든다는 데서, '계단, 구분'이라는 뜻이 되었어요.

階段(층층대 **계**, 층층대 **단**) 사람이 오르내릴 수 있도록 건물이나 비탈에 만든 층층대
段階(구분 **단**, 층계 **계**) 차례로 구분된 일 가운데 한 지점
手段(손 **수**, 방법 **단**) 목적을 이루기 위해 쓰는 방법

達 달 [dá] master, reach (4급)

① 다다르다 ② 통달하다 ③ 이루다

사람이 길을 따라 걸어가는 모양(󰎠)을 본떠 만든 글자입니다. 길을 다 갔으니 '통달하다', '이루다'라는 뜻이 되었어요. 나중에 글자의 모양이 '辶+土+羊'으로 변했어요.

達觀(다다를 **달**, 볼 **관**) 사물의 이치를 훤히 꿰뚫어 사소한 일에 얽매이지 않는 경지
達人(통달할 **달**, 사람 **인**) 어떤 분야에 통달한 사람
達成(이룰 **달**, 이룰 **성**) 뜻한 바를 이룸

| 부수 | 辶 | 필순 | 총 13획 |

擔 담 [dān] shoulder (4급)

① 메다, 짊어지다 ② 맡다

짐을 손(扌)으로 들어 어깨에 멘다(詹←擔)는 것이에요. 그래서 '메다, 맡다'라는 뜻이 되었어요.

負擔(질 **부**, 멜 **담**) 어떤 일이나 책임을 떠맡아 짊어지는 것
擔任(맡을 **담**, 맡을 **임**) 한 학년이나 학급을 책임지고 맡은 사람

| 부수 | 手 | 필순 | 총 16획 |

談 담 [tán] talk (5급)

① 말씀 ② 이야기

불꽃이 활활 타오르듯(炎) 말(言)이 이어진다는 데서, '말씀, 이야기'라는 뜻이 되었어요.

會談(모일 **회**, 말씀 **담**) 여러 사람이 모여서 의논함
面談(얼굴 **면**, 이야기 **담**) 서로 만나서 얼굴을 보며 이야기를 나눔

부수 言 | 필순 | 총 15획

答 답 [dá] answer (7급)

① 대답하다 ② 갚다, 응하다

원래는 대나무(竹)를 모아서(合) 울타리를 얽는다는 뜻이었어요. 나중에 '대답하다'라는 뜻으로 쓰게 되었어요.

正答(바를 **정**, 대답할 **답**) 문제에 대한 옳은 답
報答(갚을 **보**, 갚을 **답**) 남에게 입은 은혜를 갚음

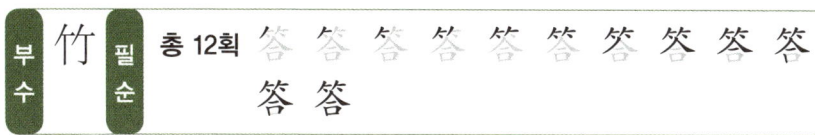

부수 竹 | 필순 | 총 12획

堂

① 집 ② 당당하다

2층으로 쌓아 올린 높은 전당을 본떠 만든 글자로 '집, 전당'을 나타냈어요.

食堂(밥 식, 집 당) 밥을 먹는 집
堂堂(당당할 당, 당당할 당) (태도가) 거리낌 없고 떳떳함

| 부수 | 土 | 필순 | 총 11획 | 堂堂堂堂堂堂堂堂堂堂堂 |

當 당 [dāng] right (5급)

① 마땅하다 ② 당하다

밭(田)을 사고팔 때 값을 감당한다(尙), 즉 '마땅하다, 당하다'라는 뜻이에요.

當然(마땅할 **당**, 그럴 **연**) 마땅히 그러함
當事者(당할 **당**, 일 **사**, 사람 **자**) 일을 당한 사람

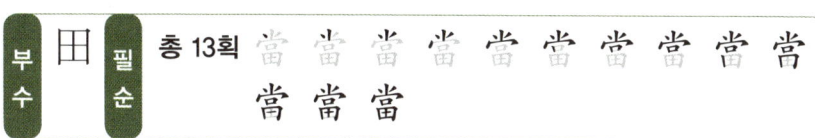

黨 당 [dǎng] party (4급)

① 무리

연대감을 나타내기 위한 검은 빛깔(黑)을 두르고 한 지붕 아래(尙←堂) 모인 '무리'라는 뜻이에요.

政黨(정사 **정**, 무리 **당**) 정치적 이념을 함께하는 사람들이 정권을 잡아 그 이념을 실현하기 위해 모인 단체
與黨(줄 **여**, 무리 **당**) (정당 정치에서) 정권을 잡고 있거나 정권을 지지하는 정당

大 대 [dà] big (8급)

① 크다

두 팔과 다리를 크게 벌리고 서 있는 사람의 모양을 본뜬 글자예요. '크다'라는 뜻을 나타냈어요.

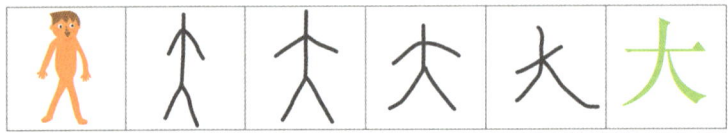

巨大(클 거, 클 대) 매우 큼
大綱(클 대, 벼리 강) 큰 줄기

부수 大 필순 총 3획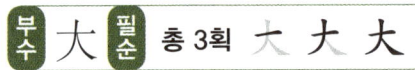

代 대 [dài] substitute (6급)

① 대신하다 ② 세대 ③ 시대

'弋'(익)은 두 개의 나무를 교차시켜 만든 말뚝을 본뜬 글자입니다. '代'(대)는 사람(亻)이 서로 교차하며(弋) 갈마든다는 것으로, '대신하다, 세대'의 뜻이 있어요.

代身(대신할 대, 몸 신) 어떤 일이나 사정을 다른 것으로 때움
代代孫孫(세대 대, 세대 대, 자손 손, 자손 손) 여러 세대를 이어 내려오는 자손
現代(나타날 현, 시대 대) 지금의 시대

부수 人 필순 총 5획

對 대 [duì] opposite (6급)

① 대하다, 마주하다 ② 대답하다

손(寸)에 홀(丵)을 들고 왕 앞에 서서 물음에 답한다는 데서, '답하다, 대하다'라는 뜻으로 쓰여요.

對面(대할 **대**, 얼굴 **면**) 얼굴을 마주함
對答(대할 **대**, 대답할 **답**) 물음에 대답함

| 부수 寸 | 필순 | 총 14획 |

待 대 [dài] wait (6급)

① 기다리다 ② 대접하다

관청(寺)에서 잰걸음(彳)으로 다니며 상관의 명령을 기다리거나 사절 등을 대접한다는 뜻이에요. 그래서 '기다리다, 대접하다'라는 뜻으로 쓰입니다.

待令(기다릴 **대**, 명령 **령**) 명령을 기다림
待接(대접할 **대**, 사귈 **접**) 마땅한 예로 사람을 대하는 것

| 부수 彳 | 필순 | 총 9획 |

隊 대 [duì] troop (4급)

① 대, 군대 ② 늘어선 줄

언덕(阝)에서 사람이 머리를 거꾸로 하고 떨어지는 상태를 나타내는 글자입니다. 그래서 '떨어지다'라는 뜻이 되었어요. 나중에 이 글자가 언덕에 주둔하는 '군대'라는 뜻으로 더 널리 쓰이게 되면서, 원래 글자에 땅을 뜻하는 '土'(토)를 밑에 덧붙인 '墜'(추)가 '떨어지다'라는 뜻으로 쓰이게 되었습니다.

軍隊(군사 군, 대 대) 군인들의 집단
隊列(줄 대, 늘어설 열) 줄을 지어 움직이는 무리, 또는 그런 줄

부수: 阜 필순: 총 12획

군인들은 정말 隊列(대열)을 잘 서는 것 같아.

帶 대 [dài] belt (4급)

① 띠 ② 차다, 몸에 지니다 ③ 근방, 근처, 띠 모양의 지역

장식을 늘어뜨린 허리띠의 모양을 본뜬 글자로 '띠'라는 뜻이에요. 윗부분은 띠를 허리에 차고 있는 모습이고, 아랫부분은 장식 모양이에요.

革帶(가죽 혁, 띠 대) 가죽으로 만든 허리띠
携帶(끌 휴, 찰 대) 어떤 물건을 몸에 지님
地帶(땅 지, 지역 대) 일정한 범위의 땅

부수 巾 필순 총 11획
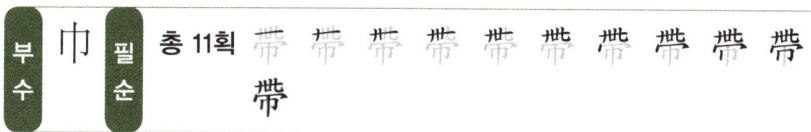

德 덕 [dé] virtue (5급)

① 덕 ② 은혜, 은혜를 베풀다

곧은(直) 마음(心)으로 행하다(彳)라는 뜻이에요. 바로 '덕'을 뜻해요.

德行(덕 덕, 행할 행) 남에게 좋은 영향을 주는 행동
德分(은혜 덕, 몫 분) 은혜나 도움을 받음

부수 彳 필순 총 15획

道 도 [dào] way (7급)

① 길 ② 도리 ③ 구역 이름

사람(首)이 어딘가로 가는(辶) 모습을 본뜬 글자로, '길'을 뜻하게 되었어요.

道路(길 도, 길 로) 사람이나 차가 다닐 수 있도록 만든 길
道德(도리 도, 덕 덕) 사람으로서 마땅히 지켜야 할 바른 도리와 덕
道廳(구역 이름 도, 관청 청) 도의 행정을 맡아 처리하는 지방 관청

얽히고설킨 한자

'道'(도)와 '街'(가)는 어떤 차이가 있나요?

'道'와 '街'는 모두 '길'이라는 뜻을 가지고 있지만 조금 달라요.
원래 '道'(도)는 사람(首)이 많이 지나 다녀서 자연스럽게 생긴 작은 길이에요. '街'(가)는 규격에 맞춰 일부러 닦은 큰길, 또는 거리예요. '街'에 들어가는 '行'(행) 자는 원래 계획하여 만든 네거리의 모양(㐀)을 본뜬 것이기 때문이지요.

導 도 [dǎo] lead (4급)

① 이끌다, 인도하다

손(寸)을 잡고 길(道)을 간다는 데서, '이끌다'라는 뜻이 되었어요.

導入(이끌 도, 들 입) 이끌어 들임
指導(가리킬 지, 이끌 도) 지시하여 이끎

圖 도 [tú] picture (6급)

① 그림, 그리다 ② 꾀하다

종이(口) 위에 마을의 모습(啚)을 그린 지도, 또는 '설계도'라는 뜻이에요. 그래서 '그림' 또는 '꾀하다'라는 뜻이 되었어요.

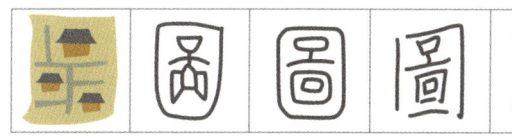

地圖(땅 지, 그림 도) 땅의 모습을 일정한 비율로 줄여 평면에 그려 놓은 그림
意圖(뜻 의, 꾀할 도) 무엇을 하려고 꾀하는 생각

度 도/탁 [dù] measure (6급)

① 법도 (도)　② 정도 (도)　③ 헤아리다, 재다 (탁)

많은 것(庶←庶의 생략형)을 손에 쥐고(又) 다룬다는 의미에서 '법도, 헤아리다'라는 뜻이 되었어요.

制度(만들 제, 법도 도) 한 사회나 단체에서 만든 법칙
速度(빠를 속, 정도 도) 빠르기의 정도
度地(헤아릴 탁, 땅 지) 토지를 측량함

부수 广　필순　총 9획

到 도 [dào] arrive (5급)

① 이르다, 도착하다

사람(亻)과 이르렀다(至)는 글자를 합쳐 만들었어요. 그래서 '이르렀다'는 뜻이 되었는데, 나중에 '亻'이 '刂'로 바뀌었어요.

到着(이를 도, 붙을 착) 목적지에 이름
到來(이를 도, 올 래) 닥쳐옴

부수 刂　필순　총 8획

島 도 [dǎo] island (5급)

① 섬

바다 위에 산(山)처럼 솟아 있어 새(鳥←鳥)가 쉴 수 있는 곳이에요. 바로 '섬'을 뜻해요.

多島海(많을 다, 섬 도, 바다 해) 섬이 많은 바다

三多島(석 삼, 많을 다, 섬 도) (돌·바람·여자가 많다는 뜻으로) '제주도'를 일컫는 말

부수 山 필순 총 10획

올여름에는 三多島(삼다도) 제주도에 꼭 놀러 가야지!

都 도 [dū, dōu] capital (5급)

① 도읍, 서울 ② 모두

섶을 모아 놓듯이(者) 사람들이 많이 모여 사는 고을(阝=邑)이라는 뜻이에요. '도읍, 서울'이라는 뜻도 있습니다.

都市(도읍 **도**, 저자 **시**) 사회의 활동 중심이 되어 인구와 시설이 한데 모여 있는 지역
都合(모두 **도**, 더할 **합**) 모두 한데 더함

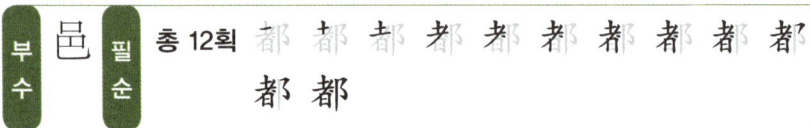

부수 邑 필순 총 12획

徒 도 [tú] group (4급)

① 무리 ② 걸어 다니다

가다(彳)에 또 가다(走)를 더해 만든 글자예요. 많은 사람이 모여 걸어가는 것이므로 '무리'를 가리키게 되었지요. 또 '걸어 다니다'라는 뜻으로도 씁니다.

信徒(믿을 **신**, 무리 **도**) 종교를 믿는 사람 = 敎徒(교도)
徒步(걸어 다닐 **도**, 걸음 **보**) 발로 걸어 다님

부수 彳 필순 총 10획

逃 도 [táo] escape (4급)

① 달아나다, 피하다

두 사람이 서로 등지고(兆) 달려가는(辶) 상황을 나타내는 글자예요. 그래서 '달아나다, 피하다'라는 뜻이 되었어요.

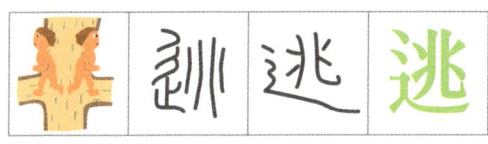

逃亡(달아날 도, 달아날 망) 피하여 달아남
逃走(달아날 도, 달릴 주) 피하거나 쫓겨서 달아남

盜 도 [dào] steal (4급)

① 훔치다 ② 도둑

음식 접시(皿)를 앞에 두고 입을 벌리고(欠) 침(氵)을 흘리며 갖고 싶어하는 상태를 묘사하는 글자예요. 그래서 '훔치다'는 뜻이 되었어요.

盜用(훔칠 도, 쓸 용) 남의 명의나 물건을 몰래 씀
强盜(강할 강, 도둑 도) 강제로 남의 재물을 빼앗는 사람, 또는 그런 짓

獨 독 [dú] alone (5급)

① 홀로 ② 외롭다

본래는 개 두 마리가 싸운다는 뜻이었으나, 나중에 '홀로'라는 뜻으로 쓰이게 되었어요.

獨立(홀로 독, 설 립) 홀로 섬. 어디에도 의존하지 않는 상태
孤獨(외로울 고, 외로울 독) 외로움

부수	필순	
犬		총 16획

讀 독/두 [dú] read (6급)

① 읽다 (독) ② 구절 (두)

언어를 나타내는 '言'과 소리를 나타내는 '賣'(독←'儥'육)을 합쳐 만든 글자예요.

讀書(읽을 독, 글 서) 책을 읽음
句讀(글귀 구, 구절 두) 문장을 편하게 읽기 위해 구절마다 점을 찍는 일

부수	필순	
言		총 22획

督 독 [dū] supervise (4급)

① 감독하다

콩(叔)을 줍기(又) 위해 눈(目)으로 살피는 것이지요. 그래서 '감독하다, 살피다'라는 뜻이 되었습니다.

監督(볼 **감**, 감독할 **독**) 잘못이 없도록 살피고 단속하는 일, 또는 그 일을 하는 사람
督勵(감독할 **독**, 권할 **려**) 감독하며 격려함

부수 目 필순 총 13획

毒 독 [dú] poison (4급)

① 독 ② 모질다

사람이 먹으면 안 되는(毒) 풀(屮)이에요. 독이 든 풀이라는 의미에서, 글자의 뜻이 '독'이 되었어요.

中毒(가운데 **중**, 독 **독**) 약물이나 술 등의 영향이 몸을 해치는 것, 또는 그것 없이는 생활을 하지 못하는 병적인 상태
惡毒(악할 **악**, 모질 **독**) 심성이 몹시 악하고 사나움

부수 毋 필순 총 9획

東 동 [dōng] east (8급)

① 동쪽, 동녘

양끝을 동여맨 자루의 모습을 본떠 만든 글자입니다. 그런데 나중에는 나무(木)에 해(日)가 뜨는 모습이라고 보아 '동쪽'이라는 뜻이 되었어요.

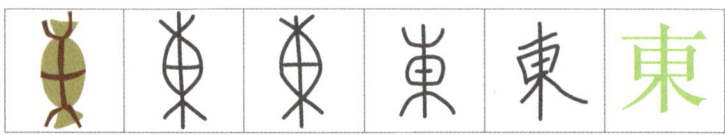

東海(동 동, 바다 해) 우리나라의 동쪽 바다
東洋(동 동, 바다 양) 서양(西洋)과 대비하여 중국, 한국, 일본, 인도 등 아시아 지역을 가리킴

부수 木 필순 총 8획

얽히고설킨 한자

중국에서는 '동쪽 서쪽'을 '물건'이라는 뜻으로 쓴다고요?

중국에서는 '물건'을 '뚱시'라고 한대요. '뚱시'는 한자로 '东西(=東西)'라고 쓰는데, '东'(뚱)은 동쪽을 뜻하는 '東'(동)의 간체자이고, 거기에 '西'(시:서쪽 서)를 더한 거예요. 동쪽과 서쪽이 어떻게 '물건'이라는 뜻이 됐을까요? 참 이상하지요?

同 동 [tóng] same (7급)

① 한가지, 같다

여러 사람의 말(口)이 하나(一)로 모이는(冂) 것이에요. 그래서 한목소리, 곧 '같다'는 뜻이 되었어요.

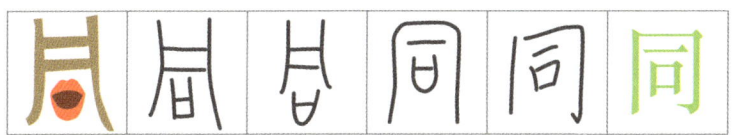

同生(한가지 동, 날 생) 같은 부모의 자식으로서 자기보다 나이가 어린 사람
同窓(같을 동, 창 창) 같은 교실에서 함께 공부한 친구

부수 口 필순 총 6획

洞 동/통 [dòg] cave (7급)

① 골짜기, 고을, 마을 (동) ② 밝다, 통하다 (통)

물(氵)이 한데 모여(同) 빠르게 흐르는 곳을 나타낸 글자예요. '골짜기'를 뜻해요. 그런데 뜻이 더 넓어져 나중에 '굴' 또는 사람들이 한데 모여 사는 마을이라는 뜻으로도 쓰이게 되었습니다.

洞口(고을 동, 입 구) 동네 어귀
洞察(밝을 통, 살 찰) 환히 내다봄

부수 水 필순 총 9획

銅 동 [tóng] copper (4급)

① 구리

다른 금속과 함께(同) 섞어 쓰기에 좋은 금속(金)이라는 뜻이에요. '구리'에 바로 그런 성질이 있습니다.

銅像(구리 동, 형상 상) 사람이나 동물 등의 형상을 구리로 만든 것
銅錢(구리 동, 돈 전) 구리, 또는 구리를 섞은 금속으로 만든 돈

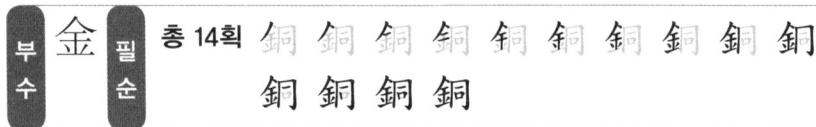

冬 동 [dōng] winter (7급)

① 겨울

1년을 끝맺는(夂) 추운 얼음(冫)의 계절을 나타내는 글자로, '겨울'이라는 뜻이에요.

嚴冬雪寒(엄할 엄, 겨울 동, 눈 설, 찰 한) 눈 내리는 한겨울의 심한 추위
冬眠(겨울 동, 잘 면) 겨울잠

動 동 [dòng] move (7급)

① 움직이다

무거운 것(重)에 힘(力)을 주어 움직이게 한다는 뜻이에요.

動力(움직일 **동**, 힘 **력**) 물체가 움직이는 힘
活動(살 **활**, 움직일 **동**) 살아서 움직임

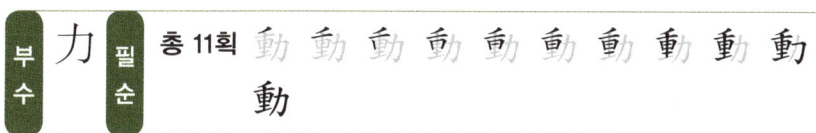

童 동 [tóng] child (6급)

① 아이

원래는 바늘(辛)로 눈(目)을 찔린 '노예'라는 뜻이었으나, 나중에 '아이'라는 뜻으로 쓰이게 되었어요.

兒童(아이 **아**, 아이 **동**) 어린아이
童話(아이 **동**, 이야기 **화**) 어린이를 위해 지은 이야기

豆 두 [dòu] bean (4급)

① 콩

원래는 위가 크고 다리가 달린 그릇을 본뜬 글자인데, 나중에 '콩'이라는 뜻으로 쓰게 되었어요.

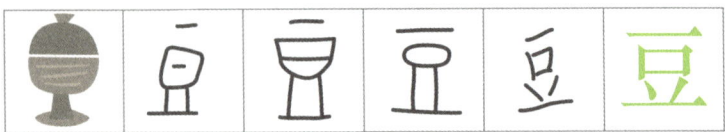

豆腐(콩 두, 썩을 부) 콩물에 간수를 넣어 굳힌 음식

豆乳(콩 두, 젖 유) 콩물을 걸러 만든 젖 같은 액체의 음식

부수 豆 필순 총 7획 豆 豆 豆 豆 豆 豆 豆

頭 두 [tóu] head (6급)

① 머리 ② 우두머리

머리를 뜻하는 '頁'(혈)과 사람의 머리와 목의 모습을 닮은 그릇인 '豆'(두)를 더해 만든 글자입니다. 그래서 '머리, 우두머리'라는 뜻이 되었지요.

先頭(먼저 선, 머리 두) 맨 앞, 첫머리
頭目(우두머리 두, 눈 목) 우두머리

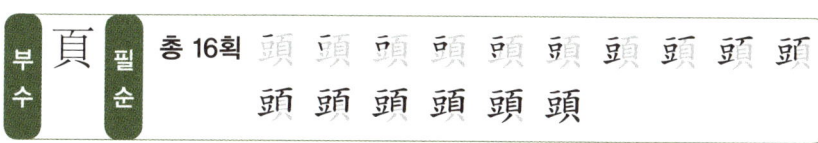

斗 두 [dǒu] ten liters, dipper (4급)

① 말(용량의 단위) ② 국자

손잡이가 긴 국자의 모습을 본떠 만든 글자예요.

斗量(말 두, 헤아릴 량) 되나 말로 곡식의 분량을 되어서 헤아림
北斗七星(북 북, 국자 두, 일곱 칠, 별 성) 북쪽에 국자 모양으로 빛나는 7개의 별

얽히고설킨 한자

하늘에 떠 있는 국자는 무엇일까요?

북두칠성은 북쪽 하늘에 떠 있는 7개의 별을 이르는 말이에요. 동양인이나 서양인이나 그것이 국자를 닮았다고 생각하나 봐요. 그래서 한자로는 '北斗七星'이라고 하고, 영어로는 'The Big Dipper'(큰 국자)라고 한답니다.

得 득 [dé] obtain (4급)

① 얻다 ② 깨닫다

길을 가며(彳) 손(寸)으로 조개(旦←貝)를 '줍다, 얻다'라는 뜻이에요.

所得(바 소, 얻을 득) 얻은 바, 일의 결과로 얻은 이익
說得(말씀 설, 깨달을 득) 잘 설명하여 깨닫게 함

부수	彳	필순	총 11획

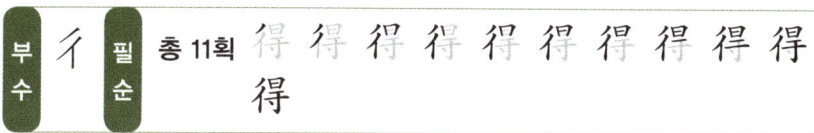

登 등 [dēng] climb (7급)

① 오르다 ② 나아가다

제기(豆)를 들고 제단에 걸어(癶) 올라가는 모습을 나타내는 글자입니다. '오르다'라는 뜻으로 쓰여요.

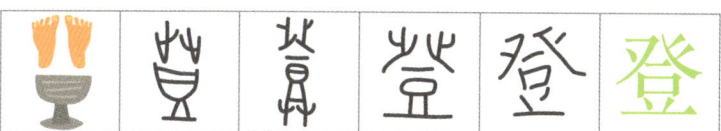

登山(오를 등, 산 산) 산에 오름
登校(나아갈 등, 학교 교) 학교에 나감

부수	癶	필순	총 12획

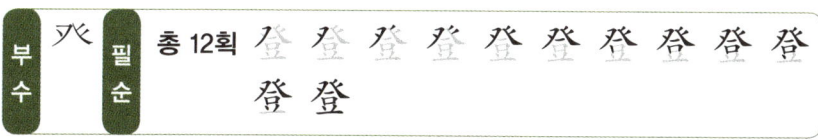

燈 등 [dēng] lamp (4급)

① 등잔

높이(登) 켜 놓은 불(火)이므로 '등잔'이라는 뜻이에요.

電燈(번개 전, 등 등) 전기의 힘으로 빛을 내는 등
消燈(사라질 소, 등 등) 등불을 끔

| 부수 | 火 | 필순 | 총 16획 | 燈 燈 燈 燈 燈 燈 燈 燈 燈 燈 燈 燈 燈 燈 燈 燈 |

等 등 [děng] equal (6급)

① 가지런하다, 같다 ② 등급, 단계

옛날 책인 죽간(竹簡)과 관청(寺)이라는 글자를 합쳐 만든 글자입니다. 관청의 관리가 책을 차례로 정리한다는 뜻이 되었어요.

平等(평평할 평, 가지런할 등) 차별 없이 가지런함
等分(같을 등, 나눌 분) 똑같은 크기나 양으로 나눔

| 부수 | 竹 | 필순 | 총 12획 | 等 等 等 等 等 等 等 等 等 等 等 等 |

羅 라 [luó] net (4급)

① 그물, 새그물 ② 벌이다

새(隹)를 잡는 데 사용하는 실(糸)로 짠 그물(罒)이라는 뜻이에요. 그래서 '그물' 또는 '벌이다'라는 뜻으로도 쓰여요.

網羅(그물 **망**, 그물 **라**) 그물처럼 널리 빠짐없이 놓음

羅列(벌일 **나**, 벌일 **열**) 죽 벌여 놓음

부수	필순	총 19획
罒		羅

아하! 그물을 쫙 펼쳐 놓은 것처럼 모든 것을 포괄한다는 뜻이구나.

樂 락/악/요 [lè, yuè, yaò] happy/music/like (6급)

① 즐기다 (락) ② 악기, 음악 (악) ③ 좋아하다 (요)

나무틀 위에 편종과 같은 악기를 걸어 맨 모양을 본떠 만든 글자로, '악기'를 가지고 즐기는 것을 나타냅니다. 그리고 뜻이 더 넓어져 '음악, 좋아하다'라는 뜻으로도 써요.

樂土(즐길 **낙**, 흙 **토**) 항상 즐겁고 행복하게 살 수 있는 좋은 곳
音樂(소리 **음**, 음악 **악**) 인간의 사상, 감정을 소리로 표현하는 예술
樂山樂水(좋아할 **요**, 산 **산**, 좋아할 **요**, 물 **수**) 산과 물, 즉 자연을 즐기고 좋아함

| 부수 | 木 | 필순 | 총 15획 | 樂 樂 樂 樂 樂 樂 樂 樂 樂 樂 樂 樂 樂 樂 樂 |

落 락 [luò] fall (5급)

① 떨어지다

물(氵)처럼 나뭇잎(艹)이 어디론가 간다(各)는 글자입니다. 그래서 '떨어지다'라는 뜻이 되었어요.

落心(떨어질 **낙**, 마음 **심**) 바라던 일을 이루지 못하여 마음이 상함
落葉(떨어질 **낙**, 나뭇잎 **엽**) 나뭇잎이 말라서 떨어짐, 또는 그 나뭇잎

| 부수 | 艹 | 필순 | 총 13획 | 落 落 落 落 落 落 落 落 落 落 落 落 落 |

얽히고설킨 한자

수수께끼 하나 풀어 볼까요?

우산은 우산인데, 하늘에서 떨어지는 우산은 무엇일까요?
바로 낙하산(落下傘)이지요. 낙하산은 '떨어질 낙, 아래 하, 우산 산'이거든요.

亂 란 [luàn] confuse (4급)

① 어지럽다 ② 난리

탁자 위에 놓인 헝클어진 실타래(㐬)를 두 손(爫, 又)으로 잡아 쭉(乚) 푼다는 뜻이에요. 그래서 '어지럽다'라는 뜻이 되었어요.

大亂(큰 대, 어지러울 란) 크게 어지러움(크게 일어난 난리)
倭亂(왜국 왜, 난리 란) 왜인(일본인)이 일으킨 난리

부수 乙 / 필순 총 13획

卵 란 [luǎn] egg (4급)

① 알

알의 모습을 본뜬 글자입니다.

産卵(낳을 산, 알 란) 알을 낳음
卵子(알 난, 아들 자) 암컷의 생식세포

覽 람 [lǎn] look over (4급)

① 보다

비추어 보다(監)에 보다(見)를 합쳐 만든 글자입니다. 이 글자 또한 '보다'라는 뜻이에요.

觀覽(볼 관, 볼 람) 영화, 연극, 운동경기 등을 봄
遊覽(놀 유, 볼 람) 돌아다니면서 구경함

朗 랑 [lǎng] bright (5급)

① 밝다

달빛(月)이 좋다(良)는 뜻으로, '밝다'라는 뜻이에요.

朗讀(밝을 낭, 읽을 독) 맑은 소리로 똑똑하게 읽음
明朗(밝을 명, 밝을 랑) (성격이) 유쾌하고 밝음

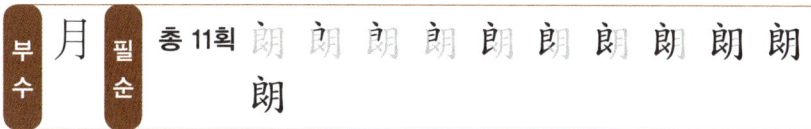

부수 月 | 필순 | 총 11획

來 래 [lái] come (7급)

① 오다

원래 보리의 모양을 본떠 만든 글자인데, 이 글자를 빌려서 '오다'라는 뜻으로 씁니다.

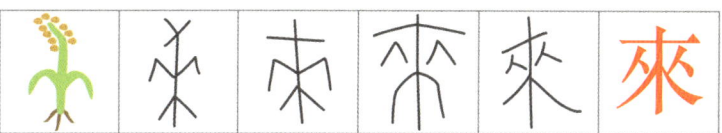

近來(가까울 근, 올 래) 가까운 과거에서 지금에 이르는 사이, 요즈음
來日(올 래, 날 일) 오늘 바로 다음에 오는 날

부수 人 | 필순 | 총 8획

冷 랭 [lěng] cold (5급)

① 차다, 차갑다

얼음(冫)의 시원하고 차가운(令) 기운을 뜻해요.

冷氣(찰 **냉**, 기운 **기**) 차가운 기운
冷房(찰 **냉**, 방 **방**) 방의 온도를 시원하게 낮춤

略 략 [lüè] rob (4급)

① 빼앗다 ② 간략하다

남의 땅(田)에 이르다(各)라는 의미로 '빼앗다, 다스리다'라는 뜻이 되었어요. 또 영토(田)를 작은 부분으로 각각(各) 나누어 경영하는 모습이기도 해서 '간략하다'라는 뜻도 있어요.

侵略(침노할 **침**, 빼앗을 **략**) 불법으로 남의 나라에 쳐들어감
省略(덜 **생**, 간략할 **략**) 전체에서 일부를 줄임

良 량 [liáng] good (5급)

① 좋다 ② 어질다

곡식 중에서 좋은 것만 골라내려고 만든 기구의 모습을 본떠 만든 글자입니다. 그래서 '좋다'라는 뜻이 되었어요.

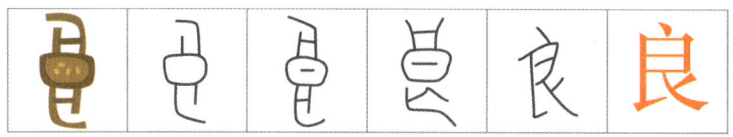

改良(고칠 **개**, 좋을 **량**) 고쳐서 좋게 만듦
良心(어질 **양**, 마음 **심**) 바른말과 행동을 하려는 마음

부수 良 필순 총 7획

量 량 [liáng] measure (5급)

① 헤아리다 ② 양

물건을 담아 무게를 잴 수 있는 자루의 모양을 본뜬 글자입니다. 그래서 물건의 양이나 물건의 수를 헤아린다는 뜻이 되었어요.

計量(헤아릴 **계**, 양 **량**) 양이나 무게를 잼
重量(무거울 **중**, 양 **량**) 무게

부수 里 필순 총 12획

糧 량 [liáng] provisions (4급)

① 양식, 먹이

저울에 달아(量) 저장해 두는 쌀(米), 또는 식량을 나타내는 말로 '양식'이라는 뜻이 되었어요.

軍糧米(군사 **군**, 양식 **량**, 쌀 **미**) 군대의 양식으로 쓰는 쌀
糧食(양식 **양**, 먹을 **식**) 사람의 먹을거리

부수 米 필순 총 18획

兩 량 [liǎng] two (4급)

① 두, 둘

하나의 물건을 두 개로 나눈 모양을 본떠 만든 글자예요.

兩立(두 **양**, 설 **립**) 둘이 함께 맞섬
兩親(두 **양**, 친할 **친**) 부모

부수 入 필순 총 8획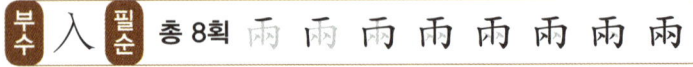

旅 려 [lǚ] trip, traveler (5급)

① 군사 ② 나그네, 여행하다

깃발(㫃)을 따라 이동하는 사람들(从)의 모습을 나타낸 글자예요. '군사'라는 뜻이에요. 그리고 옛날 군사들은 먼 곳으로 원정을 다녀야 했기에, '나그네, 여행하다'는 뜻으로도 쓰여요.

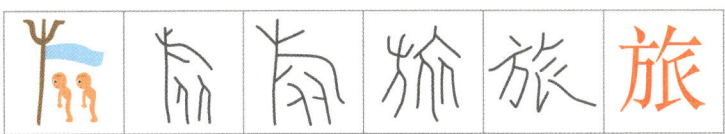

旅團(군사 **여**, 모일 **단**) 군대 편성 단위의 하나로, 보통 2개 연대로 이루어지며 사단보다 규모가 작음

旅行(여행할 **여**, 갈 **행**) 집을 떠나 여러 곳을 돌아보며 다니는 일

부수 方 필순 총 10획 旅 旅 旅 旅 旅 旅 旅 旅 旅 旅

慮 려 [lǜ] anxiety (4급)

① 생각하다 ② 걱정하다

호랑이(虍)를 떠올리는(思) 글자입니다. 그래서 '생각하다, 걱정하다'라는 뜻이 되었어요.

考慮(상고할 **고**, 생각할 **려**) 생각하여 봄
心慮(마음 **심**, 걱정할 **려**) 마음속 근심

부수 心 필순 총 15획 慮 慮 慮 慮 慮 慮 慮 慮 慮 慮 慮 慮 慮 慮 慮

麗 려 [lì] beautiful (4급)

① 곱다 ② 나라 이름

사슴의 머리에 난 아름다운 뿔의 모양을 본떠 만든 글자로 '곱다'라는 뜻이에요.

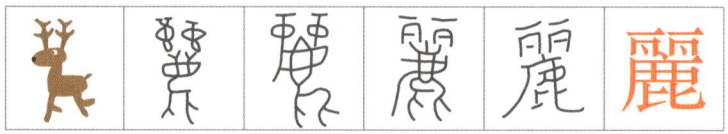

秀麗(빼어날 수, 고울 려) 빼어나게 아름다움
高麗(높을 고, 나라 이름 려) 우리나라 중세 왕조 중 하나로, 918~1392년까지 왕씨(王氏)가 다스린 왕조

| 부수 鹿 | 필순 | 총 19획 |

얽히고설킨 한자

기린은 원래 상상의 동물일까요?

기린은 '鹿'(사슴 록)을 사용하여 '麒麟'이라고 써요. 옛날 사람들은 기린이 사슴의 몸에 소의 꼬리, 이리의 이마, 말의 발굽을 가지고 있으며 머리에는 사슴과 같은 뿔이 있다고 생각했답니다. 그리고 이 신성한 동물이 세상에 나타나면 곧 성인이 나타나 세상을 평화롭게 만들어 줄 것이라고 믿었어요.

力 력 [lì] power (7급)

① 힘

힘센 팔의 모습을 본떠 만든 글자로, '힘'이라는 뜻을 담고 있어요.

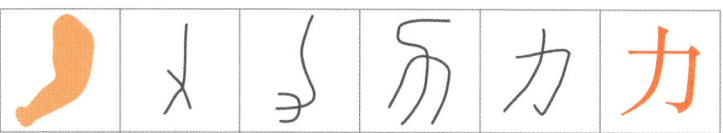

努力(힘쓸 **노**, 힘 **력**) 일을 이루기 위해 힘을 다함
協力(맞을 **협**, 힘 **력**) 힘을 합하여 서로 도움

부수 力 | 필순 총 2획 丁 力

歷 력 [lì] pass through (5급)

① 지나다, 겪다

언덕(厂) 아래 줄지어 쌓아 놓은 볏단(禾) 사이로 지나가는(止) 모습입니다. '지내다, 지나다'라는 뜻이에요.

經歷(지날 **경**, 지낼 **력**) 이제까지 거쳐 온 학업·직업 등의 내용
歷史(지낼 **역**, 역사 **사**) 오랜 시간을 거쳐 변천해 온 모습, 또는 그 기록

부수 止 | 필순 총 16획

練 련 [liàn] practice (5급)

① 익히다

비단과 관련되었음을 나타내는 '糸'와 소리를 나타내는 '柬'(련←간)을 합쳐 만든 글자입니다. 원래는 여러 번 손질해서 새하얗고 부드럽게 된 비단을 가리키는 말이었어요. 거기서 '단련하다, 익히다'라는 뜻이 나왔어요.

練習(익힐 **연**, 익힐 **습**) 되풀이하여 익힘
訓練(가르칠 **훈**, 익힐 **련**) 가르침을 배워 익힘

連 련 [lián] link (4급)

① 잇다, 이어지다

길을 따라 수레(車)가 줄지어 가는(辶) 모습을 본뜬 글자로, '잇다, 이어지다'라는 뜻이에요.

連結(이을 **연**, 맺을 **결**) 서로 맺어서 한데 잇댐
連鎖(이을 **연**, 쇠사슬 **쇄**) 사슬처럼 이어져 있는 것

列 렬 [liè] line up (4급)

① 줄　② 늘어서다

원래는 칼(刂)로 짐승의 머리(歹)를 잘라 내는 모양의 글자입니다. 그래서 '나누다, 분리하다'라는 뜻으로 쓰였어요. 나중에 '裂'(렬)을 '분리하다'라는 뜻의 글자로 쓰게 되면서 '列'은 '줄, 늘어서다'라는 뜻으로 쓰여요.

行列(갈 **행**, 줄 **렬**) 여럿이 줄을 지어 감, 또는 그 줄
列車(늘어설 **열**, 수레 **차**) 여러 대의 객차를 연결하여 만든 한 줄의 차량, 기차

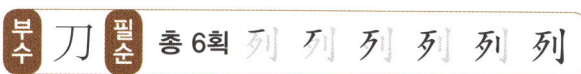

烈 렬 [liè] ardent (4급)

① 세차다　② 굳세다

불(火)이 물건을 갈라지게(列) 할 정도로 불길이 '세차다'라는 뜻이에요.

忠烈(충성 **충**, 세찰 **렬**) 충성스러운 열사
烈士(굳셀 **열**, 선비 **사**) 나라를 위해 절의를 굳게 지킨 사람

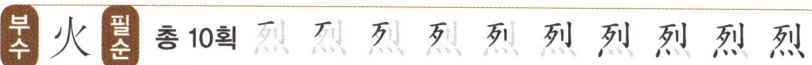

令 령 [lìng] order (5급)

① 명령하다

특정한 장소(亼)에서 무릎을 꿇고 앉은 사람(卩)의 모습을 본떠 만든 글자예요. 신의 말씀을 듣고 있음을 나타내는 말로, 여기서 '명령하다'라는 뜻이 되었어요.

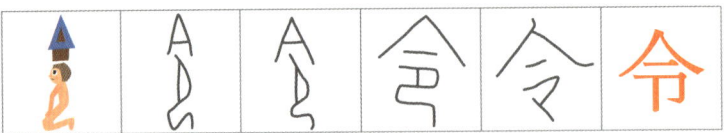

命令(명령할 **명**, 명령할 **령**) 윗사람이 아랫사람에게 시킴
號令(부르짖을 **호**, 명령할 **령**) 명령함 또는 소리로 꾸짖음

부수 人 필순 총 5획

얽히고설킨 한자

조령모개는 무슨 뜻인가요?

朝令暮改(아침 조, 명령할 령, 저물 모, 고칠 개)는 아침에 명령을 내렸다가 저녁에 고친다는 뜻의 사자성어예요. 법령이나 벌여 놓은 일이 자주 바뀐다는 뜻으로 이랬다저랬다 하는 경우에 씁니다.

領 령 [lǐng] collar (5급)

① 옷깃　② 받다

목과 관련됨을 나타내는 '頁'(혈)과 소리를 나타내는 '令'(령)을 합쳐 '옷깃'을 뜻하는 글자가 되었어요. 옷깃은 옷에서 가장 중요한 곳이라는 뜻에서 '거느리다, 중요한 부분'이라는 뜻도 생겨났어요.

要領(구할 **요**, 깃 **령**) 사물에서 매우 중요한 점 또는 줄거리
領收證(받을 **령**, 거둘 **수**, 증거 **증**) 돈을 받은 사람이 돈을 준 사람에게 써 주는 증서

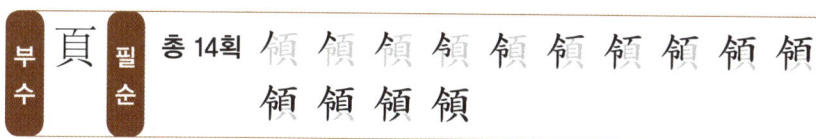
부수 頁　필순　총 14획

例 례 [lì] example (6급)

① 법식　② 본보기

사람(人)이 줄을 지어 서 있는(列) 상태를 나타낸 글자로 '법식'이라는 뜻이 되었어요.

例外(법식 **예**, 바깥 **외**) 일반 원칙 또는 보통의 예에서 벗어나는 일
實例(실제 **실**, 본보기 **례**) 구체적인 실제의 본보기, 또는 예

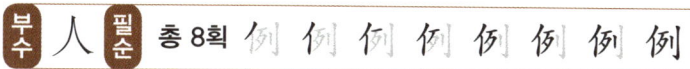
부수 人　필순　총 8획

禮 례 [lǐ] propriety (6급)

① 예도

제기에 제물을 풍성히 담아(豊) 신(示)에게 바치던 제사 의식을 뜻하지요.

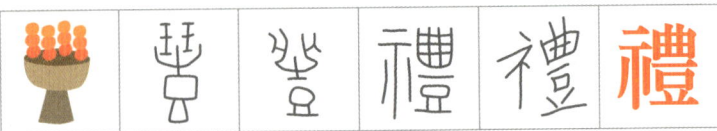

敬禮(공경할 경, 예도 례) 공경의 뜻을 나타내는 동작
禮節(예도 예, 예절 절) 예의범절

부수 示 | 필순 | 총 18획

얽히고설킨 한자

'실례'의 뜻은 무엇인가요?

우리는 다른 사람에게 길을 묻거나 말을 걸려고 할 때, '실례합니다'라고 말합니다. 이때 실례란 '失禮' 즉 예도(禮)를 잃어버렸다(失), 예의에서 벗어난 행동을 했다는 뜻이에요. 결국 '실례합니다'란, '예의에 벗어난 행동을 해서 미안하다'는 뜻이라고 할 수 있답니다.

老 로 [lǎo] old (7급)

① 늙다

머리카락을 산발하고 등이 굽은 노인이 지팡이를 짚고 걸어가고 있는 모습을 본떠 '늙다'라는 뜻을 나타냈어요.

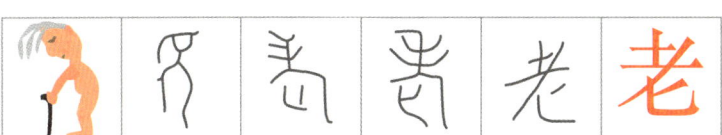

敬老(공경할 **경**, 늙을 **로**) 노인을 공경함

老人(늙을 **노**, 사람 **인**) 나이기 들어 늙은 사람

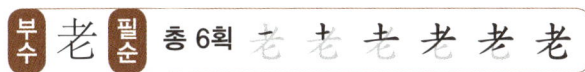

路 로 [lù] road (6급)

① 길

어떤 장소(두 개의 口)로 발(止, 夂)이 향하고 있는 모습을 본떠 만든 글자입니다. 즉 발이 저쪽(口)을 향해 갔다(止), 이쪽(口)을 향해 왔다(夂) 하는 곳이라는 뜻이에요.

道路(길 **도**, 길 **로**) 사람이나 차가 다닐 수 있도록 만든 큰길

通路(통할 **통**, 길 **로**) 통해서 다닐 수 있게 트인 길

勞 로 [láo] toil (5급)

① 일하다

원래는 두 손(手)으로 옷(衣)을 잡고 불(焱)을 끄기 위해 '일하다, 애쓰다'라는 글자였어요. 나중에 글자 모양이 오늘날과 같이 바뀌었어요.

過勞(지날 **과**, 일할 **로**) 몸이 지칠 정도로 지나치게 일함

부수	力	필순	총 12획	勞 勞 勞 勞 勞 勞 勞 勞 勞 勞 勞 勞

綠 록 [lǜ] green (6급)

① 푸르다, 초록빛

갓 껍질을 벗겨 낸(彔) 나무와 비단실(糸)이라는 글자를 합쳐 만든 글자예요. 그래서 고운 '초록빛'을 가리키는 뜻이 되었어요.

綠陰(푸를 **녹**, 응달 **음**) 푸른 잎이 우거진 나무의 그늘

부수	糸	필순	총 14획	綠 綠 綠 綠 綠 綠 綠 綠 綠 綠 綠 綠 綠 綠

錄 록 [lù] record (4급)

① 기록하다, 기록 문서

옛날에는 껍질을 벗겨 낸(彔) 나무나 대나무에 글을 기록했는데 중요한 말은 청동기(金)에 기록했어요.

記錄(기록할 **기**, 기록할 **록**) 어떤 사실을 적거나 그렇게 적은 글

論 론 [lùn] discuss (4급)

① 논의하다 ② 견해

가지런히 조리를 세워(侖) 말하다(言), 곧 '논의하다'라는 뜻이에요.

論說(논의할 **논**, 말할 **설**) 사회적 문제 등에 대해 자신의 의견을 말한 글
討論(칠 **토**, 논의할 **론**) 서로 상대방의 견해에 대해 비평적으로 의논하면서 마땅함을 찾고자 논의함

料 료 [liào] estimate (5급)

① 되질하다, 헤아리다 ② 거리

되(斗)로 곡식(米)을 헤아리는 상황을 가리켜요. 그래서 '헤아리다, 거리'라는 뜻이 되었어요.

料金(헤아릴 **요**, 쇠 **금**) 시설이나 물건 등을 이용하거나 수고를 끼친 값으로 치르는 돈
材料(재목 **재**, 거리 **료**) 물건을 만드는 데 쓰는 원료

부수 斗 필순 총 10획

여기서 '거리'란
'국거리, 반찬거리' 등에
쓰이는 우리말로, '내용이 될
만한 재료'를 뜻해요.

龍 룡 [lóng] dragon (4급)

① 용

상상 속의 동물인 '용'의 모습을 본뜬 글자예요.

恐龍(두려울 공, 용 룡) 중생대에 살았던 거대한 파충류에게 '무서운 용'이라는 뜻으로 붙인 이름

龍宮(용 용, 집 궁) 용왕이 사는 전설 속의 바닷속 궁전

얽히고설킨 한자

용으로 이루어진 한자는 어떤 게 있을까요?

한자에는 같은 글자를 겹쳐 써서 새로운 뜻을 나타내는 것들이 있어요. 예를 들어, 두 개의 용자로 이루어진 한자 '龖'(답)은 두 마리 용 또는 날아가는 용이라는 뜻을 나타냅니다. 세 개의 용자로 이루어진 한자인 '龘'(답)은 용이 가는 모습이라는 뜻을 나타내지요. 네 개의 용자로 이루어진 한자도 있는데, '𪚥'(철)은 말이 많다는 의미를 나타냅니다.

조잘조잘, 우리가 모이면 말이 많다고?

類 류 [lèi] kind (5급)

① 무리 ② 비슷하다

얼굴(頁)이 쌀알(米)처럼 구분하기 힘들다, 즉 '비슷하다'는 뜻이에요. '類'(류)는 비슷한 개(犬)가 모여 있는 모습으로 '무리, 비슷하다'라는 뜻이 되었습니다.

種類(씨 종, 무리 류) 어떤 기준에 따라 나눈 갈래
類似(비슷할 유, 같을 사) 서로 비슷함

流 류 [liú] flow (5급)

① 흐르다

'㐬'는 엄마의 배에서 나올 때 거꾸로 서 있는 갓난아기의 모습입니다. '流'는 아기가 태어날 때 양수(氵)와 함께 나오는 모양을 본뜬 글자로 '흐르다'라는 뜻이 되었어요.

交流(서로 교, 흐를 류) 문화나 사상 등이 서로 오가면서 섞임
流浪(흐를 유, 물결 랑) 정처 없이 떠돌아다님

留 류 [liú] stay (4급)

① 머무르다

밭(田)에서 성과(卯)를 얻기 위해 '머무르다'라는 뜻이에요.

保留(지킬 보, 머무를 류) (어떤 일의 결정 등을 하지 않고) 그대로 둠
留學(머무를 유, 배울 학) 외국에서 머물면서 공부함

부수 田 필순 총 10획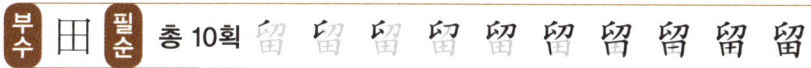

柳 류 [liǔ] willow (4급)

① 버들, 버드나무 ② 성씨

아래로 축 늘어져 굽은 나뭇가지(卯)를 가진 나무(木)예요. 바로 '버들, 버드나무'라는 뜻이에요.

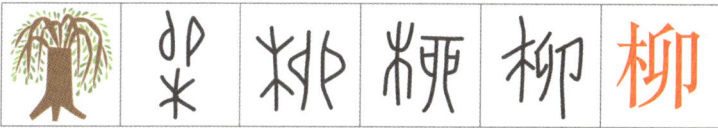

柳眉(버들 유, 눈썹 미) 버들잎 같은 눈썹, 즉 아름다운 눈썹
細柳(가늘 세, 버들 류) 가지가 가는 버드나무

부수 木 필순 총 9획

六

① 여섯

원래는 집 모양을 본뜬 글자인데, '여섯'이라는 뜻이 되었어요.

死六臣(죽을 **사**, 여섯 **육**, 신하 **신**) 조선 세조 때 단종의 복위를 꾀하다가 죽은 여섯 명의 충신

六月(여섯 **유**, 달 **월**) 한 해 중 여섯째 달

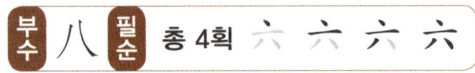

陸 륙 [lù] land (5급)

① 뭍

바다 위에 언덕(阝)처럼 높이 솟은(坴) 땅(土)을 나타낸 글자예요.

陸橋(뭍 **육**, 다리 **교**) 철도나 찻길 위를 가로질러 건널 수 있도록 만든 다리

陸地(뭍 **육**, 땅 **지**) 물에 잠기지 않은 지구 표면의 땅

'뭍'은 육지, 땅을 이르는 순우리말입니다.

輪 륜 [lún] wheel (4급)

① 바퀴 ② 둘레

수레(車)의 일부로 바퀴살 여러 개가 하나로 모여 있는 것(侖)입니다. 바로 '바퀴'를 뜻해요.

四輪(넉 **사**, 바퀴 **륜**) 네 개의 바퀴
年輪(해 **연**, 둘레 **륜**) 해마다 늘어나는 나무의 나이테. 여러 해 쌓아 올린 역사

律 률 [lǜ] law (4급)

① 법 ② 규칙 ③ 음률

사람이 가야 할 길(彳), 즉 해야 할 일을 붓(聿)으로 써 놓은 것으로, '법'이라는 뜻이에요.

法律(법 **법**, 법 **률**) 법
自律(스스로 **자**, 규칙 **율**) 자신의 의지로 자신의 행동을 규제함
律動(음률 **율**, 움직일 **동**) 가락에 맞추어 추는 춤

里 리 [lǐ] hometown (7급)

① 마을 ② 거리의 단위

땅(土)이 있고 밭(田)이 있어 사람들이 모여 사는 '마을'이라는 뜻이에요.

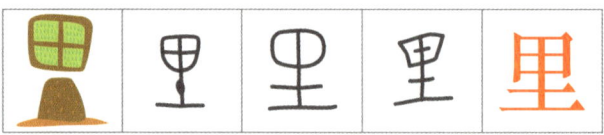

洞里(골 동, 마을 리) 마을
千里(일천 천, 거리 단위 리) 10리(4km)의 백 배, 즉 아주 먼 거리를 뜻함

부수 里 필순 총 7획 里 里 里 里 里 里 里

理 리 [lǐ] regulate (6급)

① 다스리다 ② 도리

땅을 일궈 마을(里)을 이루듯이 옥(王←玉)을 다듬는다는 뜻이에요. 말의 뜻이 넓어져 '다스리다'라는 뜻으로도 쓰입니다.

管理(맡을 관, 다스릴 리) 어떤 일을 맡아 처리함
理致(도리 이, 이를 치) 사물의 정당한 조리

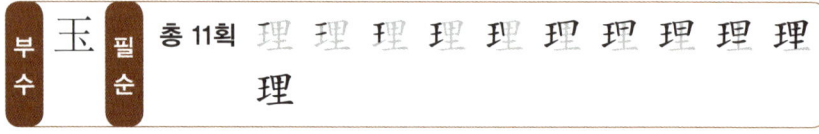
부수 玉 필순 총 11획 理 理 理 理 理 理 理 理 理 理 理

利 리 [lì] benefit (6급)

① 이롭다 ② 날카롭다

원래는 이삭이 패여 고개를 숙인 벼와 칼의 모양을 본떠 '칼을 휘둘러 벼를 베다'라는 뜻으로 썼어요. 갑골문의 벼와 칼 사이에 있는 작은 점들은 벼를 벨 때 떨어지는 곡식 알갱이를 나타낸 거예요. 나중에는 작은 점들을 생략하고 벼(禾)와 칼(刂)만 더하여 '날카롭다'라는 뜻과 베어낸 벼라는 뜻에서 '이익, 이롭다'라는 뜻도 나타내게 되었어요.

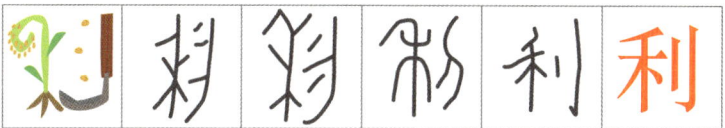

利用(이로울 **이**, 쓸 **용**) 이롭게 씀
銳利(날카로울 **예**, 날카로울 **리**) 날카로움

부수 刀 필순 총 7획

얽히고설킨 한자

'어부지리'의 뜻은 무엇인가요?

어느 날 조개가 바닷가에 나와 햇볕을 쬐고 있었어요. 이 모습을 본 도요새가 냉큼 조갯살을 쪼아 먹으려고 했지요. 깜짝 놀란 조개가 입을 닫자 도요새는 부리를 움직일 수 없게 되었습니다.

이렇게 조개와 도요새가 한 치의 양보도 없이 싸우는 사이, 그 옆을 지나가던 어부가 보고 한꺼번에 두 마리를 다 잡았답니다. 이를 두고 어부의 이익, 즉 어부지리(漁父之利, 고기 잡을 어, 지아비 부, 어조사 지, 이익 리)라고 해요. 양쪽이 다투는 사이 엉뚱한 사람이 이득을 본다는 말이지요.

李 리 [lǐ] plum (6급)

① 오얏(자두)나무 ② 성씨

열매(子=자식)가 많이 열리는 나무라는 뜻으로 '자두나무'를 가리킵니다.

李花(오얏 **이**, 꽃 **화**) 오얏나무 꽃
張三李四(성씨 **장**, 석 **삼**, 성씨 **이**, 넉 **사**) (장씨네 셋째 아들, 이씨네 넷째 아들이라는 뜻으로) 평범한 보통 사람을 뜻함

부수 木 필순 총 7획

離 리 [lí] depart (4급)

① 떠나다 ② 갈라지다

원래는 새가 나뭇가지에서 날아오르는 순간을 본떠 만든 글자로 '떠나다'라는 뜻입니다. 나중에 새를 뜻하는 '隹'와 소리를 나타내는 '离'가 합쳐진 지금의 글자가 되었어요.

離別(떠날 **이**, 나눌 **별**) 헤어짐
分離(나눌 **분**, 갈라질 **리**) 따로 나뉘어 떨어짐

부수 隹 필순 총 19획

林 림 [lín] forest (7급)

① 수풀

나무(木)에 또 나무(木)를 더하여 나무가 많은 '숲, 수풀'을 나타내요.

竹林(대나무 죽, 수풀 림) 대나무 숲
山林(산 산, 수풀 림) 산에 있는 숲

부수 木 필순 총 8획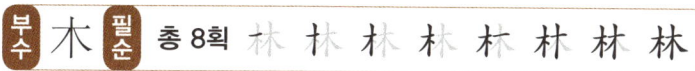

立 립 [lì] stand (7급)

① 서다

두 발을 땅에 대고 꼿꼿이 서 있는 사람의 모습을 본떠 만든 글자예요.

自立(스스로 자, 설 립) 스스로 섬
立體(설 입, 몸 체) 길이·넓이·두께를 갖고 일정 공간을 차지하는 것

부수 立 필순 총 5획

馬 마 [mǎ] horse (5급)

① 말

말의 모양을 본뜬 글자예요.

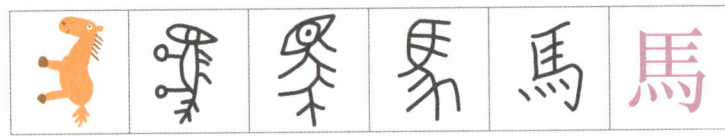

競馬(겨룰 경, 말 마) 말을 타며 겨루는 경기
乘馬(탈 승, 말 마) 말을 탐

馬(마)는 정말 말의 모습과 닮은 글자야!

萬 만 [wàn] ten thousand (8급)

① 일만(10,000)　② 매우 많음

집게발을 들고 있는 '전갈'의 모양을 본뜬 글자인데, 나중에 이 글자를 빌려 '일만(10,000), 많다'라는 뜻으로 썼어요.

萬歲(일만 만, 해 세) '10,000세'라는 뜻으로, 경축이나 환호를 외치는 소리
萬能(많을 만, 능할 능) 온갖 것에 다 능통함

얽히고설킨 한자

'만세'는 어떤 소리였을까요?

만세는 원래 경축을 할 때 외치는 환호 소리인데, 중국의 한나라 때부터는 황제 앞에서 그를 찬양하는 말로 쓰이기 시작했어요. 그러다 송나라 시기부터는 황제에게만 쓰도록 법이 제정되었답니다. 그때는 보통 사람을 위해 '만세'를 불렀다가는 벌을 받았어요.

滿 만 [mǎn] full (4급)

① 차다 ② 만족하다

물(氵)이 그릇에 가득 차서 위가 평평해졌다(㒼)는 뜻으로, '차다, 가득하다'를 나타내는 글자예요.

不滿(아닐 **불**, 만족할 **만**) 마음에 차지 않아 언짢음
充滿(찰 **충**, 찰 **만**) 가득하게 차 있음

末 말 [mò] end (5급)

① 끝 ② 가루

나무(木)의 윗부분에 가로획(一)을 그어 나무의 끝 부분을 표시한 글자예요.

結末(맺을 **결**, 끝 **말**) 일을 맺는 끝
粉末(가루 **분**, 가루 **말**) 잘게 갈거나 부수어 만든 마른 것, 가루

亡 망 [wáng] ruin (5급)

① 망하다 ② 달아나다

사람이(人) 어떤 장소(ㄴ)에 숨어 있는 상태를 가리켜요. 그러므로 '망하다, 달아나다'라는 뜻이 되었어요.

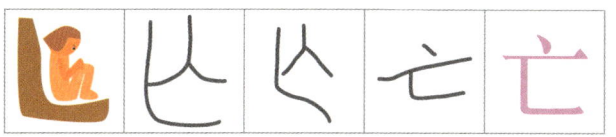

亡國(망할 망, 나라 국) 망하여 없어진 나라, 나라를 망침
逃亡(달아날 도, 달아날 망) 달아남

| 부수 | 亠 | 필순 | 총 3획 | 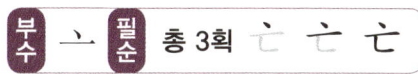 |

望 망 [wàng] hope (5급)

① 바라다 ② 바라보다

사람이 높은 곳(壬)에 올라 멀리 있는 달(月)을 바라보는 모양을 본떠 만든 글자예요. 이 글자에서 '亡'은 어떤 장소(ㄴ)에 있는 사람(人)의 모습이 변형된 것입니다.

希望(바랄 희, 바랄 망) 바라고 구함
望遠鏡(바라볼 망, 멀 원, 거울 경) 두 개 이상의 볼록렌즈를 맞추어 멀리 있는 것을 정확하게 볼 수 있도록 만든 장치

| 부수 | 月 | 필순 | 총 11획 |  |

每 매 [měi] every (7급)

① 늘

원래 머리장식을 달고 두 손을 모으고 앉아 있는 사람을 본뜬 글자인데 나중에 '늘, 언제나'라는 뜻이 되었어요.

每日(늘 **매**, 날 **일**) 하루하루의 모든 날
每事(늘 **매**, 일 **사**) 일마다, 모든 일

부수 毋 | 필순 | 총 7획

買 매 [mǎi] buy (5급)

① 사다

그물(罒)에 조개(貝)를 담은 모양을 본뜬 글자입니다. 원시 사회에서는 조개껍질이 화폐 구실을 했으므로, 이것을 가지고 물건을 살 수 있었어요.

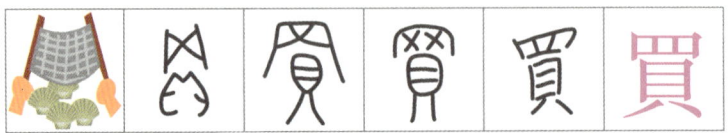

買入(살 **매**, 들 **입**) 물건을 사들임
買票(살 **매**, 표 **표**) 차표, 입장권 등의 표를 삼

부수 貝 | 필순 | 총 12획

賣 매 [mài] sell (5급)

① 팔다

원래 '팔다'와 '사다'라는 두 가지 뜻으로 다 쓰였으나, 나중에 그 뜻을 구분하기 위해 '물건이 밖으로 나가다'(士←出)는 의미를 더하여 '팔다'를 나타냈어요.

賣買(팔 매, 살 매) 사고팖
販賣(팔 판, 팔 매) 물건을 팖

얽히고설킨 한자

'쌀 팔러 간다'는 무슨 뜻일까요?

예전에 할머니들은 집에 쌀이 떨어져 쌀을 사러 가면서 '쌀을 팔러 간다'고 말했대요. '팔다'라는 말이 '돈을 주고 곡식을 사다'라는 뜻으로 쓰였어요. 사실 무엇인가를 사는 행위는 그것을 파는 행위와 동시에 이루어지잖아요. 파는 사람이 있어야 사는 사람이 있지요. 그래서 옛날에는 '買'(매) 자가 '팔다'와 '사다'의 뜻을 모두 나타내기도 했대요. 하지만 지금은 사다는 '買'(매)로, 팔다는 '賣'(매)로 나눠 쓰니까 혼동하면 안 돼요.

妹 매 [mèi] younger sister (4급)

① 손아래 누이

형제자매 중에 어린(未) 여자(女)라는 뜻으로 '누이동생'을 가리켜요.

男妹(사내 **남**, 누이 **매**) 오빠와 누이동생
姉妹(손위 누이 **자**, 손아래 누이 **매**) 언니와 여동생

부수 女 필순 총 8획 妹 妹 妹 妹 妹 妹 妹 妹

脈 맥 [mài] vein, artery (4급)

① 맥, 줄기 ② 혈관

몸(月←肉) 속에 여러 갈래(派)로 흐르는 것으로, '맥, 혈관'을 가리켜요.

文脈(글월 **문**, 줄기 **맥**) 글에 표현된 의미의 앞뒤 연결 줄기
脈搏(혈관 **맥**, 두드릴 **박**) 심장의 박동으로 동맥 혈관이 일으키는 주기적 파동

부수 肉 필순 총 10획 脈 脈 脈 脈 脈 脈 脈 脈

面 면 [miàn] face (7급)

① 낯, 얼굴

큰 눈과 눈 가장자리 윤곽선으로 '얼굴'을 나타냈어요.

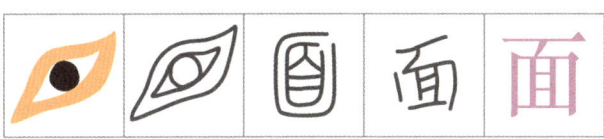

面目(낯 면, 눈 목) 얼굴의 생김, 낯
洗面(씻을 세, 얼굴 면) 얼굴을 씻음

부수 面 필순 총 9획

얽히고설킨 한자

'면목이 없다'는 '얼굴이 없다'는 뜻인가요?

잘못을 사과할 때 '면목이 없다'고 말하는데, 이것은 원래 '상대방을 대할 얼굴(면목)이 없다' 즉, '상대방 앞에서 얼굴을 들 수 없다'는 뜻의 관용구랍니다. 잘못을 했다고 해서 진짜로 얼굴이 없어지지는 않겠지요?

勉 면 [miǎn] strive (4급)

① 힘쓰다 ② 부지런하다

힘을 주며 아기를 낳는 모양을 본뜬 '免'에, 힘을 뜻하는 '力'을 더해 '힘쓰다'라는 뜻이 되었어요.

勉學(힘쓸 **면**, 배울 **학**) 배움에 힘씀
勤勉(부지런할 **근**, 부지런할 **면**) 부지런히 노력함

名 명 [míng] name (7급)

① 이름

캄캄한 저녁(夕)에 상대방에게 '나'를 알리기 위해 부르는 말(口)을 뜻해요.

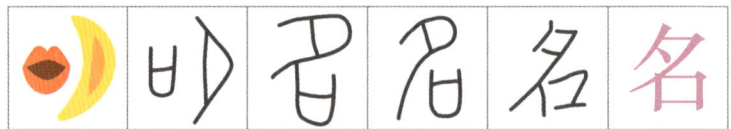

名聲(이름 **명**, 소리 **성**) 세상에 널리 알려져 이름의 평판이 높음
名札(이름 **명**, 패 **찰**) 이름표

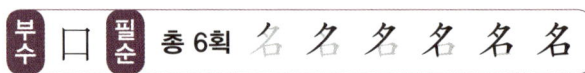

明 명 [míng] bright (6급)

① 밝다

원래는 창문을 비추는 달을 본뜬 글자로 '밝음'을 나타냈어요. 나중에 글자 모양이 해(日)와 달(月)이 더해진 것으로 바뀌었어요.

明白(밝을 **명**, 흰 **백**) 의심할 여지 없이 아주 뚜렷하고 환함
淸明(맑을 **청**, 밝을 **명**) 날씨가 맑고 밝음

부수 日 필순 총 8획

얽히고설킨 한자

'불을 보듯 뻔하다'는 뜻의 한자성어는 무엇일까요?

'**明若觀火**'(밝을 명, 같을 약, 볼 관, 불 화)는 밝기가 마치 불을 보는 것과 같다는 뜻으로, 더할 나위 없이 명백함을 나타내는 사자성어입니다. 원인을 잘 살펴보면, 그 결과는 명약관화하겠지요?

命 명 [mìng] order (7급)

① 명하다 ② 목숨

특정한 장소(스)에서 무릎을 꿇고 앉은 사람(卩)이 신의 말(口)을 듣는 모습을 본뜬 글자입니다. 신의 '명령', 신이 주신 '목숨'이라는 뜻이에요.

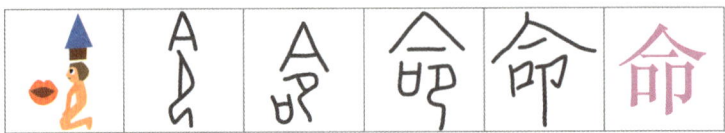

命令(명할 **명**, 명령할 **령**) 윗사람이 아랫사람에게 무엇을 하도록 시킴
生命(날 **생**, 목숨 **명**) 목숨

鳴 명 [míng] cry (4급)

① 울다

수탉(鳥)이 소리 내어(口) '운다'는 뜻을 나타내는 글자입니다.

悲鳴(슬플 **비**, 울 **명**) 갑작스런 위험이나 두려움 때문에 지르는 외마디 소리
自鳴鐘(스스로 **자**, 울 **명**, 종 **종**) 스스로 우는 종, 즉 시간을 맞춰 놓으면 저절로 울리는 시계, 알람시계

母 모 [mǔ] mother (8급)

① 어미, 어머니

원래는 두 손을 모으고 무릎을 꿇고 앉아 있는 여성(女)의 가슴에 점을 두 개 찍어 젖가슴을 표시한 글자예요. 아기가 있는 여성인 '어머니'를 나타내요.

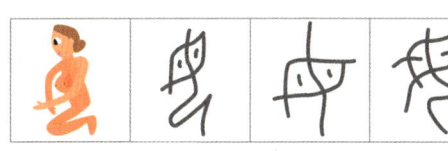

父母(아비 부, 어미 모) 아버지와 어머니
祖母(조상 조, 어미 모) 할머니

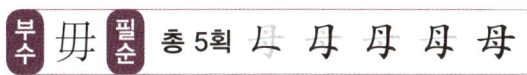

毛 모 [máo] hair (4급)

① 털

사람이나 짐승의 털 모양을 본뜬 글자예요.

毛皮(털 모, 가죽 피) 털가죽
毛孔(털 모, 구멍 공) 털이 나는 구멍

模 모 [mó] model (4급)

① 법, 본보기 ② 본뜨다

나무(木)로 같은 모양의 것을 찾아 구하기(莫←摹) 위해 만든 것으로 '본보기'를 뜻해요.

模範(본보기 모, 법 범) 본받을 만한 것
模倣(본뜰 모, 본뜰 방) 비슷하게 본뜸

| 부수 | 木 | 필순 | 총 15획 |

木 목 [mù] tree (8급)

① 나무

나무의 기둥과 가지, 뿌리의 모양을 본떠 '나무'를 나타냈어요.

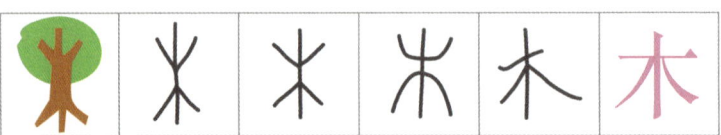

木器(나무 목, 그릇 기) 나무로 만든 그릇
植木(심을 식, 나무 목) 나무를 심음

| 부수 | 木 | 필순 | 총 4획 |

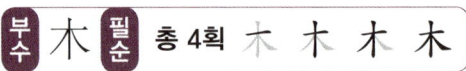

目 목 [mù] eye (6급)

① 눈 ② 조목

눈의 모양을 본뜬 글자예요.

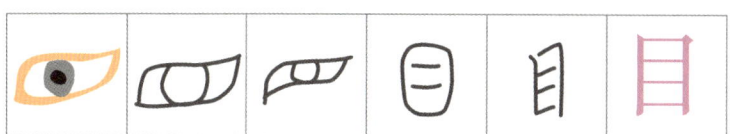

注目(부을 주, 눈 목) 무엇을 주의 깊게 바라봄
品目(물건 품, 눈 목) 물품의 종류를 알리는 이름

부수 目 필순 총 5획

牧 목 [mù] shepherd (4급)

① 치다, 기르다

소(牛)를 채찍으로 때린다(攵)는 글자입니다. 예전에 가축을 기를 때 모습으로, '(가축을) 치다, 기르다'라는 뜻이 되었습니다.

牧童(칠 목, 아이 동) 소나 양을 치는 아이
牧師(칠 목, 스승 사) 교회를 이끌고 지도하는 성직자

부수 牛 필순 총 8획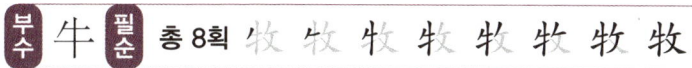

妙 묘 [miào] wonderful (4급)

① 묘하다

젊은(少) 여자(女)를 아름답다고 여겨 '묘하다, 예쁘다'의 뜻으로 써요.

奇妙(기이할 **기**, 묘할 **묘**) 기이하고 묘함
妙技(묘할 **묘**, 재주 **기**) 신기하고 묘한 기술이나 재주

부수 女 | 필순 | 총 7획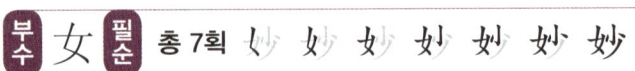

墓 묘 [mù] tomb (4급)

① 무덤

해가 지는 것(莫)처럼 인생을 마치고 흙(土) 속에 들어간다는 의미에서 '무덤'을 뜻해요.

墓碑(무덤 **묘**, 돌기둥 **비**) 무덤 앞에 세운 돌기둥
省墓(살 **성**, 무덤 **묘**) 조상의 산소를 찾아가서 살핌

부수 土 | 필순 | 총 14획

無 무 [wú] nothing (5급)

① 없다, 아니다

원래는 화려하게 장식하고 춤추는 사람의 모양을 본뜬 글자인데, 나중에 '없다'는 뜻으로 쓰이게 되었어요.

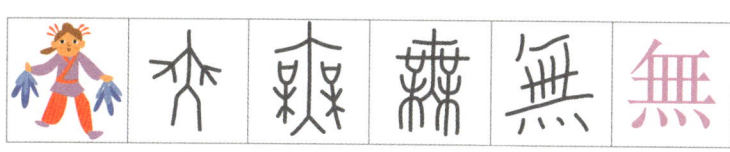

無視(없을 무, 볼 시) 눈여겨보지 않음, 또는 사람을 깔보거나 업신여김
無罪(없을 무, 허물 죄) 죄가 없음

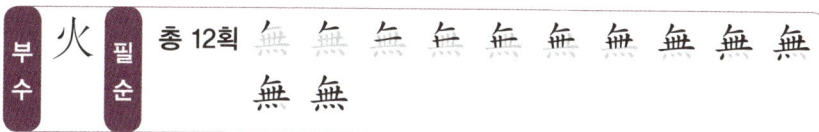

舞 무 [wǔ] dance (4급)

① 춤추다, 춤

'無'는 원래 사람이 두 손에 장식술을 들고 춤을 추는 모양을 본뜬 글자로 '춤추다'라는 뜻입니다. 나중에 두 발(舛)을 덧붙여 '없다'로 쓰이는 '無'자와 구별해서 썼어요.

舞臺(춤출 무, 대 대) 춤과 연극 등 공연을 위해 만들어 놓은 단
舞踊(춤출 무, 뛸 용) 춤

武 무 [wǔ] military (4급)

① 무사, 무인 ② 굳세다

발(止)과 창(戈)을 합해 무기를 들고 싸우러 가는 사람이라는 뜻이에요. 곧 '무사, 굳세다'라는 뜻이 되었어요.

文武(글월 문, 무사 무) 옛날 '문관(文官)과 무관(武官)'의 준말
武力(굳셀 무, 힘 력) 군사적인 힘, 때리거나 부수는 등 물리적으로 사용하는 힘

부수 止 필순 총 8획 武 武 武 武 武 武

務 무 [wù] duty (4급)

① 일 ② 힘쓰다

창(矛)을 들고 치며(攵) 힘(力)을 쓴다는 뜻이에요.

事務室(일 사, 일 무, 집 실) 일하는 방 또는 집
勤務(일할 근, 힘쓸 무) 직장에 취직하여 일을 맡아 함

부수 力 필순 총 11획 務 務 務 務 務 務 務 務 務

門 문 [mén] door (8급)

① 문 ② 집안, 문벌

두 개의 문짝 모양을 본떠 만들었어요.

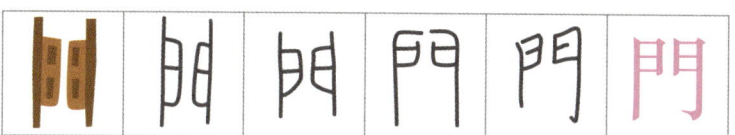

同門(같을 동, 문 문) 같은 학교나 같은 선생님에게 배운 사람
名門(이름 명, 문 문) 이름이 알려진 좋은 집안, 이름 있는 학교

問 문 [wèn] ask (7급)

① 묻다

손님이 문(門) 사이에 입(口)을 넣어, 문틈으로 집 안에 사람이 있는지 묻는 모습입니다. 그래서 '묻다'는 뜻으로 쓰이게 되었어요.

問答(물을 문, 대답할 답) 물음과 대답
訪問(찾을 방, 문 문) 남을 찾아가 봄

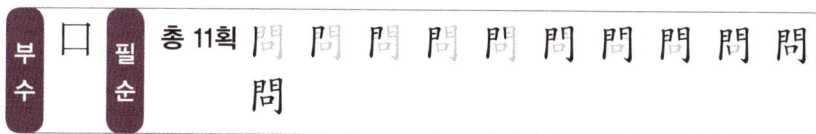

文 문 [wén] sentence (7급)

① 글월, 글 ② 무늬

사람의 가슴팍에 문신을 한 모습을 본떠서 '무늬'라는 뜻을 나타냈어요. 나중에는 '글, 글월'이라는 뜻으로 더 널리 쓰였어요.

文字(글월 문, 글자 자) 글자
文身(무늬 문, 몸 신) 몸에 무늬를 새겨 넣은 것

聞 문 [wén] hear (6급)

① 듣다 ② 널리 알려지다

앉아 있는 사람의 귀를 강조하여 '듣다'라는 뜻을 나타냈으나, 나중에 문(門) 사이에 귀(耳)를 넣은 글자 모양으로 바뀌었어요.

見聞(볼 견, 들을 문) 보고 듣다, 또는 보고 들어 아는 지식
新聞(새 신, 알릴 문) 새로운 사실을 알려 주는 정기 간행물

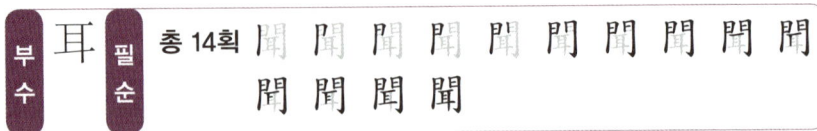

物 물 [wù] article (7급)

① 물건, 사물

원래는 제물로 바치기 위해 나쁜 것을 깨끗하게 씻어낸(勿) 소(牛)를 뜻하는 글자였어요. 그런데 나중에 '물건'이라는 뜻으로 쓰이게 되었어요.

萬物(일만 **만**, 물건 **물**) 세상에 있는 모든 것
物質(물건 **물**, 바탕 **질**) 물건의 바탕을 이루는 내용이나 성질

부수 牛 필순 총 8획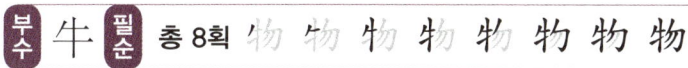

米 미 [mǐ] rice (6급)

① 쌀

벼나 수수 등의 이삭에 줄줄이 붙어 있는 낟알의 모양을 본떠 '쌀'이라는 뜻이 되었어요.

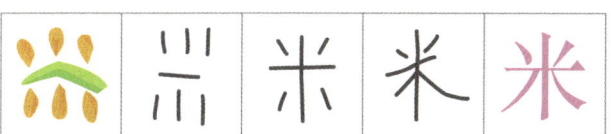

玄米(검을 **현**, 쌀 **미**) 벼의 겉껍질만 벗겨서 거뭇거뭇한 쌀
精米所(찧을 **정**, 쌀 **미**, 곳 **소**) 기계로 곡식을 찧거나 빻는 곳

부수 米 필순 총 6획

> 얽히고설킨 한자

'공양미'는 어떤 쌀일까요?

'供養米'(바칠 공, 기를 양, 쌀 미)는 절이나 죽은 이의 영혼에게 바치는(供養) 쌀(米)을 가리킵니다. 즉, 심청이는 쌀 300가마니에 자신의 목숨을 팔았던 거예요.

美 미 [měi] beautiful (6급)

① 아름답다

머리에 양의 뿔(羊)로 장식한 무당(大)의 모습을 본떠 만든 글자로 '아름답다'라는 뜻으로 쓰여요.

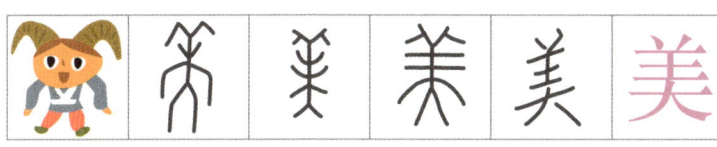

美人(아름다울 **미**, 사람 **인**) 아름다운 사람
美容(아름다울 **미**, 얼굴 **용**) 얼굴이나 머리를 아름답게 매만짐

부수 羊 필순 총 9획

未 미 [wèi] not yet (4급)

① 아니다 ② 아직

나무(木) 끝에 새로 난 작은 가지(一)를 본떠 만든 글자예요. '작다, 어리다'라는 뜻에서 '아직… 하지 않다'라는 뜻으로도 쓰입니다.

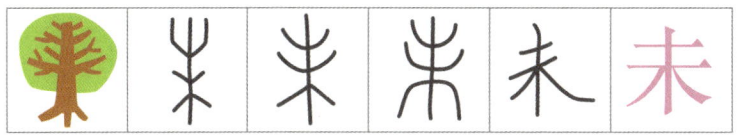

未達(아닐 **미**, 다다를 **달**) 목표에 도달하지 못함
未來(아직 **미**, 올 **래**) 아직 오지 않은 때

부수 木 필순 총 5획

味 미 [wèi] taste (4급)

① 맛 ② 뜻

음식을 먹고 입(口)에서 희미하게(未) 느껴지는 것으로 '맛'이라는 뜻을 갖게 되었어요.

味覺(맛 **미**, 깨달을 **각**) 맛을 느끼는 감각
意味(뜻 **의**, 뜻 **미**) 말이나 글이 지니는 뜻, 내용

부수 口 필순 총 8획

民 민 [mín] people (8급)

① 백성

눈을 창으로 찌른 모습으로 원래는 '노예'를 뜻했으나, 나중에 '백성'이라는 뜻이 되었어요.

國民(나라 **국**, 백성 **민**) 한 나라를 구성하는 사람
民心(백성 **민**, 마음 **심**) 백성들의 마음

부수 氏 필순 총 5획

密 밀 [mì] close (4급)

① 빽빽하다 ② 비밀로 하다

산(山)속의 은밀한 곳(宓)은 나무가 많은 곳이에요. 그래서 '빽빽하다'라는 뜻이 되었습니다.

親密(친할 친, 빽빽할 밀) 사이가 매우 친하고 가까움
秘密(숨길 비, 비밀 밀) 숨기어 남에게 드러내거나 알리지 말아야 할 일

부수	필순	
宀	총 11획	密密密密密密密密密密密

朴 박 [piáo, pǔ] naive / Park(Korean surname) (6급)

① 순박하다 ② 나무껍질 ③ 성씨

원래는 팍(卜) 소리가 나는 두꺼운 나무(木)껍질이라는 뜻이에요. '순박하다'라는 뜻으로 더 널리 쓰여요.

素朴(흴 **소**, 순박할 **박**) 꾸밈이나 거짓이 없고 수수함
淳朴(깨끗할 **순**, 순박할 **박**) 거짓이나 꾸밈이 없이 순수하며 인정이 두터움

부수 木 필순 총 6획 朴 朴 朴 朴 朴 朴

나는 素朴(소박)한 옷차림이 좋아.

博 박 [bó] wide (4급)

① 넓다 ② 노름

널리(十) 밭에 모를 심다(専)는 의미로 '넓다'라는 뜻이 되었어요.

博學(넓을 **박**, 배울 **학**) 배운 것이 많고 학식이 넓음

賭博(노름 **도**, 노름 **박**) 노름

부수	十	필순	총 12획	博 博 博 博 博 博 博 博 博 博

拍 박 [pāi] clap (4급)

① 치다, 손뼉 치다 ② 장단, 가락

손(扌)으로 팍팍 소리가 나도록 친다는 것으로 '손뼉 치다'라는 뜻입니다. 이때 '白'(박←백)은 손뼉 치는 소리를 나타낸 것이에요.

拍手(칠 **박**, 손 **수**) 손뼉을 침

拍子(장단 **박**, 접미사 **자**) 음악적 시간을 구성하는 기본적 단위

부수	手	필순	총 8획	拍 拍 拍 拍 拍 拍 拍 拍

反 반 [fǎn] react (6급)

① 돌이키다 ② 반대하다

손(又)으로 'ㄏ'처럼 생긴 물건을 뒤집는다는 데서 '되돌리다'라는 뜻이 생겼어요.

反復(돌이킬 **반**, 돌아올 **복**) 되풀이
反對(반대할 **반**, 마주할 **대**) 두 사물이 서로 맞서 있는 상태

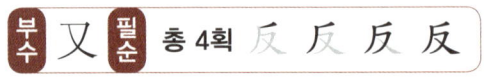

모르는 게 있을 때는
反復(반복)해서
연습해 봐야지.

半 반 [bàn] half (6급)

① 반, 절반

소(牛)를 절반으로 나눈다(八)는 뜻입니다. 그래서 '반, 절반'이라는 뜻이 되었어요.

過半(지날 **과**, 반 **반**) 반이 더 됨 (절반이 넘음)
折半(꺾을 **절**, 반 **반**) 하나를 똑같이 둘로 나눈 것의 반

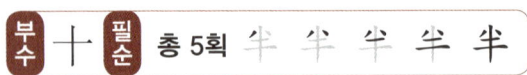

班 반 [bān] share (6급)

① 나누다 ② 나눠진 작은 집단의 단위

칼(刂)로 옥(珏)을 둘로 나눈다는 것으로, '나누다'를 나타냈어요.

班長(나눌 **반**, 우두머리 **장**) '반'으로 나눠진 조직체의 우두머리
合班(합할 **합**, 나눌 **반**) 반을 합침 또는 합쳐진 반

 총 10획 班 班 班 班 班 班 班 班 班 班

發 발 [fā] send out (6급)

① 쏘다 ② 일어나다 ③ 떠나다

활시위(弓)가 떨리는 모양에 소리를 나타내는 '癹'(발)을 더하여 만든 글자입니다. 화살이 활시위를 떠나는 순간 떨리는 모습을 표현하여 '쏘다'라는 뜻이 되었어요.

發射(쏠 **발**, 쏠 **사**) 활이나 총 따위를 쏨
發生(일어날 **발**, 날 **생**) 생겨남, 일어남
出發(날 **출**, 떠날 **발**) 길을 떠남, 또는 일을 시작함

 총 12획 發 發 發 發 發 發 發 發 發 發 發 發

髮 발 [fà] hair (4급)

① 터럭, 머리털

원래는 동물의 머리 부분에 자라난 털을 뜻하는 글자였어요. 나중에 길게 자라면 잘라 없애는(犮) 털(髟), 즉 '머리털'이라는 뜻으로 더 널리 쓰게 되었습니다.

假髮(거짓 **가**, 터럭 **발**) 머리털이나 이와 비슷한 것을 이용하여 머리 모양을 만들어 쓰는 것

間髮(사이 **간**, 터럭 **발**) 터럭 한 올처럼 아주 잠시 또는 차이가 아주 적음을 이르는 말
  예 간발의 차이

부수 髟　필순　총 15획

方 방 [fāng] square (7급)

① 모, 네모　② 방향, 방위　③ 방법

원래는 죄인의 목에 칼을 씌운 모습을 본떠서 만든 글자예요. 형벌 도구인 칼의 모양이 네모나서 '네모, 각'이라는 뜻을 갖게 되었습니다. 또 네모의 각 모서리로부터 '방향'이라는 뜻이 나왔어요.

長方形(길 장, 네모 **방**, 모양 형) 가로와 세로의 길이가 다른 길쭉한 네모 모양, 직사각형

方向(방향 **방**, 향할 향) 향하는 쪽

方法(방법 **방**, 법 법) 어떤 일을 해 나가거나 목적을 이루기 위하여 취하는 수단

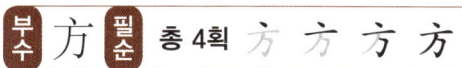

얽히고설킨 한자

'위기일발'의 뜻은 무엇일까요?

'危機一髮'(위태로울 위, 때 기, 한 일, 터럭 발)이라는 말은 곧이곧대로 풀면 '머리카락 한 올의 위태로움'이라는 뜻이에요. 머리카락 한 올이 위태롭다고? 도대체 무슨 말일까요?

사실 이 성어는 '危如一髮引千鈞'(위여일발인천균), 즉 위태롭기가 머리카락 한 오라기로 18톤의 무게를 들어올리는 것과 같다는 중국 유학자 한유(韓愈)의 말에서 나온 거예요. 머리카락 한 가닥으로 무거운 것을 들어올리니, 금방이라도 머리카락이 끊어질 것같이 팽팽하게 긴장되는 위험한 상황을 말하는 것이지요.

放 방 [fàng] release (6급)

① 놓다, 풀어놓다 ② 쫓아내다

칼을 쓴 죄인(方)을 때려서(攵) 추방한다는 뜻의 글자입니다. 그래서 '놓아 두다, 쫓아내다'라는 뜻이 되었어요.

開放(열 개, 놓을 방) 문을 열어 놓음
追放(쫓을 추, 쫓을 방) 쫓아냄

부수 方 필순 총 8획

防 방 [fáng] bank (4급)

① 둑 ② 막다

직사각형(方)으로 길게 늘어서 있는 언덕(阝)이므로 '둑'을 뜻해요.

堤防(둑 제, 둑 방) 강이나 바닷물이 넘어오는 것을 막기 위해 흙이나 돌로 쌓은 둑
防寒服(막을 방, 차가울 한, 옷 복) 추위를 막는 옷

부수 阜 필순 총 7획

房 방 [fáng] room (4급)

① 방

집(戶)에서 옆으로 튀어나온 곳(方)을 나타낸 글자입니다. 그래서 원래는 '곁방'을 뜻했으나, 나중에는 모든 '방'을 가리키는 말이 되었어요.

房門(방 **방**, 문 **문**) 방을 드나드는 문
工夫房(장인 **공**, 지아비 **부**, 방 **방**) 공부를 하려고 따로 마련한 방

부수 戶 | 필순 총 8획

얽히고설킨 한자

'문방사우'의 뜻은 무엇일까요?

'文房四友'(글월 문, 방 방, 넉 사, 벗 우)는 글공부를 하는 방(文房)에 꼭 있어야 할 네 가지 벗(四友)이라는 뜻으로, 종이·붓·벼루·먹을 가리키지요.

妨 방 [fáng] hinder (4급)

① 방해하다

'方'은 직사각형처럼 좌우로 뻗어 나간다는 뜻입니다. 즉 여자(女)가 손을 좌우로 뻗어(方) 앞길을 가로막는 것이므로 '방해하다'라는 뜻이에요.

妨害(방해할 **방**, 해할 **해**) 남의 일에 훼살을 놓아 해를 끼침
無妨(없을 **무**, 방해할 **방**) 방해가 없음, 괜찮음

| 부수 女 | 필순 | 총 7획 | 妨 妨 妨 妨 妨 妨 妨 |

訪 방 [fǎng] visit (4급)

① 찾다

사방(方)으로 널리 안부를 묻는다(言)는 것입니다. 그러니까 '찾다, 묻다'라는 뜻이에요.

訪問(찾을 **방**, 물을 **문**) 다른 사람을 찾아가 안부를 물음
訪韓(찾을 **방**, 나라 **한**) 한국을 방문함

| 부수 言 | 필순 | 총 11획 | 訪 訪 訪 訪 訪 訪 訪 訪 訪 訪 訪 |

倍 배 [bèi] double (5급)

① 곱, 갑절 ② 곱하다

사람(人)을 거절한다 '부(咅)←부(否)←불(不)'는 것이므로 '등지다, 배반하다'라는 뜻이었습니다. 그런데 여기서 둘로 떨어져 나간다는 뜻이 더해져 '곱이 되다', '배가'(倍加) 된다는 뜻으로 널리 쓰게 되었어요.

倍數(곱 **배**, 셈 **수**) 어떤 수의 2배가 되는 수
倍率(곱 **배**, 비율 **율**) 어떤 수가 기준의 몇 배가 되는가를 나타내는 수, 망원경·현미경 따위로 물체를 볼 때 실제 물체와 보이는 크기 사이의 비율

부수 人 필순 총 10획 倍 倍 倍 倍 倍 倍 倍 倍 倍 倍

配 배 [pèi] divide / pair (4급)

① 나누다 ② 짝

술단지(酉) 앞에 꿇어앉아 있는 사람(己)의 모습을 본떠 만든 글자입니다. 그래서 처음에는 술을 '나눠 주다'라는 뜻이었는데 나중에 '짝'이라는 뜻도 갖게 되었어요.

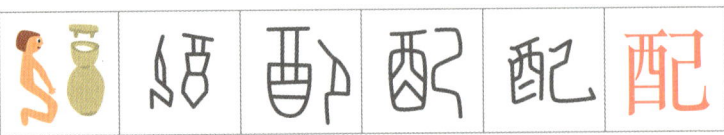

分配(나눌 **분**, 나눌 **배**) 생산에 참여한 개개인이 일정한 기준에 따라 생산물을 나누는 일
宅配(집 **택**, 나눌 **배**) 우편물이나 짐, 상품 따위를 배달해 주는 일

부수 酉 필순 총 10획

背 배 [bèi] back (4급)

① 등 ② 배반하다, 저버리다

서로 등지고 서 있는 두 사람(北)의 몸뚱이(月←肉)를 그려 '등, 등지다'라는 뜻을 나타냈어요.

背後(등 **배**, 뒤 **후**) 등 뒤, 어떤 일의 드러나지 않은 뒷면
背信(배반할 **배**, 믿을 **신**) 믿음을 저버리는 일

부수 肉 필순 총 9획

拜 배 [bài] bow (4급)

① 절, 절하다

손의 모양과 머리에 깃 장식을 한 사람이 무릎을 꿇고 앉아 있는 모양을 합쳐 만든 글자입니다. 이것은 손을 이용하여 엎드려 하는 '절'을 나타낸 것이에요. 나중에 글자의 모양이 두 손(手+手)과 아래 하(丅 : 오른 손 밑에 있는 글자)를 더한 글자로 변하여, '절'이 두 손을 아래로 내리며 하는 인사임을 나타냈어요.

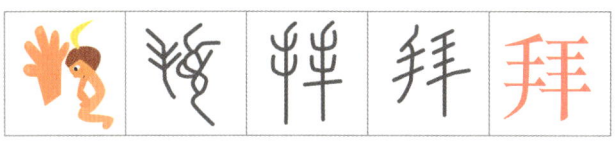

崇拜(높을 숭, 절할 배) 거룩하게 높이어 공경함
歲拜(해 세, 절 배) 새해를 맞아 어른께 올리는 절

부수 手 필순 총 9획

이힛! 歲拜(세배)하러 가야지~

白 백 [bái] white (8급)

① 희다, 깨끗하다 ② 말하다

해(日)에서 나오는 빛(ヽ)으로 '희다, 깨끗하다'라는 뜻이기도 하고, 입(日)에서 나오는 것(ヽ)으로 '말하다'라는 뜻도 있어요.

白雪(흰 **백**, 눈 설) 흰 눈
告白(알릴 고, 말할 **백**) 마음에 숨기는 것 없이 말함

부수 白 필순 총 5획

百 백 [bǎi] hundred (7급)

① 일백, 100 ② 모든, 여러

넓다(博)와 뜻이 통하는 '白'에 '一'을 더하여 '100'이라는 숫자를 나타냅니다. 또 100은 온전하게 다 채워진 숫자로 봐서 '모든'이라는 뜻도 있어요.

望百(바라볼 망, 일백 **백**) 100세를 바라본다는 뜻으로, '91세'를 일컬음
百貨店(여러 **백**, 재물 화, 가게 점) 여러 가지 상품들을 갖춰 놓고 파는 규모가 큰 상점

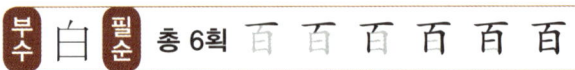
부수 白 필순 총 6획

番 번 [fān] turn (6급)

① 갈마들다(서로 번갈아들다) ② 차례

땅바닥에 찍혀 있는 짐승 발자국의 모양을 본떠 만든 글자예요. 그래서 '번갈아 나타나는 차례'라는 뜻이었어요. 땅바닥에 찍힌 발자국은 앞발과 뒷발의 모양이 번갈아 가며 차례로 나타나거든요.

當番(마땅 **당**, 갈마들 **번**) 어떤 일을 책임지고 돌보는 차례가 됨
番號(차례 **번**, 부를 **호**) 차례를 나타내는 숫자

伐 벌 [fá] attack (4급)

① 치다, 베다

갑골문의 오른쪽에 있는 것은 창(戈), 왼쪽에 있는 것은 사람(人)으로 창으로 사람의 목을 치는 모습을 본뜬 글자입니다. 그래서 '치다, 베다'라는 뜻이 되었어요.

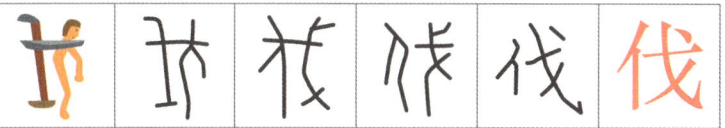

征伐(칠 **정**, 칠 **벌**) 적이나 죄가 있는 무리를 무력으로 침
伐木(벨 **벌**, 나무 **목**) 나무를 벰

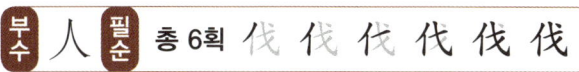

罰 벌 [fá] penalty (4급)

① 벌, 죄

죄인을 법의 그물(罒)로 잡아 판결을 내리고(言) 형벌(刂)을 준다는 뜻이에요. 그래서 '죄, 벌'이라는 뜻이 되었어요.

嚴罰(엄할 **엄**, 벌 **벌**) 엄하게 벌을 줌
體罰(몸 **체**, 벌 **벌**) 몸에 고통을 주는 벌

| 부수 | 罔 | 필순 | 총 14획 |

얽히고설킨 한자

'일벌백계'의 뜻은 무엇일까요?

'一罰百戒'(한 일, 벌 벌, 일백 백, 경계할 계)는 하나의 죄를 벌하여 백 사람에게 경각심을 불러일으킨다는 뜻이에요.

範 범 [fàn] model (4급)

① 법, 본보기

수레(車)를 만들기 위한 틀(笵←箁)이라는 뜻이에요. 그러므로 '법, 본보기'를 뜻합니다.

模範(법 **모**, 본보기 **범**) 보고 배울 만한 본보기
規範(법 **규**, 법 **범**) 행동하거나 판단할 때에 지켜야 할 기준

犯 범 [fàn] commitor (4급)

① 범하다

앉아 있는 사람(㔾)에게 달려든 개(犭)를 나타낸 글자예요. 그래서 '범하다'라는 뜻이 되었어요.

犯罪(범할 **범**, 허물 **죄**) 법규를 어기고 지은 죄
侵犯(침노할 **침**, 범할 **범**) 남의 땅이나 재산 따위를 쳐들어가서 범함

法 법 [fǎ] law (5급)

① 법

원래는 신령스런 짐승(廌)이 사람의 죄를 심판하여 처벌하는 것(去)이 물(水)처럼 공평하다는 뜻에서, '水+廌+去'를 합친 글자예요. 나중에 '廌'을 빼고 '法'으로 간략하게 쓰게 되었습니다.

法律(법 법, 법 률) 국가에서 정하여 국민이 지켜야 할 법규
便法(편할 편, 법 법) 간편하고 손쉬운 방법

부수 水 필순 총 8획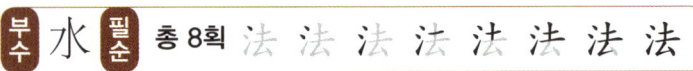

얽히고설킨 한자

'야단법석'의 뜻은 무엇일까요?

'野壇法席'(들 야, 제단 단, 법 법, 자리 석)은 떠들썩하고 시끄러운 모습이라는 뜻이에요. 부처님이 법당이 너무 좁아, '야외에 단(野壇)을 세우고 사람들에게 불법을 펼쳤던 자리(法席)'에서 나온 말입니다. 그런데 많은 사람이 야외에 모여 불법을 듣다 보니, 질서가 없고 시끌벅적하고 어수선하게 되자, 나중에는 이처럼 경황이 없고 시끌벅적한 상태를 비유하는 말로 쓰이게 되었어요.

壁 벽 [bì] wall (4급)

① 벽

흙(土)으로 주변을 둥글게(辟←璧) 쌓아 올린 것을 가리켜요. 그러므로 '벽'을 뜻합니다.

壁畵(벽 **벽**, 그림 **화**) 동굴이나 건물의 벽에 그린 그림
城壁(성 **성**, 벽 **벽**) 성의 담벼락

부수 土 필순 총 16획

邊 변 [biān] border (4급)

① 가, 가장자리 ② 변(수학에서 다각형을 이루는 각 선분)

원래는 나(自)와 주변(方←旁)을 구분하여 가르는(辶) 지점으로, '가장자리'라는 뜻이에요. 나중에 '自'와 '方'사이에 '穴'을 더해서 썼어요.

海邊(바다 **해**, 가 **변**) 바닷가
等邊(같을 **등**, 변 **변**) 다각형에서 각 변의 길이가 같음

부수 辶 필순 총 19획

辯 변 [biàn] debate (4급)

① 말을 잘하다

일의 도리를 분명히 하여(辨) 말하는(言) 것을 나타낸 글자예요. 그래서 '말을 잘하다'라는 뜻이 되었어요.

代辯(대신할 **대**, 말 잘할 **변**) 어떤 기관이나 사람을 대신하여 말함
答辯(대답할 **답**, 말씀 **변**) 어떤 물음에 밝히어 대답함

變 변 [biàn] change (5급)

① 변하다

이어진 실(絲)을 두드려(攵) 부드럽게 바꾼다는 뜻이에요.

變形(변할 **변**, 모양 **형**) 모양이 바뀜
變身(변할 **변**, 몸 **신**) 몸의 모양을 바꿈

別 별 [bié] separate (6급)

① 나누다 ② 다르다

갑골문의 오른쪽 위에 있는 것은 고기의 살을 발라낸 뼈, 왼쪽에 있는 것은 칼(刂)을 뜻합니다. 즉 칼을 사용하여 뼈에서 살을 발라낸다는 뜻이에요. 여기서 '나누다'라는 뜻이 생깁니다. 또한 고기와 뼈는 '다르다'는 뜻도 생겼어요.

個別(낱 **개**, 나눌 **별**) 여럿 중에서 하나씩 따로 나뉘어 있는 것
別名(다를 **별**, 이름 **명**) 다른 이름, 사람의 특징을 바탕으로 남들이 지어 부르는 이름

부수 刀 필순 총 7획

病 병 [bìng] sick (6급)

① 병들다

'疒'은 병이 들어 침대에 누워 있는 모습으로 뜻을 나타내고, '丙'(병)은 소리를 나타내요.

病院(병 **병**, 집 **원**) 병든 사람을 치료하는 곳
問病(물을 **문**, 병 **병**) 아픈 사람을 찾아가 위로함

부수 疒 필순 총 10획

兵 병 [bīng] soldier (5급)

① 군사

두 손(廾)에 도끼(斤)를 들고 있는 모습을 본뜬 글자로 '군사'라는 뜻이에요.

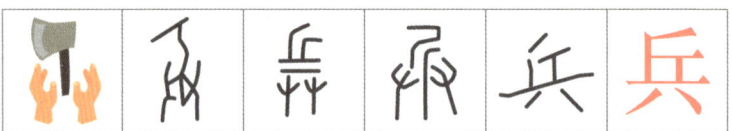

兵士(군사 **병**, 선비 **사**) 나라를 지키는 군대에서 복무하는 사람
卒兵(군사 **졸**, 군사 **병**) 지위가 낮은 병사

부수 八 필순 총 7획

報 보 [bào] recompense (4급)

① 갚다 ② 알리다

사람(卩)을 손으로 잡아서(又) 수갑과 족쇄(幸)를 채우는 모습을 나타낸 글자입니다. 그래서 '원수를 갚다'라는 뜻으로 썼어요. 나중에 그 뜻이 확대되어 원수나 은혜를 '갚다', 또는 재판 결과 등을 '알리다'라는 뜻으로도 쓰고 있어요.

報恩(갚을 보, 은혜 은) 은혜를 갚음
報道(알릴 보, 말할 도) 신문이나 텔레비전을 통해 사람들에게 새로운 소식을 알림

부수 土 필순 총 12획

'까치의 보은' 이야기 알아?
까치가 종에 머리를 부딪쳐
자신의 생명을 구해 준
은인에게 은혜를 갚았대.

나는 누구에게
報恩(보은)하지??

寶 보 [bǎo] treasure (4급)

① 보배

원래는 집 안에 있는 옥(玉←玉)과 조개(貝=재물)를 나타내어 '보배'를 뜻했어요. 나중에는 그릇과 칼이 더해지기도 하고, 마지막에는 집 안(宀)에 있는 옥과 도자기(缶), 재물로 '보물'이라는 뜻이 되었습니다.

國寶(나라 국, 보배 보) 나라의 보배
寶位(보배 보, 자리 위) 임금의 자리를 이르는 말

얽히고설킨 한자

'칠보단장'은 무슨 뜻일까요?

'七寶丹粧'(일곱 칠, 보배 보, 붉을 단, 단장할 장)은 여러 가지 보배로 몸을 아름답게 치장한다는 뜻의 사자성어입니다.

保 보 [bǎo] protect (4급)

① 지키다, 보전하다

엄마(人)가 아기(呆)를 업은 모양을 본뜬 글자로, '지키다'라는 뜻이에요.

保存(지킬 **보**, 있을 **존**) 보호하여 남아 있게 함
安保(편안할 **안**, 보전할 **보**) 편안히 보전함

부수 人 필순 총 9획

步 보 [bù] step (4급)

① 걸음

왼발(止)과 오른발(癶)의 모양을 본떠 만든 글자로 '걷다'라는 뜻이에요.

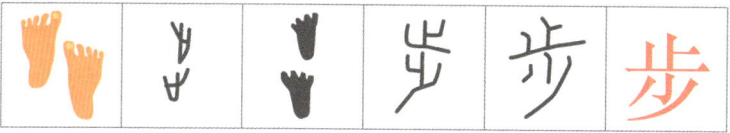

進步(나아갈 **진**, 걸음 **보**) 걸음을 내디딤, 곧 수준이 더 높아짐을 뜻함
初步(처음 **초**, 걸음 **보**) 처음으로 내딛는 걸음(학문이나 기술을 배울 때 처음 단계)

부수 止 필순 총 7획

얽히고설킨 한자

올라가는 한자, 내려오는 한자

두 개의 발로 이루어진 '步' 자가 위쪽을 향해 가는 모양이라면, 이를 뒤집어서 아래로 향해 가는 두 개의 발 모양을 본뜬 것이 바로 '夅' 자입니다.

그래서 '陟'(척)은 '오르다'라는 뜻을 나타내며, '降'(강)은 '내리다'라는 뜻을 나타내는 것이지요. '陟'과 '降' 자의 왼쪽에 있는 '阝'(부)는 '언덕'이라는 뜻이지만 갑골문에서 보듯, 그것은 높은 곳에 올라가는 계단을 뜻하기도 한답니다.

普 보 [pǔ] universal (4급)

① 널리

햇빛(日)이 나란히(並) 퍼지는 모습이므로 '널리'라는 뜻이에요.

普通(널리 **보**, 통할 **통**) 특별하지 않고 널리 통하는 평범한 것
普遍(널리 **보**, 두루 **편**) 두루 널리 미침

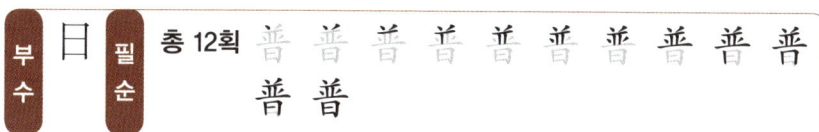

부수 日 | 필순 | 총 12획

服 복 [fú] clothes (6급)

① 옷 ② 복종하다 ③ 약을 먹다

배(月←舟) 위에서 손(又)으로 사람을 잡아 꿇어앉힌(卩) 모양을 나타낸 글자로 '굴복, 복종'이라는 뜻입니다. 여기서 나아가 몸에 덧붙이는 것, 즉 '옷'이라는 뜻도 있어요.

衣服(옷 **의**, 옷 **복**) 옷
服從(복종할 **복**, 따를 **종**) 남의 명령이나 뜻을 그대로 따름
服用(약 먹을 **복**, 쓸 **용**) 약을 먹음

부수 月 | 필순 | 총 8획

福 복 [fú] blessing (5급)

① 복

신(示)에게 바치는 술통(畐)을 본떠 만든 글자예요. 신께서 '복'을 내려 주길 바라는 마음이 담겨 있어요.

福祉(복 **복**, 복 **지**) 행복한 삶, 만족할 만한 생활 환경
幸福(다행 **행**, 복 **복**) 충분한 만족과 기쁨을 느끼는 것

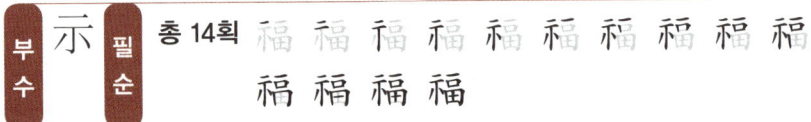
부수 示 · 필순 · 총 14획

復 복/부 [fù] return/again (4급)

① 돌아오다 (복) ② 다시 (부)

계단이 있는 집(䏍)에 발(夂)과 걷다(彳)를 더하여 만든 글자예요. 집에서 나갔다가 다시 돌아오는 것을 표현한 것이지요. '돌아오다, 다시'라는 뜻이에요.

回復(돌아올 **회**, 돌아올 **복**) 원래 상태로 돌아감
復活(다시 **부**, 살 **활**) 죽었다가 다시 살아남

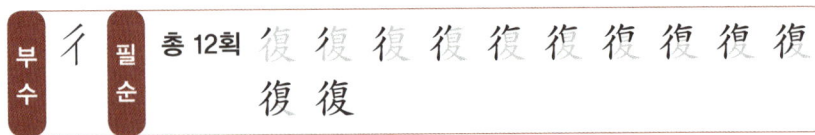
부수 彳 · 필순 · 총 12획

伏 복 [fú] prostrate (4급)

① 엎드리다

사람(人)의 발 아래 엎드린 개(犬)를 묘사한 글자예요. 그래서 '엎드리다'라는 뜻이 되었지요.

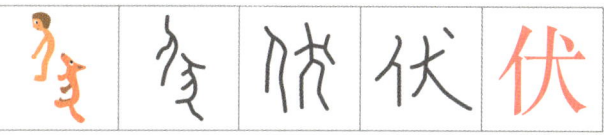

埋伏(묻을 **매**, 엎드릴 **복**) 상대편의 동태를 살피거나 갑자기 공격하기 위해 몰래 숨어 있음

降伏(항복할 **항**, 엎드릴 **복**) 적이나 상대편의 힘에 눌려서 굴복함

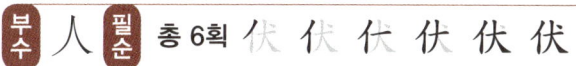

부수 人 필순 총 6획

얽히고설킨 한자

'애걸복걸'은 무슨 뜻일까요?

'哀乞伏乞'(슬플 애, 빌 걸, 엎드릴 복, 빌 걸)은 울면서 빌고 엎드려서 빈다는 뜻입니다. 얼마나 딱한 사정이 있으면 상대방의 바짓가랑이를 잡으며 땅바닥에 엎드려 빌기까지 하겠어요. 그래서 보통 이 말은 죽을 죄를 지었을 때 용서해 달라고 할 때 주로 사용해요. 그렇지만 가끔은 떼를 쓸 때도 사용하지요.

複 복 [fù] double (4급)

① 겹치다, 거듭되다

겹(复)으로 된 옷(衤)이므로 '겹옷, 겹치다'라는 뜻이지요.

複數(겹칠 복, 셈 수) 둘 이상의 수
複製(겹칠 복, 지을 제) 겹쳐서 만듦, 즉 사물을 그대로 본떠 만듦

부수 衣 필순 총 14획 複 複 複 複 複 複 複 複 複 複 複 複 複 複

本 본 [běn] root (6급)

① 밑, 근본 ② 원래 가지고 있음

나무(木)의 뿌리 부분을 표시(一)해 만든 글자예요. '밑, 근본'이라는 뜻이에요.

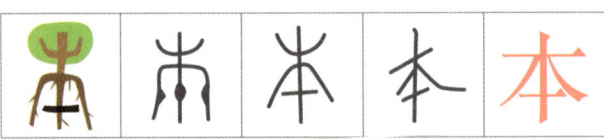

本來(밑 본, 올 래) 사물이나 사실이 전하여 내려온 그 처음
本質(밑 본, 바탕 질) 원래 가지고 있는 근본적인 성질

부수 木 필순 총 5획 本 十 木 木 本

奉 봉 [fèng] serve (5급)

① 받들다

세 개의 손으로 곡식을 받쳐 들고 신에게 바치는 모습을 본뜬 글자예요. 신을 받들어 모신다는 뜻이에요.

奉仕(받들 **봉**, 섬길 **사**) 나라와 사회 또는 남을 위해 힘을 바쳐 애씀
信奉(믿을 **신**, 받들 **봉**) 사상이나 학설 등을 믿고 받듦

父 부 [fù] father (8급)

① 아비, 아버지

회초리를 들고 있는 손의 모습을 본떠, 자식을 훈계하는 '아버지'를 뜻하는 글자를 만들었어요.

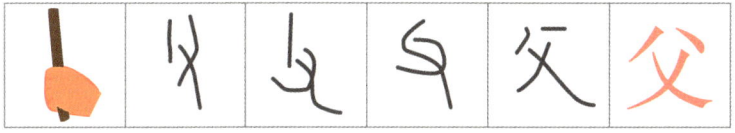

伯父(맏 **백**, 아비 **부**) 큰아버지
親父(친할 **친**, 아비 **부**) 친아버지

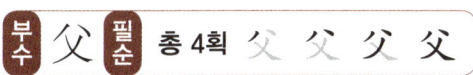

夫 부 [fū] husband (7급)

① 지아비, 남편 ② 사내

상투를 틀고 비녀(一)를 꽂은 사람(大)을 나타낸 글자입니다. 어른이 된 남자, 결혼한 남자를 뜻해요.

夫婦(지아비 부, 지어미 부) 남편과 아내
農夫(농사 농, 사내 부) 농사를 짓는 사람

부수 大 필순 총 4획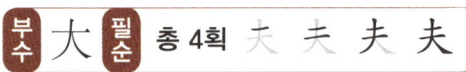

얽히고설킨 한자

'부창부수'는 무슨 뜻일까요?

'夫唱婦隨'(남편 부, 노래 창, 아내 부, 따를 수)는 '남편이 노래하면 아내가 따라 부른다'는 뜻으로, 남편이 주장하고 아내가 이에 따른다는 뜻이에요. 가정에서 부부 화합의 도리를 이르는 말입니다.

婦 부 [fù] wife (4급)

① 지어미, 아내

빗자루(帚)를 들고 집안일을 하는 여자(女)입니다. 그래서 '지어미, 아내, 며느리'라는 뜻이 있어요.

婦女子(아내 **부**, 여자 **녀**, 아들 **자**) 부인과 여자라는 뜻으로 여성들을 아울러 이르는 말
主婦(주인 **주**, 아내 **부**) 한 가정의 살림을 맡아 꾸리는 안주인

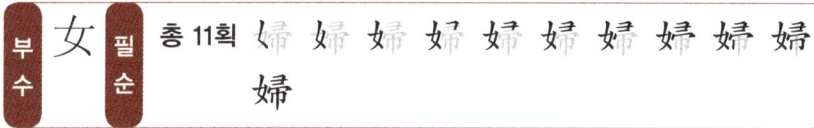
부수 女 | 필순 | 총 11획

富 부 [fù] rich (4급)

① 넉넉하다 ② 부유하다

집(宀) 안에 술단지(畐)가 있는 것을 나타낸 글자입니다. 예전에는 부잣집에서 술을 담가 먹을 수 있었기 때문에 '넉넉하다, 부유하다'는 뜻이 되었어요.

貧富(가난할 **빈**, 넉넉할 **부**) 가난함과 부유함
富貴(부유할 **부**, 귀할 **귀**) 재산이 넉넉하고 지위가 높음

부수 宀 | 필순 | 총 12획

副 부 [fù] secondary (4급)

① 버금, 둘째

술단지(畐)를 칼(刂)로 나누는 모습입니다. 그래서 '쪼개다'라는 뜻으로 쓰였는데, 나중에 '버금가다, 둘째'라는 뜻으로 더 널리 쓰이게 되었어요.

副會長(버금 **부**, 모일 **회**, 길 **장**) 회장에 다음가는 직위

副業(버금 **부**, 일 **업**) 본업 외에 여가를 이용해 갖는 직업

| 부수 | 刀 | 필순 | 총 11획 |  |

府 부 [fǔ] warehouse (4급)

① 곳집, 곳간 ② 관청

원래는 재물(貝)을 쌓아 둔 집(广)이라는 뜻에, 소리를 나타내는 '付'(부)를 더하여 '곳집'을 나타낸 글자입니다. 나중에 '貝'가 생략된 '府'로 쓰게 되었어요.

天府(하늘 **천**, 곳집 **부**) 하늘이 내린 곳집이라는 뜻으로, 땅이 매우 기름져 온갖 산물이 많이 나는 땅을 이름

政府(정사 **정**, 관청 **부**) 나라를 다스리는 정사를 보는 기관

| 부수 | 广 | 필순 | 총 8획 |  |

否 부 [fǒu] deny (4급)

① 아니다

입(口)으로 아니다(不)라고 말한다는 의미예요.

可否(옳을 **가**, 아닐 **부**) 옳고 그름, 또는 찬성과 반대
拒否(막을 **거**, 아닐 **부**) 요구나 제안을 받아들이지 않고 물리침

부수 口 필순 총 7획

負 부 [fù] bear (4급)

① 지다, 짊어지다 ② 믿다 ③ 패하다

재물(貝)을 가진 사람(人)이므로 '믿을 만하다'라는 뜻을 나타냈어요. 또 '짊어지다', '등을 돌리다', '패하다'라는 뜻으로도 쓰여요.

負債(질 **부**, 빚 **채**) 남에게 빚을 짐
自負心(스스로 **자**, 믿을 **부**, 마음 **심**) 능력을 스스로 믿는 마음
勝負(이길 **승**, 패할 **부**) 이기고 짐

부수 貝 필순 총 9획

누가 이길지 勝負(승부)가 궁금하군!

部 부 [bù] group (6급)

① 떼 ② 거느리다 ③ 나누다

마을(阝)로 '떼'라는 뜻을 나타내고, '부'(咅)로 소리를 나타냈어요.

部隊(떼 **부**, 대 **대**) 한 단위의 군대
部下(거느릴 **부**, 아래 **하**) 직책이 낮은 자리에 있는 사람
部分(나눌 **부**, 나눌 **분**) 나눈 전체의 일부

| 부수 | 邑 | 필순 | 총 11획 | 部 部 部 部 部 部 部 部 部 部 部 |

北 북/배 [běi] north / run away (8급)

① 북쪽 (북) ② 달아나다, 배반하다 (배)

두 사람(亻+ヒ)이 서로 등지고 있는 모양을 본떠 만든 글자예요. 서로 멀리 '달아나다'라는 뜻이에요. 여기서 소리를 빌려 '북쪽'이라는 뜻으로도 씁니다.

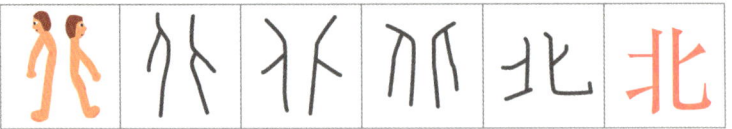

北極(북쪽 **북**, 끝 **극**) 지구 자전축의 북쪽 끝 지점
敗北(질 **패**, 달아날 **배**) 겨루어 짐

| 부수 | ヒ | 필순 | 총 5획 | 北 北 北 北 北 |

分 분 [fēn] divide (6급)

① 나누다

칼(刀)로 물건을 두 부분으로 나누었음(八)을 나타낸 글자예요.

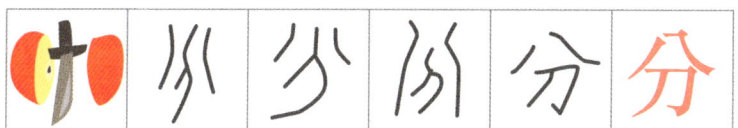

分析(나눌 **분**, 가를 **석**) 어떤 것의 각 요소를 가르고 나눔
分數(나눌 **분**, 셈 **수**) 하나의 수를 다른 수로 나눈 몫

부수 刀 필순 총 4획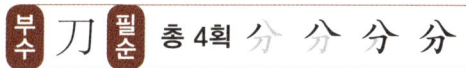

粉 분 [fěn] powder (4급)

① 가루

쌀알(米)을 나누다(分), 즉 쌀알을 잘게 빻은 '가루'라는 뜻이에요.

粉筆(가루 **분**, 붓 **필**) 석고 가루 등을 물에 개어 만든 필기도구로, 칠판에 사용함
粉乳(가루 **분**, 젖 **유**) 가루우유

부수 米 필순 총 10획

憤 분 [fèn] anger (4급)

① 분하다, 성내다

마음(忄)속에서 끓어오르는 상태(賁)를 나타낸 글자입니다. '성내다'라는 뜻으로 쓰여요.

憤怒(분할 분, 성낼 노) 분하여 성을 냄
悲憤(슬플 비, 분할 분) 슬프고 분함

| 부수 | 心 | 필순 | 총 15획 | 憤 憤 憤 憤 憤 憤 憤 憤 憤 憤 憤 憤 憤 憤 憤 |

不 불(부) [bù] no, not (7급)

① 아니다

원래는 식물의 씨방을 본뜬 글자인데, 나중에 '아니다'라는 뜻이 되었어요.

不信(아닐 불, 믿을 신) 믿지 못함
不正(아닐 부, 바를 정) 바르지 않음

| 부수 | 一 | 필순 | 총 4획 | 不 不 不 不 |

不은 보통은 '불'이라고 읽어요. 그런데 그 뒤에 오는 자음이 'ㄷ, ㅈ'일 때 '부'라고 읽지요. 예를 들면, 부단(不斷)히, 부당(不當)하다가 있어요.

佛 불 [fó] Buddha (4급)

① 부처 ② 불교

인도의 불교가 중국에 전해지는 과정에서 '부처'를 뜻하는 '부다'(Buddha)라는 말을 번역하려고 만든 글자예요. 사람을 뜻하는 '人'과 소리를 나타내는 '弗'(불)을 더해서 만든 글자입니다.

念佛(외울 **염**, 부처 **불**) '나무아미타불'처럼 부처의 공덕을 생각하면서 부처의 이름을 외는 일

佛經(불교 **불**, 경서 **경**) 불교의 경전

부수 人 필순 총 7획

比 비 [bǐ] compare (5급)

① 견주다 ② 나란히 하다

여러 사람이 나란히 늘어선 모양을 본떠 만든 글자입니다. 사람이 늘어서서 서로 '비교하다'라는 뜻과 '나란히 있다'라는 뜻으로 쓰여요.

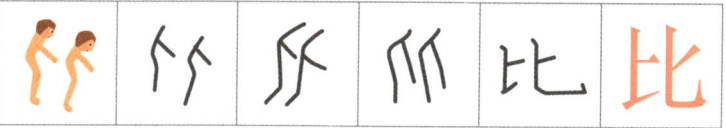

對比(마주할 **대**, 견줄 **비**) 서로 맞대어 비교함

比肩(나란히 할 **비**, 어깨 **견**) 어깨를 나란히 한다는 뜻으로, 서로 비슷함을 뜻함

부수 比 필순 총 4획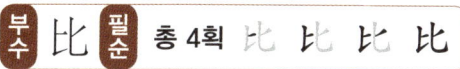

鼻 비 [bí] nose (5급)

① 코

코의 모양을 본뜬 '自'가 '스스로'라는 뜻으로 많이 쓰이게 되자, 여기에 소리를 나타내는 '畀'(비)를 더해 '코'를 뜻하는 글자가 만들어졌어요.

鼻炎(코 **비**, 염증 **염**) 콧속 점막에 생기는 염증
鼻音(코 **비**, 소리 **음**) 코로 내는 소리

費 비 [fèi] spend (5급)

① 쓰다

돈(貝)이 없어진다(弗)는 것이므로 '쓰다'라는 뜻이에요.

浪費(물결 **낭**, 쓸 **비**) 돈이나 물건 따위를 헛되이 씀
學費(배울 **학**, 쓸 **비**) 공부하는 데 드는 돈

批 비 [pī] slap (4급)

① 치다, 비평하다

'比'는 여러 사람이 빽빽이 늘어선 모양입니다. 사람들이 빽빽이 늘어서 있다 보면 갑갑하여 옆 사람을 밀치게 됩니다. 그래서 손(扌)으로 나란히 서 있는 옆 사람(比)을 밀친다는 뜻이 되었지요.

批判(칠 비, 판가름할 판) 옳고 그름을 가려서 판단함
批評(칠 비, 평할 평) 옳고 그름 등을 분석하여 가치를 논함

부수 手 필순 총 7획 批 批 批 批 批 批 批

備 비 [bèi] prepare (4급)

① 갖추다

화살이 담겨 있는 화살통의 모양을 본뜬 글자입니다. 오늘날 글자의 오른쪽 부분(㩟)에 해당합니다. 나중에 '사람'(亻)을 더하여, 사람이 활을 화살통에 챙겨 넣고(備) 나갈 채비를 갖추었다는 뜻에서 '갖추다'라는 의미가 생겼어요.

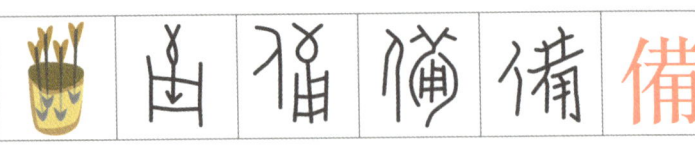

備置(갖출 **비**, 둘 **치**) 갖추어 둠
裝備(꾸밀 **장**, 갖출 **비**) 갖추어 차린 장치와 설비

부수 人 필순 총 12획

悲 비 [bēi] sad (4급)

① 슬프다

마음(心)이 좌우로 갈라져(非) 찢어질 듯 '슬프다'는 뜻이에요.

悲觀(슬플 **비**, 볼 **관**) 인생을 어둡게만 보아 슬퍼함, 앞으로 일이 잘 안 될 것이라고 봄
悲壯(슬플 **비**, 씩씩할 **장**) 슬프면서도 그 감정을 억눌러 씩씩하고 장함

부수 心 필순 총 12획

非 비 [fēi] not (4급)

① 아니다

서로 반대 방향을 향하고 있는 날개의 모양을 본뜬 글자로 '아니다, 그르다'라는 뜻이에요.

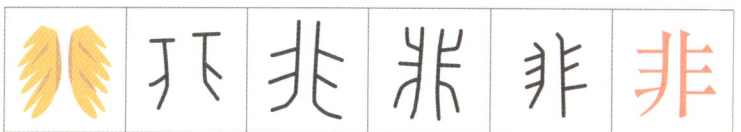

是非(옳을 시, 아닐 비) 옳고 그름
似而非(같을 사, 말 이을 이, 아닐 비) 비슷한 것 같지만 사실은 그렇지 않음. 겉으로는 비슷하나 속은 완전히 다름

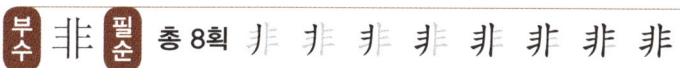

飛 비 [fēi] fly (4급)

① 날다

새가 날개 치고 나는 모양을 본떠 '날다'라는 뜻을 갖게 되었어요.

飛上(날 비, 위 상) 높이 날아오름
飛行(날 비, 갈 행) 공중으로 날아감

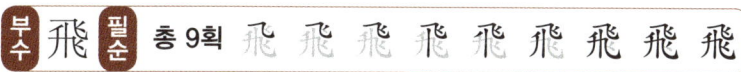

얽히고설킨 한자

'오비이락'은 무슨 뜻일까요?

'烏飛梨落'(까마귀 오, 날 비, 배 이, 떨어질 락)은 '까마귀 날자 배 떨어진다'는 속담으로, 까마귀가 나는 순간에 공교롭게도 배가 떨어지는 바람에 까마귀가 배를 떨어뜨렸다는 오해를 받게 된다는 뜻입니다. 즉, 아무런 관계도 없이 공교롭게 생긴 일 때문에 오해를 받게 된다는 뜻이에요.

'혼비백산'은 무슨 뜻일까요?

'魂飛魄散'(얼 혼, 날 비, 넋 백, 흩어질 산)은 '얼이 날아가고 넋이 흩어졌다'는 뜻의 사자성어예요. 너무 놀라서 정신이 달아났다는 뜻이지요. 평소 예상치 않았던 일을 갑자기 당하면 혼비백산할 정도로 놀라 자빠지게 되지요. 또 혼비백산을 줄여서 '백산'(百酸)이라고도 한답니다.

秘 비 [mì] secret (4급)

① 숨기다 ② 신비하다

꼭꼭(必 : 閉와 통함) 감춰져 있는 신(禾←示)을 뜻하는 글자로, '숨기다, 신비하다'라는 뜻이에요.

極秘(다할 **극**, 숨길 **비**) 매우 중요한 비밀
神秘(귀신 **신**, 신비할 **비**) 상식으로는 이해할 수 없을 만큼 신기하고 묘함

| 부수 示 | 필순 | 총 10획 |  |

碑 비 [bēi] monument (4급)

① 돌기둥

낮게(卑) 세워 놓은 돌(石)을 나타내, '비석, 돌기둥'을 뜻해요.

碑石(돌기둥 **비**, 돌 **석**) 무엇인가를 기념하거나 알리기 위해 세워 놓은 돌기둥
碑文(돌기둥 **비**, 글월 **문**) 비석에 새겨 둔 글

| 부수 石 | 필순 | 총 13획 | 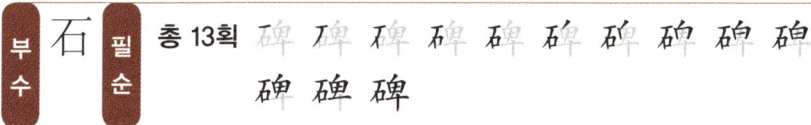 |

貧 빈 [pín] poor (4급)

① 가난하다 ② 모자라다

재물(貝)이 나뉘었으니(分) 적다는 것입니다. 그래서 '가난하다'라는 뜻이에요.

貧民(가난할 빈, 백성 민) 가난한 백성
貧血(모자랄 빈, 피 혈) 피가 모자람. 혈액 속의 적혈구 또는 혈색소가 정상 이하로 줄어든 상태

얽히고설킨 한자

'안빈낙도'는 무슨 뜻일까요?

'安貧樂道'(편안할 안, 가난할 빈, 즐거울 낙, 길 도)는 '가난을 편안하게 느끼며 자연 그대로의 도를 즐긴다'는 뜻의 사자성어예요. 옛 선인들이 이상적으로 여겼던 삶의 방식이랍니다. 가난에도 자신의 뜻을 굽히지 않고 자신의 꿈을 간직해 가는 사람들이 이런 사람들이겠지요.

氷 빙 [bīng] ice (5급)

① 얼음

'氷'의 처음 모양은 '冰'으로 물 위에 떠 있는 얼음의 모습을 본뜬 글자예요.

結氷(맺을 **결**, 얼음 **빙**) 얼음이 맺힘. 즉 물이 어는 것
氷河(얼음 **빙**, 강 **하**) 거대한 얼음덩어리가 강처럼 흐르는 것

빙하가 녹고 있다니….

지구온난화로 북극의 氷河(빙하)가 녹고 있대. 그래서 북극곰들은 빙하를 찾아 헤매고 있어요.

四 사 [sì] four (8급)

① 넉, 넷

원래는 가로획 네 개(三)로 '4'를 표시하다, 나중에 입에서 소리가 나는 모양을 본뜬 '四'로 쓰게 되었어요.

四方(넉 사, 방위 방) 네 방위, 즉 동서남북을 모두 이르는 말

四肢(넉 사, 팔다리 지) 두 팔과 두 다리

부수 口 필순 총 5획

책을 오래 보고 있으니 四肢(사지)가 아프네~.

事 사 [shì] work (7급)

① 일

손(⺕)에 사냥 도구(史)를 들고 있는 모습을 본뜬 글자입니다. 사냥 도구를 들었으니 먹을 것을 구하려고 일하는 것이지요.

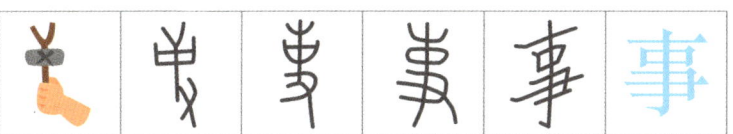

當事者(당할 당, 일 사, 사람 자) 일을 당한 사람. 즉 일과 직접 관련이 있는 사람
食事(먹을 식, 일 사) 음식을 먹는 일

얽히고설킨 한자

'다반사'는 무슨 뜻일까요?

'茶飯事'(차 다, 밥 반, 일 사)는 차를 마시고 밥을 먹듯이 일상적으로 자주 일어나는 일을 가리킵니다. 여러분은 평상시 운동을 열심히 해서, 겨울에 감기 앓는 일이 다반사가 되지 않도록 하세요.

使 사 [shǐ] to make (6급)

① 부리다, 하여금 ② 사신

원래는 '일 사'(事)와 같은 글자로, 손(乂)에 사냥 도구(中)를 들고 '일하다, 일을 시키다'라는 뜻이었어요. 나중에 사람(亻)을 덧붙여 다른 사람에게 일을 '시키다'라는 뜻으로 씁니다. 그리고 여기서 임금이 일을 시키는 사람, 즉 '사신'이라는 뜻이 나왔어요.

使用(부릴 **사**, 쓸 **용**) 사람이나 물건을 다루어 씀
大使(클 **대**, 사신 **사**) '큰 사신'이라는 뜻으로, 나라를 대표하여 다른 나라에 간 최고의 외교관을 가리킴

부수 人 필순 총 8획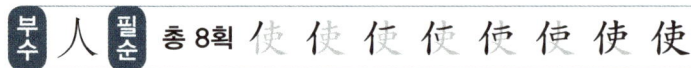

社 사 [shè] society (6급)

① 모이다, 단체 ② 토지의 신

제사(示)를 드리며 섬기는 땅(土)의 신이라는 뜻입니다. 곧 '토지의 신'이에요. 제사를 드리기 위해 모였다는 뜻에서 '모이다, 단체'라는 뜻으로도 써요.

社會(모일 **사**, 모일 **회**) 함께 무리 지어 살아가는 모든 형태의 집단
　　　　　　　예 가족, 마을, 교회, 국가 등
社稷(토지 신 **사**, 곡식 신 **직**) 옛날 임금이 제사 드렸던 토지의 신과 곡식의 신, 나라 또는 조정을 이르는 말

부수 示 필순 총 8획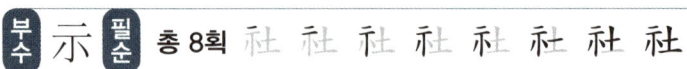

死 사 [sǐ] die (6급)

① 죽다

한 사람(匕←人)이 해골(歹) 옆에서 애도하는 모습을 본뜬 글자로, '죽다'라는 뜻이에요.

死亡(죽을 사, 망할 망) 죽음

死傷者(죽을 사, 다칠 상, 사람 자) 죽은 사람과 다친 사람

士 사 [shì] scholar (5급)

① 선비 ② 벼슬 ③ 군사

하나를(一) 배우면 열을(十) 깨우치는 사람이라는 뜻이에요. 이런 사람은 벼슬을 할 만하다 해서 '벼슬'이라는 뜻이 나오고, 나아가 군대에서 벼슬을 하고 있는 '군사'라는 뜻이 나왔어요.

士大夫(선비 사, 클 대, 사내 부) 벼슬이나 문벌이 높은 집안 사람. 평민에 대해 양반을 이르는 말

博士(넓을 박, 벼슬 사) 대학에서 주는 가장 높은 학위, 옛날에 전문 기술에 종사하는 사람에게 준 벼슬

軍士(군사 군, 군사 사) 예전에 군인이나 군대를 이르던 말

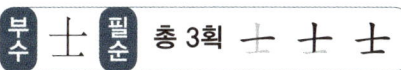

史 사 [shǐ] history (5급)

① 역사 ② 사관

제사장이 손(⺕←手)에 제사에서 읽을 축문을 들고 있는(中) 모양을 본떠 만든 글자입니다. 옛날에는 제사를 담당하는 사람이 사건을 기록했기 때문에, 이 글자가 '역사, 사관'이라는 뜻이 되었어요.

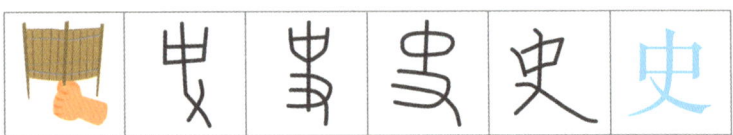

史料(역사 **사**, 거리 **료**) 역사를 연구하고 쓸 때 필요한 거리(재료)들
　　　　　　　　　예) 문헌, 유물 등

歷史(지날 **역**, 역사 **사**) 사회의 변천과 흥망의 과정, 또는 그 기록

仕 사 [shì] official (5급)

① 벼슬하다 ② 섬기다

사람(亻)을 섬기는 선비(士)라는 것으로, '벼슬하다, 섬기다'라는 뜻이지요.

出仕(날 **출**, 벼슬 **사**) 벼슬을 하여 관청에 출근함
奉仕(받들 **봉**, 섬길 **사**) 다른 사람을 위하여 자신을 돌보지 않고 애씀

思 사 [sī] think (5급)

① 생각하다 ② 그리워하다

머리의 정수리(田←囟)와 마음(心)을 합쳐서 만든 글자예요. 즉 '생각하다'라는 뜻이에요.

意思(뜻 의, 생각 사) 마음먹은 생각
思慕(그리워할 사, 그리워할 모) 애틋하게 생각하고 그리워함

부수 心 필순 총 9획 思 思 思 思 思 思 思 思 思

얽히고설킨 한자

'사춘기'는 무슨 뜻일까요?

'**思春期**'(그리워할 사, 봄 춘, 때 기)는 말 그대로 하면 봄을 그리워하는 시기라는 뜻이지요. 하지만 이때의 '春'(춘)은 계절을 가리키는 '봄'이 아니라, 남녀가 이성을 좋아하는 마음 즉 '春情'(춘정)의 준말입니다. 어린아이가 몸과 마음이 어른이 되면서 이성에게 관심을 갖게 되는 시기라는 뜻이지요.

寫 사 [xiě] copy (5급)

① 베끼다 ② 그리다

원본을 밑에 깔고(舃) 그 위에 종이 등을 덮은(宀) 뒤 베낀다는 뜻이에요.

複寫(겹칠 복, 베낄 사) 베껴 쓰거나 찍음
描寫(그릴 묘, 그릴 사) 사물을 있는 그대로 그려 냄

査 사 [chá] research (5급)

① 조사하다

나무(木)를 쌓아 두고(且) 필요한 재목을 살피는 것이므로 '조사하다'라는 뜻이 되었어요.

搜査(찾을 수, 조사할 사) 범인을 잡기 위해 찾아다니며 조사함
調査(헤아릴 조, 조사할 사) 명확한 내용을 알기 위하여 살펴보거나 찾아봄

射 사 [shè] shoot (4급)

① 쏘다

원래는 활시위에 화살을 걸어 놓은 모양을 본뜬 글자로, '쏘다'라는 뜻이었어요. 나중에 손 모양이 더해지고, 글자의 모양이 '射'로 바뀌었어요. 이때 '身'은 활시위에 화살을 건 모양이 잘못 변형된 것이고, '寸'은 손 모양이 바뀐 것입니다.

發射(쏠 발, 쏠 사) 총이나 활 따위를 쏨
注射(물 댈 주, 쏠 사) 액체로 된 약을 바늘로 찔러 넣음

부수 寸 필순 총 10획

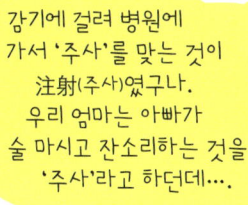

감기에 걸려 병원에 가서 '주사'를 맞는 것이 注射(주사)였구나. 우리 엄마는 아빠가 술 마시고 잔소리하는 것을 '주사'라고 하던데….

술 마신 뒤의 나쁜 버릇은 酒邪(주사)라고 해.

謝 사 [xiè] thank (4급)

① 사례하다 ② 사죄하다 ③ 물리치다, 사양하다

원래는 두 손으로 자리를 든 채 윗사람이 '앉으라'고 권하자, 아랫사람이 '괜찮습니다'라고 사양하는 상황이에요. 여기서 '물리치다, 사양하다'라는 뜻을 나타냈어요. 나중에 '言+射'로 바뀌었는데, 인사말(言)을 하고 화살이 날아가듯 그 자리를 떠난다(射)는 것으로, '사례하다, 물러나다'라는 뜻이에요.

謝禮(사 할 **사**, 예절 **례**) 말이나 선물 등으로 고마움을 나타냄
謝過(사죄할 **사**, 허물 **과**) 잘못에 대해 용서를 빎
謝絶(물리칠 **사**, 끊을 **절**) 거절하여 물리침

부수: 言 필순: 총 17획

내가 제일 좋아하는 과일은 사과, 내가 제일 잘하는 것도 謝過(사과)~.

師 사 [shī] soldier (4급)

① 군사 ② 스승

원래는 야트막한 산의 모양을 본떠, 언덕에 주둔하는 '군대'를 나타냈어요. 나중에 '군대를 지휘하는 사람, 스승'이라는 뜻으로 발전했어요.

師團(군사 사, 모일 단) 군대 편성 단위의 하나

敎師(가르칠 교, 스승 사) 일정한 자격을 가지고 학생을 가르치는 사람

부수 口　필순　총 10획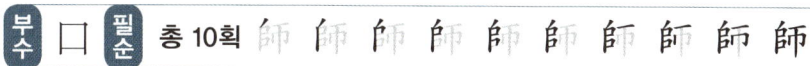

舍 사 [shè] residence (4급)

① 집

손님이 오면 사용하는 여분(余)의 장소(口)라는 뜻입니다. '집'의 한 종류예요.

驛舍(역참 역, 집 사) 역으로 쓰는 건물

畜舍(짐승 축, 집 사) 가축을 기르는 건물

부수 舌　필순　총 8획

寺 사 [sì] temple (4급)

① 절

벼슬아치가 법도(寸)에 따라 일을 하기 위해 머무르는 곳(土←止)이므로 '관청'을 뜻해요. 나중에 '절'이라는 뜻으로 더 널리 쓰게 되었어요.

山寺(메 산, 절 사) 산에 있는 절
寺刹(절 사, 절 찰) 절

부수 寸 / 필순 / 총 6획

辭 사 [cí] phrase (4급)

① 말 ② 사퇴하다

'𤔔'는 두 손(爪, 又)으로 실타래(冏)를 잡고 있는 모양으로, '헝클어지다'를 나타낸 것입니다. 따라서 '辭'는 헝클어진 것(𤔔)을 다스리는(辛) 것이므로 재판에서 시비를 가린다는 뜻으로 쓰였어요. 거기서 '말, 타이르다' 같은 뜻이 나왔어요. 그리고 시비를 가려 서로 양보하게 한다는 데서 '사퇴하다, 물러나다'는 뜻도 생겼어요.

言辭(말씀 언, 말 사) 사람의 생각이나 느낌을 입으로 나타내는 소리
辭意(사퇴할 사, 뜻 의) 일자리를 그만두고 물러나려는 뜻

부수 辛 / 필순 / 총 19획

絲 사 [sī] thread (4급)

① 실

생사를 꼰 실의 모양을 본떠서 만들었어요.

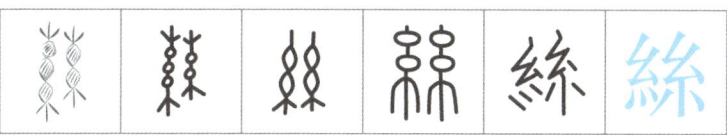

一絲不亂(한 일, 실 사, 아니 불, 어지러울 란) 한 오라기의 실도 흐트러지지 않았다는 뜻으로, 매우 질서 정연한 모양을 뜻함

鐵絲(쇠 철, 실 사) 실처럼 가늘고 길게 만든 쇠 줄

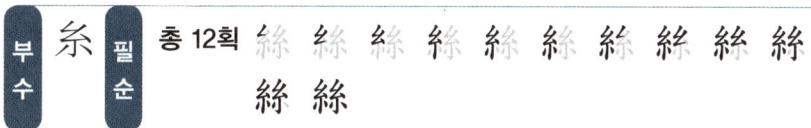

私 사 [sī] personal (4급)

① 사사롭다, 개인적이다

벼(禾) 같은 수확물을 나(厶)의 것으로 삼는다는 뜻이므로, '사사롭다'라는 뜻이 되었어요.

公私(여러 공, 사사로울 사) 공공의 일과 사사로운 일
私有(사사로울 사, 있을 유) 개인이 사사로이 소유함

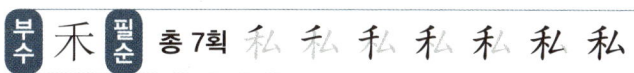

山 산 [shān] mountain (8급)

① 산

뾰족한 산봉우리가 이어진 모양을 본떠 만든 글자예요.

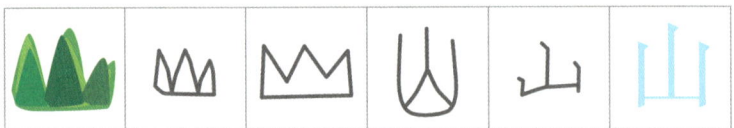

山脈(산 산, 맥 맥) 크고 작은 산이 이어져 줄기를 이룬 것. 산줄기
高山(높을 고, 산 산) 높은 산

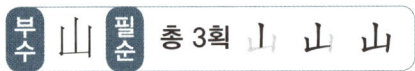

얽히고설킨 한자

'산중호걸'은 무슨 뜻일까요?

〈산중호걸〉은 어린이들이 잘 아는 노래일 거예요. 바로 호랑이의 생일에 동물들이 모여 무도회를 여는 내용이지요.

그런데 이때 '호랑이'는 바로 한자와 순우리말이 합쳐진 합성어랍니다.

'虎(범 호)+狼(이리 랑)+이(명사화 접미사)'지요.

그러면 '산중호걸'은 무슨 뜻일까요?

그것은 '山中豪傑'(산 산, 가운데 중, 용감할 호, 뛰어날 걸), 즉 '산속의 용감하고 뛰어난 인물'이라는 뜻이랍니다.

算 산 [suàn] calculate (7급)

① 세다, 셈

두 손(廾)에 대나무(竹)로 만든 계산판(目)을 들고 계산하는 것을 나타낸 글자입니다. '세다'라는 뜻이에요.

計算(셀 계, 셀 산) 수를 헤아림, 값을 치름

檢算(검사할 검, 셈 산) 셈이 맞는지 틀리는지 검사함

부수 竹 필순 총 14획

産 산 [chǎn] product (5급)

① 낳다 ② 산물

'낳다'라는 뜻을 나타내는 '生'과 글자의 소리를 나타내는 '产'(산←언)을 합쳐 만든 글자예요.

生産(낳을 생, 낳을 산) 인간에게 필요한 갖가지 물건을 만들어 냄

國産(나라 국, 산물 산) 그 나라에서 나는 생산물

부수 生 필순 총 11획

散 산 [sàn] scatter (4급)

① 흩어지다

나무껍질을 망치로 때려서(攴) 속알맹이(月←肉)를 빼내고 껍질의 섬유질을 가지는 과정을 표현한 것으로, '뿔뿔이 흩어지게 하다'라는 뜻이에요. '艹'은 '林'이 변형된 것으로 나무의 껍질이 잘게 찢어져 흩어진 모양이에요.

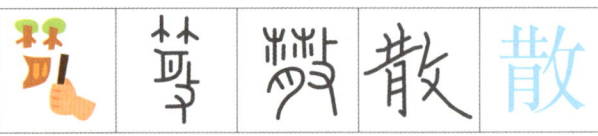

分散(나눌 분, 흩어질 산) 따로따로 흩어짐
集散(모일 집, 흩어질 산) 모여듦과 흩어짐

부수 攴 | 필순 | 총 12획

殺 살 [shā] kill (4급)

① 죽이다 ② 없애다

나무의 가지를 꺾은 모양을 본떠 '죽이다'라는 뜻을 나타냈어요. 나중에 무기를 뜻하는 '殳'(수) 자를 더해 뜻을 더 또렷하게 만들었지요.

殺菌(죽일 살, 곰팡이 균) 세균 따위의 미생물을 죽임
抹殺(지울 말, 없앨 살) 있는 것을 없애 버림

| 부수 | 殳 | 필순 | 총 11획 | 殺 殺 殺 殺 殺 殺 殺 殺 殺 殺 殺 |

三 삼 [sān] three (8급)

① 석, 셋

가로획 세 개(三)로 '3'을 표시했어요.

三原色(석 삼, 근원 원, 빛 색) 바탕이 되는 세 가지 색. 그림물감의 삼원색은 빨강·파랑·노랑, 빛의 삼원색은 빨강·파랑·녹색임

三足烏(석 삼, 발 족, 까마귀 오) 발이 세 개인 까마귀, 해 속에 산다고 전함

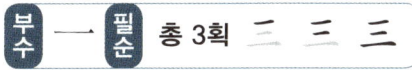

| 부수 | 一 | 필순 | 총 3획 | 三 三 三 |

上 상 [shàng] above (7급)

① 위

원래는 숫자 '二'(이)와 마찬가지로 긴 가로획 위에 짧은 가로획을 써서 '위'라는 뜻을 나타냈으나, 나중에 '二'와 구분하기 위하여 오늘날과 같은 모양으로 바꾸었어요.

上乘(위 상, 오를 승) 위로 오름
以上(써 이, 위 상) 어떤 기준보다 위

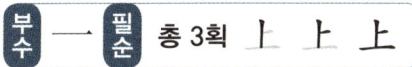

| 부수 | 一 | 필순 | 총 3획 | 上 上 上 |

相 상 [xiāng] each other (5급)

① 서로 ② 모양

원래는 눈(目)으로 자세히 나무(木)를 관찰하는 것이므로 '보다, 모양'이라는 뜻으로 썼어요. 나중에 '서로'라는 뜻이 더해졌어요.

相對(서로 **상**, 마주 **대**) 서로 마주 대함, 또는 그 대상
實相(충실할 **실**, 모양 **상**) 실제의 모양

| 부수 | 目 | 필순 | 총 9획 |  |

商 상 [shāng] commerce (5급)

① 장사

지하에 물건을 저장하는 곳이 있는 건축물을 본떠 만든 글자로, '장사'라는 뜻을 나타내요.

商業(장사 **상**, 일 **업**) 물건을 사고팔고 돈을 버는 일
商品(장사 **상**, 물건 **품**) 장사를 하려고 만든 물건

| 부수 | 口 | 필순 | 총 11획 | 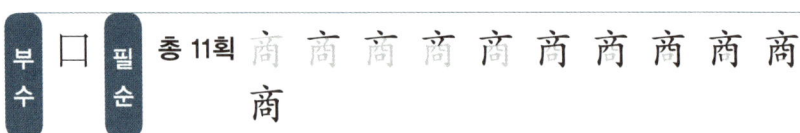 |

① 생각하다

마음(心)속으로 물건의 형상을 본다(相)는 것이므로 '생각하다'라는 뜻이에요.

發想(일어날 **발**, 생각 **상**) 어떤 생각을 해냄
想像(생각 **상**, 모양 **상**) 실제로 경험하지 않은 것을 마음속으로 그려봄

부수	필순	총 13획	想 想 想 想 想 想 想 想 想 想 想 想 想
心			

① 늘 ② 평범하다

처음에는 커다란 옷감을 뜻하는 '巾'과 음을 나타내는 '尙'(상)이 합쳐져 '裳'(상)과 같은 글자였는데, 나중에 '늘, 항상'이라는 뜻으로 쓰게 되었습니다. 또 늘 볼 수 있는 것은 평범하기에 '평범하다'는 뜻도 나오게 되었어요.

常習(늘 **상**, 습관 **습**) 늘 하는 버릇
常識(평범할 **상**, 알 **식**) 누구나 다 아는 것

부수	필순	총 11획	常 常 常 常 常 常 常 常 常 常 常
巾			

賞 상 [shǎng] reward (5급)

① 상 주다 ② 즐기다

재물을 뜻하는 '貝'와 글자의 소리를 나타내는 '尙'(상)을 합쳐 만든 글자로, '상, 상을 주다'라는 뜻이 되었어요. '상'이란 늘 즐겁고 즐길 만한 것이기에 '즐기다'라는 뜻도 나왔어요.

入賞(들 입, 상 줄 상) 상을 타는 등수에 듦
鑑賞(살 감, 즐길 상) 예술 작품을 살펴 평가하고 즐김

| 부수 | 貝 | 필순 | 총 15획 | 賞賞賞賞賞賞賞賞賞賞賞賞賞賞賞 |

얽히고설킨 한자

네가 수상(受賞)하니, 정말 수상(殊常)하다!

'수상하다니 수상하다'가 무슨 뜻인지 모르겠지요?
한자어의 경우에는 이렇게 소리가 같지만 뜻이 전혀 다른 말이 있어요.
그 경우에는 한자를 정확히 알아야 그 뜻을 제대로 알 수 있지요.
'네가 수상하다니'에서 '수상'은 '受賞'(받을 수, 상 상)으로 '상을 받다'란 뜻이에요. 그리고 '정말 수상하다'에서 '수상'은 '殊常'(다를 수, 늘 상) '평상시와는 다른 행동을 하기 때문에, 뭔가 의심스럽다'는 뜻이지요. 즉 위의 말은 '네가 상을 받다니 정말 의심스럽다'라는 뜻이랍니다.

狀 상/장 [zhuàng] shape / document (4급)

① 형상 (상) ② 문서 (장)

개(犬)의 모습(爿)이라는 뜻이었는데, 뜻이 넓어져 일반적인 '모양'을 가리키는 글자가 되었어요.

形狀(모양 **형**, 형상 **상**) 물건의 생김새나 상태
賞狀(상 줄 **상**, 문서 **장**) 상을 주는 뜻으로 만든 문서

부수 犬 필순 총 8획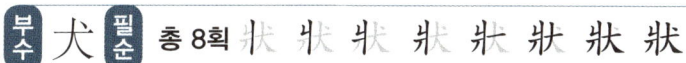

床 상 [chuáng] bed (4급)

① 상

'牀'을 간단하게 쓴 속자입니다. '牀'은 나무(木)로 만든 긴 침대의 모양(爿)을 본떠 만든 글자예요.

起床(일어날 **기**, 상 **상**) 침대에서 일어남
冊床(책 **책**, 상 **상**) 책을 읽거나 글을 쓰기 편리하게 만든 가구

부수 广 필순 총 7획

象 상 [xiàng] elephant (4급)

① 코끼리 ② 모양

코끼리의 모양을 본떠 만든 글자예요.

象牙(코끼리 상, 어금니 아) 코끼리의 어금니
現象(드러날 현, 모양 상) 눈앞에 나타나 보이는 사물의 형상

부수	필순	
豕	총 12획	象象象象象象象象象象象象

傷 상 [shāng] injure (4급)

① 다치다, 상처

사람(亻)이 다치다(昜←煬)라는 뜻이에요. '상처'라는 뜻도 있어요.

負傷(질 부, 다칠 상) 몸에 상처를 입음
凍傷(얼 동, 상처 상) 심한 추위로 몸의 어느 부분이 얼어서 상하는 증상

부수	필순	
人	총 13획	傷傷傷傷傷傷傷傷傷傷傷傷傷

色 색 [sè] color (7급)

① 빛

사랑하는 두 사람(⺈+巴)의 모습을 본떠서 만든 글자로, 아름다운 낯빛이나 채색을 나타내지요.

染色(물들일 **염**, 빛 **색**) 실이나 천 따위에 물을 들임
彩色(고운 빛깔 **채**, 빛 **색**) 여러 가지 좋은 빛깔

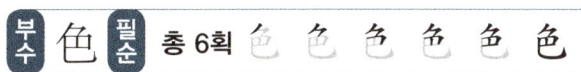

生 생 [shēng] born (8급)

① 나다, 낳다 ② 살다

땅 위에 초목이 생겨난 모양을 본떠, '생겨나다, 살다'의 뜻을 나타내요.

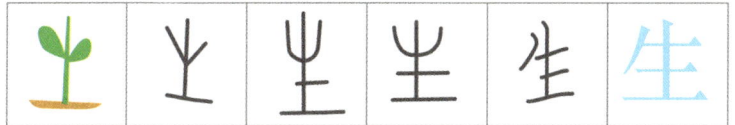

生日(날 **생**, 날 **일**) 태어난 날
生存(살 **생**, 있을 **존**) 생명을 유지하고 있음

西 서 [xī] west (8급)

① 서쪽

원래는 새의 둥지 모양을 본떠 만든 글자인데, 나중에 '서쪽'이라는 뜻으로 쓰게 되었어요.

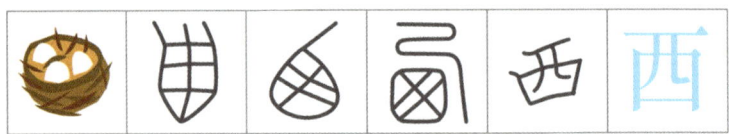

大西洋(큰 대, 서쪽 서, 바다 양) 유럽 서쪽에 있는 큰 바다. 유럽·아프리카와 아메리카 대륙 사이에 있음

西海(서쪽 서, 바다 해) 서쪽 바다

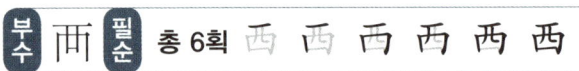

강서(江西)는 강의 서쪽이구나.

書 서 [shū] book / write (6급)

① 글, 책 ② 쓰다

손(⺻)으로 붓(⺊)을 잡고 종이(囗)에 글자를 쓴다(一)는 것을 표현했어요. '책, 쓰다'라는 뜻이에요.

敎科書(가르칠 교, 과정 과, 책 서) 학교의 교과 과정에 맞도록 만든 책
書店(책 서, 가게 점) 책을 파는 가게

序 서 [xù] order (5급)

① 차례 ② 처음

동서로 길게 늘어선 행랑(广) 주위를 둘러싸고 뻗어 있는(予) 담장이라는 뜻이에요. 나중에는 '차례'라는 뜻으로 쓰게 되었어요.

秩序(차례 질, 차례 서) 순조롭게 이루어지게 하는 사물의 차례
序論(처음 서, 말할 론) 글의 앞부분에 쓰는 머리말

夕 석 [xī] evening (7급)

① 저녁

반달의 모양을 본떠 만든 글자로 '저녁'을 나타내요.

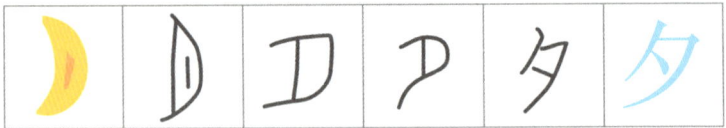

朝夕(아침 조, 저녁 석) 아침과 저녁

秋夕(가을 추, 저녁 석) 글자의 원뜻대로 해석하면 '가을 저녁'이라는 뜻이나, 음력 8월 15일 한가위를 가리킴

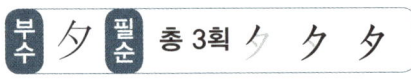
부수 夕 필순 총 3획

石 석 [shí] stone (6급)

① 돌

언덕(厂) 밑에 구르는 바위나 돌덩이(口)를 본떠 만든 글자예요.

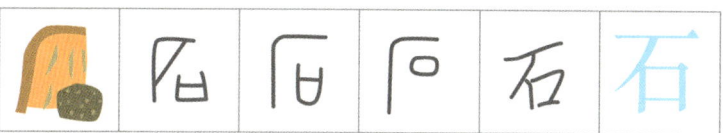

石油(돌 석, 기름 유) 땅속에서 나온 기름으로, 불에 잘 탐
石炭(돌 석, 숯 탄) 태곳적 식물이 땅에 묻혀 쌓여서 생긴 돌로서, 불에 잘 탐

얽히고설킨 한자

'철석같이 믿었다'에서 '철석'은 무엇일까요?

굳게 믿었던 친구가 약속을 어겼을 때, 여러분은 '철석같이 믿었는데 어떻게 그럴 수 있냐?'며 화를 내기도 하지요. 이때 '철석'(鐵石)이란 '鐵'(쇠 철)과 '石'(돌 석)이 합쳐진 낱말로, 쇠와 철같이 단단하고 굳은 것을 비유하는 말입니다.

席 석 [xí] seat (6급)

① 자리

어떤 장소(广) 안에 천(巾)을 깔아 놓은 곳이라는 뜻에서 '자리'를 나타내요. '庐'은 '庶'(서)의 생략형으로 글자의 소리 '석'을 나타내요.

卽席(곧 즉, 자리 석) 바로 그 자리
出席(날 출, 자리 석) 수업이나 모임 같은 자리에 나감

先 선 [xiān] former (8급)

① 먼저

사람(儿) 위에 발(业←止)을 그려 넣어, 다른 사람보다 앞서 나간다는 뜻을 나타냈습니다. 즉 '먼저'라는 뜻을 나타내요.

先頭(먼저 선, 머리 두) 대열이나 활동에서 맨 앞
先親(먼저 선, 친할 친) 돌아가신 자기 아버지를 남 앞에서 일컫는 말

線 선 [xiàn] line (6급)

① 줄

실(糸)이나 샘(泉)처럼 계속 이어지는 것이므로 '줄'이라는 뜻이에요.

路線(길 노, 줄 선) 버스, 기차, 항공기 등이 정해 놓고 다니도록 되어 있는 길
線分(줄 선, 나눌 분) 직선 위의 2개 점 사이의 한정된 부분

| 부수 | 糸 | 필순 | 총 15획 | 線 線 線 線 線 線 線 線 線 線 線 線 線 線 線 |

얽히고설킨 한자

직선과 선분에 대해 알아봅시다

직선과 선분을 긋는 방법을 아나요?

- 먼저 2개의 점을 찍어요.
- 2개의 점 사이를 가장 짧게 연결하면서 좌우로 계속 뻗어 나가는 선이 직선(直線)입니다. 구부러진 부분 없이 곧게 연결해야 제일 짧은 선이 나오기 때문이죠.
- 직선(直線) 위에서 2개의 점 사이에 있는 부분(部分)이 선분(線分)입니다.

다시 정리하면,
'직선'은 곧게(直) 뻗어
나가는 선(線)이며,
'선분'은 직선(線) 위의
일정한 부분(分)을
가리키는 것이에요.

仙 선 [xiān] hermit (5급)

① 신선

산(山)에 사는 사람(人), 즉 '신선'을 뜻해요.

仙女(신선 선, 계집 녀) 여자 신선. '미녀'를 비유하는 말
神仙(귀신 신, 신선 선) 도를 닦아 신통력을 지닌 사람

鮮 선 [xiān] fresh (5급)

① 곱다, 싱싱하다 ② 물고기

처음에는 맛있는 양고기(羊)와 물고기(魚)라는 의미에서 '싱싱하다'라는 뜻이었어요. '곱다'는 뜻은 나중에 덧붙여진 거예요.

新鮮(새로울 신, 싱싱할 선) 새롭고 싱싱함
生鮮(날 생, 물고기 선) 말리거나 절이지 않은, 물에서 잡아 낸 그대로의 물고기

善 선 [shàn] good (5급)

① 착하다 ② 좋다

양고기(羊)가 좋다고 다투어 말한다(詰←言←誩)는 뜻을 가진 글자예요. '착하다, 좋다'라는 뜻으로 쓰여요.

善惡(착할 선, 악할 악) 착함과 악함
改善(고칠 개, 좋을 선) 고쳐서 좋게 만듦

부수 口 필순 총 12획

船 선 [chuán] boat (5급)

① 배

높은 곳에서 낮은 곳으로 흘러가는 물(㕣)을 따라 떠가는 배(舟)라는 뜻이에요.

船長(배 선, 어른 장) 배를 책임지고 지휘하는 사람
漁船(물고기 어, 배 선) 물고기를 잡는 배

부수 舟 필순 총 11획

選 선 [xuǎn] choose (5급)

① 가리다, 가려내다

돌아다니며(辶) 흩어져 있는 것(巽) 중에서 가려 뽑는다는 뜻이에요.

選擧(가릴 선, 들 거) 어떤 집단의 대표자나 임원을 뽑는 일
選擇(가릴 선, 가릴 택) 여럿 중에서 가려서 뽑음

| 부수 | 辶 | 필순 | 총 16획 |  |

宣 선 [xuān] announce (4급)

① 베풀다 ② 널리 펴다

원래는 집 안(宀)에서 이리저리 왔다 갔다(亘) 할 수 있을 정도로 큰 집, 곧 '커다란 집, 궁전'이라는 뜻이었는데, 나중에 '베풀다, 널리 펴다'라는 뜻으로 쓰이게 되었어요.

宣傳(베풀 선, 전할 전) 의견이나 효능, 존재 등을 많은 사람에게 널리 알리는 일
宣言(널리 펼 선, 말씀 언) 의견이나 주장을 정식으로 널리 발표하여 말함

| 부수 | 宀 | 필순 | 총 9획 |  |

雪 설 [xuě] snow (6급)

① 눈

갑골문에서는 비(雨)처럼 떨어지는데 알갱이가 있어서 손(크)으로 받아낼 수 있는 것을 표현했어요. 즉 '눈'을 뜻해요.

雪上加霜(눈 설, 위 상, 더할 가, 서리 상) 눈 위에 또 서리가 내린다는 뜻으로, 어려운 일이 겹침을 이름. 엎친 데 덮침

雪原(눈 설, 언덕 원) 눈이 뒤덮혀 있는 언덕

부수	필순	총 11획
雨		雪雪雪雪雪雪雪雪雪雪雪

說 설 [shuō] speak (5급)

① 말씀, 말하다

사람이 크게 말하다(兌)라는 글자와 말(言)이라는 글자를 합해 '말씀, 말하다'라는 뜻을 나타내요.

說得(말씀 설, 얻을 득) 말을 하여 상대방이 자신의 뜻을 받아들이도록 함
說明(말씀 설, 밝을 명) 상대편이 잘 알 수 있도록 밝혀 말함

부수	필순	총 14획
言		說說說說說說說說說說說說說說

設 설 [shè] establish (4급)

① 베풀다 ② 세우다

뭉툭한 무기 창(殳)을 늘어놓듯이 말(言)을 한다는 것인데 '베풀다, 세우다'라는 뜻으로 쓰여요.

設計(베풀 설, 계획 계) 건물을 짓거나 무엇인가를 만들 때 그 계획을 그림과 간단한 설명으로 나타낸 것

設置(세울 설, 둘 치) 기계나 설비, 어떤 기관 따위를 마련하여 둠

舌 설 [shé] tongue (4급)

① 혀

입으로 내민 혀의 모양을 본떠 만들었어요.

口舌(입 구, 혀 설) 시비하거나 헐뜯는 말
舌戰(혀 설, 싸움 전) 말싸움, 입씨름

姓 성 [xìng] surname (7급)

① 성

원래는 낳아 준(生) 여자(女)의 혈족 이름, 즉 어머니의 성을 뜻하였으나, 오늘날에는 주로 아버지에게서 이어받은 성을 뜻해요.

姓名(성 성, 이름 명) 성과 이름
百姓(일백 백, 성 성) 백 가지 성, 즉 나라를 이루는 국민

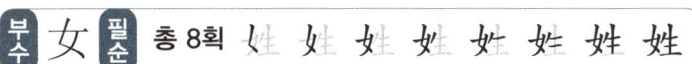

부수 女 필순 총 8획

性 성 [xìng] nature (5급)

① 성품, 타고난 천성 ② 성별

본래 글자는 '生'으로 '성품'을 뜻했어요. 나중에 여기에 'ㅏ'(=心)을 더했어요.

個性(낱 개, 성품 성) 각각의 사람이 가지고 있는 고유한 성격

女性(여자 여, 성별 성) 여자

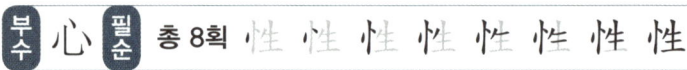

부수 心 필순 총 8획

얽히고설킨 한자

동성(同姓)과 동성(同性)의 차이는 무엇일까요?

'同姓'(같을 동, 성 성)은 김씨, 이씨, 박씨처럼 이름에 쓰이는 성이 같다는 뜻이에요. 그리고 '同性'(같을 동, 성별 성)은 여성과 여성, 남성과 남성처럼 성별이 같다는 뜻이랍니다.

成 성 [chéng] complete (6급)

① 이루다 ② 성숙하다

도끼(戊)와 도끼로 찍어 낸 조각(丁)으로 이루어진 글자예요. 무엇인가를 찍어 냈으니, 도끼가 해야 할 일을 마쳤다는 것이지요. 그래서 '이루다, 완성하다'라는 뜻이 되었어요.

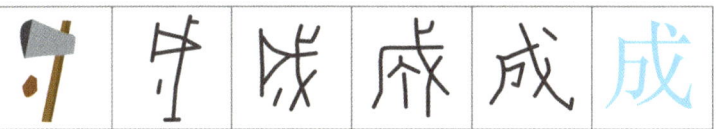

完成(완전할 **완**, 이룰 **성**) 완전히 다 이룸
成人(성숙할 **성**, 사람 **인**) 자라서 어른이 된 사람

부수 戈 필순 총 7획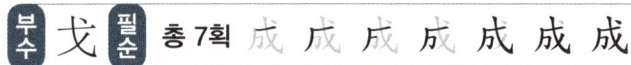

省 성/생 [shěng] introspect / cut down (6급)

① 살피다 (성) ② 덜다 (생)

작은 것(少)을 본다(目)는 것으로 '살피다'라는 뜻이 되었어요. 작은 것을 살피려면 눈을 가늘게 뜨게 되므로 주변 사물들이 적게 보일 수밖에 없어요. 여기서 '덜다, 덜어내다'라는 뜻이 나왔어요.

反省(돌이킬 **반**, 살 **성**) 자신의 말과 행동에 잘못이 있는지 돌이켜 살핌
省略(덜 **생**, 줄일 **략**) 일부를 줄이거나 뺌

부수 目 필순 총 9획

城 성 [chéng] castle (4급)

① 성

원래는 성곽(郭)으로 이루어지다(成)라는 것으로 '성'을 뜻했어요. 나중에 성곽(郭) 대신에 성을 쌓는 재료인 흙(土)으로 글자가 바뀌었어요.

山城(산 산, 성 성) 산에 쌓은 성
宮城(집 궁, 성 성) 궁궐을 둘러싼 성벽

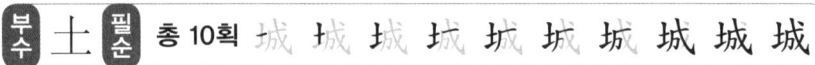
부수 土 필순 총 10획

盛 성 [shèng] flourishing (4급)

① 성하다, 많다

그릇(皿)에 가득 찬(成) 것이므로 '성하다, 많다'라는 뜻이 되었어요.

盛需期(성할 성, 구할 수, 때 기) 어떤 물품을 찾는 사람이 한창 많은 시기
茂盛(우거질 무, 성할 성) 풀이나 나무 따위가 우거져 성함

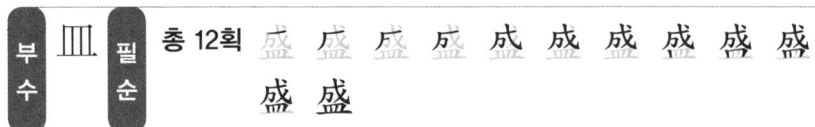
부수 皿 필순 총 12획

誠 성 [chéng] sincere (4급)

① 정성

말(言)을 완성(成)하게끔 하는 것은 '정성, 진실'이라는 뜻이에요.

誠實(정성 **성**, 열매 **실**) 정성스럽고 참됨
精誠(세밀할 **정**, 정성 **성**) 온갖 성의를 다하려는, 참되고 거짓이 없는 성실한 마음

聖 성 [shèng] saint (4급)

① 성인, 성스럽다

사람(壬)의 귀(耳)와 입(口)을 강조하여, 신에게 기도하고 신의 뜻을 듣는 사람을 표현했어요. 즉 '성인'을 뜻해요.

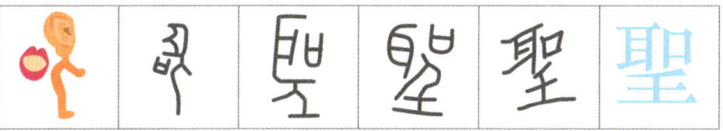

聖賢(성인 **성**, 어질 **현**) 성인(지혜와 덕이 매우 뛰어난 사람)과 현인(어질고 현명한 사람)
聖君(성인 **성**, 임금 **군**) 어질고 덕이 뛰어난 임금

聲 성 [shēng] sound (4급)

① 소리

왼쪽 윗부분은 종, 오른쪽은 채를 손에 쥐고 있는 모습, 중간 부분은 귀와 입의 모양으로, '듣다'라는 뜻을 나타냅니다. 소전(小篆)은 귀에(耳) 들리는 종소리 (殸←磬)라는 것으로, '소리'를 뜻한다고 해요.

聲樂(소리 성, 음악 악) 사람의 목소리로 하는 음악
音聲(소리 음, 소리 성) 사람의 입에서 나오는 소리. 말소리

부수 耳 / 필순 / 총 17획

小篆(소전)은 옛날에 쓰던 한자의 글씨체 가운데 하나예요. 진나라의 시황제 시절에 그 이전에 쓰이던 大篆(대전)을 조금 더 간략하게 바꾸어 만든 글씨체예요.

星 성 [xīng] star (4급)

① 별

밤하늘에 뜬 별(日←晶)의 모습을 본뜬 글자와 소리를 나타내는 生(성←생)을 합쳐 만든 글자예요.

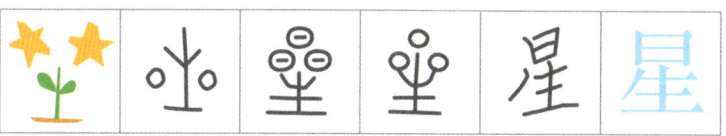

流星(흐를 유, 별 성) 지구의 대기권 안으로 들어와 빛을 내며 떨어지는 물체(별똥별)
行星(다닐 행, 별 성) 태양의 둘레를 도는 별

부수 日　필순　총 9획

얽히고설킨 한자

'행성'이라는 말의 기원은?

원래 행성(行星)이란 태양의 둘레를 도는 별이 아니라, 말 그대로 '돌아다니는(行 : 다닐 행) 별(星 : 별 성)'을 뜻했습니다.

밤하늘에 떠 있는 대부분의 별은 하늘에 딱 붙어 움직이지 않는 것처럼 보입니다. 하지만 그중에서도 태양과 달, 수성, 금성, 화성, 목성, 토성 같은 일곱 별은 맨눈으로도 움직이는 것이 보이는 별들입니다. 그래서 고대 서양의 천문학에서는 이 별들을 'planet'(방랑자)이라고 했답니다. '돌아다니는 별'이라는 뜻의 '행성'은 서양의 'planet'을 번역한 말입니다. 그리고 나중에는 오늘날과 같이 '태양의 둘레를 도는 천체'를 가리키게 되었어요.

世 세 [suì] generation (7급)

① 세대 ② 세상

가지에서 새로 자라난 가지를 표시하여 하나의 '세대'를 나타냈어요.

世代(세대 세, 댓수 대) 한 생물이 생겨나서 죽을 때까지의 기간. 어린아이가 성장하여 부모 일을 이을 때까지 약 30년 정도 되는 기간

世態(세상 세, 모양 태) 세상의 일들이 돌아가는 모양

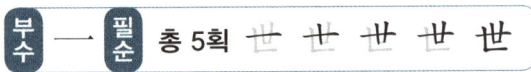
부수 一 필순 총 5획

洗 세 [xǐ] wash (5급)

① 씻다

원래는 물로 발을 씻는 모양을 본뜬 글자였는데, 나중에 물을 뜻하는 '氵'(수)와 소리를 나타내는 '先'(세←선)을 합쳐 씻는다는 뜻이 되었어요.

洗手(씻을 세, 손 수) 손과 얼굴을 씻음
洗車(씻을 세, 수레 차) 자동차를 씻음

부수 水 필순 총 9획

歲 세 [suì] year (5급)

① 해 ② 나이 ③ 새해

흐르는 시간의 발걸음(步)을 도끼(戊)로 잘라 구분한다는 뜻입니다. 한 해, 두 해를 세는 '해, 나이'를 나타내요.

歲月(해 세, 달 월) 해와 달을 단위로 하여, 한없이 흘러가는 시간
十歲(열 십, 나이 세) 열 살
歲拜(세해 세, 절 배) 음력으로 1월 1일에 웃어른께 올리는 절

| 부수 | 止 | 필순 | 총 13획 |

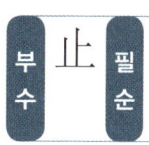

勢 세 [shì] conditions (4급)

① 기세

심어 둔(埶) 나무가 힘차게(力) 자라는 모습에서 '기세, 세력'의 뜻이 되었어요.

加勢(더할 가, 기세 세) 세력(勢力)을 더하는 일, 거드는 일
虛勢(빌 허, 기세 세) 알맹이 없이 겉으로 드러내는 형세

| 부수 | 力 | 필순 | 총 13획 |

細 세 [xì] thin (4급)

① 가늘다, 작다

가는 실(糸)과 가녀린 아기의 숨구멍(田←囟)을 합쳐 만든 글자예요. 아주 '가늘다, 작다'라는 뜻이에요.

詳細(자세할 상, 가늘 세) 자세하고 세밀함
細胞(작을 세, 태반 포) 막으로 둘러싸인 작은 생명체라는 뜻으로, 생명체를 구성하는 가장 기본 단위

稅 세 [shuì] taxes (4급)

① 세금, 거두다

곡식(禾) 중에서 관청에 바치는 몫으로 빼 놓은(兌) 것이므로, '세금'이에요.

稅金(세금 세, 돈 금) 국가를 운영하는 데 쓸 수 있도록 정부가 국민에게서 거둬 가는 돈
脫稅(벗을 탈, 세금 세) 내야 할 세금을 일부러 피하여 내지 않는 일

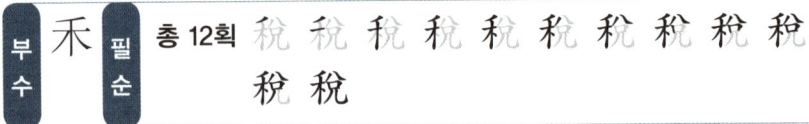

小 소 [xiǎo] small (8급)

① 작다

작은 알갱이를 본뜬 글자(小)였는데, 중간의 획이 길어지면서 오늘날의 글자 모양이 되었어요.

小兒(작을 **소**, 아이 **아**) 어린아이
小型(작을 **소**, 모형 **형**) 같은 종류의 사물 가운데 규격이나 규모가 작은 것

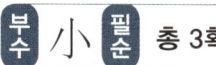

少 소 [shǎo] few (7급)

① 적다 ② 젊다, 어리다

작은 알갱이를 본뜬 글자로, 원래 '小'와 '少'는 같은 글자였어요. 나중에 크기가 '작음'을 나타낼 때는 '小', 양이 '적음'을 나타낼 때는 '少'를 쓰게 되었습니다.

小食(적을 **소**, 먹을 **식**) 음식을 적게 먹음
靑少年(푸를 **청**, 젊을 **소**, 해 **년**) 10대의 소년과 소녀

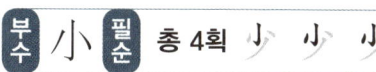

所 소 [suǒ] place (7급)

① 곳 ② 바

도끼(斤)를 들고 문(戶)을 지키는 모양을 본떠 만든 글자로, 특정한 '장소'를 나타내요.

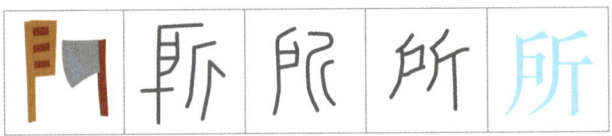

住所(살 주, 곳 소) 사는 곳
所得(바 소, 얻을 득) 얻은 바, 즉 일한 결과로 얻은 이익

부수 戶 필순 총 8획 所 所 所 所 所 所 所 所

消 소 [xiāo] disappear (4급)

① 사라지다

물(氵)이 잦아드는(肖) 것을 나타낸 것으로, '사라지다'라는 뜻이에요.

消費(사라질 소, 쓸 비) 돈이나 시간, 물자, 노력 등을 써서 없앰
消化(사라질 소, 될 화) 음식을 먹어 흡수하기 쉬운 형태로 변화시키는 과정

부수 水 필순 총 10획 消 消 消 消 消 消 消 消 消 消

掃 소 [săo] sweep (4급)

① 쓸다

원래는 사람이 두 손으로 빗자루를 들고 있는 모양을 나타낸 글자입니다. 나중에 손(扌)에 비(帚)를 들고 있으니까 '쓸다'라는 뜻이 되었어요.

掃蕩(쓸 소, 쓸어버릴 탕) 휩쓸어 모조리 없애 버림
淸掃(맑을 청, 쓸 소) 지저분한 것을 깨끗이 함

부수 手 필순 총 11획 掃掃掃掃掃掃掃掃掃掃掃

笑 소 [xiào] laugh (7급)

① 웃다

여린(夭) 대나무(竹)가 바람에 흔들리면서 나는 소리가 사람의 웃음소리와 비슷해, '웃다'라는 뜻으로 써요.

冷笑(찰 냉, 웃을 소) 차가운 태도로 비웃는 것
談笑(말씀 담, 웃을 소) 웃으며 이야기 나눔

부수 竹 **필순** 총 10획

얽히고설킨 한자

웃음과 관련된 성어에는 어떤 것이 있을까요?

拍掌大笑(칠 박, 손바닥 장, 클 대, 웃을 소)
: 손뼉을 치면서 크게 웃는다.
抱腹絶倒(안을 포, 배 복, 끊을 절, 넘어질 도)
: 배를 끌어안고 넘어지면서 웃는다.
破顔大笑(깨뜨릴 파, 얼굴 안, 클 대, 웃을 소)
: 굳은 얼굴을 풀고 마음껏 크게 웃는다.
笑門萬福來(웃을 소, 문 문, 일만 만, 복 복, 올 래)
: 웃음소리가 끊이지 않는 집에 온갖 복이 찾아든다.

素 소 [sù] plain (4급)

① 본디 ② 희다, 질박하다

아직 가공하지 않은, 누에고치에서 갓 자아낸(主←巫) 실(糸)을 가리켜요. 그러므로 '본바탕, 희다'라는 뜻이에요.

平素(평평할 평, 본디 소) 평상시
素服(흴 소, 옷 복) 흰 옷. 흔히 상복으로 입음
素朴(질박할 소, 순박할 박) 꾸밈이 없이 자연스러움

부수 糸 필순 총 10획

速 속 [sù] fast (6급)

① 빠르다

한꺼번에 묶어(束) 가는 것(辶)처럼 빠르게 간다는 것으로, '빠르다'는 뜻을 나타내요.

速度(빠를 속, 정도 도) 빠르기의 정도
風速(바람 풍, 빠를 속) 바람의 빠르기. 바람의 속도

부수 辶 필순 총 11획

束 속 [shù] bind (5급)

① 묶다

땔나무(木)를 묶은(口) 모양을 본떠 만든 글자예요.

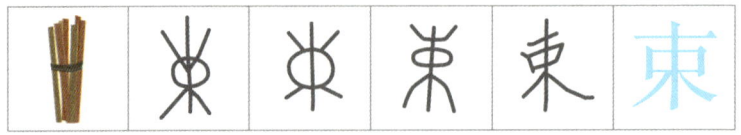

束縛(묶을 속, 묶을 박) 자유롭게 행동하지 못하도록 얽어맴
約束(기약할 약, 묶을 속) 어떤 일을 어떻게 하기로 미리 정하는 일

부수 木 필순 총 7획

俗 속 [sú] custom (4급)

① 풍속

목욕(谷←浴)을 하듯 사람(人)이 젖어 들어 살아가는 습관이라는 뜻이에요. 그러므로 '풍속'입니다.

民俗(백성 민, 풍속 속) 민간 생활과 관련된 신앙, 풍속, 전승 문화 등을 통틀어 이르는 말
風俗(바람 풍, 풍속 속) 예부터 그 사회에 전해 내려오는 생활에 관한 모든 습관

부수 人 필순 총 9획

續 속 [xù] continue (4급)

① 잇다

실(糸)이 끊어지지 않고 계속해서 이어진다(賣)는 데서 '잇다, 잇따르다'라는 뜻을 나타내요.

續開(이을 속, 열 개) 잠시 멈추었던 회의 등을 다시 이어 엶
連續(이을 연, 이을 속) 끊이지 않고 이어짐

부수	糸	필순	총 21획	續續續續續續續續續 續續續續續續續續續 續

屬 속 [shǔ] belong to (4급)

① 엮다

애벌레(蜀)가 꼬리(尸←尾)에 꼬리를 물고 이어진다는 것이므로 '엮다'라는 뜻을 갖게 되었어요.

所屬(곳 소, 엮을 속) 어떤 기관이나 단체 등 자신이 엮이어 있는 곳
族屬(겨레 족, 엮을 속) 같은 계통으로 엮이어 있는 겨레, 또는 같은 패거리에 속한 사람들

孫 손 [sūn] grandson (6급)

① 손자

계속 이어져 내려가는(系) 자식(子)이므로 '손자, 자손'을 뜻해요.

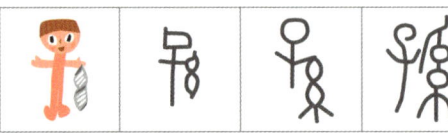

親孫(친할 친, 손자 손) 아들이 낳은 자식. 친손자와 친손녀
後孫(뒤 후, 손자 손) 자기 자신 이후에 태어나는 자손들

부수 子 필순 총 10획 孫 孫 孫 孫 孫 孫 孫 孫 孫 孫

損 손 [sǔn] lose (4급)

① 덜다, 잃다

손(扌)으로 사물이나 돈(貝)의 수(口)를 하나하나 세어(員) '덜어 낸다'는 뜻이에요. 잃는 편에서 보면 '덜어 낸다'는 것은 자신의 것을 잃는 것이지요.

損害(덜 손, 해칠 해) 자신이 가진 것에 해를 입어 정신적으로나 물질적으로 밑짐
破損(깨뜨릴 파, 잃을 손) 깨지거나 깨뜨려 못 쓰게 됨

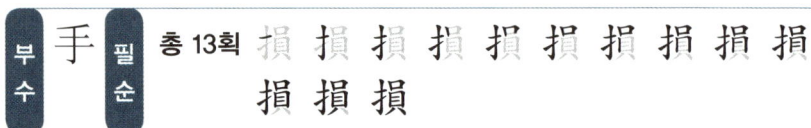

부수 手 필순 총 13획 損 損 損 損 損 損 損 損 損 損 損 損 損

松 송 [sōng] pine (6급)

① 소나무

나무의 한 종류란 것을 나타내기 위해 '木'자와 글자의 음을 나타내는 '公'(송←공) 자를 합쳐 '소나무'가 되었어요.

松蟲(소나무 송, 벌레 충) 소나무 벌레라는 뜻으로, 솔나방의 애벌레. 소나무 잎을 갉아 먹기 때문에 붙은 이름

松津(소나무 송, 진액 진) 소나무에서 나오는 끈끈한 액체

부수 木 필순 총 8획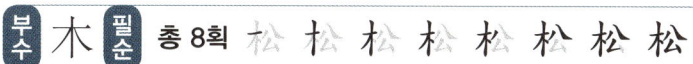

送 송 [sòng] send (4급)

① 보내다

두 손으로 물건을 받쳐 들고(关) 가는(辶) 모양으로, '보내다'라는 뜻이에요.

送別(보낼 송, 헤어질 별) 멀리 떠나는 사람을 보냄

運送(움직일 운, 보낼 송) 물건을 운반하여 보냄

부수 辶 필순 총 10획

頌 송 [sòng] praise (4급)

① 기리다

얼굴(頁)을 공개(公)한다는 것으로 '칭송하다, 기리다'라는 뜻이에요.

頌德(기릴 송, 덕 덕) 공적이나 인격을 기림
頌祝(기릴 송, 빌 축) 경사스러움을 찬양하고 축하함

부수 頁 필순 총 13획

手 수 [shǒu] hand (7급)

① 손 ② 솜씨 ③ 사람

다섯 손가락이 있는 손의 모양을 본떠 만든 글자예요.

手巾(손 수, 수건 건) 얼굴이나 몸을 닦는 천
下手(아래 하, 솜씨 수) 솜씨의 수준이 낮은 사람
木手(나무 목, 사람 수) 나무로 집을 짓거나 물건을 만드는 일을 직업으로 가진 사람

부수 手 필순 총 4획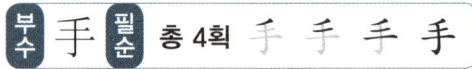

손이 '사람'을 뜻하기도 해요.

바쁜 농사철이나 일손이 많이 필요할 때 '손이 부족하다'는 말을 합니다. 일할 사람이 부족하다는 뜻이지요. 또 노래하는 사람을 가수(歌手)라고 하고, 시합에 나가는 사람을 선수(選手)라고 해요. 이는 모두 '손'이 사람을 뜻하는 경우랍니다.

'실수'는 무슨 뜻일까요?

'失手'(잃을 실, 손 수)는 일을 해 나가다가 손놀림을 잘못하여 일을 그르친 경우를 말해요. 지금은 꼭 손놀림뿐 아니라 부주의하여 잘못을 저지른 모든 경우에 이 말을 쓴답니다.

水 수 [shuǐ] water (8급)

① 물

시냇물이 흐르고 있는 모양을 본떠 만든 글자예요.

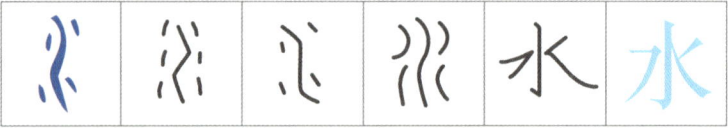

上水道(위 상, 물 수, 길 도) 먹거나 쓸 수 있도록 물을 공급해 주는 시설
洪水(넓을 홍, 물 수) 비가 많이 와서 하천이 넘치거나 땅이 물에 잠긴 상태

부수 水 / 필순 총 4획 水 水 水 水

數 수/삭 [shù] count (7급)

① 세다 (수) ② 몇 (수) ③ 자주 (삭)

손에 막대를 쥐고(攵) 계속(婁) 무엇인가를 한다는 것입니다. 곧 '세다, 계산하다'라는 뜻이에요. '계속'이라는 뜻에서 '자주, 거듭'이라는 뜻도 나왔습니다.

數值(셀 수, 값 치) 계산하여 얻은 값
數千(몇 수, 천 천) 몇 천
數數往來(자주 삭, 자주 삭, 갈 왕, 올 래) 자주 왔다 갔다 함

부수 攵 / 필순 총 15획 數 數 數 數 數 數 數 數 數 數 數 數 數 數 數

樹 ⇒ [shù] tree (6급)

① 나무 ② 세우다

원래는 손(寸)으로 그릇(豆)에 나무(木)를 꽂는 모양을 본떠 만든 글자입니다. 처음에는 '尌'(수)로 '세우다'라는 뜻을 나타냈으나, 나중에 '木'을 더해 '나무'라는 뜻과 '세우다'라는 뜻이 함께 쓰여요.

樹木(나무 수, 나무 목) 땅에 심겨 살아 있는 나무
樹立(세울 수, 설 립) 국가·정부·제도·계획 등을 만들어 세움

首 ⇒ [shǒu] head (5급)

① 머리 ② 우두머리 ③ 첫째

머리털과 눈을 강조해 만든 글자로 '머리'란 뜻이지요.

元首(으뜸 원, 우두머리 수) 국가의 최고 통치권을 가진 사람. 옛날의 임금이나 오늘날의 대통령
首都(첫째 수, 도읍 도) 한 나라의 중앙 정부가 있는 도시

收 수 [shōu] gather (4급)

① 거두다

원래는 죄인을 몽둥이로 때리고(攵) 포승줄로 단단히 묶는다(丩)는 뜻이었어요. 여기서 밧줄로 꽁꽁 묶어 '거두다, 거둬들이다'라는 뜻이 나왔어요.

回收(돌아올 회, 거둘 수) 도로 거두어들임
收去(거둘 수, 갈 거) 물품을 걷어감

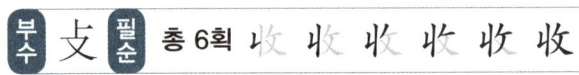

受 수 [shòu] take (4급)

① 받다

어떤 물건(冖)을 두 손(爫,又)이 주고받는 모습을 본뜬 글자입니다. 원래는 '받다'와 '주다'를 모두 나타냈으나, 나중에 '받다'라는 뜻만 나타내게 되었어요.

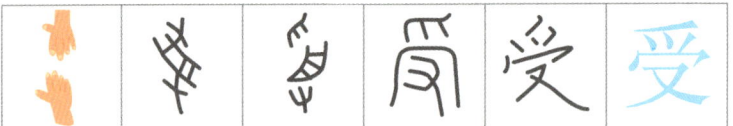

受容(받을 수, 담을 용) 어떤 것을 받아들여 담음
接受(이을 접, 받을 수) 받아들임

授 수 [shòu] give (4급)

① 주다

원래 '受'가 '받다'와 '주다'를 함께 나타내었으나, 이렇게 쓰다 보니 혼동이 자주 생겨 불편했습니다. 그래서 '受'는 '받다'라는 뜻만 나타내고, 거기에 '手'를 덧붙인 '授'는 '주다'라는 뜻만 나타내게 되었어요.

授與(줄 수, 줄 여) 상이나 증서 등을 줌
授乳(줄 수, 젖 유) 젖먹이에게 젖을 줌

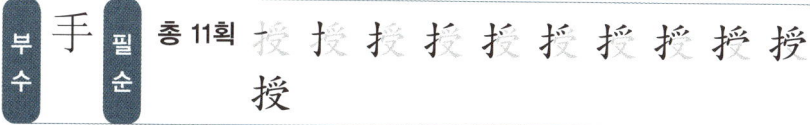

修 수 [xiū] cultivate (4급)

① 닦다 ② 고치다

원래는 깨끗이 씻고(攸) 빛나도록(彡) '꾸민다'는 뜻입니다. 여기서 '닦다, 고치다, 수양하다'라는 뜻이 생겼어요.

修養(닦을 수, 기를 양) 몸과 마음을 닦아 도덕적 품성을 기름
補修(기울 보, 고칠 수) 낡고 헌것을 깁고 고침

守 수 [shǒu] keep (4급)

① 지키다

집이나 궁궐(宀) 따위를 손(寸)으로 지킨다는 뜻이에요.

死守(죽을 사, 지킬 수) 죽을힘을 다해 지킴
守則(지킬 수, 법칙 칙) 행동이나 절차에 관하여 지켜야 할 사항을 정한 규칙

秀 수 [xiù] excellent (4급)

① 빼어나다

잘 익은 벼 이삭이 고개를 숙인 모양을 본떠 '빼어나다'라는 뜻을 나타냈어요.

秀才(빼어날 수, 재주 재) 학문이나 재주가 아주 빼어난 사람
優秀(뛰어날 우, 빼어날 수) 여럿 가운데서 매우 뛰어남

宿 숙 [sù] lodge for the night (5급)

① 잠자다 ② 묵다

집 안(宀)에 사람(亻)과 잠자리(百)가 있는 모습을 본떠 만든 글자입니다. 사람이 잠자리에 들어간다는 뜻으로 '잠자다, 묵다'가 되었어요.

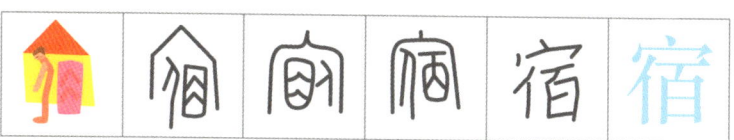

宿泊(잠잘 숙, 머물 박) 여관이나 호텔 따위에서 잠을 자고 머무름
宿願(묵을 숙, 바랄 원) 오래도록 마음속에 묵혀 왔던 소원

부수	필순	총 11획
宀		

얽히고설킨 한자

'숙제'는 잠자면서 푸는 문제일까?

'묵을 숙(宿) + 문제 제(題)'. 여기서 '宿'은 '잠자다'가 아니라 '묵다'입니다. 숙제란 복습이나 예습을 위해 집에 머물면서 푸는 문제거든요. 집에서 하지 않고 다음 날 학교에 가서 급하게 한다면 숙제를 제대로 하는 게 아니겠죠?

肅 숙 [sù] respectful (4급)

① 엄숙하다

깊은 연못(朏←淵) 위에서 손에 삿대를 잡고(聿) 두려워하며 조심스럽게 삿대질 하는 모양을 본뜬 글자예요. '신중하다, 엄숙하다'라는 뜻이에요.

肅然(엄숙할 숙, 그럴 연) 고요하고 엄숙한 모양
自肅(스스로 자, 엄숙할 숙) 스스로 행동을 조심하고 엄숙히 하는 것

叔 숙 [shū] uncle in direct address (4급)

① 아재비

원래는 손(又)으로 콩(朩)을 '줍다'라는 뜻과 '콩'을 뜻하는 글자였어요. 나중에 이 글자가 '아재비'라는 뜻으로 바뀌자, 콩은 식물을 뜻하는 '艹'를 덧붙여 '菽' (콩 숙)으로 쓰게 되었어요.

叔父(아재비 숙, 아비 부) 아버지의 동생, 즉 작은아버지
叔母(아재비 숙, 어미 모) 작은아버지의 아내, 즉 작은어머니

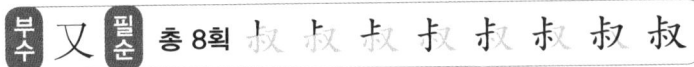

順 순 [shùn] obey (5급)

① 따르다 ② 순하다

물고기(頁←魚)가 강(川)의 흐름을 따라가는 모습을 본떠 만든 글자예요. '따르다, 순하다'라는 뜻이에요.

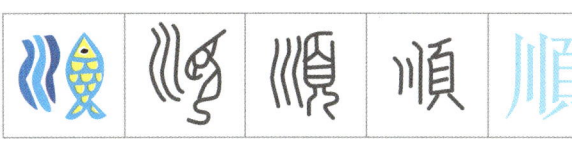

順序(따를 순, 차례 서) 정해져 있는 차례
溫順(따뜻할 온, 순할 순) 성격이나 마음씨가 따뜻하고 순함

부수 頁 필순 총 12획

純 순 [chún] pure (4급)

① 순수하다

나무에 갓 맺힌 열매(屯)처럼 순수한 실(糸)을 나타낸 것이에요. '생사, 순수하다'라는 뜻이 되었습니다.

純眞(순수할 순, 참 진) 마음이 꾸밈이 없고 참됨
純金(순수할 순, 쇠 금) 다른 불순물이 섞이지 않은 황금

부수 糸 필순 총 10획

術 술 [shù] artifice (6급)

① 재주, 꾀

처음에는 길을 뜻하는 '行'과 글자의 소리를 나타내는 '朮'(술←출)을 합쳐 '길'을 나타냈습니다. 여기서 '방법, 꾀, 재주'라는 뜻도 갈라져 나왔어요.

技術(재주 기, 재주 술) 사물을 잘 다룰 수 있는 능력
學術(배울 학, 재주 술) 어떤 분야를 체계적으로 배워서 익히는 학문의 방법과 이론

崇 숭 [chóng] lofty (4급)

① 높다 ② 우러러보다, 존중하다

으뜸(宗)이 되는 높고 큰 산(山)을 나타낸 글자입니다. 그러므로 '높다, 우러러보다, 존중하다'라는 뜻이 되었어요.

崇高(높을 숭, 높을 고) 높은 산처럼 사람의 뜻이나 기개가 높고 고상함
崇尙(우러러볼 숭, 받들 상) 어떤 것을 높이 받들어 소중하게 여김

習 습 [xí] practice (6급)

① 익히다 ② 습관

날마다(日) 새가 날아가는(羽) 연습을 한다는 뜻이에요. 여기서 '익히다'라는 뜻이 생겼어요. 나중에 '日'이 '白'으로 바뀌었어요.

復習(다시 복, 익힐 습) 배운 것을 되풀이하여 익힘
習慣(습관 습, 버릇 관) 오랫동안 되풀이하여 몸에 익힌 행동 방식

勝 승 [shèng] win (6급)

① 이기다 ② 뛰어나다

힘(力)을 써서 위로 들어 올려(朕) 견딘다는 뜻입니다. 여기서 '이기다, 뛰어나다'라는 뜻이 나왔어요.

決勝(맺을 결, 이길 승) 운동 경기 등에서 마지막 승부를 결정하는 것
名勝地(이름 명, 뛰어날 승, 땅 지) 경치가 뛰어나기로 이름난 곳

承 승 [chéng] honor/continue (4급)

① 받들다 ② 잇다

무릎을 꿇고 앉아 있는 사람(ㄱ)을 두 개 또는 세 개의 손(承←手+手+手)으로 받들고 있는 모습을 본떠 만든 글자입니다. '받들다'라는 뜻이에요.

承諾(받들 승, 대답할 낙) 요청하는 바를 받들어 허락하여 들어줌
繼承(이을 계, 이을 승) 조상이 물려준 것을 이어받아 계속해 나감

부수 手 필순 총 8획

時 시 [shí] time (7급)

① 때 ② 시대, 세대

원래는 해(日)가 가다(止←之)라는 뜻으로 '때, 시간'을 나타냈어요. 나중에 '마디 촌'(寸)을 더하여, 해가 움직임에 따라 변하는 '시간의 마디들'이라고 그 뜻을 분명하게 정했어요.

時計(때 시, 헤아릴 계) 시각을 나타내거나 시간을 재는 데 쓰이는 기계
時流(시대 시, 흐름 류) 시대의 흐름, 한 시대의 풍조나 경향

부수 日 필순 총 10획

얽히고설킨 한자

'시각'과 '시간'의 차이점은 무엇일까요?

'時刻'(때 시, 새길 각)은 '흐르는 시간 중의 한 지점', 즉 칼로 새긴 것처럼 딱 그때를 가리킵니다. 1시, 1시 30분처럼 시간의 어느 때를 가리키는 것이지요. '時間'(때 시, 사이 간)은 '시각과 시각 사이', 즉 흐르는 시간 중의 일정한 동안을 가리킵니다. 예를 들어, 1시와 2시 사이(또는 1시에서 2시까지)는 1시간이지요.

순우리말 같은 한자어

或時 (혹 혹, 때 시) : 어떠한 때에, 어쩌다가

瞬息間(눈 깜짝할 순, 쉴 식, 사이 간) : 눈을 한 번 깜박이거나, 숨을 한 번 쉴 정도의 짧은 시간

霎時間(소나기 삽, 때 시, 사이 간) : 원래는 '한바탕 소나기가 지나갈 만큼 짧은 시간'이라는 뜻이나, 순식간과 마찬가지로 극히 짧은 시간을 뜻함.

市 시 [shì] market (7급)

① 저자, 시장 ② 시가 ③ 행정구역 단위

사람들이 모여 들어(止=之) 시끌벅적하게(丁=兮) 물건을 사고파는 곳을 뜻했어요. 그것이 나중에는 '冂+了+㞢'의 형태로 바뀌었다가 오늘날의 '市'의 형태로 자리를 잡았어요.

市場(시장 시, 마당 장) 물건을 사고파는 장소
市街地(시가 시, 거리 가, 땅 지) 상점이 죽 늘어서 있는 거리가 있는 지역
市廳(행정구역 단위 시, 관청 청) 시의 행정 사무를 맡아보는 기관

始 시 [shǐ] begin (6급)

① 처음

모계 사회였던 시절, 그 부족을 처음 세운 여자 조상이라는 뜻에서 '女'를 쓰고, '台'(이)는 글자의 소리를 나타내는 부분입니다. '처음'이라는 뜻을 나타내요.

始祖(처음 시, 조상 조) 한 겨레나 집안을 세운 첫 번째 조상. 어떤 학문이나 기술을 처음으로 연 사람
原始(근원 원, 처음 시) 처음 시작된 그대로 발달하지 아니한 상태

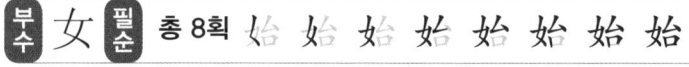

示 시 [shì] show (5급)

① 보이다 ② 알리다

신에게 희생물을 바치는 제단의 모양을 본떠 만든 글자입니다. 제사를 통해 신에게 인간의 뜻을 보인다는 뜻으로 쓰게 되었지요.

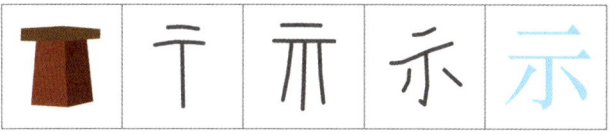

示範(보일 시, 모범 범) 모범을 보임

暗示(어두울 암, 알릴 시) 넌지시 알림

부수 示 필순 총 5획

詩 시 [shī] poem (4급)

① 시

법도(寸)에 맞게 가는(土←之) 말(言)이라는 뜻으로, 특정한 격식이나 리듬에 따라 언어를 늘어놓은 것, 곧 '시'를 뜻해요.

詩人(시 시, 사람 인) 시를 짓는 사람

童詩(아이 동, 시 시) 어린이를 위해 지은 시

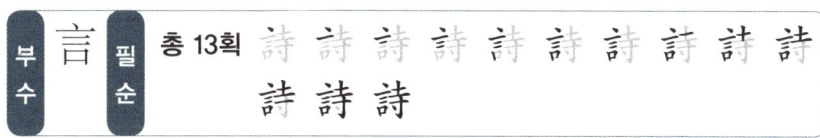
부수 言 필순 총 13획

視 시 [shì] inspect (4급)

① 보다

신과 관련해 보이는 행위(示)와 인간의 눈으로 보는 행위(見)를 더해 '보다'라는 뜻을 나타내는 글자예요.

視力(볼 시, 힘 력) 물체의 형상을 인식하는 눈의 능력
同一視(한가지 동, 하나 일, 볼 시) 둘 이상의 것을 똑같은 것으로 봄

試 시 [shì] test (4급)

① 시험하다

법이나 규칙(式)에 맞는지 말(言)로 따져 본다는 거예요. 여기서 '시험하다, 검사하다'라는 뜻이 나왔어요.

入試(들 입, 시험할 시) 입학생을 선발하기 위해 치르는 시험
試食(시험할 시, 먹을 식) 음식을 시험하기 위해 먹어봄

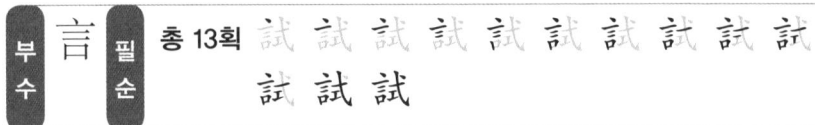

施 시 [shī] execute (4급)

① 베풀다

원래는 뱀(也)이 구불구불 달리듯 깃발(㫃)이 펼쳐져 펄럭인다는 것입니다. 여기서 '베풀다, 펼치다'는 뜻이 나왔어요.

施設(베풀 시, 베풀 설) 어떤 일을 하기 위해 도구, 기계, 장치 따위를 베풀어 설치하거나 그런 설비

施行(베풀 시, 행실 행) 법령 등을 실제로 행함

是 시 [shì] right (4급)

① 옳다

하늘 한가운데로 와서(*㐂* ←止) 멈춘(一) 태양(日)처럼, '옳고 바르다'는 뜻이에요.

是認(옳을 시, 인정할 인) 어떤 내용이나 사실이 옳다고 인정함

亦是(또 역, 옳을 시) 또한, 마찬가지로

食 식 [shí] food (7급)

① 밥, 음식 ② 먹다

뚜껑과 다리가 있는 밥그릇 안에 음식이 들어 있는 모양을 본떠, '밥, 먹다'라는 뜻을 나타내지요.

食堂(밥 식, 집 당) 음식을 먹는 방, 또는 음식을 파는 집
食卓(먹을 식, 높을 탁) 음식을 먹는 탁자

부수 食 필순 총 9획

植 식 [zhí] plant (7급)

① 심다

나무(木)를 곧게(直) 세운 모양입니다. 곧, 심는다는 뜻이지요.

植物(심을 식, 사물 물) '심는 것'이라는 뜻으로, 나무나 풀 등을 모두 이름
植木日(심을 식, 나무 목, 날 일) 나무를 심는 날(4월 5일)

부수	필순	
木		총 12획 植 植 植 植 植 植 植 植 植 植 植 植

얽히고설킨 한자

'식민지'는 무슨 뜻일까요?

1945년 8월 15일, 우리나라는 일본의 식민지 상태에서 벗어났습니다. 식민지란 '植民地(심을 식, 백성 민, 땅 지)'라고 씁니다.
한 나라가 다른 나라를 종속시켜 그곳을 자기 영토로 삼고 자기 나라 국민을 이주시킨 정책에서 나온 말입니다.

式 식 [shì] rule (6급)

① 법

공구(工)를 가지고 말뚝(弋)에 새겨 둔 것을 말합니다. 이것은 모든 사람이 지켜야 할 것, 즉 '법'이라는 뜻이에요.

方式(방법 방, 법 식) 일정한 방법이나 형식
形式(모양 형, 법 식) 겉으로 드러나는 모양이나 격식

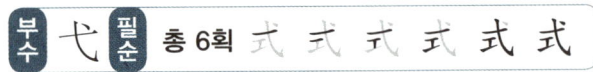

識 식 [shí] know (5급)

① 알다

베틀로 가로세로 실을 짜듯(弋) 말(言, 音)을 번갈아 엮는다는 뜻의 글자입니다. '알다'라는 뜻이에요.

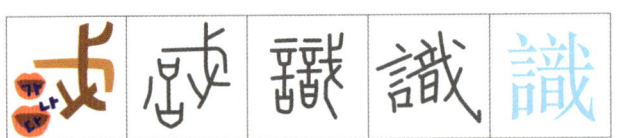

常識(늘 상, 알 식) 보통 사람이면 알고 있거나 알아야 할 지식
知識(알 지, 알 식) 배우거나 실천하여 알게 된 인식이나 이해

息 식 [xī] breath (4급)

① 숨 쉬다　② 자식

심장(心)의 움직임을 통해 코(自)로 숨을 들이쉬고 내쉰다는 데서, '숨 쉬다'라는 뜻을 나타냅니다. 나아가 숨 쉬며 살아가는 동안 불어나는 것, 즉 '자식'이나 '이자'라는 뜻도 갈라져 나왔어요.

安息(편안할 **안**, 숨 쉴 **식**) 숨을 고르게 하고 편안히 쉼
子息(아들 **자**, 자식 **식**) 아들과 딸을 아울러 이르는 말

부수 心　**필순**　총 10획　息 息 息 息 息 息 息 息 息 息

信 신 [xìn] trust (6급)

① 믿다　② 편지　③ 소식

사람(亻)의 말(言)입니다. 그래서 처음에는 '소식, 편지'라는 뜻으로 쓰였는데, 나중에 사람의 말은 믿을 만해야 한다는 뜻이 더해져 '믿다'가 되었어요.

信念(믿을 **신**, 생각 **념**) 굳게 믿는 마음
書信(글 **서**, 편지 **신**) 편지
通信(통할 **통**, 소식 **신**) 소식을 전함, 우편이나 전기기기(전신·전화·데이터 통신·화상 통신) 등을 통해 정보를 전달하는 것

부수 人　**필순**　총 9획　信 信 信 信 信 信 信 信 信

身 신 [shēn] body (6급)

① 몸

임신하여 배가 볼록한 사람의 모양을 본떠 만든 글자로 '몸'이라는 뜻이에요.

身體(몸 신, 몸 체) 사람의 몸
獻身(바칠 헌, 몸 신) 자신의 온몸을 다 바침

新 신 [xīn] new (6급)

① 새롭다

원래는 나무를(木) 도끼(斤)로 찍은 것이므로 '땔감'(薪)이라는 뜻이었어요. '辛'(신)은 글자의 소리를 나타내려고 넣은 것입니다. 나중에 '새롭다'라는 뜻이 갈라져 나왔어요.

心身(마음 심, 몸 신) 마음과 몸
新聞(새 신, 소식 문) 새로운 소식, 사회에서 일어난 새로운 소식을 알리는 간행물

申 신 [shēn] extend (4급)

① 펴다 ② 아홉째 지지(원숭이띠)

원래는 번갯불이 번쩍 내리치는 모양을 본뜬 글자로, '번개'와 '펴다, 뻗다' 그리고 '신'(God)이라는 뜻을 다 나타냈습니다. 나중에 '번개'는 '雨'(우)를 덧붙인 '電'(전) 자로, '펴다'는 주로 '인'(亻) 자를 덧붙인 '伸'(신) 자로, '신(God)은 '示'(시) 자를 덧붙인 '神'(신) 자로 나타내게 되면서, 원래의 申은 '펴다'는 뜻과 원숭이띠인 '아홉째 지지'를 나타내게 되었어요.

申告(펼 신, 알릴 고) 어떤 사실을 행정 관청에 진술하거나 보고함

甲申年(첫째 천간 갑, 아홉째 지지 신, 해 년) 예전 60년을 주기로 해를 헤아리는 육십갑자의 스물한 번째 해

神 신 [shén] god (6급)

① 귀신, 신 ② 혼

본래 번갯불이 번쩍 내리치는 모습을 본뜬 글자(申)였어요. 옛 사람들은 번갯불을 신이 모습을 나타낸 것이라고 여겨, '申' 자에 귀신과 관련된 것을 나타내는 '시'(示) 자를 덧붙여 '신'이라는 뜻으로 썼습니다.

神話(귀신 신, 말할 화) 예로부터 전해 내려오는 신을 중심으로 한 이야기
精神(정신 정, 혼 신) 육체나 물질에 대립되는 영혼이나 마음

부수 示 필순 총 10획

臣 신 [chén] subject (6급)

① 신하

무릎을 꿇은 채 위를 쳐다보면 눈이 치켜 올라가는데, '臣' 자는 바로 위로 치켜뜬 눈의 모양을 본뜬 글자입니다. 무릎을 꿇고 앉은 '신하'를 나타내요.

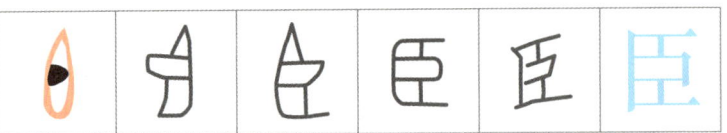

奸臣(간사할 간, 신하 신) 간사한 신하
忠臣(충성 충, 신하 신) 충성스러운 신하

부수 臣 필순 총 6획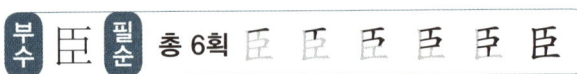

얽히고설킨 한자

'사육신'과 '생육신'의 뜻은 무엇일까요?

'死六臣'(죽을 사, 여섯 육, 신하 신)과 '生六臣'(살 생, 여섯 육, 신하 신)은 말 그대로 죽은 여섯 명의 신하와 산 여섯 명의 신하라는 뜻입니다. 조선 시대 세조는 어린 조카 단종의 왕위를 빼앗고 왕위에 올랐어요. 이에 벼슬을 버리고 절개를 지킨 여섯 신하를 이르러 생육신이라 하였고, 후에 단종의 복위를 꾀하다가 잡혀 죽은 여섯 신하를 이르러 사육신이라 했답니다.

室 실 [shì] room (6급)

① 방

사람이 이르러(至) 머물러 지내는 곳이라는 뜻으로 '방'을 나타냈어요.

敎室(가르칠 교, 방 실) 학교에서 수업을 하는 방
溫室(따뜻할 온, 방 실) 난방 장치로 온도 조절을 하면서 식물을 기르는 곳

부수 宀 필순 총 9획

失 실 [shī] lose (6급)

① 잃다 ② 잘못하다

원래는 손(手)에서 무엇인가 떨어져 나가는 듯한 모양(乙)을 본떠 만든 글자로 '잃다, 잘못하다'라는 뜻을 나타내요.

喪失(잃을 상, 잃을 실) 어떤 것이 아주 없어지거나 사라짐
失手(잘못할 실, 손 수) 조심하지 아니하여 잘못함

부수 大 필순 총 5획

實 실 [shí] fruit (5급)

① 열매 ② 실제

원래는 집 안(宀)에 꿰어 놓은(毌) 돈(貝) 꾸러미가 '가득 차 있다'는 뜻이었으나, 이로부터 잘 익은 '열매'라는 뜻을 나타내게 되었어요.

結實(맺을 **결**, 열매 **실**) 열매를 맺음
現實(나타날 **현**, 실제 **실**) 지금 실제로 존재하는 사실

부수	宀	필순	총 14획	實 實 實 實 實 實 實 實 實 實 實 實 實 實

心 심 [xīn] heart (7급)

① 마음

심장의 모양을 본떠 만든 글자로 '마음'을 나타내요.

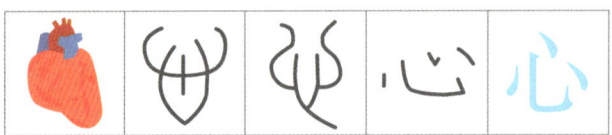

決心(결단할 **결**, 마음 **심**) 마음을 먹음 또는 마음에서 결정함
心理(마음 **심**, 결 **리**) 마음의 움직임이나 상태

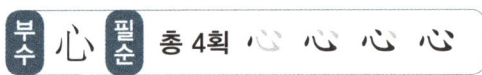

얽히고설킨 한자

'심술'은 무슨 뜻일까요?

심술은 '心'(마음 심)에 '術'(꾀 술)을 더해 만든 한자어입니다. 마음을 이랬다저랬다 하면서 짓궂게 남을 괴롭히는 사람에게 '심술을 부린다'고 하지요.

十 십 [shí] ten (8급)

① 열(10)

원래는 '一'(일)과 구분하기 위하여 획을 세로로 세운 'ㅣ'로 숫자 10을 표시하였습니다. 나중에 글자를 더 분명히 구분하기 위해 점을 추가한 ''을 사용하다가, 최종적으로는 가로획과 세로획으로 이루어진 '十'으로 바뀌었어요.

十代(열 **십**, 세대 **대**) 10~19세까지의 남녀
十字架(열 **십**, 글자 **자**, 시렁 **가**) 한자 +의 모양으로 생긴 틀

| 부수 | 十 | 필순 | 총 2획 | 十 十 |

深 심 [shēn] deep (4급)

① 깊다

원래는 몸속 깊은 태내로부터 손으로 아기를 더듬어 꺼내는 모양을 본떠 만든 글자였는데, 지금은 물(氵)을 덧붙여 물이 '깊다'는 뜻으로 씁니다. 원래의 손 모양은 지금 글자에서는 '木'으로 바뀌었어요.

深刻(깊을 **심**, 새길 **각**) 깊이 새김, 또는 어떤 상태나 정도가 매우 깊고 절박함
水深(물 **수**, 깊을 **심**) 강이나 호수 또는 바다 등과 같은 물의 깊이

氏 씨 [shì] clan name (4급)

① 성

원래는 '氐'(근본 저)와 같은 글자로, 식물의 '뿌리'를 본떠 만든 글자였어요. 여기서 지금은 같은 남자 조상으로부터 물려받은 성을 나타내게 되었습니다.

姓氏(성 성, 성 씨) 다른 이의 성(姓)을 높여 이르는 말
氏族(성 씨, 겨레 족) 같은 조상을 가진 혈연 공동체를 가리키는 말

원시 사회에는 같은 姓氏(성씨)끼리 함께 모여 살았어.

우리는 성이 고씨이고 이름이 양인가?

兒 아 [ér] child (5급)

① 아이

대천문이 열린 상태의 갓난아기의 모습을 본떠 만든 글자로 '아이'라는 뜻으로 썼습니다. 갓난아기의 머리 윗부분에는 두개골이 벌어진 부분이 있는데, 그것을 '천문'이라고 해요. 천문은 태아가 태어날 때 머리가 잘 빠져나가도록 머리 모양을 바꿀 수 있게 해 줍니다. 대천문은 천문 중에서도 가장 큰 것으로, 앞에 자리잡고 있어요.

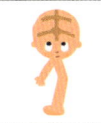     

幼兒(어릴 **유**, 아이 **아**) 어린아이
兒童(아이 **아**, 아이 **동**) 어린아이

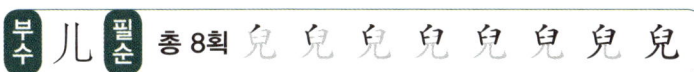

惡 악/오 [è/wù] evil / hate (5급)

① 악하다, 나쁘다 (악) ② 미워하다 (오)

추한(亞) 마음(心)이므로 '악하다'라는 뜻이에요. 이때 '亞'는 원래 '곱사등이'를 가리켜 '추하다'라는 뜻으로도 쓰입니다. 또한 악하고 나쁜 것은 사람들이 미워하지요. 여기서 '미워하다'라는 뜻도 나왔어요.

善惡(착할 선, 악할 악) 착한 것과 악한 것
惡夢(나쁠 악, 꿈 몽) 나쁜 꿈
憎惡(미워할 증, 미워할 오) 몹시 미워함

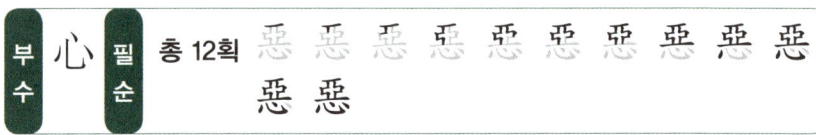
부수 心 필순 총 12획

安 안 [ān] peaceful (7급)

① 편안하다

집 안에 여자가 편안히 앉아 있는 모습을 본떠 만든 글자로 '편하다'라는 뜻을 나타내요.

安全(편안할 안, 온전할 전) 위험이나 사고가 날 염려가 없는 상태
便安(편할 편, 편안할 안) 편하고 걱정이 없이 좋은 상태

부수 宀 필순 총 6획

얽히고설킨 한자

'미안하다'는 무슨 뜻일까요?

'未安'(아닐 미, 편안할 안)은 마음이 편치 않다는 뜻입니다.
우리는 다른 사람에게 잘못을 해서 사과를 할 때 '미안하다'고 하지요?
즉, 잘못해서 자신의 마음이 편안하지(安) 않다(未)는 거지요.

案 안 [àn] table (5급)

① 책상 ② 안건, 생각 ③ 이끌다

나무(木)를 사용하여 안정(安)적인 모양으로 만든 거예요. '책상'을 가리켜요.

書案(글 서, 책상 안) 책상
提案(제시할 제, 안건 안) 생각이나 안건을 냄
案內(이끌 안, 안 내) 어떤 내용이나 일을 소개하여 알려 줌

眼 안 [yǎn] eye (4급)

① 눈

눈을 뜻하는 '目'과 눈이 강조된 사람의 모습인 '艮'을 합쳐 '눈'을 나타내요.

眼球(눈 안, 동그라미 구) 눈알
眼目(눈 안, 눈 목) 사물을 보고 분별하는 능력

부수 目 필순 총 11획

얽히고설킨 한자

'별안간'도 한자라고요?

'별안간'은 '瞥眼間'(눈 깜짝할 별, 눈 안, 사이 간)이라고 써서, '눈 깜짝할 사이'라는 뜻의 한자어랍니다.

'안하무인'은 무슨 뜻일까요?

'眼下無人'(눈 안, 아래 하, 없을 무, 사람 인)은 '눈 아래에 사람이 없다'는 뜻으로, 너무 거만해서 상대방을 사람으로 여기지 않는다는 뜻입니다. 사람을 개나 고양이 보듯 하는 것이니 얼마나 교만하고 거만한 사람이겠어요. 이와 비슷한 말로 '백안시'라는 말이 있습니다. '白眼視'(흰 백, 눈 안, 볼 시)는 상대방을 똑바로 쳐다보지 않고 눈을 흘겨서 보기 때문에 검은 눈동자는 보이지 않고 흰자위만 드러내고 본다는 뜻이지요. 이런 식으로 다른 사람을 대하는 것은 바람직하지 않겠지요?

暗 암 [àn] dark (4급)

① 어둡다 ② 넌지시

그늘을 뜻하는 '音'(←闇)과 빛과 관련되었음을 나타내는 '日'을 더하여 '어둡다'라는 뜻이 되었어요.

明暗(밝을 명, 어두울 암) 밝음과 어두움, 색의 농담이나 밝기의 정도
暗示(넌지시 암, 보일 시) 넌지시 알려 줌

壓 압 [yā] press (4급)

① 누르다

흙(土)을 누른다(厭)는 뜻이에요.

壓力(누를 압, 힘 력) 누르는 힘. 남을 자기 뜻대로 따르도록 힘을 주는 것
壓迫(누를 압, 닥칠 박) 센 힘으로 내리 누름

愛 애 [ài] love (6급)

① 사랑

본래는 사랑(恋)을 향해 가다(夊)라는 뜻으로 만든 글자였어요. 나중에 손(爫)으로 마음(心)을 감싸고 사랑하는 이를 향해 가다(夊)라는 뜻으로 바뀌어 쓰이고 있어요.

友愛(벗 **우**, 사랑 **애**) 친구 사이의 정이나 사랑

愛國(사랑 **애**, 나라 **국**) 나라를 사랑하는 마음

| 부수 心 | 필순 | 총 13획 |

液 액 [yè] liquid (4급)

① 진, 즙

밤(夜) 사이에 맺힌 이슬(氵)처럼 풀이나 나무의 껍질 등에서 나오는 끈끈한 '진, 즙'을 나타낸 글자예요.

溶液(녹을 **용**, 진 **액**) 어떤 물질이 녹아 섞인 액체

粘液(끈끈할 **점**, 진 **액**) 끈끈한 액체

| 부수 水 | 필순 | 총 11획 |

額 액 [é] forehead (4급)

① 이마 ② 현판 ③ 수량

머리를 뜻하는 '頁'와 소리를 나타내는 '客'(액←객)을 합해 '이마'를 뜻해요.

白額(흰 **백**, 이마 **액**) 흰 이마
額子(현판 **액**, 아들 **자**) 그림이나 사진 따위를 끼우는 틀
金額(쇠 **금**, 수량 **액**) 돈의 액수, 또는 돈의 수효

野 야 [yě] field (6급)

① 들

원래는 숲(林) 속의 땅(土)을 본떠 만든 글자였는데 나중에 마을(里) 옆에 넓게 펼쳐진(予) 곳, 즉 '교외의 들판'이라는 글자로 바뀌었어요.

野生(들 **야**, 날 **생**) 들이나 산에서 저절로 나서 자람
野外(들 **야**, 바깥 **외**) 시가지에서 조금 떨어진 들판, 집 밖이나 노천을 이르는 말

夜 야 [yè] night (6급)

① 밤

사람의 옆구리(亦) 뒤편에서 달(月)이 뜬 것을 본떠 만든 글자입니다. 밤을 나타내요.

晝夜(낮 주, 밤 야) 낮과 밤
深夜(깊을 심, 밤 야) 깊은 밤

부수 夕 필순 총 8획

弱 약 [ruò] weak (6급)

① 약하다

활(弓)의 시위가 부드러운 수염(彡←彡)처럼 약해진 것을 나타내요.

强弱(강할 강, 약할 약) 강함과 약함
弱者(약할 약, 사람 자) 힘이나 세력이 약한 사람

부수 弓 필순 총 10획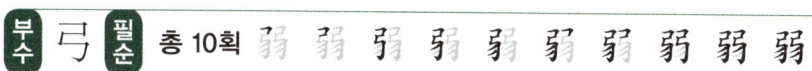

藥 약 [yào] medicine (6급)

① 약

아픈 몸을 낫게(樂) 해 주는 풀(艹). 옛날에는 약이 거의 다 풀이었어요.

藥局(약 **약**, 판 **국**) 약사가 약을 지어 파는 곳
釉藥(광택 **유**, 약 **약**) 도자기에 광택이 나도록 바르는 약, 잿물

부수 艹 | 필순 총 19획

約 약 [yuē] bind (5급)

① 묶다

실(糸)로 단단히 죄어 묶는다(勺)는 뜻이에요.

約束(묶을 **약**, 묶을 **속**) 어떤 일을 어떻게 하기로 미리 정하는 일
節約(마디 **절**, 묶을 **약**) (돈이나 물자 등을) 아껴서 씀

부수 糸 | 필순 총 9획

洋 양 [yáng] ocean (6급)

① 바다

물과 관련됨을 나타내는 'ⅰ'와 소리를 나타내는 '羊'(양)을 합쳐 '바다'를 나타냅니다.

東洋(동쪽 **동**, 바다 **양**) 서양에 대비해 동쪽 아시아 일대를 이르는 말
西洋(서쪽 **서**, 바다 **양**) 유럽과 아메리카 지역을 이르는 말
五大洋(다섯 **오**, 클 **대**, 바다 **양**) 지구에 있는 다섯 개의 큰 바다

5대양 6대주

養 양[yǎng] raise (5급)

① 기르다

원래는 채찍을 든 손으로 양을 때리는 모양을 본떠 만든 글자로 '기르다'라는 뜻이었어요. 나중에 양(羊)에게 먹이를 준다(食)는 뜻으로 글자 구성을 바꾸었어요.

養成(기를 양, 이룰 성) 가르쳐서 유능한 사람을 길러냄
入養(들 입, 기를 양) '집안으로 들여 기른다'는 뜻으로, 혈연 관계가 없는 사람끼리 법적으로 친부모와 친자식의 관계를 맺는 것

부수 食 필순 총 15획

얽히고설킨 한자

'양치질'은 무슨 뜻일까요?

이 닦기를 '양치질'이라고도 하지요. 양치질은 '養齒(기를 양, 이 치)+질(순우리말)'로 이루어진 낱말입니다. 이때 '養齒'는 이를 건강하게 한다는 뜻이고, '질'은 어떤 행위를 나타내는 순우리말 접미사예요. 즉, 양치질은 이를 건강하게 만드는 행동이라는 뜻이지요.

羊 양 [yáng] sheep (4급)

① 양

양의 뿔 모양을 본떠서 만든 글자로 '양'을 나타내요.

山羊(산 산, 양 양) 산에 사는 양
羊毛(양 양, 털 모) 양털

얽히고설킨 한자

'양치식물'은 무슨 뜻일까요?

양치식물의 '양치'는 '羊齒'(양 양, 이 치), 즉 '양의 이빨'이라는 뜻입니다. 서양에서 붙인 라틴어 학명은 '프테리도피타'(Pteridophyta)로, 여기서 프테리도(pterido)는 '날개'라는 뜻입니다. 즉 잎의 모양이 새의 날개처럼 생겨서 붙은 이름이지요. 그런데 우리는 이것을 잎 가장자리의 모양이 양의 이빨에 있는 톱니처럼 생긴 식물이라는 뜻으로 '양치'식물이라고 합니다. 우리가 반찬으로 먹는 고사리의 잎이 대표적인 예이지요.

陽 양 [yáng] sun (6급)

① 볕

언덕(阝)에서 햇살이 내리쪼이는(昜) 부분을 본떠 만든 글자예요. 즉 '볕, 양지'를 뜻해요.

陽地(볕 **양**, 땅 **지**) 햇볕이 드는 곳
太陽(클 **태**, 볕 **양**) '가장 큰 볕'이라는 뜻이며, 지구에서 가장 가까이 있는 항성으로 밝은 빛을 내어 지구의 낮을 만드는 별

부수	阜	필순	총 12획	陽 陽 陽 陽 陽 陽 陽 陽 陽 陽

樣 양 [yàng] shape (4급)

① 모양

원래는 나무의 한 종류임을 뜻하는 '木'과 소리를 나타내는 '羕'(양)으로 구성되어 '상수리나무'를 나타냈어요. 그러다 나중에는 '모양, 형태'라는 뜻으로 쓰이게 되었어요.

紋樣(무늬 **문**, 모양 **양**) 무늬의 모양
樣相(모양 **양**, 모양 **상**) 생김새나 모습

부수	木	필순	총 15획	樣 樣 樣 樣 樣 樣 樣 樣 樣 樣 樣 樣 樣 樣 樣

語 어 [yǔ] words (7급)

① 말, 말씀

내(吾)가 다른 사람을 향해 말한다(言)는 뜻이에요.

國語(나라 국, 말씀 어) 한 나라의 국민이 쓰는 말

言語(말씀 언, 말씀 어) 생각이나 느낌을 나타내는 소리나 글자

| 부수 | 言 | 필순 | 총 14획 | 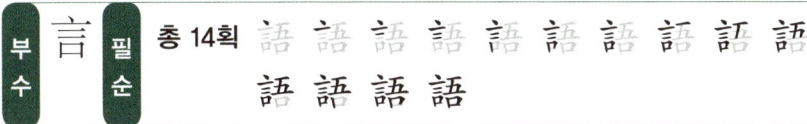 |

魚 어 [yú] fish (5급)

① 물고기

물고기 모양을 본떠 만든 글자예요.

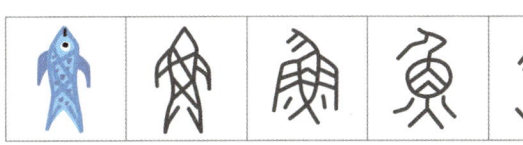

乾魚物(마를 건, 물고기 어, 만물 물) 물고기나 조개 등을 말린 식품

魚貝類(물고기 어, 조개 패, 무리 류) 생선과 조개 종류를 통틀어 이르는 말

| 부수 | 魚 | 필순 | 총 11획 |  |

漁 어 [yú] fishing (5급)

① 고기 잡다

원래는 줄에 꿰인 물고기 모양을 본뜬 글자로 '고기 잡다'의 뜻을 나타냈어요. 나중에 물(氵)에 있는 물고기(魚)를 두 손(␣)으로 건지는 모양으로 변했습니다. 오늘날의 글자체는 손 모양이 생략되고 물(氵)과 물고기(魚)로 이루어졌어요.

漁船(고기 잡을 **어**, 배 **선**) 고기 잡는 배
漁村(고기 잡을 **어**, 마을 **촌**) 주로 물고기를 잡아 생활하는 사람들이 사는 마을

부수 水 필순 총 14획 漁漁漁漁漁漁漁漁漁漁漁漁漁漁

億 억 [yì] a hundred million (5급)

① 억

원래는 사람(人)의 생각(意)이라는 뜻으로 '생각하다'라는 뜻을 나타내는 글자였는데, 100,000,000(1억)이라는 숫자를 나타내는 글자로 더 널리 쓰이게 되었어요.

億萬長者(억 **억**, 일만 **만**, 길 **장**, 놈 **자**) 헤아리기 어려울 만큼 많은 재산을 가진 사람

부수 人 필순 총 15획 億億億億億億億億億億億億億億億

言 언 [yán] speak (6급)

① 말씀

혀(舌)에서 무엇인가(ヽ)가 나오는 것을 본떠 만든 글자예요. 즉 '말'을 뜻해요.

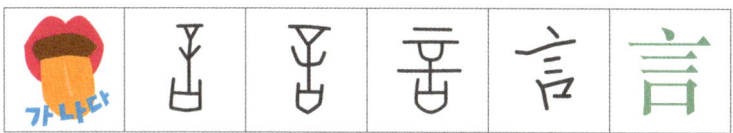

言行(말씀 언, 행실 행) 말과 행동
證言(증거 증, 말씀 언) 사실을 증명하는 말

嚴 엄 [yán] stern (4급)

① 엄하다

험한 산(厂)의 이미지와 소리치다(叩)를 합쳐 '엄하다'라는 뜻을 나타냈어요.

嚴罰(엄할 엄, 죄 벌) 엄하게 벌을 줌
嚴命(엄할 엄, 명령 명) 엄하게 명령함

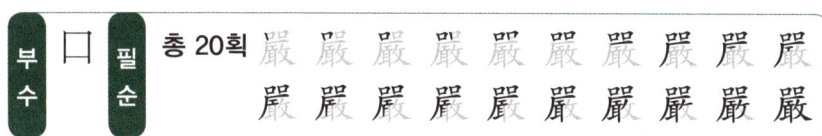

業 업 [yè] business (6급)

① 일, 직업 ② 학업

톱니 모양의 나무틀을 본떠 만든 글자로 각자 맡은 '일'을 뜻하는 글자예요.

就業(나아갈 **취**, 일 **업**) 직업을 얻음

授業(줄 **수**, 학업 **업**) 교사가 학생에게 지식이나 기능을 가르쳐 주는 일

如 여 [rú] as if (4급)

① 같다 ② 좇다

말(口)을 배우는 여자아이(女)를 본떠 만든 글자입니다. 말을 배울 때에는 어른의 말을 똑같이 따라 하므로 '같다, 좇다'라는 뜻이 되었어요.

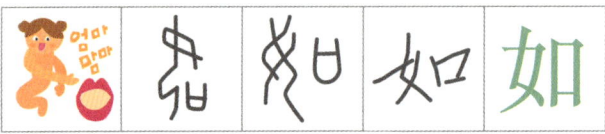

如前(같을 **여**, 앞 **전**) 변함없이 예전과 같음

如意珠(좇을 **여**, 뜻 **의**, 구슬 **주**) 무슨 일이든 뜻대로 할 수 있는 구슬

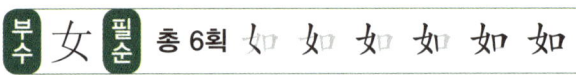

> 얽히고설킨 한자

'여간'과 '약간'의 차이점은 무엇일까요?

'여간 어려운 일이 아니다'라는 말이 있어요. 이때 '여간'은 주로 '~아니다'라는 부정의 말과 함께 쓰여, '보통으로 보아 넘길 것이 아니다', 즉 '대단하다'는 의미를 나타내요.
또 '꽃이 약간 시들었다'라는 말도 있어요. 여기서 '약간'은 '조금'이라는 의미로 사용되지요. 그런데 여러분, 한자를 살펴보면 '여간'과 '약간'이 같은 의미를 가지고 있다는 사실을 아나요?

여간 = 如(같을 여) + 干(방패 간)

약간 = 若(같을 약) + 干(방패 간)

그렇다면 '여간=약간=방패 같다?' 물론 그런 뜻은 아닙니다. 여기서 '干'은 '개'(箇)와 마찬가지로 물건을 세는 단위로 쓰인 것입니다. 그래서 '몇 개 같은가?'라는 뜻에서 갈라져 나와 '몇, 얼마'의 의미이며, 또 '조금'이라는 뜻으로도 쓰였던 거예요. 그런데 '약간'은 원래의 의미 그대로 현재에도 쓰이는 데 반해, '여간'은 우리말 속에서 또다시 의미 변화를 일으켰어요.

여의문룡도

여간 어려운 일이 아니다=조금 어려운 일이 아니다 => 보통 어려운 일이 아니다 => 매우 어려운 일이다

즉 '여간=조금'이 아니라 '여간~아니다=보통으로 보아 넘길 일이 아니다'로 변하였답니다. 그래서 여간과 약간은 한자 의미상으로는 같지만 우리말에서는 전혀 다르게 쓰이는 거예요.

餘 여 [yú] remainder (4급)

① 남다, 남기다

음식(食)이 넉넉하다(余)는 것이므로 '남다, 남기다'라는 뜻이 되었습니다.

餘震(남을 **여**, 흔들릴 **진**) 큰 지진 후에 일어나는 작은 지진

餘波(남을 **여**, 물결 **파**) 큰 물결 뒤에 남은 잔물결, 어떤 일이 일어난 뒤에 남아 미치는 영향

부수 食 필순 총 16획

밤을 새워서라도 한자 과목을 다 공부할 거야!

무리하면 그 餘波(여파)가 내일까지 갈걸!

與 여 [yǔ] give (4급)

① 주다 ② 더불다

두 손(臼)으로 들고 있는 상아(与←牙)를 두 손(ㅠ←廾)이 받고 있는 모양을 본떠 만든 글자입니다. '주다'라는 뜻이에요. 또는 네 개의 손이 하나의 상아를 들고 있다는 것으로 보아 '더불어'라는 뜻으로 쓰기도 해요.

授與(줄 수, 줄 여) 상장, 훈장, 증서 등을 줌
參與(참여할 참, 더불 여) 참가하여 관계함

부수 臼 필순 총 14획

逆 역 [nì] contrary (4급)

① 거스르다

거꾸로 그려진 사람(屰)과 가다(辶)를 합쳐 만든 글자로 '거스르다'라는 뜻이에요.

逆流(거스를 역, 흐를 류) 물줄기 따위가 거꾸로 흐름
逆行(거스를 역, 갈 행) 반대 방향으로 거슬러 나아감

부수 辶 필순 총 10획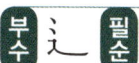

易 역/이 [yì] change / easy (4급)

① 바꾸다 (역) ② 쉽다 (이)

원래는 도마뱀(蜴)을 본떠 만든 글자입니다. 도마뱀이 빛에 따라 색이 변하는 점에서 '바뀌다'라는 뜻이 나왔습니다. 나중에 '쉽다'라는 뜻으로도 쓰이게 되었어요.

交易(사귈 **교**, 바꿀 **역**) 서로 물건을 사고팔아 바꿈

難易度(어려울 **난**, 쉬울 **이**, 정도 **도**) 어려움과 쉬움의 정도

부수 日 필순 총 8획

域 역 [yù] area (4급)

① 지역, 지경

원래는 창(戈)을 들고 지키는 일정한(一) 장소(口)라는 뜻으로 구성된 글자였습니다. 여기에 '土'를 더해 '땅'이라는 의미를 다시 강조하여 '지역, 지경'이라는 뜻이 되었어요.

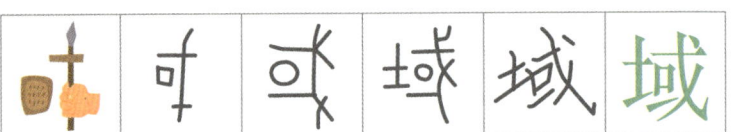

領域(거느릴 **영**, 지역 **역**) 어떤 효과나 권리 등이 미치는 일정한 범위, 한 나라의 주권이 미치는 범위(영토, 영해, 영공으로 구성)

地域(땅 **지**, 지경 **역**) 일정한 땅의 구역

부수 土 필순 총 11획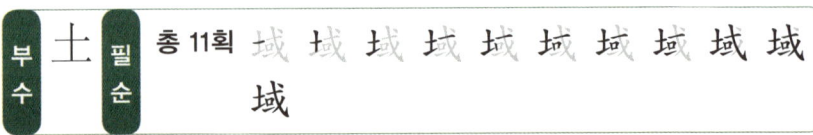

然 연 [rán] so (7급)

① 그러하다

개(犬) 고기(月←肉)를 불(灬←火)에 굽는다는 의미로 만든 글자예요. '燃'(탈 연)의 원래 글자인데 나중에 '그러하다'라는 뜻으로 쓰이게 되었습니다.

自然(스스로 **자**, 그러할 **연**) 스스로 그러한 것, 즉 사람의 힘이 가해지지 않았는데도 저절로 이루어진 모든 존재나 상태
必然(반드시 **필**, 그러할 **연**) 반드시 그러하게

부수	필순	
火	총 12획	

燃 연 [rán] burn (4급)

① (불에) 타다

원래는 '然'이 '타다'라는 뜻으로 쓰이는 글자였는데 이것이 '그러하다'라는 뜻으로 더 많이 쓰이게 되면서, '火'를 붙인 '燃'을 새로 만들어 '타다'라는 뜻을 나타내게 되었어요.

燃料(탈 **연**, 헤아릴 **료**) 열을 얻기 위해 태우는 석탄, 석유, 나무 등을 통틀어 이르는 말
可燃性(옳을 **가**, 탈 **연**, 성품 **성**) 불에 잘 타는 성질

부수	필순	
火	총 16획	

煙 연 [yān] smoke (4급)

① 연기

원래는 집 안에 화덕(堙)으로 불을 피우는 것을 나타내 '연기'라는 뜻으로 썼습니다. 나중에 '火'를 덧붙여 그 뜻을 강조했어요.

禁煙(금할 **금**, 연기 **연**) 담배를 끊음 또는 담배를 못 피우게 함
煙氣(연기 **연**, 기운 **기**) 무엇이 불에 탈 때에 생겨나는 흐릿한 기체나 기운

부수 火 | 필순 | 총 13획

演 연 [yǎn] evolve (4급)

① 펴다

원래는 길게 흐르는 강물(氵)과 긴 화살의 모양을 합쳐 '펴다', '멀리 흐르다'라는 뜻을 나타냈습니다. 나중에 화살 모양이 '寅'으로 바뀌고, 글자의 소리를 나타냈어요.

公演(공변될 **공**, 펼 **연**) 여러 사람 앞에서 연극, 음악, 무용 따위를 공개함
演技(펼 **연**, 재주 **기**) 배우가 배역의 인물, 성격, 행동 따위를 표현하는 일

부수 水 | 필순 | 총 14획

研 연 [yán] grind (4급)

① 갈다 ② 연구하다

울퉁불퉁한 돌(石)을 평평하게(幵) 만드는 것이므로 '갈다'라는 뜻입니다. 여기서 '연구하다, 연마하다'라는 뜻이 갈라져 나왔어요.

研究(갈 **연**, 궁구할 **구**) 깊이 조사하여 밝힘
研修(연구할 **연**, 닦을 **수**) 학문 등을 연구하고 닦음

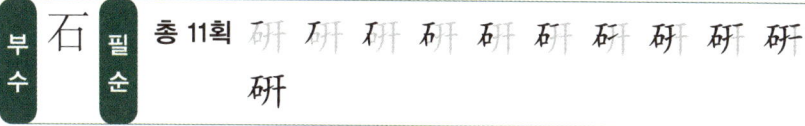

延 연 [yán] extend (4급)

① 끌다, 늘이다

원래는 발(止)과 가다(彳)로 이루어진 글자였어요. 나중에 '彳'이 '廴'으로 변하고, 질질 끈다는 뜻을 나타내기 위해 '止' 위에 'ノ'을 더해 '끌다'라는 뜻으로 썼어요. 즉 '延'은 발(止)을 질질 끌면서(ノ) 간다(廴)는 뜻이에요.

延期(끌 **연**, 기약할 **기**) 정한 때를 뒤로 물림
延長(늘일 **연**, 길 **장**) 시간이나 길이를 늘려 길게 함

緣 연 [yuán] relations (4급)

① 인연

실(糸)처럼 빙글빙글(彖) 얽히는 것을 가리킵니다. 즉 '인연'을 뜻해요.

因緣(인할 인, 인연 연) 원래는 불교 용어로, 어떤 결과를 만드는 직접적 원인(因)과 그를 둘러싼 간접적 힘(緣)을 뜻함. 사람들 사이에 맺어지는 관계

事緣(일 사, 인연 연) 일의 앞뒤 사정과 까닭

부수 糸 필순 총 15획

鉛 연 [qiān] lead(metal) (4급)

① 납

금속을 뜻하는 '金'과 소리를 나타내는 '㕣'(연)을 합쳐 만든 글자입니다. 또한 구멍을 뚫기(㕣) 쉬운 쇠붙이라는 뜻으로 풀이되기도 해요.

亞鉛(버금 아, 납 연) 푸른 빛깔을 띤 은백색의 금속

鉛筆(납 연, 붓 필) 흑연과 나무로 만든 필기 도구

부수 金 필순 총 13획

熱 열 [rè] heat (5급)

① 덥다

불(灬)을 쥐고 있는(埶) 것이므로, '덥다'라는 뜻이에요.

熱帶(더울 **열**, 지대 **대**) 평균 기온 섭씨 20도 이상인 매우 더운 지역
熱心(더울 **열**, 마음 **심**) 온 정성을 다함

부수	火	필순	총 15획	

얽히고설킨 한자

'이열치열'은 무슨 뜻일까요?

'以熱治熱'(써 **이**, 더울 **열**, 다스릴 **치**, 더울 **열**)은 '열을 열로 다스린다'는 뜻입니다. 더울 때 일부러 뜨거운 음식을 먹어 땀을 내는 방법으로, 더위를 쫓는 법을 이르는 말입니다. 한여름에 더운 물로 목욕을 하면 처음에는 좀 힘들지만, 목욕이 끝난 뒤에는 훨씬 시원해지는 것과 같은 이치랍니다.

葉 엽 [yè] leaf (5급)

① 잎

나뭇가지에 매달린 나뭇잎의 모습을 본떠 만든 글자예요.

落葉(떨어질 **낙**, 잎 **엽**) 떨어지는 나뭇잎

葉書(잎 **엽**, 쓸 **서**) 잎사귀에 쓴 글이라는 뜻으로, '편지'를 일컫는 말

| 부수 | 艹 | 필순 | 총 13획 |

英 영 [yīng] brave (6급)

① 꽃부리, 뛰어나다

원래는 풀(艹)의 한가운데 봉긋 솟은 것(央)입니다. 그것은 '꽃부리'이지요. 여기서 '뛰어나다'라는 뜻도 생겼습니다.

英雄(뛰어날 **영**, 수컷 **웅**) 지혜와 재능이 뛰어나고 용맹하여 보통 사람이 하기 어려운 일을 해내는 사람

英才(뛰어날 **영**, 재주 **재**) 뛰어난 재주를 가진 사람

永 영 [yǒng] forever (6급)

① 길다

지류(氵)가 흘러드는 긴 강(水)의 모습을 본떠 만든 글자예요. '길다'라는 뜻이에요.

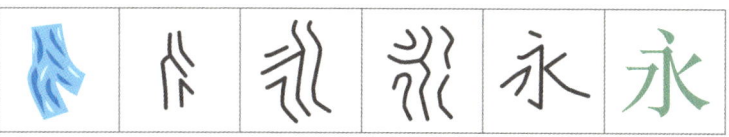

永久(길 **영**, 오랠 **구**) 끝이 없을 정도로 매우 긴 시간
永遠(길 **영**, 멀 **원**) 끝이 없을 정도로 긺

부수 水 필순 총 5획

映 영 [yìng] reflect (4급)

① 비추다

해(日)가 봉긋 솟아오른(央) 것으로, '비추다'라는 뜻을 나타냅니다.

放映(놓을 **방**, 비출 **영**) 텔레비전으로 방송하는 일
映畵(비출 **영**, 그림 **화**) 연속 촬영한 필름을 영사기를 이용해 영사막에 그림을 비추어 보는 것

부수 日 필순 총 9획

榮 영 [róng] glory (4급)

① 영화, 영광, 번영

엇갈려 세워 놓은 나무 막대(木) 위에서 활활 타는 불꽃(火+火)의 모습을 본떠 만든 글자입니다. '영화, 번영하다'라는 뜻을 나타내요.

榮光(영화 영, 빛 광) 경쟁에서 이기거나 남이 하지 못한 일을 해냈을 때의 빛나는 영예
虛榮(빌 허, 영화 영) 실속이 없는 필요 이상의 영예 또는 겉치레

부수 木 필순 총 14획

營 영 [yíng] operate (4급)

① 경영하다 ② 진영

궁궐(宮)처럼 큰 집 안에 불을 밝히는(火火) 것으로 '진영'을 나타내는 글자입니다. 나중에 '경영하다'라는 뜻이 갈라져 나왔어요.

經營(다스릴 **경**, 경영할 **영**) 기업이나 사업을 관리하고 운영함
陣營(진 칠 **진**, 진영 **영**) 군대가 집결한 곳

迎 영 [yíng] welcome (4급)

① 맞이하다

손님을 맞이하러(卬←卬) 간다(辶)는 것이므로 '맞이하다'라는 뜻을 나타내요.

迎接(맞이할 **영**, 사귈 **접**) 손님을 맞이하여 대접함
歡迎(기뻐할 **환**, 맞이할 **영**) 기쁜 마음으로 반갑게 맞음

藝 예 [yì] art (4급)

① 재주

사람이 두 손으로 나무를 잡고 흙에 심는 모습을 본떠 만든 글자예요. 그러므로 처음에는 '심다'라는 뜻을 나타냈어요. 그런데 나중에 나무를 심고 가꾸는 기술이라는 뜻이 더해져 '재주'라는 뜻으로 더 널리 쓰이게 되었습니다.

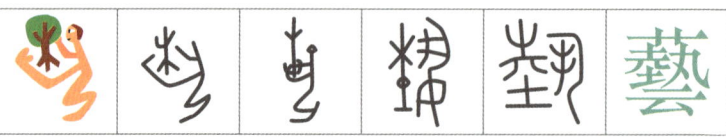

工藝(장인 **공**, 재주 **예**) 물건을 만드는 재주와 기술
藝術(재주 **예**, 재주 **술**) 감상의 대상이 되는 아름다움을 표현하는 활동과 그 작품. 음악, 미술, 문학 등

부수 艸 | 필순 | 총 19획

豫 예 [yù] beforehand (4급)

① 미리

원래는 코끼리를 뜻하는 '象'과 소리를 나타내는 '予'(예←여)를 합해 '큰 코끼리'라는 뜻으로 썼어요. 나중에 '미리'라는 뜻으로 더 널리 쓰이게 되었습니다.

豫備(미리 **예**, 갖출 **비**) 미리 갖춤
豫想(미리 **예**, 생각 **상**) 미리 상상함

부수 豕 | 필순 | 총 16획

五 오 [wǔ] five (8급)

① 다섯

원시 사회에서 1~4까지는 선을 하나씩 더하여 표시하고, 다섯은 선이 너무 많아서 'X'로 표시했어요. 그러다가 갑골문에 이르러 'X'으로 바뀌었어요. 나중에 지금의 모양이 되었습니다.

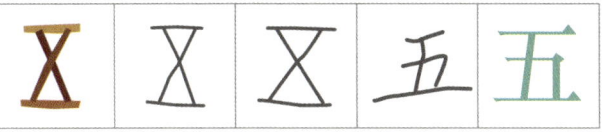

五感(다섯 오, 느낄 감) 다섯 가지 감각(시각, 청각, 미각, 후각, 촉각)을 이르는 말
五福(다섯 오, 복 복) 다섯 가지의 복(수, 부, 강녕, 유호덕, 고종명)을 이르는 말

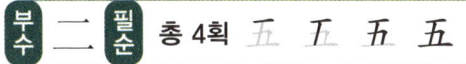

얽히고설킨 한자

'오리무중'은 무슨 뜻일까요?

'오리무중'은 오리가 무중력 상태에 있는 것을 말할까요? 물론 그렇지 않아요.
"그가 왜 그런 행동을 하는지, 나로서는 도대체 오리무중이다."라고 말할 때 오리무중은
'五里霧中'(다섯 오, 거리 리, 안개 무, 가운데 중)이라고 씁니다.
즉 5리나 되는 넓은 지역에 안개가 끼어 있는데, 그 한가운데 있는 것 같다는 뜻이지요.
따라서 어떤 일이나 상황에 대해 전혀 알 길이 없다는 뜻을 나타낸답니다.

午 오 [wǔ] noon (7급)

① 낮

원래는 절구공이를 본떠 만든 글자인데, '낮'이라는 뜻으로 쓰이게 되었어요.

正午(바로 정, 낮 오) 정확히 한낮이라는 뜻으로 낮 12시를 가리킴
午前(낮 오, 앞 전) 낮 이전이라는 뜻으로, 해가 뜰 때부터 낮 12시까지

부수 十 필순 총 4획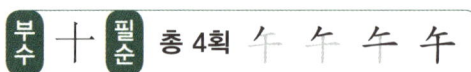

誤 오 [wù] mistake (4급)

① 그르치다

과장된 말을 뜻하는 '吳'와 말과 관련되었음을 강조한 '言'을 더해 '그르치다, 잘못하다'라는 뜻을 나타내요.

誤用(그르칠 오, 쓸 용) 잘못 사용함
誤答(그르칠 오, 대답할 답) 잘못된 대답을 함

 총 14획 誤誤誤誤誤誤誤誤誤誤 誤誤誤誤

시험에서 틀린 문제는 誤答(오답) 공책에 따로 정리해야 다음에 바르게 풀 수 있어.

屋 옥 [wū] house (5급)

① 집

사람이 돌아가서 이르는(至) 곳(尸)이므로 '집'을 뜻해요.

家屋(집 가, 집 옥) 사람들이 살기 위해 지은 집
韓屋(나라 이름 한, 집 옥) 우리 겨레의 전통 방식으로 지은 집

부수 尸 필순 총 9획

玉 옥 [yù] jade (4급)

① 옥

옥구슬을 실에 꿰어 놓은 모양을 본떠 만든 글자입니다. '옥'이라는 뜻이었는데 나중에는 점(·)을 더해 '王'(임금 왕)과 구별했어요.

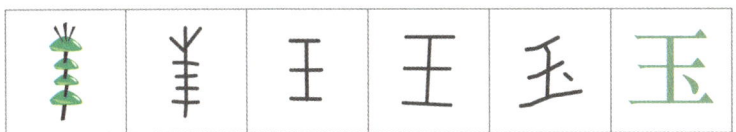

玉石(옥 옥, 돌 석) 옥과 돌. 좋은 것과 나쁜 것 또는 옳은 것과 그른 것을 가리키는 말
珠玉(구슬 주, 옥 옥) 구슬과 옥 예 주옥같은 글

부수 玉 필순 총 5획

溫 온 [wēn] warm (6급)

① 따뜻하다

죄수(囚)에게 물(氵)과 먹을 것(皿)을 주는 것이므로 '따뜻하다'라는 뜻이에요.

氣溫(기운 **기**, 따뜻할 **온**) 공기의 따뜻한 정도
溫暖(따뜻할 **온**, 따뜻할 **난**) 따뜻함

| 부수 | 水 | 필순 | 총 13획 | 溫 溫 溫 溫 溫 溫 溫 溫 溫 溫 溫 溫 溫 |

完 완 [wán] finish (5급)

① 완전하다

집(宀) 안에 우두머리(元)가 있는 것으로 '완전하다'라는 뜻을 나타냅니다.

完結(완전할 **완**, 맺을 **결**) 한 가지 일을 완전하게 끝을 맺음
完本(완전할 **완**, 밑 **본**) 전 권이 다 갖추어 있는 서책

| 부수 | 宀 | 필순 | 총 7획 | 完 完 完 完 完 完 完 |

이야기가 어떻게 完結(완결)될지 궁금해.

王 왕 [wáng] king (8급)

① 임금 ② 크다

권력을 상징하는 큰 도끼의 날 모양을 본떠 '임금'이라는 뜻을 나타냈어요.

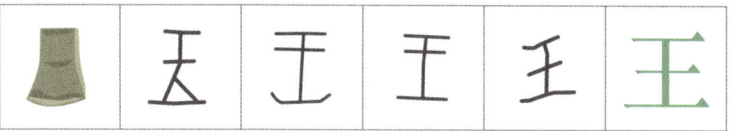

王朝(임금 **왕**, 조대 **조**) 같은 왕가가 다스리는 시대
王父母(큰 **왕**, 아비 **부**, 어미 **모**) 할아버지와 할머니

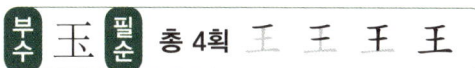

내가 王朝(왕조) 시대에 태어났다면 훌륭한 임금이 됐을 텐데 말이야.

往 왕 [wǎng] go (4급)

① 가다

원래는 발 모양을 본뜬 '止'와 글자의 소리를 나타내는 '王'(왕)을 합쳐 만든 글자였어요. 나중에 '彳'와 '丶'을 더해 지금의 모양이 되었습니다.

往復(갈 왕, 돌아올 복) 갔다가 돌아옴
往來(갈 왕, 올 래) 가고 오고 하는 것

부수 彳 필순 총 8획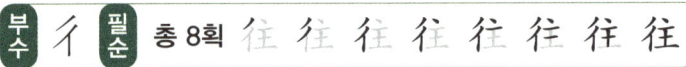

얽히고설킨 한자

'이왕'과 '기왕'은 무슨 뜻일까요?

"이왕에 갈 거면 빨리 가라."라고 말하는 경우가 있습니다. 이때의 '이왕'에는 '기왕'에로 바꿔 쓸 수도 있지요. 이들은 모두 '이미 정해진 일이니'라는 뜻으로 쓰입니다.

한자로 쓰면 '已往'(이미 이, 갈 왕), '旣往'(이미 기, 갈 왕)입니다. 말 그대로 하면 '이미 지나갔으니'이지만, 그 의미를 넓혀 '이미 정해졌으니'로 쓰는 거예요.

外 외 [wài] outside (8급)

① 밖, 바깥   ② 외가, 어머니의 친정

고대에는 주로 낮에 점을 쳤는데, 밤(夕)에 점을 치는(卜) 것은 예외적이라 '바깥'을 뜻하게 되었어요.

外食(밖 **외**, 먹을 **식**) 집에서 해 먹지 않고 밖에서 사 먹는 일
外三寸(외가 **외**, 석 **삼**, 마디 **촌**) 어머니의 남자 형제

부수 夕 필순 총 5획

要 요 [yào] important (5급)

① 요긴하다, 중요하다   ② 구하다

두 손을 허리에 얹은 모양을 본떠 만든 글자입니다. 허리는 몸에서 가장 '중요한 부분'이라는 생각에서 '요긴하다, 중요하다'라는 뜻이 갈라져 나왔어요.

重要(귀중할 **중**, 요긴할 **요**) 귀중하고 소중함
要求(구할 **요**, 구할 **구**) 받아야 할 것을 달라고 청함

부수 襾 필순 총 9획

얽히고설킨 한자

'요컨대'는 무슨 뜻일까요?

요컨대는 한자와 순우리말로 이루어진 말로 '要컨대'입니다. 이때의 '要'는 '요긴하다, 중요하다'란 뜻으로, '중요한 점을 말하자면', '여러 말 할 것 없이'라는 뜻이에요.

曜 요 [yào] dazzle (5급)

① 빛나다

태양(日)과 화려한 깃털을 가진 꿩(翟)을 합쳐 '빛나다'라는 뜻을 나타냅니다. 여기서 '翟'은 화려한 깃(羽)을 가진 새(隹)라는 뜻으로 만든 글자예요.

曜日(빛날 **요**, 날 **일**) 일주일의 각 날을 이르는 말
七曜日(일곱 **칠**, 빛날 **요**, 날 **일**) 월요일, 화요일, 수요일, 목요일, 금요일, 토요일, 일요일을 통틀어 이르는 말

| 부수 | 日 | 필순 | 총 18획 | 曜 曜 曜 曜 曜 曜 曜 曜 曜 曜 曜 曜 曜 曜 曜 曜 曜 曜 |

얽히고설킨 한자

'요일'='빛나는 날'이라는 말일까요?

원래 우리나라는 한 달을 '요일'이 아니라 '순'(旬)으로 나누었습니다. 한 달 중 1~10일은 상순(上旬), 11~20일은 중순(中旬), 21~30일은 하순(下旬)이라고 했어요.

7일을 하나의 단위로 하여 날을 구분하는 것은 로마에서부터 시작되었습니다. 로마인은 하늘의 별이 각각의 날을 관장한다고 믿었고, 그래서 로마 신의 이름을 따서 태양(Sun), 달(Moon), 화성(Mars), 수성(Mercury), 목성(Jupitor), 금성(Venus), 토성(Saturn)이라고 하였답니다. 우리가 이를 '曜日' 즉 '빛나는 날'이라고 번역한 것도, 반짝이는 별이 각각의 날을 관장한다는 로마인의 생각을 따라서 쓴 거예요.

謠 요 [yáo] popular ballad (4급)

① 노래

노래하다(䍃)라는 글자에 말(言)을 더해 '노래'를 강조했습니다.

農謠(농사 농, 노래 요) 주로 농사일을 할 때 농부들이 부르는 노래
童謠(아이 동, 노래 요) 어린이들의 생활이나 감정을 나타낸 어린이 노래

浴 욕 [yù] bath (5급)

① 씻다, 목욕하다

원래는 사람이 커다란 대야 속에 들어가 씻는 모습을 본떠 만든 글자예요. 나중에 움폭한 곳(谷)에 물(氵)을 붓고 목욕을 한다는 뜻으로, 지금과 같은 글자가 된 것입니다.

沐浴(머리 감을 목, 씻을 욕) 온몸을 물에 씻는 일
海水浴(바다 해, 물 수, 씻을 욕) 바닷물에 들어가 헤엄치고 노는 일

用 용 [yòng] use (6급)

① 쓰다

원래는 종 모양을 본떠 만든 글자였어요. 그런데 '종'은 '甬'자로 더 자주 쓰게 되어서 '用'은 '사용하다'라는 뜻으로 쓰게 되었습니다.

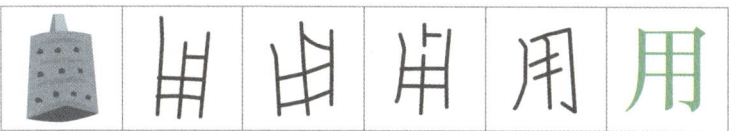

用法(쓸 **용**, 법 **법**) 쓰는 법
利用(이로울 **이**, 쓸 **용**) 필요에 따라 이롭게 씀

勇 용 [yǒng] brave (6급)

① 날래다, 용감하다

원래는 무거운 종(甬)의 모양을 본떠 만든 글자입니다. 나중에 '力'을 더해 무거운 종(甬←甬)을 위로 높이 들어 올리는 힘(力)을 표현해, '날래고 씩씩하다'라는 뜻을 나타냅니다.

勇氣(날랠 **용**, 기운 **기**) 상대를 겁내지 않는 기개
勇猛(날랠 **용**, 사나울 **맹**) 씩씩하고 사나움

容 용 [róng] appearance (4급)

① 담다 ② 얼굴

구멍(穴) 같은 곳에 물건(口)을 넣어 둔 모습을 본떠 만든 글자로 '담다'라는 뜻을 나타냅니다. 물건이 담겨 있는 모습에서 '얼굴, 모습'이라는 뜻도 갈라져 나왔어요.

容量(담을 **용**, 양 **량**) 물건을 담는 그릇에 담을 수 있는 양
美容(아름다울 **미**, 얼굴 **용**) 얼굴이나 머리를 아름답게 매만짐

부수 宀 필순 총 10획

右 우 [yòu] right (7급)

① 오른쪽

원래는 손가락이 향하는 방향을 구분해 왼손(ナ)과 다른 오른손(ヌ)을 나타냈어요. 나중에 밥을 먹는 손이라는 뜻으로 '口'를 더했고, '오른손'뿐 아니라 '오른쪽'이라는 방향도 나타내게 되었어요.

右側(오른쪽 **우**, 곁 **측**) 오른쪽
左顧右眄(왼쪽 **좌**, 돌아볼 **고**, 오른쪽 **우**, 곁눈질할 **면**) 왼쪽을 돌아보고 오른쪽을 곁눈질한다는 뜻으로, 무슨 일을 얼른 결정하지 못하고 우물쭈물함을 비유하는 말

부수 口 필순 총 5획

> 얽히고설킨 한자

'우왕좌왕'과 '좌충우돌'의 뜻은 무엇일까요?

우왕좌왕은 '右往左往'(오른쪽 우, 갈 왕, 왼쪽 좌, 갈 왕), 즉 오른쪽으로 갔다 왼쪽으로 갔다 한다는 뜻으로 '어찌할 바를 모름'을 나타내는 말입니다. 예를 들어, "길을 잃은 철수는 어디로 가야 할지 모르고 우왕좌왕했다."라고 말할 수 있어요.

좌충우돌은 '左衝右突'(왼쪽 좌, 부딪힐 충, 오른쪽 우, 부딪힐 돌), 즉 왼쪽으로 부딪혔다 오른쪽으로 부딪혔다 한다는 뜻으로 '이리저리 닥치는 대로 부딪힌다'는 뜻이에요. 예를 들면, "그는 좌충우돌하면서 숲을 빠져나왔다."라고 말할 수 있어요.

雨 우 [yǔ] rain (5급)

① 비

하늘에서 물방울이 뚝뚝 떨어지는 모양을 본떠 만든 글자예요.

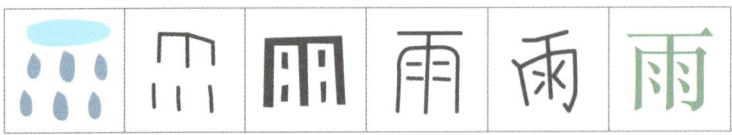

降雨(내릴 강, 비 우) 비가 내림
暴雨(사나울 폭, 오른 우) 갑자기 세차게 쏟아지는 비

'우산 산' 자는 어떻게 쓸까?

友 우 [yǒu] friend (5급)

① 벗, 친구

하나의 손(ナ)과 또 하나의 손(又)을 더해, 손을 맞잡은 모습으로 '친구'라는 뜻을 나타내요.

文房四友(글 문, 방 방, 넉 사, 벗 우) 서재에 꼭 있어야 할 네 벗. 종이, 붓, 벼루, 먹을 일컫는 말

友情(친구 우, 뜻 정) 친구끼리의 정

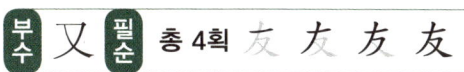

牛 우 [niú] cow (5급)

① 소

소의 뿔을 본떠 만든 글자예요.

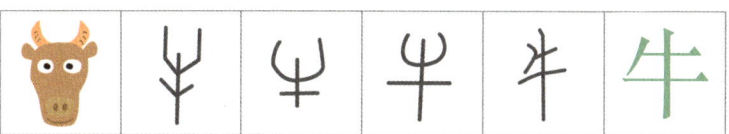

牧牛(칠 목, 소 우) 소를 먹여 기름
韓牛(나라이름 한, 소 우) 우리나라의 재래종 소

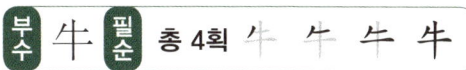

얽히고설킨 한자

견우와 직녀

은하수를 사이에 두고 떨어져 있다가 해마다 7월 7일에만 만날 수 있다는 견우와 직녀의 이야기는 잘 알고 있지요? 그런데 모든 사람의 이름에 다 뜻이 있는 것처럼, 이들 견우와 직녀라는 이름에도 뜻이 있답니다. 견우는 '牽'(끌 견)에 '牛'(소 우), 즉 소를 끄는 사람이라는 뜻이고, 직녀는 '織'(짤 직)에 '女'(계집 녀), 즉 베를 짜는 여자라는 뜻이에요. 견우와 직녀 이야기는 곧 소를 치는 목동과 베를 짜는 소녀의 이야기라고 할 수 있겠죠.

遇 우 [yù] meet (4급)

① 만나다

옛날 중국에서는 길을 가다(辶) 원숭이(禺)를 자주 만났기 때문에 두 글자를 합쳐 '만나다'라는 뜻으로 썼습니다.

待遇(기다릴 대, 만날 우) 상대방을 예의를 갖춰 대접하는 일
禮遇(예도 예, 만날 우) 예로써 정중히 맞음

優 우 [yōu] actor/excellent (4급)

① 광대 ② 뛰어나다

가면을 쓰고 춤을 추는(憂) 사람(亻), 즉 '광대'입니다. 그리고 광대가 추는 춤이 아주 훌륭한 데서 '뛰어나다'라는 뜻이 갈라져 나왔어요.

俳優(광대 **배**, 광대 **우**) 원래는 광대. 오늘날에는 주로 영화나 연극에서 분장을 하고 연기를 하는 사람을 가리킴

優秀(뛰어날 **우**, 빼어날 **수**) 능력이나 성적 등이 아주 뛰어나고 빼어남

부수 人 필순 총 17획 優優優優優優優優優優優優優優優優優

郵 우 [yóu] post (4급)

① 우편

옛날 굽이굽이 산을 넘어 땅 끝(垂) 저 멀리까지 고을마다(阝←邑) 문서 전달을 위해 설치해 두었던 숙소, 즉 '역참'을 가리킵니다. 오늘날에는 '우편'의 의미로 쓰여요.

郵便(우편 **우**, 편할 **편**) 우체국에서 편지나 기타 물품을 국내외로 보내는 일, 또는 그런 우편물

郵票(우편 **우**, 표 **표**) 우편물에 우편 요금을 냈다는 표시로 붙이는 표

부수 邑 필순 총 11획 郵郵郵郵郵郵郵郵郵郵郵

運 운 [yùn] move (6급)

① 움직이다

군대(軍)가 이동한다(辶)는 것에서 '움직이다, 옮기다'라는 뜻이 나왔어요.

運動(움직일 운, 움직일 동) 몸을 단련하기 위해 움직이는 일

運轉(움직일 운, 구를 전) 기계나 자동차가 움직이도록 부림

雲 운 [yún] cloud (5급)

① 구름

구름 모양을 본뜬 '云'에 비를 뜻하는 '雨'를 더해 '구름'을 나타냈어요.

星雲(별 성, 구름 운) 구름 모양으로 보이는 별들의 집단

雲集(구름 운, 모일 집) 구름처럼 많이 모임

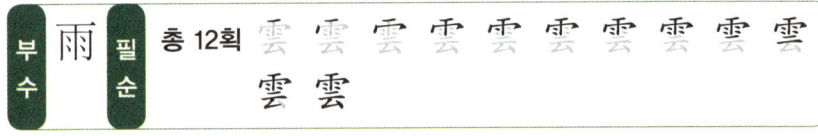

雄 웅 [xióng] male (5급)

① 수컷 ② 씩씩하다

근육이 툭 튀어나온 팔뚝(厷)과 새(隹)를 합쳐, 새 중에서도 '수컷'을 뜻해요.

雌雄(암컷 **자**, 수컷 **웅**) 암컷과 수컷
雄辯(씩씩할 **웅**, 말 잘할 **변**) 힘차고 거침없는 연설

遠 원 [yuǎn] far (6급)

① 멀다

멀리(袁) 간다(辶)는 것이므로 '멀다'를 나타내요.

永遠(길 **영**, 멀 **원**) 오래 계속되어 끝이 없는 것
遠近法(멀 **원**, 가까울 **근**, 법 **법**) 미술에서 멀고 가까운 것을 입체감 있게 나타내는 기법

얽히고설킨 한자

'망원경'은 무슨 뜻일까요?

'望遠鏡'(망원경)은 유리(鏡)를 사용하여 멀리(遠) 바라보도록(望) 만든 것이라는 뜻이에요. 1608년 네덜란드의 안경 상인이 최초의 망원경을 만들고, 1610년 갈릴레오가 직접 만든 망원경으로 목성의 위성을 관찰했대요. 그러면 망원경의 역사가 벌써 400년이나 된 셈이네요.

園 원 [yuán] garden (6급)

① 동산

담으로 둘러싸인(口) 큰(袁) 장소인데, '동산'을 나타내요.

公園(두루 공, 동산 원) 휴양이나 놀이를 위해 공공단체가 마련한 정원
庭園(뜰 정, 동산 원) 집 안에 있는 뜰이나 꽃밭

元 원 [yuán] primary (5급)

① 으뜸, 처음 ② 우두머리

사람(儿)의 머리를 강조해 만든 글자로, '으뜸, 우두머리'라는 뜻을 나타내요.

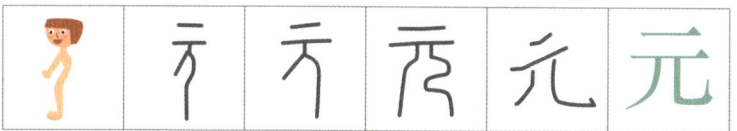

元祖(으뜸 원, 조상 조) 어떠한 사물이나 일을 처음으로 시작한 사람. 시조(始祖)
元首(우두머리 원, 머리 수) 국가에서 제일 높은 통치권을 가진 사람. 대통령, 수상 등

부수 儿 필순 총 4획

얽히고설킨 한자

'원래'는 '元來' 또는 '原來'라고 써요.

'원래'는 '元(으뜸 원)+來(올 래)' 또는 '原(근원 원)+來(올 래)'를 써서, '처음부터, 이전부터'를 뜻하는 말이에요.

院 원 [yuàn] courtyard (5급)

① 담

언덕(阝)처럼 집 둘레를 에워싼 담(完=垣)을 뜻해요.

法院(법 **법**, 담 **원**) 소송을 법적으로 처리하여 판결하는 기관
病院(병 **병**, 담 **원**) 병든 사람을 진찰하고 치료하는 곳

부수 阜 필순 총 10획

原 원 [yuán] field (5급)

① 언덕 ② 근원

기슭(厂)에서 솟는 샘(泉←泉)을 본떠, 샘물의 '근원' 또는 샘물이 솟아나는 '언덕'을 나타내요.

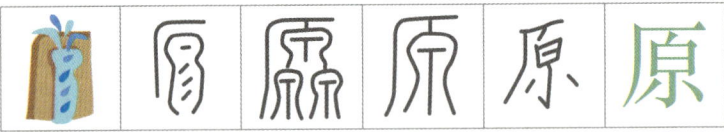

高原(높을 **고**, 언덕 **원**) 높은 곳에 있는 평평한 들판
原理(근원 **원**, 이치 **리**) 사물의 근본이 되는 이치

부수 厂 필순 총 10획

願 원 [yuàn] hope (5급)

① 바라다

샘(原)에서 물이 솟듯 머리(頁)에서 떠나지 않고 계속 생각나는 것을 가리켜요.

所願(바 소, 바랄 원) 바라는 바
請願(청할 청, 바랄 원) 바라는 것을 들어주기를 청함

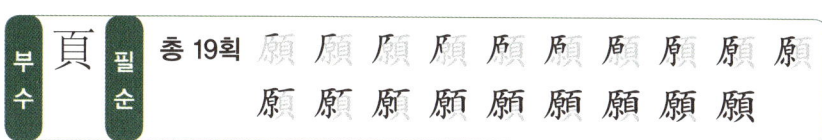

부수 頁 | 필순 | 총 19획

源 원 [yuán] source (4급)

① 근원

'原'이 '들판, 언덕'이라는 뜻으로 쓰이자, '근원'이라는 뜻을 더욱 분명히 나타내기 위해 '氵'를 덧붙여 만든 글자예요.

根源(뿌리 근, 근원 원) 물줄기의 근본, 사물이 생기게 된 바탕
資源(재물 자, 근원 원) 재물 생산의 바탕이 되는 것으로, 광물, 임산물, 수산물, 농산물 등을 이름

부수 水 | 필순 | 총 13획

 원 [yuán] member (4급)

① 인원

원래는 세발솥(鼎)의 둥근 윗부분을 표시하여 '둥글다'를 나타냈어요. 나중에 사람의 수를 나타내는 '인원'이라는 뜻으로 쓰게 되었어요.

委員(맡길 **위**, 인원 **원**) 단체의 특정한 일을 처리하도록 위임받은 사람
人員(사람 **인**, 인원 **원**) 단체를 이루고 있는 사람, 또는 그 수효

세발솥

圓 원 [yuán] circle (4급)

① 둥글다

'員'이 '둥글다'는 뜻보다 '인원'이라는 뜻으로 자주 쓰이게 되자, '口'를 더해 세발솥의 둥근 아가리 부분을 강조하여 '둥글다'라는 뜻을 나타냈어요.

同心圓(같을 **동**, 중심 **심**, 둥글 **원**) 하나의 중심으로 된 여러 개의 원

圓卓(둥글 **원**, 높을 **탁**) 둥근 모양의 탁자

| 부수 | 口 | 필순 | 총 13획 |

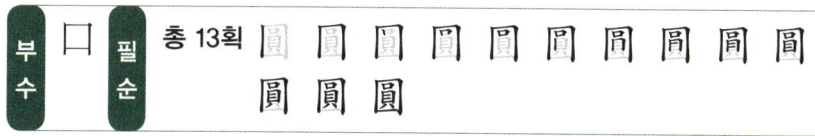

怨 원 [yuàn] blame (4급)

① 원망하다

마음(心)을 둥글게 말아(夗) 놓은 상태, 즉 마음을 닫고 남을 '원망한다'라는 뜻이에요.

怨望(원망할 **원**, 바랄 **망**) 분하게 여기고 미워함

怨恨(원망할 **원**, 한할 **한**) 원통하고 한스러움

| 부수 | 心 | 필순 | 총 9획 |

援 원 [yuán] help (4급)

① 돕다

손(扌)으로 당긴다(爰)는 것으로, '돕다, 당기다'라는 뜻이에요.

援助(도울 원, 도울 조) 도와줌
支援(버틸 지, 도울 원) 지지하여 도와줌

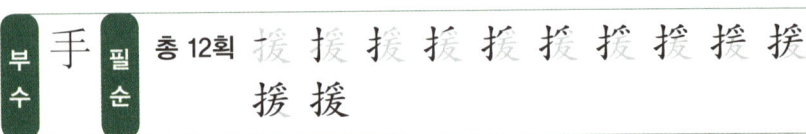

月 월 [yuè] moon (8급)

① 달

초생달, 또는 반달의 모양을 본떠 만든 글자예요.

滿月(찰 만, 달 월) 보름달
月給(달 월, 줄 급) 일한 대가로 다달이 받는 돈

偉 위 [wěi] great (5급)

① 훌륭하다

왔다 갔다(韋) 하며 지키는 사람(人)이므로, '훌륭하다, 위대하다'라는 뜻을 나타내게 되었어요.

偉大(훌륭할 위, 클 대) 능력이나 업적이 크고 훌륭함
偉人(훌륭할 위, 사람 인) 보통 사람보다 훌륭한 사람

位 위 [wèi] position (5급)

① 자리

사람(人)이 자리에 서 있는(立) 모습을 본떠 '자리'를 나타내요.

順位(따를 순, 자리 위) 순서대로의 위치
優位(뛰어날 우, 자리 위) 남보다 유리한 위치

圍 위 [wéi] surround (4급)

① 에워싸다, 둘레

에워싸고(韋) 있는 것(口)이므로 '에워싸다, 둘레'라는 뜻이에요.

周圍(두루 주, 에워쌀 위) 어떤 곳을 둘러싸고 있는 바깥 부분
包圍(쌀 포, 에워쌀 위) 도망치지 못하도록 에워쌈

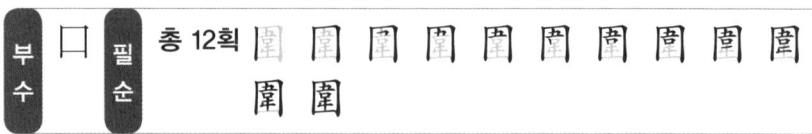

衛 위 [wèi] guard (4급)

① 지키다

어떤 곳(口)을 지키며 왔다 갔다('彳'는 왼쪽을 향한 발, '亍'는 오른쪽을 향한 발) 하며 돌아다닌다(行)는 것으로, '지킨다'는 뜻이에요.

防衛(막을 방, 지킬 위) 적의 공격을 막음
衛生(지킬 위, 날 생) 건강에 유익하도록 조건을 갖추거나 대책을 세우는 일

爲 위 [wéi] do (4급)

① 하다

손(爪)으로 코끼리(爲←象)를 잡고 길들이는 모습을 본떠, 어떤 일을 '하다'라는 뜻을 나타내요.

行爲(행할 행, 할 위) 사람이 자신의 의지를 가지고 하는 일
爲政者(할 위, 정사 정, 사람 자) 정치를 하는 사람

부수 爪 필순 총 12획

危 위 [wēi] danger (4급)

① 위태하다

언덕(厂) 아래 무릎을 꿇고 앉은 사람(㔾)이 위험하게 언덕 위에 서있는 사람(⺈)을 조마조마한 마음으로 지켜보는 모습을 나타낸 글자입니다. 즉 '위태롭다'는 뜻이에요.

危急(위태할 위, 급할 급) 위태롭고 급함
危險(위태할 위, 험할 험) 안전하지 못하여 해로움이나 위기가 있을 만큼 험난함

부수 㔾 필순 총 6획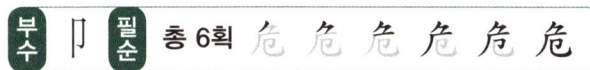

威

① 위엄

여자(女)와 권력의 상징인 큰 도끼(戌)가 합쳐진 글자로, 옛날 모계 사회에서 권력을 가진 씨족 여인의 '위엄'을 나타냈어요.

權威(권세 **권**, 위엄 **위**) 어떤 분야에서 사회적으로 인정을 받고 영향력을 끼칠 수 있는 위엄

威嚴(위엄 **위**, 엄할 **엄**) 태도나 기운이 위풍당당하고 엄숙함

부수 女 필순 총 9획 威 威 威 威 威 威 威 威 威

이렇게 차려입으니까 威嚴(위엄) 있어 보이니?

넌 아무리 멋진 옷을 입어도 꼬마로만 보여.

委 위 [wěi] commit (4급)

① 맡기다

볏단(禾)을 안고 있는 여인(女)을 나타낸 글자로, '맡기다'라는 뜻입니다. 먼 옛날 사냥 같은 위험한 일은 주로 남자가 했고, 농사는 주로 여성의 몫이었기 때문이에요.

委任(맡길 **위**, 맡길 **임**) 어떤 일을 하도록 책임을 맡김
委託(맡길 **위**, 부탁할 **탁**) 다른 사람에게 어떤 일이나 물건을 맡아 줄 것을 부탁함

부수 女 필순 총 8획

慰 위 [wèi] reassure (4급)

① 위로하다

사람(尸)의 마음(心)이 펴지도록 손(寸)으로 어루만져 주는(尉) 모습을 본떠 만든 글자로, '위로하다'라는 뜻을 나타내요.

慰勞(위로할 **위**, 힘쓸 **로**) 따뜻한 말이나 행동으로 슬픔을 달래 주거나 괴로움을 덜어 줌
慰安(위로할 **위**, 편안할 **안**) 힘겨워하는 사람을 위로하여 마음을 편안하게 함

부수 心 필순 총 15획

有 유 [yǒu] have (7급)

① 있다

손(ナ←手)에 고기(月←肉)를 들고 있는 모습을 본떠 만든 글자로, '가지고 있다' 라는 뜻을 나타냅니다.

所有(바 소, 있을 유) 가지고 있는 바, 또는 그 물건
有權者(있을 유, 권리 권, 사람 자) 권리를 가진 사람, 주로 선거권을 가진 사람을 뜻함

부수 月 필순 총 6획

由 유 [yóu] from (6급)

① 말미암다

원래는 바닥이 아주 깊은 술단지의 모양을 본떠 만든 글자입니다. 나중에 '말미암다'라는 뜻으로 쓰이게 되었지요.

由來(말미암을 **유**, 올 **래**) 사물이나 일이 생겨나게 된 바
自由(스스로 **자**, 말미암을 **유**) 스스로 말미암다. 즉 외부의 구속 없이 자기 마음대로 행함

부수 田 필순 총 5획

油 유 [yóu] oil (6급)

① 기름

단지(由)에 들어 있는 액체(氵)를 가리키는 것인데, '기름'을 가리켜요.

油價(기름 **유**, 값 **가**) 석유의 값
精油(깨끗할 **정**, 기름 **유**) 정제한 석유

부수 水 필순 총 8획

遺 유 [yí] lose (4급)

① 잃어버리다 ② 남기다

귀중한 물건(貴)이 나도 모르게 어디론가 쉬엄쉬엄 가 버림(辶), 즉 '잃어버리다'라는 뜻을 나타냅니다. 나중에 '남기다'라는 뜻도 생겼어요.

遺失(잃어버릴 유, 잃을 실) 자기가 가지고 있던 것을 잃어버림
遺言(남길 유, 말씀 언) 죽음에 이르렀을 때 가족 등에게 남기는 말

乳 유 [rǔ] breast (4급)

① 젖

엄마(乚)가 아이(子)를 안고(爪) 젖을 물리는 모습을 본떠 만든 글자예요.

乳兒(젖 유, 아이 아) 젖먹이 아이. 보통 태어난 지 1년부터 만 여섯 살까지 어린아이를 가리킴
牛乳(소 우, 젖 유) 소의 젖

遊 유 [yóu] play (4급)

① 놀다

원래 사람(子)이 깃발을 들고(杁) 물놀이(氵)를 즐기는 모습을 본떠 만든 글자 (遊)의 다른 글자예요.

遊覽(놀 유, 볼 람) 두루두루 돌아다니며 놀면서 구경함
遊園地(놀 유, 동산 원, 땅 지) 동산 같은 곳에 구경하거나 놀기 위해 여러 설비를 갖추어 둔 곳

부수 辶 | 필순 | 총 13획 遊遊遊遊遊遊遊遊遊遊遊遊遊

儒 유 [rú] confucian (4급)

① 선비

비가 내리도록(雨) 기도하는 긴 수염(而)이 난 사람(亻), 즉 기우제를 지내는 제사장을 뜻합니다. 이후 이 직책을 맡았던 사람의 후예들이 종사하던 직책으로 뜻이 넓어졌고, 마지막으로 유학자 또는 선비의 뜻으로 바뀌었어요.

儒敎(선비 유, 가르칠 교) 공자의 가르침을 따르고 배우는 학문
儒林(선비 유, 수풀 림) 공자의 가르침인 유학을 신봉하는 무리

부수 人 | 필순 | 총 16획 儒儒儒儒儒儒儒儒儒儒儒儒儒儒儒儒

育 육 [yù] nourish (7급)

① 기르다

엄마(㐬←女)가 아기(月←㐬)를 낳는 모양을 본떠 만든 글자로 '낳아 기르다'라는 뜻이에요. '㐬'와 '㐬'는 엄마의 배 속에서 머리부터 거꾸로 나오는 아기의 모습을 본뜬 거예요.

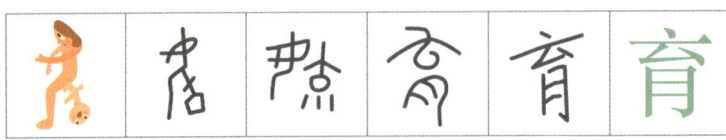

教育(가르칠 교, 기를 육) 가르쳐 기름
養育(기를 양, 기를 육) 아이를 보살펴 기름

부수 肉 필순 총 8획

肉 육 [ròu] meat (4급)

① 고기, 살

원래는 '夕' 모양으로 썰어 놓은 고기를 나타낸 글자였는데, 나중에 모양이 지금과 같이 변했어요.

肉食(고기 육, 먹을 식) 음식으로 동물의 고기를 즐겨 먹음
肉身(살 육, 몸 신) 사람의 몸

부수 肉 필순 총 6획

銀 은 [yín] silver (6급)

① 은

황금(金)이 되지 못하고 머물러 있는(艮) 쇠, 즉 '은'을 뜻해요.

金銀(금 금, 은 은) 금과 은
銀行(은 은, 갈 행) 사람들이 맡겨 놓은 돈을 자금으로 하여 영업을 하는 곳

| 부수 | 金 | 필순 | 총 14획 | 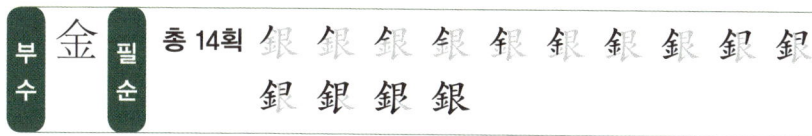 |

얽히고설킨 한자

'은행'의 어원은 무엇일까요?

옛날 중국에는 은으로 만든 돈 은전(銀錢)이 있었어요. 그래서 '銀'이 돈을 뜻하기도 했답니다. 그리고 '行'은 중국에서 같은 직업을 가진 상인의 조합을 뜻합니다. 그래서 '은행'이란 돈을 가지고 장사를 하는 사람들의 조합, 즉 돈을 빌려 주거나 맡아 주거나, 외국돈을 바꿔 주는 일을 하는 사람들, 또는 그런 곳을 가리키게 되었대요.

고대 중국의 은전

恩 은 [ēn] favor (4급)

① 은혜

자신으로부터(囚) 넓혀 나가는 마음(心)으로, '은혜'라는 뜻을 나타냈어요.

恩人(은혜 은, 사람 인) 자신에게 은혜를 베푼 사람
恩惠(은혜 은, 은혜 혜) 남에게 베풀어 준 혜택

| 부수 | 心 | 필순 | 총 10획 |  |

隱 은 [yǐn] hide (4급)

① 숨다

높은 언덕(阝=阜) 뒤에 숨는다(㥯)는 뜻이에요.

隱密(숨을 은, 빽빽할 밀) 숨어 있어서 드러나지 않음
隱居(숨을 은, 있을 거) 세상을 피해 숨어서 살아감

| 부수 | 阜 | 필순 | 총 17획 |  |

音 음 [yīn] sound (6급)

① 소리

입(口)에서 소리가 나오는 모양(立)을 본떠 만든 글자로 '소리'를 나타내요.

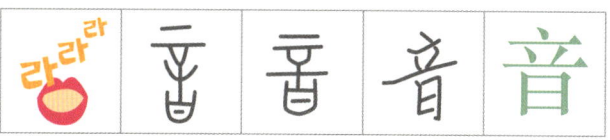

音聲(소리 음, 소리 성) 목소리

音樂(소리 음, 음악 악) 목소리나 악기로 표현하는 예술

| 부수 | 音 | 필순 | 총 9획 |

飮 음 [yǐn] drink (6급)

① 마시다

원래는 항아리 안에 있는 물을 먹는 모습을 본떠 만든 글자였어요. 나중에 공기를 들이마시듯(欠) 먹는(食) 행위라는 뜻에서 '마시다'가 되었습니다.

飮料水(마실 음, 거리 료, 물 수) 마실 거리가 되는 물. 즉, 목마름을 풀어 주거나 맛을 즐길 수 있도록 만든 물

飮食(마실 음, 먹을 식) 사람이 먹을 수 있도록 만든 먹을거리와 마실 거리

| 부수 | 食 | 필순 | 총 13획 |

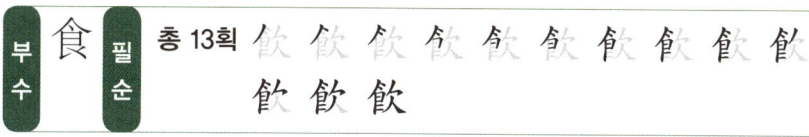

陰 음 [yīn] shade (4급)

① 응달

언덕(阝=阜) 중에서 구름(云)을 머금고 있는(今←舍) 부분, 즉 언덕에 해가 들지 않는 부분을 가리켜 '응달'을 나타냈어요.

陰謀(응달 음, 꾀할 모) 몰래 나쁜 일을 꾸미는 것
陰地(응달 음, 땅 지) 볕이 잘 들지 않는 그늘진 곳

| 부수 | 阜 | 필순 | 총 11획 |  |

邑 읍 [yì] city (7급)

① 마을

사람들이 정착하여(巴) 사는 곳(口)이므로 '마을, 고을'이라는 뜻이에요.

邑內(마을 읍, 안 내) 마을 안
都邑(도읍 도, 마을 읍) 한 나라의 수도

| 부수 | 邑 | 필순 | 총 7획 |  |

應 응 [yīng] respond (4급)

① 응하다

옛날에는 철 따라 이동하는 기러기가 먼 곳의 소식을 전해 준다고 생각했습니다. '應'은 소식을 가져온 기러기(雁←雁)를 마음(心)으로 대한다는 것으로, '응하다'라는 뜻을 나타냈어요.

對應(대할 대, 응할 응) 상대에게 응함
應當(응할 응, 마땅할 당) 마땅히, 꼭

意 의 [yì] idea (6급)

① 뜻

마음(心)속의 생각을 소리 내어(音) 표현한 것이므로 '뜻'을 나타내요.

意見(뜻 의, 볼 견) 무엇인가에 대해 갖는 생각
意味(뜻 의, 맛 미) 말·글·행동·현상 등이 지니는 뜻

醫 의 [yī] hospital (6급)

① 의원

약으로 쓰이는 술(酉)을 지팡이(殳)에 묻혀 자리에 누워 있는 환자(医)에게 주는 모습을 나타낸 글자입니다. 이런 일을 하는 사람, 바로 '의원, 의사'를 뜻해요.

名醫(이름 명, 의원 의) 이름난 의사(또는 의원)
醫師(의원 의, 스승 사) 아픈 사람을 진찰하고 치료하는 일을 직업으로 삼는 사람

부수 酉 필순 총 18획

衣 의 [yī] clothes (6급)

① 옷

윗옷의 깃 부분을 앞에서 본 모습을 본떴으며, '옷'을 뜻해요.

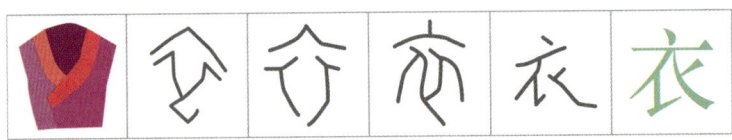

衣食住(옷 의, 먹을 식, 살 주) 인간 생활의 세 가지 기본 요소, 옷과 음식, 집을 이르는 말
衣服(옷 의, 옷 복) 옷

부수 衣 필순 총 6획

依 의 [yī] depend on (4급)

① 의지하다

옷(衣)이 사람(人)의 몸에 찰싹 달라붙어 있는 특징에서 유래하여 '의지하다'라는 뜻을 나타냈어요.

依存(의지할 의, 있을 존) 의지하고 있음
依支(의지할 의, 지탱할 지) 다른 것에 몸을 기댐

부수 人 필순 총 8획

義 의 [yì] justice (4급)

① 옳다

원래는 긴 자루에 창이 세 개 달린 무기(我) 위에 양의 머리(羊)가 있는 모양을 본뜬 글자입니다. 고대에 제사장이 손에 들고 있는 지팡이와 비슷한 모양이에요. 이로써 '위엄 있는 거동' 또는 '예법에 맞는 거동'을 나타냈습니다. 나중에 '옳다'라는 뜻이 갈라져 나왔어요.

義理(옳을 의, 이치 리) 사람으로서 마땅히 지켜야 할 도리
正義(바를 정, 옳을 의) 바른 도리

부수 羊 필순 총 13획

儀 의 [yí] ceremony (4급)

① 거동 ② 법도

'義'가 주로 추상적인 의미의 '옳다'라는 뜻을 나타내게 되자, '예법에 맞는 행동'이라는 뜻을 담은 글자는 사람(人)을 더해 만들었어요.

禮儀(예절 예, 거동 의) 존경을 뜻을 나타내기 위한 말투와 몸가짐
儀式(법도 의, 법 식) 일정한 격식을 갖추어 치르는 행사

부수 人 필순 총 15획

얽히고설킨 한자

'義'와 '儀'의 차이점은 무엇일까요?

원래는 엄숙한 의식을 치를 때의 거동이라는 뜻에서 '義'와 '儀'를 구별하지 않고 다 썼어요. 그런데 나중에 '義'는 주로 추상적인 뜻을, '儀'는 구체적인 예법이라는 뜻을 나타내는 데 쓰게 되었습니다. 따라서 우리가 흔히 '예의 바른 행동', '예의를 지킨다'라고 말할 때는 '儀'를 쓴답니다.

議 의 [yì] discuss (4급)

① 의논하다

사람이 해야 할 올바른 일(義)이 무엇인지에 관해 말한다(言)는 것으로 '의논하다'라는 뜻을 나타내요.

議論(의논할 의, 논할 논) 의견을 주고받음
議會(의논할 의, 모일 회) 국민이 뽑은 의원이 국민을 대표하여 의논하고 합의하는 기관

부수 言 필순 총 20획 議議議議議議議議議議議議議議議議議議議議

疑 의 [yí] doubt (4급)

① 의심하다

원래는 지팡이를 짚고 길을 나서려고 하면서 고개를 들어 날씨를 살피는 모습을 본뜬 글자입니다. 오늘 날씨가 어떻게 될지 잘 모르겠다, 즉 '의심스럽다'는 뜻이에요. 나중에는 길을 떠나는(辵) 아이(子)가 비수(匕)와 화살(矢)을 들고 있으니 걱정스러워 '의심스럽다'는 의미로 글자 구성이 바뀌었어요.

疑心(의심할 의, 마음 심) 확실히 알 수 없어 의심하여 믿지 못하는 마음
疑問(의심할 의, 물을 문) 의심하여 물음, 의심스러운 생각을 함

부수 疋 필순 총 14획 疑疑疑疑疑疑疑疑疑疑疑疑疑疑

二 이 [èr] two (8급)

① 두

가로획 두 개로 숫자 '2'를 표시했어요.

一口二言(한 일, 입 구, 두 이, 말씀 언) 한 입으로 두말을 한다. 말을 이랬다저랬다 함을 일컬음

一擧二得(한 일, 들 거, 두 이, 얻을 득) 한 번 들어 둘을 얻음. 한 가지의 일로 두 가지 이익을 얻음

 총 2획 一 二

以 이 [yǐ] by (5급)

① 써 ② 부터

사람이 농사 기구인 보습을 들고 있는 모습에서 유래한 글자예요. 여기에서 '~을 이용한다'라는 뜻의 '써, ~로써'가 나왔습니다.

以熱治熱(써 이, 더울 열, 다스릴 치, 더울 열) 더위로써 더위를 다스림
以前(부터 이, 앞 전) 기준이 되는 때를 포함하여 그 앞

 총 5획 以 以 以 以 以

耳 이 [ěr] ear (5급)

① 귀

귀의 모양을 본뜬 글자예요.

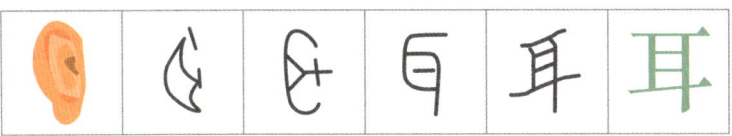

耳目(귀 이, 눈 목) '귀와 눈'이라는 뜻으로, 남들의 주의나 관심을 뜻함

耳目口鼻(귀 이, 눈 목, 입 구, 코 비) 눈·코·입·귀 등 얼굴의 생김새

異 이 [yì] different (4급)

① 다르다

두 손을 들어 얼굴에 큰 가면(田)을 쓰는 모습을 본떠 만든 글자로, 보통 사람과는 '다르다'라는 뜻을 나타내요.

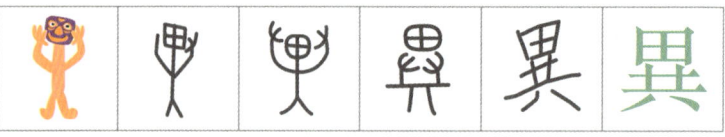

異見(다를 **이**, 볼 **견**) 서로 다른 의견

差異(다를 **차**, 다를 **이**) 서로 일치하지 않고 다름

부수	필순	총 11획	異 異 異 異 異 異 異 異 異 異 異
田			

얽히고설킨 한자

가면을 쓴 한자들을 아나요?

한자 중에는 가면을 쓴 사람의 모습을 표현한 것들이 있습니다.

'鬼'(귀신 귀)는 신에게 제사 의식을 치를 때 무당이 큰 가면을 쓰고 있는 모습을 본뜬 것입니다.

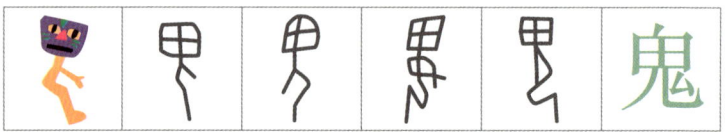

'畏'(두려워할 외)는 가면을 쓴 제사장(무당)이 손에 무기를 잡고 있는 모습을 본떠서, '두렵다'는 뜻을 나타낸 것입니다. 얼굴에 괴상한 칠을 한 가면을 쓴 데다 무기까지 들고 있으니, 사람들은 그것을 보고 두려운 마음이 들었던 것이겠지요.

상나라 때의 가면

移 이 [yí] shift (4급)

① 옮기다

볍씨를 뿌려 빽빽하게(多) 자란 禾(모)를 논에 옮겨 심는다는 것으로 '옮기다'라는 뜻을 나타냈어요.

移動(옮길 **이**, 움직일 **동**) 움직여 옮김
移住(옮길 **이**, 살 **주**) 살던 곳을 떠나 다른 곳으로 옮겨 감

부수 禾 필순 총 11획

益 익 [yì] benefit (4급)

① 더하다

그릇(皿)에 음식을 수북히 담은 모양(癸)을 본떠 만든 글자로, '더하다, 많다'라는 뜻을 나타냈어요.

國益(나라 **국**, 더할 **익**) 나라의 이익
利益(이로울 **이**, 더할 **익**) 물질이나 정신에 보탬이 되는 것

부수 皿 필순 총 10획

 인 [rén] human (8급)

① 사람

서 있는 사람의 옆모습을 본떠 만든 글자예요.

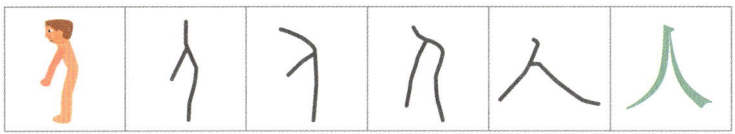

人類(사람 인, 무리 류) 사람을 다른 동물과 구별하여 이르는 말
人性(사람 인, 성품 성) 사람의 성품

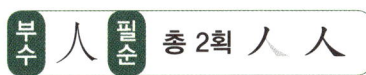

 인 [yīn] cause (5급)

① 말미암다

어떤 영역(口)에서 넓혀 나아간다(大)는 것으로, '말미암다, 인하다'란 뜻을 나타냈어요.

原因(근원 원, 말미암을 인) 어떤 일의 근원이 되는 까닭
因果(말미암을 인, 열매 과) 원인과 결과

認 인 [rèn] recognize (4급)

① 알다 ② 인정하다

말(言)을 참는다(忍), 즉 상대방의 말에 귀를 기울이며 그 의견을 듣는다는 것에서 '인정하다'라는 뜻이 생겼어요. '알다'라는 뜻은 나중에 새롭게 생겨난 것입니다.

認識(알 인, 알 식) 사물을 분별하여 아는 것
確認(굳을 확, 인정할 인) 확실히 인정함

| 부수 | 言 | 필순 | 총 14획 |  |

印 인 [yìn] stamp (4급)

① 도장, 새기다

무릎을 꿇은 사람의 머리 부분을 손으로 내리누르는 모양을 본떠 만든 글자로, 이마에 문신 도장을 찍는다는 뜻입니다. 여기서 '도장, 새기다'라는 뜻이 나왔어요.

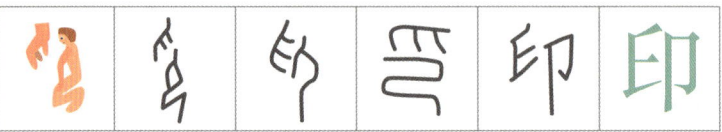

刻印(새길 각, 도장 인) 도장을 새김. 머릿속에 새겨 넣듯 깊이 기억됨
印象(새길 인, 모양 상) 어떤 대상을 보고 들었을 때 마음에 새겨지는 느낌

| 부수 | 卩 | 필순 | 총 6획 |  |

引 인 [yǐn] pull (4급)

① 끌다

활(弓)의 시위(丨)를 잡아당겨 건다라는 것으므로, '끌다'라는 뜻을 나타내요.

引力(끌 **인**, 힘 **력**) 물질이 서로 끌어당기는 힘
引用(끌 **인**, 쓸 **용**) 다른 글에 있는 문장이나 사례 등을 끌어다 씀

 부수 弓 필순 총 4획 引 引 引 引

仁 인 [rén] love (4급)

① 어질다

두(二) 사람(人)이 서로에게 마땅히 해야 하는 일을 나타냈어요. 그것은 '어질다, 사랑하다'예요.

仁君(어질 **인**, 임금 **군**) 어진 임금
仁者(어질 **인**, 사람 **자**) 어진 사람

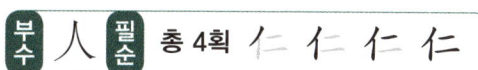 부수 人 필순 총 4획 仁 仁 仁 仁

어진 사람은 산을 좋아하고
지혜로운 사람은 물을
좋아한대요.
仁者樂山 (인자요산)
智者樂水 (지자요수)

공자와 仁

공자는 동양을 대표하는 성인 중 한 사람입니다. 그는 '仁'을 중시하는 유가를 세웠습니다. 유가에서는 사람으로서 갖춰야 할 네 가지 마음은 바로 '仁(어질 인), 義(옳을 의), 禮(예도 예), 智(슬기 지)'라고 하였습니다. 그중에서도 특히 '仁'을 강조하여, '殺身成仁'(살신성인: 자신의 몸을 희생하여 어짊을 행한다)을 추구하기까지 하였답니다.

一 일 [yī] one (8급)

① 하나

가로획 하나로 숫자 '1'을 나타냅니다.

唯一(오직 **유**, 하나 **일**) 오직 그것 하나뿐임
統一(거느릴 **통**, 하나 **일**) 나누어진 것을 하나의 체계 아래로 모이게 함

日 일 [rì] sun (8급)

① 해 ② 날

해를 본떠 만든 글자. 본래는 둥글게 쓰려고 했으나, 갑골문은 단단한 재료에 칼로 글자를 새겨 넣어야 했기 때문에 네모꼴로 쓰게 되었어요.

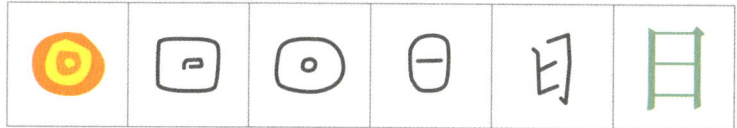

日出(해 **일**, 날 **출**) 해가 뜸
日常(날 **일**, 늘 **상**) 날마다, 항상

부수 日 필순 총 4획

任 임 [rèn] entrust (5급)

① 맡기다

사람(亻)에게 어떤 물건(工)을 짊어지게 한다는 것으로 '맡기다, 메다'라는 뜻을 나타냈어요. 나중에 '工'의 모양이 '壬'으로 바뀌었어요.

責任(꾸짖을 **책**, 맡길 **임**) 도맡아 해야 할 임무
任命(맡길 **임**, 명 **명**) 직무를 맡김

부수 人 필순 총 6획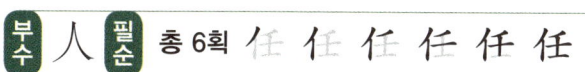

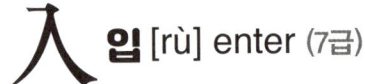

入 입 [rù] enter (7급)

① 들어가다

끝이 뾰족한 모양으로, '들어가다, 들다'라는 뜻을 나타냅니다.

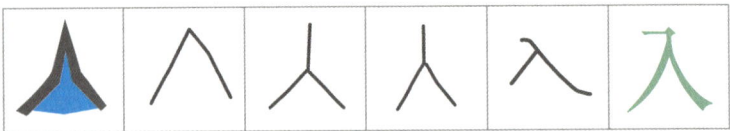

入國(들 **입**, 나라 **국**) 자기 나라 또는 남의 나라 안으로 들어감

投入(던질 **투**, 들 **입**) 던져 넣음. 주로 사람이나 물자 등을 필요한 곳에 넣는 일을 가리킴

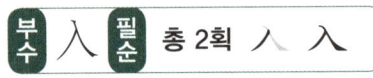

子 자 [zǐ] son (7급)

① 아들 ② 사람

팔을 버둥거리고 있는 머리가 큰 아기의 모습을 본뜬 글자예요. 걸을 수 없기 때문에 다리는 표현하지 않았어요. 원래는 '아들과 딸'을 모두 포함하는 '자식'을 뜻했습니다. 나중에 주로 '아들'을 가리키게 되었어요.

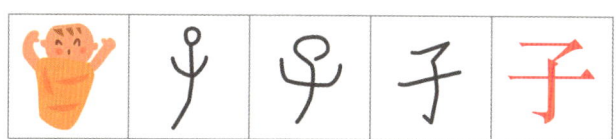

子女(아들 자, 딸 녀) 아들과 딸
子息(아들 자, 숨쉴 식) 아들과 딸을 모두 가리키는 말

 총 3획 子 子 子

字 자 [zì] letter (7급)

① 글자

처음에는 집안(宀)에 아기(子)가 태어나 자손이 '불어나다'라는 뜻이었어요. 나중에 '글자'라는 뜻으로 쓰게 되었어요.

文字(글월 **문**, 글자 **자**) 한자로 된 숙어나 글자, 언어를 적는 데 사용하는 기호 체계
漢字(나라 이름 **한**, 글자 **자**) 옛날 중국의 한(漢)나라 때 뿌리내리기 시작한 문자

얽히고설킨 한자

'글자'는 어떻게 이루어진 말일까요?

글자는 어떤 생각이나 일을 기호로 나타낸 것을 뜻하는 '글'이라는 순우리말과 그 기호 자체를 뜻하는 한자의 '字'를 합친 말이에요.

自 자 [zì] oneself (7급)

① 스스로

원래는 콧등에 주름이 잡힌 코의 모양을 본떠 만든 글자인데 '자기, 나'를 나타내요.

自身(스스로 **자**, 몸 **신**) 다른 이가 아닌 자기
自信感(스스로 **자**, 믿을 **신**, 느낄 **감**) 스스로를 믿는 마음

부수 自 필순 총 6획

姿 자 [zī] figure (4급)

① 모양, 모습 ② 맵시

일을 뒤로 미루고(二) 하품을 하며(欠) 느긋하게 있는 여인(女)에서 유래한 글자입니다. '맵시, 모습'이라는 뜻을 나타내게 되었지요.

姿勢(모습 **자**, 기세 **세**) 사람이 어떤 동작을 할 때의 모습이나 마음가짐
姿態(맵시 **자**, 모습 **태**) 사람의 맵시나 모습

부수 女 필순 총 9획

資 자 [zī] resources (4급)

① 재물

생활에 필요한 것 외에 긴장을 풀고(次) 편안하게 쓸 수 있는 돈(貝)을 가리키는 말이에요.

資源(재물 **자**, 근원 **원**) 사람들이 벌어들일 수 있는 재물의 원천이 되는 것
投資(던질 **투**, 재물 **자**) 이익을 얻기 위해 어떤 일에 자원을 넣는 일

姉 자 [zǐ] older sister (4급)

① 손위 누이

여자(女) 동기들 가운데 웃자란 나무(市←朿)처럼 먼저 태어난 언니를 뜻해요.

姉兄(손위 누이 **자**, 형 **형**) 손위 누이의 남편을 부르는 말
十姉妹(열 **십**, 손위 누이 **자**, 손아래 누이 **매**) 주로 관상용으로 사람들이 기르는 참새와 비슷한 새

者 자 [zhě] person (6급)

① 사람

그릇에 옻칠을 하고 있는 사람의 모습을 본떠 만든 글자로, '물건'을 나타냅니다. 이것이 사람을 가리키는 말로도 쓰이게 되었어요.

記者(기록할 **기**, 사람 **자**) 신문, 잡지, 방송 등에서 사건을 취재하여 기사를 쓰거나 편집하는 사람

讀者(읽을 **독**, 사람 **자**) 책, 신문, 잡지 등에 실린 글을 읽는 사람

부수 老 **필순** 총 9획

作 작 [zuó] make (6급)

① 짓다, 만들다

원래 '乍'은 웃옷의 옷깃 모양을 본떠 만든 글자입니다. 사람이 옷을 만들기 때문에 '人'을 더하여 '무엇을 만들거나 일을 한다'는 뜻을 강조했어요.

作品(지을 **작**, 물건 **품**) 예술 쪽에서 사람이 창작하여 만든 물건

創作(비롯할 **창**, 만들 **작**) 글이나 물건을 처음으로 만들어 냄

부수 人 **필순** 총 7획

昨 작 [zuó] yesterday (6급)

① 어제

여기서 '乍'은 지나갔다는 뜻이에요. 따라서 '昨'은 지나가 버린(乍) 시간(日), 즉 '어제, 옛날'을 뜻합니다.

昨今(어제 **작**, 지금 **금**) 어제와 오늘이라는 뜻으로 '요즈음', '요사이'를 가리킴
昨年(어제 **작**, 해 **년**) 지난 해

부수 日 필순 총 9획

殘 잔 [cán] cruel (4급)

① 해치다 ② 남다

죽은 적군의 뼈(歹)까지 창(戈)과 같은 무기로 잘게(戔) 저미는 행위입니다. 그러므로 '해치다, 잔인하다'라는 뜻이에요. 그리고 잘게 저민 뼛가루가 흩어져 남겨지기에 '남다'라는 뜻도 생겼어요.

殘忍(해칠 **잔**, 참을 **인**) 동정심이라곤 조금도 없이 아주 모짊
殘留(남을 **잔**, 머무를 **류**) 뒤에 머물러 남아 있음

부수 歹 필순 총 12획

雜 잡 [zá] mixed (4급)

① 섞이다

온갖 색깔의 옷(㐫←衣)들이 한데 모여(集) 섞여 있다는 뜻이에요.

雜談(섞일 **잡**, 말씀 **담**) 두서없이 이것저것 생각나는 대로 하는 말
複雜(겹칠 **복**, 섞일 **잡**) 갈피를 잡기 어려울 만큼 여러 가지가 섞여 있음

長 장 [cháng] long (8급)

① 길다 ② 어른

머리가 긴 할아버지 모습을 본떠 만든 글자예요. 원래는 '노인, 어른'을 가리키는 글자였어요.

長短(길 **장**, 짧을 **단**) 길고 짧음
校長(학교 **교**, 어른 **장**) 학교에서 가장 높은 자리에 있는 사람

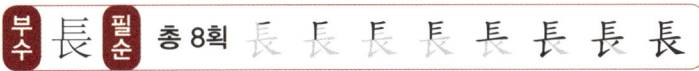

張 장 [zhāng] open up (4급)

① 베풀다

활(弓)의 시위를 길게(長) '당긴다'는 뜻입니다. 여기서 어떤 일을 '벌여 차리다'라는 뜻이 나왔어요.

誇張(자랑할 과, 베풀 장) 사실보다 지나치게 자랑하고 떠벌려 나타냄
主張(주인 주, 베풀 장) 자기 의견이나 뜻을 자신이 주도적으로 내세움

부수: 弓 | 필순: 총 11획

얽히고설킨 한자

왜 '金三朴四'(김삼박사)가 아니고 '張三李四'(장삼이사)일까요?

'張三李四'(베풀 장, 석 삼, 자두나무 리(이), 넉 사)는 장씨(張氏)네 집 셋째 아들과 이씨(李氏)네 집 넷째 아들이라는 뜻이에요. 이름이나 신분이 특별하지 않은 평범한 사람을 이르는 말이에요. 옛날 중국에선 장씨와 이씨 성이 가장 많은 인구를 차지했답니다. 그래서 열에 서넛은 장씨 아니면 이씨였던 거죠. 그런 집안의 셋째, 넷째 아들이라면 얼마나 많은 사람 중의 하나겠어요? 그러니 모두들 평범할 수밖에요. 우리나라에는 김씨와 박씨가 제일 많으니까, 우리나라에서 이런 말을 만들었다면 아마 김삼박사(金三朴四)라고 하지 않았을까요?

帳 장 [zhàng] curtain (4급)

① 휘장, 장막 ② 장부

길게(長) 드리운 천(巾), 즉 '휘장'을 뜻해요.

帳幕(휘장 **장**, 장막 **막**) 볕 또는 비를 막고 사람이 있도록 둘러친 막
日記帳(해 **일**, 기록할 **기**, 장부 **장**) 그날그날 겪은 일이나 생각한 것을 적는 장부

章 장 [zhāng] chapter (6급)

① 글 ② 도장

원래는 노예의 몸에 글자를 새기는 날카로운 도구 모양을 본떠 만든 글자입니다. 이 도구로 새기는 '무늬, 도장' 등을 나타내다 '글'을 뜻하게 되었어요.

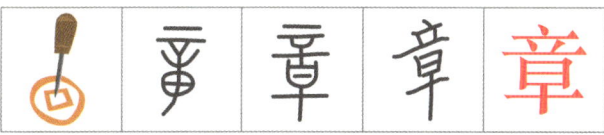

文章(글월 **문**, 글 **장**) 글, 글월
圖章(그림 **도**, 도장 **장**) 나무나 뿔 등에 이름을 새긴 물건

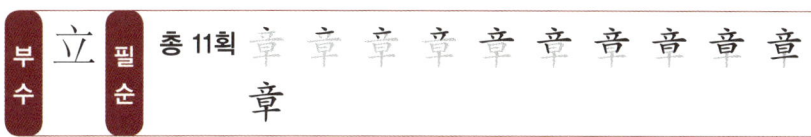

障 장 [zhàng] block (4급)

① 가로막다

무늬(章)가 언덕(阝←阜)에 가로막혀 보이지 않는 것입니다. 여기서 '가로막히다, 가로막다'라는 뜻이 나왔어요.

障碍(가로막을 **장**, 가로막을 **애**) 어떤 일을 하는 데 가로막아서 거치적거리거나, 또는 거치적거리는 것

保障(지킬 **보**, 가로막을 **장**) 어떤 일이 잘되도록 어려움 등을 가로막아 지킴

場 장 [chǎng] open space (7급)

① 마당, 장소

햇살을 뿌리며 점점 크게 떠오르는 태양(昜)을 보고 제사 지내는 넓고 깨끗한 공터(土)를 본떠 만든 글자입니다. 흔히 '마당'을 가리켜요.

場所(마당 **장**, 곳 **소**) 어떤 일이 일어나거나 이루어지는 곳
農場(농사 **농**, 마당 **장**) 농사를 짓는 넓은 땅

腸 장 [cháng] intestines (7급)

① 창자

사람 몸(月←肉)속의 소화 기관 중에서 늘어나고 커지는(昜) 부분, 즉 '창자'예요.

大腸(클 **대**, 창자 **장**) 사람의 소화 기관 중 큰창자
斷腸(끊을 **단**, 창자 **장**) 창자가 끊어질 듯이 몹시 슬프거나 괴로움

| 부수 肉 | 필순 총 13획 | 腸 腸 腸 腸 腸 腸 腸 腸 腸 腸 腸 腸 腸 |

壯 장 [zhuàng] robust (4급)

① 씩씩하다

세로로 길게 쪼갠 나무처럼(爿) 키가 큰 남자(士)입니다. 여기서 '씩씩하다, 웅장하다'라는 뜻이 나왔어요.

壯士(씩씩할 **장**, 선비 **사**) 골격이 크고 힘이 세며 기운이 씩씩한 사람
壯談(씩씩할 **장**, 말씀 **담**) 확신을 가지고 자신 있게 하는 말

| 부수 士 | 필순 총 7획 | 壯 壯 壯 壯 壯 壯 壯 |

절대 늦잠 자지 않을 거라고 壯談(장담)해.

將 장 [jiāng] general/in the future (4급)

① 장수 ② 장차

세로로 길게 쪼갠 나무(爿)로 만든 도마 위에 고기(夕←肉)를 올려놓고 조리하여 법도에 맞게(寸) 신에게 바친다는 것입니다. 여기서 '신에게 고기를 바치는 사람, 통솔자, 장수'라는 뜻이 나왔어요.

將軍(장수 **장**, 군대 **군**) 군대를 지휘하고 통솔하는 군대의 우두머리
將來(장차 **장**, 올 **래**) 장차 앞으로 다가올 앞날, 미래

부수	필순	
寸	총 11획	

獎 장 [jiǎng] encouragement (4급)

① 권면하다

개(犬)에게 고기를 들어 권하며(將) 부추기는 모양이지요. '권면하다, 칭찬하다'라는 뜻을 나타냅니다.

獎勵(권면할 **장**, 힘쓸 **려**) 좋은 일에 더욱 힘을 쓰도록 칭찬하고 권면함
勸獎(권할 **권**, 권면할 **장**) 어떤 일을 하도록 권하여 장려함

부수	필순	
犬	총 14획	

裝 장 [zhuāng] adorn (4급)

① 꾸미다

외모가 씩씩하고 웅장하게(壯) 보이도록 옷(衣)으로 감싸 꾸민다는 뜻이에요.

扮裝(꾸밀 **분**, 꾸밀 **장**) 등장인물의 성격, 나이, 특징 따위에 맞게 배우를 꾸밈
服裝(옷 **복**, 꾸밀 **장**) 옷차림

才 재 [cái] talent (6급)

① 재주

새싹이 땅을 뚫고 갓 솟아나는 모양을 나타낸 글자로, 만물이 지닌 '재주'를 뜻해요.

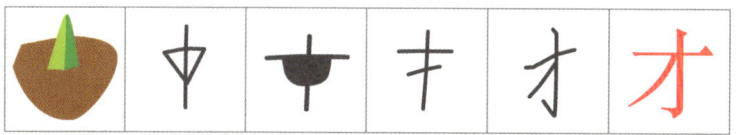

才致(재주 **재**, 이를 **치**) 눈치가 재빠른 재능, 또는 솜씨나 말씨가 능란함
天才(하늘 **천**, 재주 **재**) 남보다 뛰어난 타고난 재능, 또는 그런 재능을 가진 사람

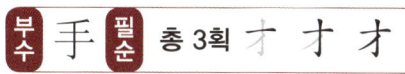

材 재 [cái] material (5급)

① 재목

다른 무엇으로 만들어질 수 있는 능력(才)이 있는 나무라는 뜻으로, '재목'을 나타내지요.

木材(나무 **목**, 재목 **재**) 건물을 짓거나 가구를 만드는 데 쓰이는 나무로 된 재료
材料(재목 **재**, 거리 **료**) 어떤 물건을 만들기 위해 필요한 거리

부수 木 **필순** 총 7획 材 材 材 材 材 材 材

財 재 [cái] property (5급)

① 재물

무언가를 할 수 있는(才) 돈(貝)을 뜻해요.

文化財(글월 **문**, 될 **화**, 재물 **재**) 인간의 문화 활동으로 창조된 가치가 뛰어난 물건
財産(재물 **재**, 낳을 **산**) 경제적 가치가 있는 개인이나 무리가 소유한 재물

부수 貝 **필순** 총 10획 財 財 財 財 財 財 財 財 財

在 재 [zài] exist (6급)

① 있다

땅을 뚫고 갓 돋아난 새싹(ナ←才)이 흙(土) 위로 솟아 오르는 모습을 본뜬 글자로 '존재하다, 있다'라는 뜻이에요.

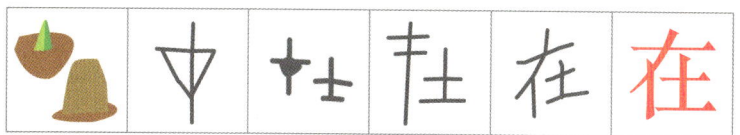

實在(실제 **실**, 있을 **재**) 실제로 현실 속에 있음
存在(있을 **존**, 있을 **재**) 현실 속에 구체적으로 있음

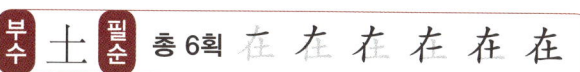 부수 土 필순 총 6획 在 在 在 在 在 在

再 재 [zài] again (5급)

① 다시

쌓아 놓은 나무 구조물(冉) 위에 다시 나무토막을 하나(一) 더 얹는다는 것입니다. 여기서 '다시, 거듭'의 뜻이 나왔어요.

再開(다시 **재**, 열 **개**) 다시 엶. 한동안 중단되었던 어떤 활동을 다시 시작함
再建(다시 **재**, 세울 **건**) 무너진 건물이나 조직을 원래대로 다시 세움

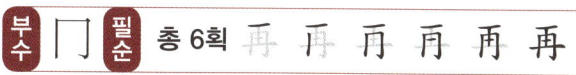 부수 冂 필순 총 6획 再 再 再 再 再 再

災 재 [zāi] disaster (5급)

① 재앙

원래는 집에 불이 난 모습을 본떠 '재앙'을 뜻했어요. 나중에는 물난리(巛)와 불난리(火)를 합쳐 재앙을 나타냈어요.

災難(재앙 **재**, 어려울 **난**) 뜻밖에 일어난 재앙으로 생긴 힘겨운 고난
火災(불 **화**, 재앙 **재**) 불이 나는 재앙, 또는 불로 생긴 재난

부수 火 필순 총 7획

얽히고설킨 한자

'홍수'에 대한 중국인의 생각은?

물 때문에 생겨나는 재앙 중에서 가장 대표적인 것이 물난리, 즉 '洪水'(큰물 홍, 물 수)이지요. 옛날 중국 신화에는 '홍수'에 대처하는 두 가지 방식이 나와요. 하나는 둑을 쌓아 물길을 막는 것이고, 다른 하나는 물길을 터 물이 아래로 흐르도록 만드는 것이지요.

그런데 신화에서는 물을 막는 방법은 실패하고, 그래서 그들은 물이 흘러가는 자연의 섭리에 따라 물길을 터 주어야 한다고 생각 했어요. 그리고 이렇게 자연의 섭리에 따라 물길을 다스리는 '治水'(다스릴 치, 물 수) 방법은 일상생활이나 정치에서도 본보기로 삼았답니다.

爭 쟁 [zhēng] struggle (5급)

① 다투다

손(爪)과 손(彐)이 물건(亅)을 두고 서로 싸우는 모습을 본뜬 글자예요.

論爭(말할 논, 다툴 쟁) 다른 의견을 가진 사람들이 자기의 주장을 내세우며 말로 다툼
戰爭(싸울 전, 다툴 쟁) 국가 간에 무력을 사용하여 싸움

부수 爪 필순 총 8획

低 저 [dī] low (4급)

① 낮다

사람(人) 중에서 키가 가장 작다(氐)는 것으로, '낮다, 아래'라는 뜻이에요.

高低(높을 고, 낮을 저) 높고 낮음, 즉 높낮이
低下(낮을 저, 아래 하) 수준이나 정도, 능률 등이 아래로 낮아짐

부수 人 필순 총 7획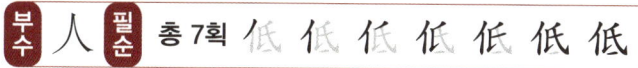

底 저 [dǐ] bottom (4급)

① 밑

집(广)에서 바탕이 되는 낮은 곳(氐), 즉 '밑, 바닥'을 뜻해요.

底意(밑 **저**, 뜻 **의**) 겉으로 드러나지 않는 가슴속 밑바닥에 숨겨진 뜻이나 의도
海底(바다 **해**, 밑 **저**) 바다 밑

| 부수 广 | 필순 | 총 8획 底 底 底 底 底 底 底 底 |

貯 저 [zhù] save (5급)

① 쌓다

옛날에는 돈으로 쓰였던 조개껍데기(貝)를 집(宀)에 쌓아 놓았다는 뜻이에요.

貯金(쌓을 **저**, 돈 **금**) 돈을 모아 둠
貯水池(쌓을 **저**, 물 **수**, 못 **지**) 물을 모아 두기 위해 하천이나 골짜기를 막아 만든 큰 못

| 부수 貝 | 필순 | 총 12획 貯 貯 貯 貯 貯 貯 貯 貯 貯 貯 貯 貯 |

的 적 [dì] aim (5급)

① 과녁

국자로 많은 것 중 하나를 건져 올린다(勺)는 것과 해처럼 밝다(白)는 뜻이 합쳐져 '과녁'을 가리키게 되었어요.

目的(눈 **목**, 과녁 **적**) 과녁을 눈으로 보다, 즉 실현하려는 일이나 나아가는 방향
的中(과녁 **적**, 가운데 **중**) 과녁의 한가운데를 맞춤

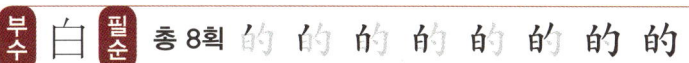
부수 白　필순 총 8획 的 的 的 的 的 的 的 的

敵 적 [dí] match (4급)

① 겨루다 ② 적수, 원수

가서 멈춘다(啇)와 때리다, 치다(攵)가 합쳐져, 달려가 몽둥이로 때리며 '치고받다, 겨루다'는 뜻을 갖게 되었어요. 그리고 그런 상대방인 '원수, 적수'라는 뜻도 갖게 되었어요.

敵手(겨룰 **적**, 손 **수**) 힘이나 재능이 비슷한 상대, 라이벌
無敵(없을 **무**, 적수 **적**) 겨룰 만한 적수가 없음

부수 攵　필순 총 15획 敵 敵 敵 敵 敵 敵 啇 啇 啇 啇 敵 敵 敵 敵 敵

適 적 [shì] fit (4급)

① 마땅하다

쉬엄쉬엄 가서(辶) 꼭 맞는 곳에 멈춘다(啇)는 것입니다. 여기서 '마땅하다, 적합하다'라는 뜻이 나왔어요.

適性(마땅할 **적**, 성품 **성**) 무엇에 꼭 알맞은 성질이나 성격
適用(마땅할 **적**, 쓸 **용**) 어떤 일에 꼭 알맞게 맞추어 씀

부수: 辶 필순: 총 15획

얽히고설킨 한자

'적재적소'는 무슨 뜻이지요?

'適材適所'(마땅할 적, 재목 재, 마땅할 적, 곳 소)는 마땅한 재목을 마땅한 곳에 쓴다는 뜻으로, 어떤 재능이 있는 사람에게 그 재능을 가장 잘 발휘할 수 있는 일을 시킨다는 뜻입니다. 누구나 자신이 잘하는 일과 못하는 일들이 있게 마련이지요. 지도자는 누가 무엇을 잘하는지 그리고 무엇을 못하는지를 잘 가려, 그 사람이 잘하는 일을 할 수 있도록 이끌어야 한답니다.

賊 적 [zéi] thief (4급)

① 도둑

무기(戎)를 들고 남의 돈이나 재물(貝)을 빼앗는 무리, 즉 '도둑'을 뜻해요.

盜賊(훔칠 **도**, 도둑 **적**) 남의 물건을 훔치거나 빼앗는 무리
山賊(산 **산**, 도둑 **적**) 산속에 근거지를 두고 도둑질을 하는 무리

부수 貝 | 필순 | 총 13획

積 적 [jī] amass (4급)

① 쌓다

원래는 '찾다, 베다'(責)와 벼(禾)를 합쳐, 벼를 찾아 벤다는 뜻이 되었어요. 그리고 베어 낸 벼는 차곡차곡 쌓아 보관하기에 '쌓다'는 뜻이 나왔어요.

積立(쌓을 **적**, 설 **립**) 모아서 쌓아둠
堆積物(쌓일 **퇴**, 쌓을 **적**, 만물 **물**) 겹겹이 많이 겹쳐 쌓인 사물

부수 禾 | 필순 | 총 16획

績 적 [jī] accomplishment (4급)

① 공 ② 길쌈하다

누에에서 실(糸)을 뽑아(責) 잣는 일, 즉 '길쌈한다'는 뜻입니다. 그리고 '길쌈'은 품이 많이 드는 일이기에 '공적, 업적'이라는 뜻으로도 쓰여요.

成績(이룰 **성**, 공 **적**) 어떤 사업이나 학업의 결과로 얻은 성과나 실적
紡績(자을 **방**, 길쌈할 **적**) 동식물의 섬유를 가공하여 실을 만드는 일

籍 적 [jí] register (4급)

① 문서

옛날에 황제가 직접 경작하던 경작지(耤)에 관한 내용을 기록한 죽간(竹)을 뜻합니다. 여기서 중요한 '문서'라는 뜻이 나왔어요.

國籍(나라 **국**, 문서 **적**) 한 나라의 구성원이 되는 자격
書籍(책 **서**, 문서 **적**) 책

赤 적 [chì] scarlet (5급)

① 붉다

원래는 큰(土←大) 불(𤆄←火)이란 뜻입니다. 활활 타오르는 큰불의 색깔에서 '붉다'는 뜻이 나왔어요.

赤字(붉을 **적**, 글자 **자**) 붉은색 글자. 지출이 수입보다 많아 생기는 결손액, 보통 장부에 붉은 글씨로 기록한 데서 나온 말

赤血球(붉을 **적**, 피 **혈**, 공 **구**) 핏속에 있는 붉은색 둥근 모양의 세포로, 산소를 운반하는 일을 함

 총 7획 赤 赤 赤 赤 赤 赤 赤

역시 비싼 고기가 맛있어!

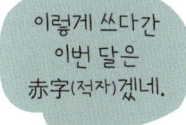

이렇게 쓰다간 이번 달은 赤字(적자)겠네.

典 전 [diǎn] canon (5급)

① 법 ② 경전

두 손으로(ㅠ←廾) 공손히 책(卌←冊)을 들고 있는 모양을 본떠 만든 글자로, 귀중한 책, 즉 '경전, 법'을 나타내요.

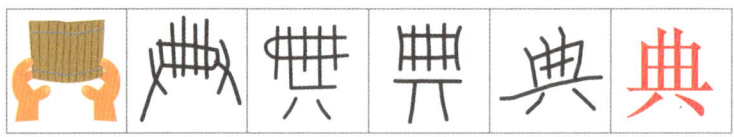

法典(법 **법**, 법 **전**) 국가가 제정한 통일적이고 체계적인 법규집
古典(옛 **고**, 경전 **전**) 오랫동안 많은 사람들에게 널리 읽히고 모범이 될 만한 문학이나 예술 작품

부수 八 · 필순 · 총 8획

全 전 [quán] perfect (7급)

① 온전하다

곳집(入)에 공구(工) 또는 옥(玉)을 '온전히 보전한다'는 뜻이에요.

全國(온전할 **전**, 나라 **국**) 온 나라
安全(편안할 **안**, 온전할 **전**) 아무 탈이 없음

부수 入 · 필순 · 총 6획

前 전 [qián] before (7급)

① 앞

배(月←舟)가 물길을 거슬러 앞으로(亠←止) 나아가는(刂←行) 모습을 나타낸 글자로, 여기서 '앞'이라는 뜻이 나왔어요.

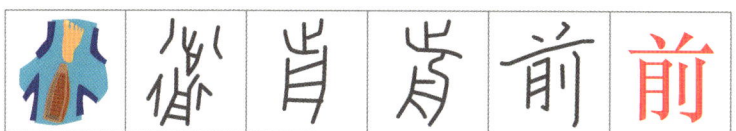

前後(앞 **전**, 뒤 **후**) 앞뒤
前進(앞 **전**, 나아갈 **진**) 앞으로 나아감

부수 刀 필순 총 9획

專 전 [zhuān] particular (4급)

① 오로지

손(寸)에 실패(叀)를 잡고 돌리는 모양을 본떠 만든 글자로, 원래는 '돌리다, 구르다'라는 뜻이었어요. 옛날에는 실을 잣는 일이 중요했기 때문에 실패를 돌리는 일에 정신을 집중해야 했어요. 여기서 '오로지'의 뜻이 나왔습니다.

專念(오로지 **전**, 생각할 **념**) 오로지 한 가지 일에만 생각을 집중하고 마음을 씀
專門(오로지 **전**, 문 **문**) 어떤 한 가지 분야만 연구하거나 맡아 그 분야에 상당한 지식과 경험이 있음

傳 전 [chuán] transmit (5급)

① 전하다

사람(亻)에게서 사람에게로 사물을 돌린다(專)는 뜻입니다. '전(달)하다'라는 뜻이에요.

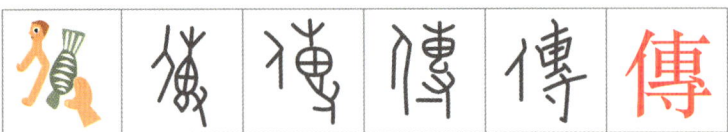

傳說(전할 **전**, 말씀 **설**) 옛날부터 입에서 입으로 전해져 온 이야기

傳達(전할 **전**, 통달할 **달**) 지시나 명령, 물건 등을 다른 사람에게 전하여 다다르게 함

얽히고설킨 한자

'이심전심'은 무슨 뜻일까요?

'以心傳心'(써 이, 마음 심, 전할 전, 마음 심)은 마음으로 마음을 전한다는 뜻이에요. 마음과 마음이 서로 통해서, 굳이 말을 하지 않아도 자기 마음속의 뜻이 상대방에게 전달되는 것을 가리키지요.

轉 전 [zhuǎn] revolve (4급)

① 구르다

수레바퀴(車)가 돌다(專), 즉 '구른다'는 뜻입니다.

轉用(구를 **전**, 쓸 **용**) 써야 할 곳이 아닌 다른 곳으로 돌려 사용함
轉學(구를 **전**, 배울 **학**) 원래 다니던 학교에서 다른 학교로 옮겨 배움

| 부수 | 車 | 필순 | 총 18획 |

展 전 [zhǎn] spread (5급)

① 펼치다

아름답게 만든(㘴) 옷(㐅←衣)을 빳빳하게 펴서(尸) 입고 자랑하는 모양을 뜻하는 글자입니다. 여기서 '펴다, 펼치다'라는 뜻이 나왔어요.

展開(펼 **전**, 열 **개**) 어떤 것을 펴서 열어 보임
展視(펼칠 **전**, 보일 **시**) 펼쳐 보임

부수 尸 필순 총 10획

戰 전 [zhàn] war (6급)

① 싸우다

적을 사로잡는 도구(單)와 창(戈)을 들고 싸운다는 뜻이에요.

決戰(결정할 **결**, 싸울 **전**) 승부를 결정짓는 싸움
戰爭(싸울 **전**, 싸울 **쟁**) 싸움, 무력으로 국가 간에 싸우는 일

부수 戈 필순 총 16획

田 전 [tián] farm (4급)

① 밭

잘 구획된 땅의 모양을 본떠 만든 글자예요.

田畓(밭 **전**, 논 **답**) 밭과 논, 농부들이 농사를 짓는 땅
油田(기름 **유**, 밭 **전**) 기름밭, 즉 석유가 나는 곳

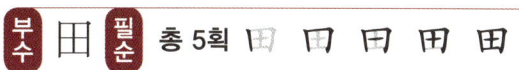

電 전 [diàn] lightning (7급)

① 번개

원래 '電'은 번개를 본뜬 '申'이 변한 글자입니다. 여기에 '雨'를 더하여 신이 아니라 날씨와 관련된 '번개'라는 뜻을 명확히 했어요. 요즘은 주로 '전기'라는 뜻으로 쓰여요.

電氣(번개 **전**, 기운 **기**) 물체가 마찰할 때 일어나는 현상으로, 빛이나 열이 나며 단단한 물체를 당기는 힘이 있음
電話(번개 **전**, 말씀 **화**) 전화기, 또는 전화기를 이용하여 주고받는 말

錢 전 [qián] money (4급)

① 돈

금속을(金) 얇게 펴서(戔) 만든 것, 즉 엽전과 같은 '돈'을 뜻해요.

本錢(근본 **본**, 돈 **전**) 장사나 사업할 때 처음부터 밑천으로 가지고 있던 돈
換錢(바꿀 **환**, 돈 **전**) 주로 두 나라 사이의 종류가 다른 돈을 서로 바꿈

부수 金 | 필순 | 총 16획

얽히고설킨 한자

'수전노'는 무슨 뜻일까요?

'守錢奴'(지킬 수, 돈 전, 종 노)는 '돈을 지키는 노예'라는 뜻으로, 돈을 모을 줄만 알고 도무지 쓰지 않는 사람을 말해요. '구두쇠'라고도 하지요. 동양과 서양에는 이런 구두쇠를 대표하는 두 사람이 있어요. 서양에는 '스크루지', 우리나라에는 '자린고비'. 이 두 사람은 정말 지독한 구두쇠로, 도무지 베풀 줄을 모르지요. 돈을 모으고 저축하는 일도 중요하지만, 모은 돈을 좋은 곳에 잘 쓰는 것은 더 중요합니다. 많은 사람이 자기가 가진 것을 서로 나누고 살 수 있다면, 이 세상이 얼마나 더 아름다워질까요.

折 절 [zhé] break (4급)

① 꺾다

원래는 도끼로 나무를 찍는 모습을 본뜬 글자였어요. 나중에 손(扌)에 도끼(斤)를 들고 나무를 베어 '꺾는다'는 뜻으로 바뀌었어요.

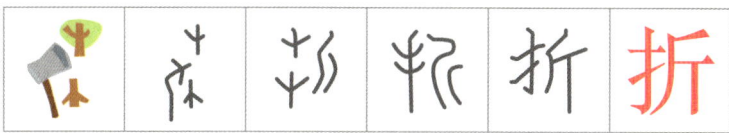

折半(꺾을 **절**, 반 **반**) 하나를 반으로 꺾음, 또는 그렇게 가른 반
挫折(꺾을 **좌**, 꺾을 **절**) 어떤 일을 하려는 의지나 기운이 꺾임

부수 手 필순 총 7획

切 절/체 [qiē, qiè] slice/all (5급)

① 끊다 (절) ② 모두 (체)

칼(刀)을 사용하여 가로세로로 벤다(七)는 뜻이에요.

切開(끊을 **절**, 열 **개**) 째거나 갈라서 벌림
一切(하나 **일**, 모두 **체**) 온통 모든 것

부수 刀 필순 총 4획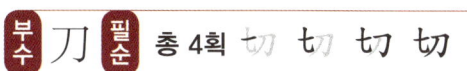

얽히고설킨 한자

'일절'과 '일체' 중 무엇이 옳을까요?

둘 다 맞습니다. 한자에는 글자는 같은데, 발음과 뜻이 다른 경우가 가끔 있어요. 그럴 때는 의미를 정확하게 알고 제대로 가려 써야 해요. 이 낱말의 경우, '일절'로 읽을 때는 부정하거나 금지할 때 주로 쓰며, 그 뜻은 '전혀, 절대로'입니다. '일체'는 나머지를 포함하여 '모두'라는 뜻으로 쓰죠. 그런데 식당 같은 곳에 가서 보면, '안주일절'이나 '우리 식당은 화학조미료를 일체 쓰지 않음' 등과 같이 엉뚱하게 쓴 경우가 가끔 있어요. 이 말은 '안주일체', '일절 쓰지 않음'이라고 해야 맞지요.

絶 절 [jué] cut (4급)

① 끊다

사람이 무릎을 꿇고 앉아(巴) 칼(⺈←刀)로 실(糸)을 자르는 모양을 본떠 만든 글자예요.

絶對(끊을 **절**, 상대할 **대**) 상대하여 견줄 만한 것이 없거나, 또는 아무런 조건이나 제약이 붙지 않음

根絶(뿌리 **근**, 끊을 **절**) 다시는 살아날 수 없도록 뿌리째 끊어 버림

| 부수 | 糸 | 필순 | 총 12획 | 絶 絶 絶 絶 絶 絶 絶 絶 絶 絶 絶 絶 |

節 절 [jié] joint / propriety / save (5급)

① 마디 ② 예절 ② 절약하다

밥상(皀) 앞에 꿇어앉은 사람(卩)과 대나무(竹)의 공통 요소인 '마디, 관절'을 뜻합니다. 여기서 대나무 마디처럼 절도 있는 '예절'이라는 뜻도 나왔어요. 아울러 예절은 꼭 필요하고 간결한 요소로만 구성되는 것이기에 '절약하다'라는 뜻도 나왔어요.

關節(빗장 **관**, 마디 **절**) 뼈가 서로 맞닿는 부분으로, 움직일 수 있게 연결되어 있음
禮節(예의 **예**, 예절 **절**) 예의범절이라는 말로, 예의에 관한 모든 질서나 절차를 일컬음
節約(절약할 **절**, 묶을 **약**) 아무렇게나 함부로 쓰지 않고 아껴 씀

부수: 竹 필순: 총 15획

禮節(예절)을 바르게 지키는 건 사람의 기본 도리야.

고양이도 節約(절약)이 뭔지는 알아.

占 점 [zhèn] occupy (4급)

① 차지하다

원래는 점친(卜) 내용을 입으로(口) 말한다는 뜻이었어요. 여기서 점치는 사람이 신의 계시를 독차지하기에 '차지한다'는 뜻이 나왔어요.

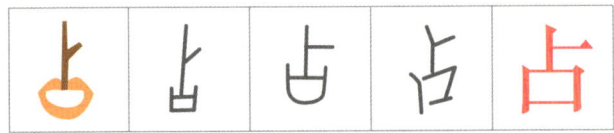

占有(차지할 **점**, 있을 **유**) 지위나 영역, 물건 등을 차지하여 자기 소유로 함
先占(먼저 **선**, 차지할 **점**) 먼저 차지함

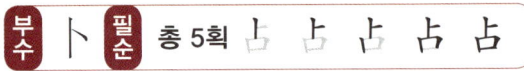

店 점 [dièn] store (5급)

① 가게

일정한 장소를 차지하고(占) 장사를 하는 곳(广)을 나타내요.

商店(장사 **상**, 가게 **점**) 물건을 파는 가게
書店(책 **서**, 가게 **점**) 책을 파는 곳

點 점 [diǎn] point (4급)

① 점, 점 찍다

일정한 장소(占)에다 작고 검은(黑) 표시를 하거나 그런 표시, 즉 '점, 점 찍다' 라는 뜻이에요.

點燈(점 찍을 **점**, 등잔 **등**) 등잔에 불을 켬
點數(점 찍을 **점**, 셀 **수**) 성적을 나타내는 숫자

부수	필순	
黑		총 17획 

接 접 [jiē] connect (4급)

① 사귀다 ② 잇다

귀인들 가까이에서 수발을 드는 여자 종(妾)과 행동을 대표하는 손(扌←手)이 합쳐져, '대접하다, 사귀다, 잇다'라는 뜻을 나타내요.

待接(기다릴 **대**, 사귈 **접**) 손님을 맞아 음식을 차려 예의에 맞게 대함
接着(이을 **접**, 붙을 **착**) 무언가를 잇대어 붙임

부수	필순	
手		총 11획 

丁 정 [dīng] 4th heavenly stem (4급)

① 넷째 천간 ② 장정

원래는 못을 본떠 만든 글자였어요. 훗날 이 글자가 '넷째 천간'을 나타내는 글자로 쓰이게 되자, 못은 쇠(金)를 더하여 '釘'(정)이라는 글자로 나타내게 되었습니다.

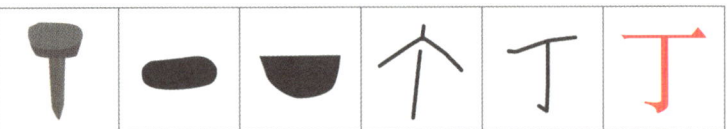

丁夜(넷째 천간 **정**, 밤 **야**) 밤을 다섯으로 나눈 오야의 넷째 밤, 즉 밤 1시부터 3시까지
壯丁(씩씩할 **장**, 장정 **정**) 젊고 기운이 씩씩한 남자

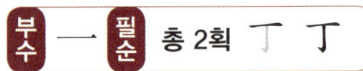

停 정 [tíng] park (5급)

① 머무르다, 멈추다

'亭'은 어떤 장소(高)에 고정된(丁) 듯이 '머물다'라는 뜻이에요. 따라서 '停'(정)은 사람(亻)이 어떤 곳에 머물다(亭)라는 뜻입니다.

停車場(머무를 **정**, 수레 **거**, 마당 **장**) 차가 머무는 곳
停止(멈출 **정**, 그칠 **지**) 중도에서 멈추거나 그침

庭 정 [tíng] garden (6급)

① 뜰

집(广) 안에서 사람이 허리를 굽히고 돌 따위를 깨끗이 치우는(廷) 곳, 즉 집 안의 작은 '뜰'을 나타냅니다.

家庭(집 **가**, 뜰 **정**) 가족이 생활하는 집
親庭(친할 **친**, 뜰 **정**) 시집간 여자의 본집

부수 广 필순 총 10획

情 정 [qíng] emotion (5급)

① 뜻

맑고 푸른(青) 마음(忄←心), 즉 거짓 없는 마음속의 '뜻, 감정'을 나타내요.

感情(느낄 **감**, 뜻 **정**) 외부의 사물이나 현상에 대해 느끼는 마음이나 기분
表情(겉 **표**, 뜻 **정**) 마음속 감정이 겉으로 드러난 모습

부수 心 필순 총 11획

精 정 [jīng] minute/spirit (5급)

① 세밀하다 ② 정신

맑고 깨끗하게(靑) 찧은 쌀(米)이라는 뜻이에요. 여기서 '깨끗하다, 세밀하다'라는 뜻이 나왔어요.

精巧(세밀할 **정**, 공교할 **교**) 무언가가 아주 세밀하고 공교함
精神(정신 **정**, 귀신 **신**) 육체 또는 물질에 대비되는 영혼이나 마음을 가리키며, 생각하고 판단하는 능력 또는 마음의 자세나 태도를 가리킴

부수 米 | 필순 | 총 14획 精 精 精 精 精 精 精 精 精 精 精 精

靜 정 [jìng] calm (4급)

① 고요하다, 깨끗하다

다툼(爭)이 맑고 깨끗하게(靑) 끝난 상태, 즉 '고요하다, 고요해지다'라는 뜻이에요.

安靜(편안할 **안**, 고요할 **정**) 정신이 편안하고 고요함
鎭靜(진압할 **진**, 고요할 **정**) 떠들썩한 상태를 고요하게 가라앉히거나 흥분된 마음을 차분하게 가라앉히는 것

부수 靑 | 필순 | 총 16획 靜 靜 靜 靜 靜 靜 靜 靜 靜 靜 靜 靜 靜 靜

定 정 [dìng] determine (6급)

① 정하다

어떤 장소(宀)에 이르러 발(疋←止)을 멈춘다(一)는 뜻으로, 이곳저곳 다니다 쉴 곳을 '정한다'는 뜻이에요.

決定(맺을 **결**, 정할 **정**) 어떤 행동이나 태도를 분명하게 정함
作定(지을 **작**, 정할 **정**) 무엇인가를 하기로 마음먹음

正 정 [zhèng] just (7급)

① 바르다

적의 땅(一)으로 가서(止) 정벌한다는 뜻으로, 여기서 정벌하여 '바로잡는다'는 뜻이 나왔어요.

正直(바를 **정**, 곧을 **직**) 거짓이나 꾸밈이 없이 바르고 곧음
公正(공평할 **공**, 바를 **정**) 행동이나 판단이 공평하고 바름

얽히고설킨 한자

'정의'는 무슨 뜻일까요?

'正義'(바를 정, 옳을 의)는 '바르고 옳은 도리'예요. 그런데 이 말 속에는 '잘못된 것이 있으면, 그리로 가서 바르고 옳은 도리에 맞게 바로잡는다'는, 직접적이고 실천적인 행동으로 요구하는 내용이 담겨 있어요. 그것은 바로 '正'이라는 한자말 때문이지요. 말로만이 아니라, 행동해서 바로잡는 것이 바로 '正'이지요. 그리고 우리가 '의롭다'라고 할 때 쓰는 '義'라는 말은 '마땅하다'는 뜻이에요. 각자 자신의 위치에 따라 마땅히 해야 할 행동이 바로 '의롭다'는 것이지요. 어른은 어른답게, 아이는 아이답게, 학생은 학생답게 등등. 바로 자기의 위치에서 자기가 해야 할 일을 제대로 하는 것이 '義'랍니다.

政 정 [zhèng] political (4급)

① 정치

손에 몽둥이를 들고(攴) 가서 바로잡는다(正)는 뜻으로, 곧 '정치'를 가리켜요.

政府(정치 **정**, 관청 **부**) 입법·사법·행정의 삼권을 포함하는 나라를 다스리는 기관을 통틀어 이르는 말

政治(정치 **정**, 다스릴 **치**) 나라를 다스리는 일

부수 攴 | 필순 총 9획

整 정 [zhěng] in order (4급)

① 가지런하다

무언가를 묶거나(束) 쳐서(攴) 바르게 한다(正)는 뜻이에요.

整理(가지런할 **정**, 다스릴 **리**) 흐트러지거나 혼란스러운 것들을 가지런히 바로잡음

整列(가지런할 **정**, 늘어설 **렬**) 가지런히 줄지어 늘어서거나 늘어서게 함

부수 攴 | 필순 총 16획

程 정 [chéng] order (4급)

① 정도 ② 법

옛날에는 무게를 잴 때 벼(禾)의 무게를 중심으로 공평하게(呈) 쟀습니다. 여기서 '정도, 법'이라는 뜻이 나왔어요.

程度(정도 **정**, 법도 **도**) 알맞은 한도
規程(법 **규**, 법 **정**) 일정한 목적을 위해 정해 놓은 명령이나 준칙

| 부수 | 禾 | 필순 | 총 12획 | 程 程 程 程 程 程 程 程 程 程 程 程 |

制 제 [zhì] make (4급)

① 만들다 ② 억제하다

칼(刂←刀)로 나무 끝에 새로 난 작은 가지(朱←未)를 쳐서 깨끗이 '만들다, 억제하다'라는 뜻을 나타냈어요.

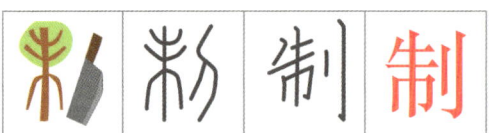

制定(만들 **제**, 정할 **정**) 제도나 법률 등을 만들어 정함
制止(억제할 **제**, 그칠 **지**) 어떤 일을 하지 못하도록 만듦

| 부수 | 刀 | 필순 | 총 8획 | 制 制 制 制 制 制 制 制 |

製 제 [zhì] manufacture (4급)

① 짓다

천을 깨끗이 다듬고 잘라(制) 옷(衣)을 '짓다, 만들다'라는 뜻이에요.

製品(지을 **제**, 물건 **품**) 원료를 써서 만들어낸 물품
製作(지을 **제**, 지을 **작**) 재료를 가지고 물건을 만듦

| 부수 | 衣 | 필순 | 총 14획 |  |

帝 제 [dì] emperor (4급)

① 임금

원래는 혈통이 이어지는 무성한 자손을 낳은 최초의 여성, 즉 원시 모계 사회의 여성 시조를 가리키던 글자였어요. 이것이 부계 사회로 변하면서 남자 조상신을 가리키는 말로 바뀌고, 다시 '임금'을 가키는 말로 쓰이게 되었어요.

帝國(임금 **제**, 나라 **국**) 여러 제후국을 거느린 황제가 다스리는 나라
皇帝(임금 **황**, 임금 **제**) 왕이나 제후를 거느리고 나라를 다스리는 임금

| 부수 | 巾 | 필순 | 총 9획 |  |

弟 제 [dì] younger brother (8급)

① 아우 ② 제자

긴 창(戈)에 밧줄을 차례로 감은 모양(弓)을 본떠 '차례'를 뜻하였으나, 나중에 '동생'이라는 뜻으로 쓰이게 되었습니다.

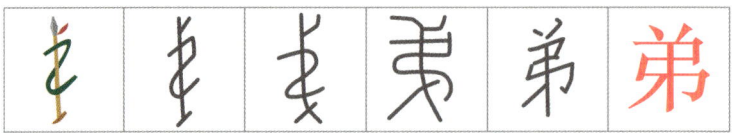

兄弟(형 **형**, 아우 **제**) 형과 아우

弟子(제자 **제**, 아들 **자**) 스승으로부터 가르침을 받는 사람

부수 弓 필순 총 7획

第 제 [dì] order (6급)

① 차례

대나무(竹)로 만든 막대기에 밧줄을 차례로 감아 놓은 모양(弟)을 나타낸 글자로, '차례'를 뜻해요.

第一(차례 **제**, 한 **일**) 첫째, 가장
第三者(차례 **제**, 석 **삼**, 사람 **자**) 당사자가 아닌, 그 일과는 관계없는 사람

濟 제 [jì] cross (4급)

① 건너다

'齊'는 나아간다는 뜻의 '進'(진)과 같은 뜻이었어요. 'ⅰ'를 더해 강물을 건너 나아간다는 뜻으로 쓰이게 되었어요.

濟州(건널 **제**, 고을 **주**) 제주도. 한반도 남쪽 바다 건너에 있는 섬
經濟(지날 **경**, 건널 **제**) 삶에 필요한 재화와 용역을 생산, 분배, 소비하는 모든 활동

얽히고설킨 한자

'경제'란 무슨 뜻일까요?

'經濟'는 '經世濟民'(지날 경, 세상 세, 건널 제, 백성 민)이란 말에서 '경'과 '제', 두 글자를 따서 만든 말이에요. 원 뜻을 풀어 보면 '세상을 경영하여 사람들을 고난에서 구제한다'는 뜻이랍니다. 그러니까 '경제'란 처음부터 '정치'와 분리되지 않는 행위인 셈이지요.

祭 제 [jì] offer sacrifice (4급)

① 제사

손(又)에 고기(夕←肉)를 들고 제단(示)에 올리는 모습을 본떠 만든 글자이므로 '제사'를 뜻해요.

祝祭(축하할 **축**, 제사 **제**) 축하하여 벌이는 큰 잔치
祈雨祭(빌 **기**, 비 **우**, 제사 **제**) 비가 오기를 빌며 올리는 제사

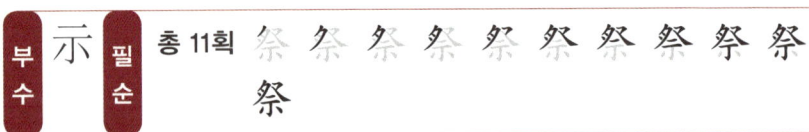

際 제 [jì] border (4급)

① 가장자리, 사이

인간과 신이 서로 통하게 하는 제사(祭)처럼 언덕(阝)과 언덕이 서로 만나는 곳이라는 뜻으로 '가장자리, 사이'를 나타내요.

國際(나라 **국**, 사이 **제**) 나라와 나라 사이
交際(사귈 **교**, 사이 **제**) 서로 사귐

提 제 [tí] lift (4급)

① 들다

하늘 한가운데 와서(疋←止) 멈춘(一) 태양(日)이 내리쬐자 손(扌)을 들어 얼굴을 가린다는 뜻이에요. 여기서 '들다'라는 뜻이 나왔어요.

提供(들 **제**, 이바지할 **공**) 누군가에게 갖다 주어 이바지함
提訴(들 **제**, 하소연할 **소**) 소송을 제기함

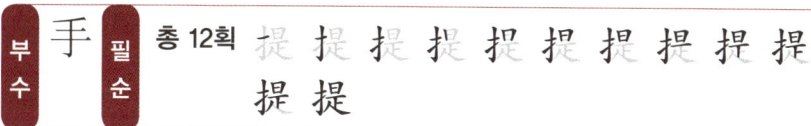

題 제 [tí] topic (6급)

① 표제

하늘 한가운데 와서 멈춘 태양(是)이 빛을 내리쬘 때 햇빛이 가장 먼저 와 닿는 얼굴(頁) 부위, 즉 '이마'를 가리키는 글자였어요. 여기서 나아가 사물의 '표제'를 뜻하게 되었어요.

題目(표제 **제**, 조목 **목**) 글이나 작품에서 그것을 대표하는 이름
標題(표시할 **표**, 표제 **제**) 책의 겉에 쓰는 책의 이름

| 부수 | 頁 | 필순 | 총 18획 | 題 題 題 題 題 題 題 題 題 題 題 題 題 題 題 題 題 題 |

除 제 [chú] remove (4급)

① 덜다

점점 높아지는 언덕(阝)과 같아서 조심스레 천천히 걸어야(余←徐) 하는 궁궐의 '계단'이라는 뜻입니다. 궁궐 계단을 오르기 위해서는 먼지나 더러운 것들을 털어 몸을 깨끗이 해야 했기에, '덜다, 제거하다'라는 뜻이 생겼어요.

除去(덜 **제**, 갈 **거**) 덜어서 없애 버림
除外(덜 **제**, 바깥 **외**) 범위 바깥에 따로 떼어 빼 버림

| 부수 | 阜 | 필순 | 총 10획 | 除 除 除 除 除 除 除 除 除 除 |

祖 조 [zǔ] ancestor (7급)

① 조상

무덤 앞에 세우는 비석(且) 또는 제사 음식을 포갠 모양(且)으로 '조상'을 나타냈으나, 나중에 신을 뜻하는 '示'를 덧붙였어요.

祖父(조상 **조**, 아비 **부**) 할아버지

祖上(조상 **조**, 위 **상**) 같은 핏줄을 가진 할아버지 이상의 어른

부수 示 필순 총 10획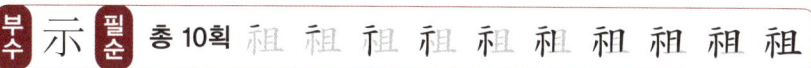

助 조 [zhù] help (4급)

① 돕다

힘(力)을 포개어 쌓다(且), 즉 보태 준다는 뜻으로 '돕다'는 의미예요.

救助(구원할 **구**, 도울 **조**) 어려운 처지에 빠진 사람을 구원하여 도와줌

助手(도울 **조**, 손 **수**) 책임을 맡은 사람을 도와주는 사람

부수 力 필순 총 7획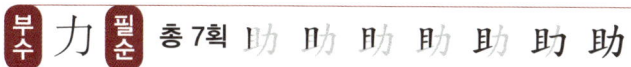

組 조 [zǔ] organize (4급)

① 짜다, 끈

가느다란 실(糹)을 꼬아 수북이 포개어 쌓는다(且), 즉 '짜다' 또는 그렇게 꼬아 만든 '끈'을 뜻해요.

組立(짤 **조**, 설 **립**) 여러 조각을 하나로 짜 맞춤
組織(짤 **조**, 짤 **직**) 짜서 맞춤. 특히 어떤 목적을 달성하기 위해 여러 개체나 요소를 모아 집단을 이룸. 또는 그런 집단

| 부수 | 糹 | 필순 | 총 11획 | 組 組 組 組 組 組 組 組 組 組 組 |

條 조 [tiáo] branch / article (4급)

① 가지 ② 조목

나무(木)에서 길게 쭉쭉 뻗어나가는(攸) 부분, 즉 '가지'를 뜻합니다. 나뭇가지는 나무의 한 갈래이기에, 큰 원칙이나 조약 같은 것의 한 '조목'이라는 뜻이 갈라져 나왔어요.

條理(가지 **조**, 다스릴 **리**) 잘 정리된 나뭇가지처럼, 말이나 글 또는 일이나 행동 등이 앞뒤가 맞고 체계가 있는 갈피
信條(믿을 **신**, 조목 **조**) 굳게 믿고 지키는 조목

| 부수 | 木 | 필순 | 총 11획 | 條 條 條 條 條 條 條 條 條 條 條 |

操 조 [cāo] hold (5급)

① 잡다

나무 위에 새들이 모여 지저귀며(喿) 자기 뜻을 전달하듯이 사람은 손(扌)으로 자기가 원하는 것을 꽉 '쥔다, 잡는다'라는 뜻이에요.

操心(잡을 **조**, 마음 **심**) 행동에 실수가 없도록 마음을 다잡음
操作(잡을 **조**, 지을 **작**) 기계 등을 일정한 방식에 따라 다룸

| 부수 | 手 | 필순 | 총 16획 |  |

早 조 [zǎo] early (4급)

① 일찍

풀(十←艸) 위로 해(日)가 떠오르는 이른 새벽이란 뜻에서, '일찍, 이르다'라는 뜻이 나왔어요.

早期(일찍 **조**, 기간 **기**) 이른 시기나 기간
早退(일찍 **조**, 물러날 **퇴**) 예정된 시간보다 일찍 물러남

| 부수 | 日 | 필순 | 총 6획 |  |

朝 조 [cháo] morning (6급)

① 아침

나무 사이로 해가 떠오르는 모습을 표현한 글자로 '아침'을 뜻해요.

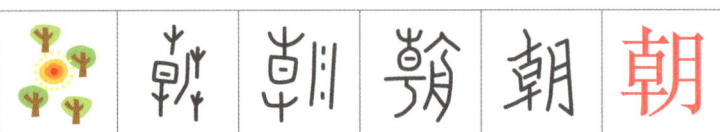

朝夕(아침 **조**, 저녁 **석**) 아침과 저녁

王朝(임금 **왕**, 아침 **조**) 같은 집안에 속하는 왕들의 계열, 또는 그런 왕들이 다스리는 동안

가을이 오나 봐. 朝夕(조석)으로 기온 차가 심해지는 걸 보니~.

조석으로 부모님께 인사를 드리고 있어요….

潮 조 [cháo] tide (4급)

① 밀물

아침 녘(朝)에 밀려드는 물(氵), 즉 '밀물'을 뜻해요.

潮力(밀물 조, 힘 력) 밀물과 썰물이 일 때, 그 차이로 생겨나는 힘
潮水(밀물 조, 물 수) 아침에 밀려들었다가 저녁이면 빠져나가는 바닷물

얽히고설킨 한자

아침 녘에 밀려드는 조수가 潮(밀물 조)면, 저녁 조수는 '汐'(썰물 석)이겠네?

맞습니다. 아침과 저녁을 '朝夕'이라고 하듯이, 밀물과 썰물은 한자로 '潮汐'(조석)이라고 해요. 밀물과 썰물은 달과 태양의 인력에 따라 바닷물이 들었다 나갔다 하는 현상을 말해요. 보통 12시간 간격으로 하루에 두 번 일어나지요. 지구의 자전이나 달과 태양의 상대적 위치에 따라 변화가 일기도 하고, 지형의 영향으로 복잡한 양상을 보이기도 한답니다.

造 조 [zào] invent (4급)

① 만들다

어떤 일이 완성되었거나 무언가가 다 만들어졌다고 가서(辶) 아뢰는(告) 데서, '만들다'는 뜻이 나왔어요.

構造(얽을 **구**, 만들 **조**) 여러 요소들을 얽어 전체를 만듦, 또는 그렇게 얽은 얼개
創造(비롯할 **창**, 만들 **조**) 전에 없던 것을 처음으로 만듦

調 조 [diào] harmonize (5급)

① 고르다 ② 헤아리다

두루(周) 마음을 쓰면서 말(言)을 한다는 데서, '고르다, 헤아리다'라는 뜻을 나타내요.

調和(고를 **조**, 화할 **화**) 서로 골고루 잘 어울림
取調(취할 **취**, 헤아릴 **조**) 범죄 사실을 밝히기 위해 사실을 헤아려 조사함

鳥 조 [niǎo] bird (4급)

① 새

새의 모양을 본떠 만든 글자예요.

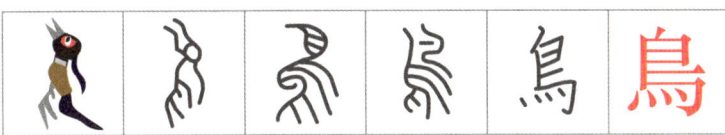

鳥類(새 **조**, 무리 **류**) 새의 무리
白鳥(흰 **백**, 새 **조**) 흰 새

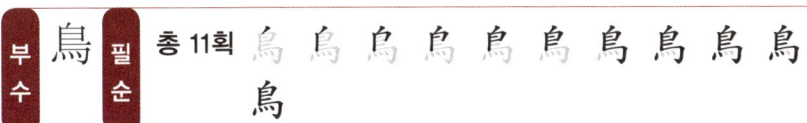

族 족 [zú] race (6급)

① 겨레

전쟁이 나면 하나의 깃발(㫃) 아래 화살(矢)을 든 같은 핏줄의 무리가 모인 모습을 본떠 만든 글자예요.

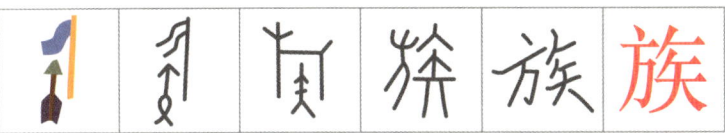

家族(집 **가**, 겨레 **족**) 남편과 아내를 기초로 하여 한 가정을 이루고 사는 사람들
族譜(겨레 **족**, 계보 **보**) 한집안의 계통과 혈통의 흐름을 기록한 책

足 족 [zú] foot (7급)

① 발 ② 넉넉하다

종아리와 발의 모양을 본떠 만든 글자예요.

足球(발 족, 공 구) 발로 공을 차서 두 편이 승부를 가르는 구기 운동의 종류
不足(아닐 부, 넉넉할 족) 기준에 미치지 못함

얽히고설킨 한자

'족발'은 무슨 뜻일까요?

'족발'이란 발을 뜻하는 한자 '足'에 순우리말 '발'을 합친 말입니다. 따라서 '돼지 족발'이라고 하는 말은 엄밀히 따지면 '돼지의 발'이라고 해야 해요. 하지만 '족발'이라는 말은 이미 우리말로 자리를 잡아 '돼지의 발을 조려서 만든 음식'이라는 전혀 다른 뜻으로 쓰이고 있어요.

'발'은 '사람'을 나타내기도 하나요?

회의에 참가해야 할 사람의 수를 정족수(定足數)라고 하는데, 그건 '정해진 발의 수'라는 뜻으로 '자리에 참석해야 할 사람의 수'를 나타내는 것이지요. 만족(滿足)이나 충족(充足)이라는 말도 그 자리에 있어야 할 사람의 수가 모두 채워졌으니 이제 충분하다는 뜻에서 생겨난 말입니다.

存 존 [cún] exist (4급)

① 있다

땅을 뚫고 갓 돋아난 새싹(才←才)이나 어린아이(子)가 잘 있는지 보살핀다는 의미로, '있다, 살피다'는 뜻을 나타내게 되었어요.

共存(함께 공, 있을 존) 함께 있으면서 서로 도우며 살아감
保存(지킬 보, 있을 존) 잘 보호하고 간수하여 원래대로 있게 함

부수 子 필순 총 6획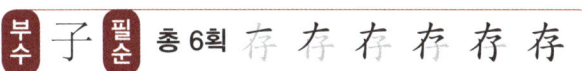

尊 존 [zūn] honor (4급)

① 높다, 높이다

두 손(寸←廾)으로 술잔(酋)을 들어 바치는 것이므로 '존경'을 뜻하게 되었어요.

自尊心(스스로 **자**, 높일 **존**, 마음 **심**) 자신의 품위를 스스로 높이 가지는 마음
尊敬(높일 **존**, 공경할 **경**) 받들어 공경함

卒 졸 [zú] soldier / finish (5급)

① 군사 ② 마치다

특정한 표시(一)를 한 옷(𠅘←衣)을 입은 병졸을 가리키는 글자입니다. 즉 '군사, 졸병'을 뜻했는데, 전쟁이 나면 주로 이런 병졸들이 죽었기에 '죽다, 마치다'라는 뜻으로도 쓰이게 되었어요.

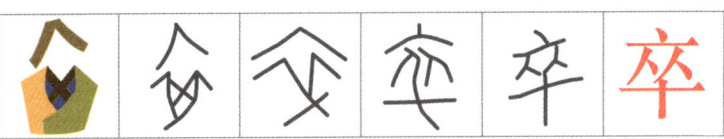

卒兵(군사 **졸**, 군사 **병**) 직위가 낮은 병사
卒業(마칠 **졸**, 일 **업**) 규정에 정해진 학업을 마침

宗 종 [zōng] ancestor (4급)

① 마루, 으뜸

조상의 신주(示)를 모시는 집(宀)이니까 '사당'이에요. 나아가 그 사당에서 제사를 지내는 씨족의 시조를 가리키게 되어 '마루, 첫, 으뜸'이라는 뜻으로 널리 쓰게 되었습니다.

宗敎(마루 **종**, 가르칠 **교**) 절대자나 신을 믿는 신앙의 체계
宗親(마루 **종**, 친할 **친**) 같은 조상에게 제사를 함께 모시는 일가붙이

從 종 [cóng] follow (4급)

① 따르다, 쫓다 ② 일하다

사람(人)이 사람(人)의 뒤를 따라(从)간다(彳, 龰←止)는 뜻, 즉 '따르다, 쫓다'라는 뜻을 나타내요.

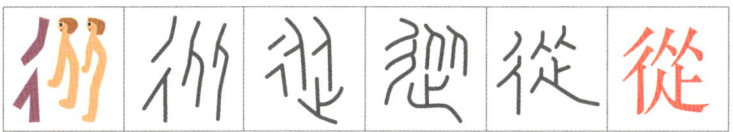

從業員(일할 **종**, 일 **업**, 인원 **원**) 어떤 업무에 종사하는 사람
追從(쫓을 **추**, 쫓을 **종**) 자신은 별 판단 없이 남의 뒤를 무작정 따름

種 종 [zhǒng] seed / plant (5급)

① 씨, 심다 ② 종류

벼(禾)에서 무거운(重) 부분, 즉 '씨, 이삭'을 나타냅니다.

種子(씨 종, 아들 자) 식물에서 나온 씨 또는 씨앗
各種(각각 각, 종류 종) 여러 가지 종류

| 부수 | 禾 | 필순 | 총 14획 | 種種種種種種種種種種種種種種 |

얽히고설킨 한자

'종두득두'란 무슨 뜻일까요?

'種豆得豆'(심을 종, 콩 두, 얻을 득, 콩 두)는 글자 그대로 콩을 심으면 콩을 얻는다는 뜻이에요. 원인에 따라서 결과가 생긴다는 말이지요. 우리말 속담에 '콩 심은 데 콩 나고 팥 심은 데 팥 난다'는 말과 같은 뜻이랍니다. 콩 심어 놓고 팥 나기를 기다릴 수는 없겠지요. 공부나 미래의 꿈도 마찬가지죠. 공부도 하지 않고 좋은 성적이 나오기를 기다리거나, 아무런 노력도 하지 않고 마냥 훌륭한 인물이 되겠다고 꿈꾸는 것은 공상이지요. 모든 결과는 자신이 들인 노력에 비례해서 성과를 거두기 마련입니다. 그러니 콩을 거두거나 팥을 거두려면, 미리 계획을 짜고 거기에 맞춰 노력을 게을리하지 말아야겠지요.

鍾 종 [zhōng] bell (4급)

① 종

쇠(金)로 만든 아주 무거운(重) 것, 즉 쇠로 만든 커다란 '종'을 가리킵니다.

打鍾(때릴 **타**, 종 **종**) 종을 침
招人鐘(부를 **초**, 사람 **인**, 종 **종**) 사람을 부르기 위해 신호를 울리는 종

 총 17획 鍾 鍾 鍾 鍾 鍾 鍾 鍾 鍾 鍾 鍾 鍾 鍾 鍾 鍾 鍾 鍾 鍾

終 종 [zhōng] end (5급)

① 마치다

'冬'은 원래 실의 양 끝을 맺은 모양으로, 실잣기를 '마치다, 끝맺다'라는 뜻이었어요. 나중에 이것이 계절의 끝을 뜻하는 '겨울'로 쓰이게 되자, 다시 실(糸)을 덧붙여 '마치다, 끝맺음'으로 쓰게 되었어요.

終結(마칠 **종**, 맺을 **결**) 일을 마쳐 끝맺음
終日(마칠 **종**, 날 **일**) 하루 온종일

 총 11획 終 終 終 終 終 終 終 終 終 終 終

左 좌 [zuǒ] left (7급)

① 왼쪽

주로 정과 같은 공구(工)를 쥐는 손(屮), 즉 왼손을 뜻해요.

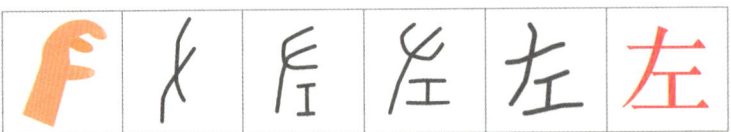

左右(왼 **좌**, 오른 **우**) 왼쪽과 오른쪽
左派(왼 **좌**, 갈래 **파**) 어떤 단체나 정당에서 진보적이거나 급진적인 경향을 지닌 사람들의 갈래

座 좌 [zuò] seat (4급)

① 자리

집 안(广)의 앉는(坐) 곳으로 '자리'를 뜻합니다.

座席(자리 **좌**, 자리 **석**) 앉을 수 있게 마련된 자리
座右銘(자리 **좌**, 오른 **우**, 새길 **명**) 자리 옆에 늘 챙겨 두고 가르침으로 삼는 말이나 글

罪 죄 [zuì] sin (5급)

① 허물

잘못(非)을 저지른 사람이 그물(罒)에 걸린다는 것으로 '허물, 죄'라는 뜻이에요.

罪囚(허물 **죄**, 죄인 **수**) 죄를 지어 감옥에 갇힌 사람
無罪(없을 **무**, 허물 **죄**) 아무런 잘못이나 허물이 없음

主 주 [zhǔ] host (7급)

① 주인

불이 붙은 등잔을 본떠 만든 글자로 '炷'(심지 주)의 원래 글자였어요. 나중에 '주인'이라는 뜻으로 쓰게 되었어요.

民主(백성 **민**, 주인 **주**) 국민에게 주권이 있음
主人(주인 **주**, 사람 **인**) 어떤 물건 등을 소유한 사람

얽히고설킨 한자

'공주'(公主)라는 말은 어떻게 생겨났을까요?

왕의 아들은 왕자(王子)라고 하는데, 왜 왕의 딸을 왕녀(王女)가 아니라 공주(公主)라고 할까요? '공주'라는 말이 처음 생긴 때는 중국의 춘추전국 시대예요. 당시 천자가 자신의 딸을 제후에게 시집보낼 때에는 최고의 제후인 '공'(公)에게 그 결혼식을 주관(主)하도록 시켰어요. 그러니까 당시의 '공주'란 공이 왕의 딸의 결혼식을 주관하였다는 뜻이에요. 그리고 결혼식이 끝나고 난 뒤에는 그 딸에게 '~공주'라는 칭호를 붙였대요. 예를 들어, 한나라 유방의 딸은 '노원공주'(魯元公主)라고 불렀는데, 그것은 '공이 주관하여 노나라의 제후와 결혼한 천자의 딸'이라는 뜻이었던 거예요.

住 주 [zhù] dwell (7급)

① 살다

주인(主)인 사람(人)이 자기 집에 오랫동안 머물러 '산다'라는 뜻이에요.

住所(살 **주**, 곳 **소**) 사람이 살고 있는 곳, 또는 그런 곳을 행정구역으로 표시한 이름
住宅(살 **주**, 집 **택**) 사람이 사는 집

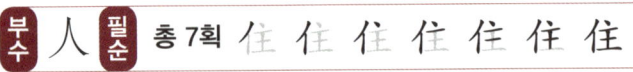

注 주 [zhù] pour (6급)

① 물 대다

물(水)이 오래도록 머물러 있도록(主←住) 어떤 곳에 '부어 따르다, 대다'라는 뜻이에요.

注意(물 댈 **주**, 뜻 **의**) 어떤 곳에 생각을 집중하여 새겨 두고 조심함
注油所(물 댈 **주**, 기름 **유**, 곳 **소**) 기름을 넣는 곳

부수 水 필순 총 8획 注 注 注 注 注 注 注 注

州 주 [zhōu] province (5급)

① 고을

강 한가운데 있는 땅, 즉 모래톱을 본떠 만든 글자예요. 주로 지명에 많이 쓰여요.

全州(온전할 **전**, 고을 **주**) 전라북도 중앙에 있는 도시로, 도청 소재지임
羅州(비단 **나**, 고을 **주**) 전라남도 중서부에 있는 도시로, 배가 유명함

부수 巛 필순 총 6획 州 州 州 州 州 州

全州(전주), 羅州(나주) 외에도 우리나라 지명으로 경주, 진주, 상주도 있어.

周 주 [zhōu] all around (4급)

① 두루

밭(田)에 씨(·)를 골고루 뿌린 모양을 본떠 만든 글자로 '두루, 골고루'라는 뜻이에요.

圓周(둥글 **원**, 두루 **주**) 원의 둘레
周圍(두루 **주**, 에워쌀 **위**) 어떤 것을 에워싼 바깥 둘레

부수 口 필순 총 8획

週 주 [zhōu] cycle (5급)

① 돌다

주위를 두루(周) 걷다(辶), 즉 '돌다'라는 뜻이에요.

週期(돌 **주**, 기간 **기**) 어떤 현상이 되풀이하여 일어날 때까지의 일정한 시간
一週日(한 **일**, 돌 **주**, 날 **일**) 월요일에서 일요일까지의 7일 동안

부수 辶 필순 총 12획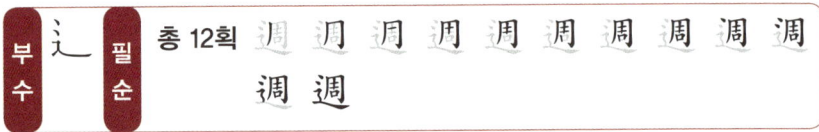

晝 주 [zhòu] daytime (6급)

① 낮

하루 중에 일정하게 구획(聿←畫) 지어진 시간으로, 해(日)가 떠 있는 시간, 즉 '낮'이에요.

晝間(낮 **주**, 사이 **간**) 낮, 해가 떠서 지기 전까지의 사이
晝夜(낮 **주**, 밤 **야**) 낮과 밤, 밤낮

| 부수 | 日 | 필순 | 총 11획 |  |

朱 주 [zhū] red (4급)

① 붉다

나무(木)를 벤(一) 모양을 본떠 만든 글자로, 베어 낸 단면의 심이 '붉다'는 뜻이에요.

朱丹(붉을 **주**, 붉을 **단**) 곱고 붉은 색깔
朱黃色(붉을 **주**, 누를 **황**, 빛 **색**) 붉은 색을 띤 노랑. 빨강과 노랑의 중간색

| 부수 | 木 | 필순 | 총 6획 |  |

난 朱黃色(주황색)을 좋아하는데….

제 옷은 朱丹(주단)으로 만든 거예요.

走 주 [zǒu] run (4급)

① 달리다

사람(土←大)이 팔을 휘두르며 달려가는(龰←止) 모양을 본떠 만든 글자예요.

走行(달릴 **주**, 갈 **행**) 달려감. 주로 동력으로 움직이는 자동차나 열차가 달리는 것을 가리킴

競走(겨룰 **경**, 달릴 **주**) 일정한 거리를 달려 빠르기를 서로 다툼

부수 走 필순 총 7획

酒 주 [jiǔ] liquor (4급)

① 술

원래는 술 단지(酉)의 모양만 본떠 '술'을 나타냈어요. 지금의 글자는 나중에 'ㅣ'를 덧붙인 것입니다.

禁酒(글할 **금**, 술 **주**) 술을 못 먹게 함, 또는 먹던 술을 끊고 먹지 않음
飮酒(마실 **음**, 술 **주**) 술을 마심

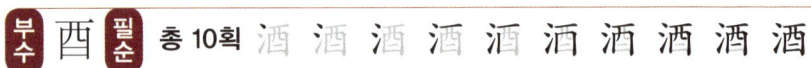
부수 酉 필순 총 10획

竹 죽 [zhú] bamboo (4급)

① 대나무

대나무의 줄기와 잎 모양을 본떠 만든 글자예요.

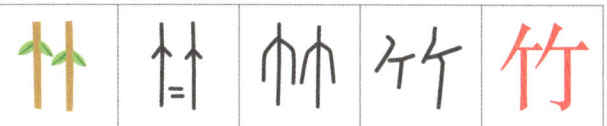

竹筍(대나무 **죽**, 죽순 **순**) 대나무의 땅속줄기에서 돋아나는 어리고 연한 싹
松竹(소나무 **송**, 대나무 **죽**) 소나무와 대나무. 절개와 지조를 상징함

부수 竹 **필순** 총 6획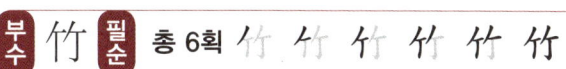

準 준 [zhǔn] standard (4급)

① 법도

'준'(隼)은 하늘을 수평으로 나는 '새매'를 가리키며, 물(氵) 역시 평평함을 상징하여서, 원래 이 글자는 '평평하다'라는 뜻이었어요. 여기서 평평한 물의 높이를 재는 '수준기'라는 뜻이 나오고, 다시 여기서 어떤 것을 재는 '표준, 기준, 법도'라는 뜻이 나왔어요.

基準(터 **기**, 법도 **준**) 무언가의 기본이 되는 표준 법도
水準(물 **수**, 법도 **준**) 수면의 위치. 사물의 가치나 질 등의 기준이 되는 정도

부수 水 **필순** 총 13획

中 중 [zhōng] center (8급)

① 가운데

군대의 중앙에 세운 깃발 모양을 본떠 만든 글자로, '가운데'를 나타내요.

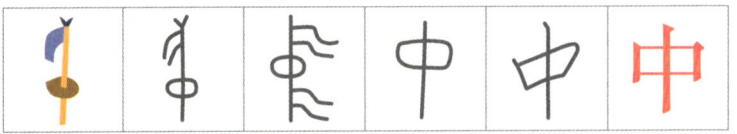

中心(가운데 중, 마음 심) 가장 중요하고 기본이 되는 한가운데
中央(가운데 중, 가운데 앙) 사방의 중심이 되는 한가운데

부수 丨 필순 총 4획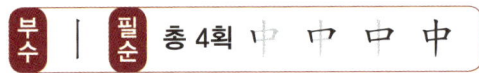

重 중 [zhòng] heavy (7급)

① 무겁다

사람(壬)이 무거운 짐 보따리(東)를 짊어지고 있는 모양을 본떠 만든 글자로 '무겁다'라는 뜻을 나타내요.

重大(무거울 중, 클 대) 어떤 일이나 대상 등이 가볍게 여길 수 없을 만큼 매우 중요하고 큼
所重(바 소, 무거울 중) 매우 귀하고 중요함

부수 里 필순 총 9획

衆 중 [zhòng] crowd (4급)

① 무리

같은 목표(血←目)를 향해 가는 많은 사람들(乑←众)이라는 뜻이에요.

群衆(무리 **군**, 무리 **중**) 한곳에 떼로 무리 지어 모여 있는 사람들
大衆(클 **대**, 무리 **중**) 크게 떼를 지은 사람들의 무리

| 부수 | 血 | 필순 | 총 12획 |  |

增 증 [zēng] increase (4급)

① 더하다

거듭해서(曾) 흙(土)을 덧붙여 쌓는다는 것입니다. 여기서 '더하다, 늘리다, 더욱' 같은 뜻이 나왔어요.

增減(더할 **증**, 덜 **감**) 더하거나 덞, 또는 많아지거나 적어짐
增進(더할 **증**, 나아갈 **진**) 더하여 나아감

| 부수 | 土 | 필순 | 총 15획 |  |

> 얽히고설킨 한자

'무리'를 뜻하는 '衆'의 의미는 무엇일까요?

사람이나 짐승이 모여서 떼를 이룬 한 동아리를 '무리'라고 하지요. 한자로는 '衆'. 그런데 지금 중국에서는 이 '衆' 자를 간단하게 '众'이라고 씁니다.

그런데 이 '众' 자를 자세히 보면, '세 사람'이지요? 그런데 '세 사람'이 어떻게 '많은 사람'을 의미하게 되었을까요? 옛 사람들의 생각에 '셋'은 '많다'는 것을 의미했어요. 하나에서 둘이 나오고, 둘이 셋이 되면, 그 다음부터 사물은 무한히 불어나기 때문이지요. 가령 엄마와 아빠가 만나서 아이가 태어나고, 그러면 그 아이가 자라서 또 사랑하는 사람을 만나 아이를 낳고……. 그렇게 모든 사물은 셋이 되면서 많아지는 거예요. 그러니까 '세 사람'이 '많은 사람'을 뜻할 수 있는 것이지요.

證 증 [zhèng] proof (4급)

① 증거

윗사람에게 말(言)을 올린다(登), 즉 '上告'(상고)한다는 뜻입니다. 상고를 하려면 그 일과 관련된 뚜렷한 증거가 있어야 하기에 '증거'라는 뜻으로 쓰이게 되었어요.

證言(증거 **증**, 말씀 **언**) 사실을 증명하는 말
證明(증거 **증**, 밝을 **명**) 어떤 사실이나 판단에 대해 증거를 들어 틀림없다고 밝힘

| 부수 | 言 | 필순 | 총 19획 |

地 지 [dì] earth (7급)

① 땅

뱀(也)이 기어 다니는 땅(土)을 나타냈어요.

地球(땅 **지**, 공 **구**) 인류가 살고 있는 공처럼 생긴 땅
土地(흙 **토**, 땅 **지**) 땅, 흙

| 부수 | 土 | 필순 | 총 6획 |

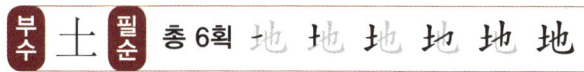

志 지 [zhì] will (4급)

① 뜻

마음(心)이 향하여 가는(士←之) 것이므로 '뜻'을 나타내요.

同志(같을 **동**, 뜻 **지**) 목적이나 뜻이 서로 같음, 또는 그런 사람
意志(뜻 **의**, 뜻 **지**) 어떤 일을 이루어 내려는 마음

| 부수 | 心 | 필순 | 총 7획 | 志 志 志 志 志 志 志 |

誌 지 [zhì] record (4급)

① 기록하다

마음속의 뜻(志)을 말(言)로 '기록하다, 표시하다'라는 뜻이에요.

日誌(날 **일**, 기록할 **지**) 그날그날의 일이나 느낌을 날마다 적은 기록
雜誌(섞일 **잡**, 기록할 **지**) 다양한 내용을 정기적으로 간행하는 출판물

| 부수 | 言 | 필순 | 총 14획 | 誌 誌 誌 誌 誌 誌 誌 誌 誌 誌 誌 誌 誌 誌 |

그럼 '삼국지'의 '지'도 '誌'야? 삼국의 역사를 기록하니까.

아냐, 三國志(삼국지)의 '지'는 '志'야. 志는 '뜻 지' 외에도 '역사책을 기술한다'는 뜻이 있지. 헷갈리지 마.

指 지 [zhǐ] finger / direct (4급)

① 손가락　② 가리키다

맛있는(旨) 음식을 맛보는 손(扌)의 부위, 곧 '손가락'이에요. 그리고 손가락은 주로 무엇인가를 가리키는 데에도 쓰이기에 '가리키다'라는 뜻도 있습니다.

藥指(약 **약**, 손가락 **지**) 약손가락. 네 번째 손가락을 가리킴

指示(가리킬 **지**, 보일 **시**) 어떤 대상을 가리켜 보이거나, 어떤 일을 누군가에게 일러서 시킴

부수 手　필순 총 9획

持 지 [chí] support (4급)

① 지키다　② 가지다

'寺'는 원래 주요 길목에 있으면서 여러 가지 일을 처리하던 관청이었어요. 관청에서 일을 장악하여 처리하듯이, 손(扌)으로 무엇인가를 '장악하다, 지키다'라는 뜻이에요.

持續(지킬 **지**, 이을 **속**) 계속 이어서 지켜 나감. 또는 같은 상태를 이어감

所持(바 **소**, 가질 **지**) 몸에 지님

부수 手　필순 총 9획

知 지 [zhī] know (5급)

① 알다

아는 것이 많으면 말(口)을 화살(矢) 쏘듯 빠르게 한다는 뜻으로 만들어진 글자예요.

知能(알 지, 능할 능) 두뇌의 작용으로, 지적인 활동 능력을 말함
知識(알 지, 알 식) 앎, 어떤 대상에 대해 배우거나 경험으로써 알게 된 인식이나 이해

부수 矢 | 필순 | 총 8획 知 知 知 知 知 知 知 知

얽히고설킨 한자

'철부지'는 무슨 뜻일까요?

'철부지'는 우리말 '철'과 한자말 '不知'(아닐 부(불), 알 지)가 합쳐져 만들어진 낱말입니다. 여기서 '不知'라는 말은 '모른다'란 뜻이에요. 그러니까 '철부지'는 '철모른다'는 뜻으로, 철없는 어린아이나 어리석은 사람들을 가리킨답니다. 그렇다면 여기서 '철'은 무슨 뜻일까요? '철'에는 '제철 과일'이라고 할 때처럼 '계절'이란 뜻과, '사리를 헤아릴 줄 아는 힘'이라는 두 가지 뜻이 있어요. 그러므로 '철부지'는 '계절의 변화도 모르는 사람' 또는 '사리를 헤아릴 줄도 모르는 사람'이라고 해야겠지요.

智 지 [zhì] wisdom (4급)

① 슬기, 지혜

세상을 비추는 해(日)처럼 두루두루 밝게 아는(知) 것을 뜻해요.

智慧(슬기 **지**, 슬기로울 **혜**) 사물이나 세상사의 이치를 밝혀 시비를 가리고 정확하게 처리해 내는 재능

智異山(슬기 **지**, 다를 **리**, 산 **산**) 경상남도, 전라남도, 전라북도에 걸쳐 있는 산의 이름

| 부수 | 日 | 필순 | 총 12획 | 智 智 智 智 智 智 智 智 智 智 智 智 |

支 지 [zhī] division / sustain (4급)

① 가르다 ② 버티다

가지를 제거한 대나무 줄기(十)를 손(又)에 든 모양을 본떠 만든 글자로, '가르다, 가지를 치다'라는 뜻을 나타냅니다. 가지를 친 대나무 줄기는 무언가를 받치는 데 쓸모가 있으므로, '지탱하다, 버티다'라는 뜻이 있어요.

支出(가를 **지**, 나갈 **출**) 어떤 목적을 위해 돈을 잘게 나누어 씀

支配(버틸 **지**, 짝 **배**) 어떤 사람이나 집단, 조직, 사물 등을 자기의 의사대로 복종하게 하여 다스림

| 부수 | 支 | 필순 | 총 4획 | 支 支 支 支 |

止 지 [zhǐ] stop (5급)

① 멈추다, 그치다

발자국 모양을 본떠 만든 글자로, '멈추다, 그치다'라는 뜻이에요.

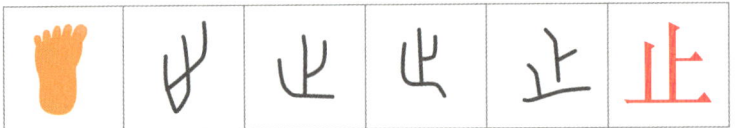

禁止(금할 금, 멈출 지) 못하게 함
中止(가운데 중, 그칠 지) 중도에 그만둠

부수 止 필순 총 4획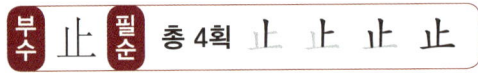

至 지 [zhì] arrive (4급)

① 이르다 ② 지극하다

화살이 땅에 꽂힌 모양을 본떠 만든 글자로, '이르다, 도달하다'라는 뜻을 나타내요.

至誠(지극할 지, 정성 성) 지극한 정성
至毒(지극할 지, 독 독) 지극히 독함

부수 至 필순 총 6획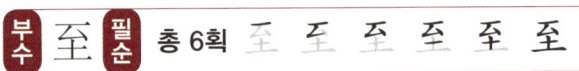

紙 지 [zhǐ] paper (7급)

① 종이

종이의 재료를 뜻하는 실(糸)과 소리를 나타낸 '氏'(지←씨)가 합쳐진 글자예요.

用紙(쓸 **용**, 종이 **지**) 어떤 일에 쓰이는 종이
色紙(빛 **색**, 종이 **지**) 여러 가지 색깔로 물들인 종이

부수 糸 필순 총 10획

直 직 [zhí] straight (7급)

① 곧다

원래 눈 위에 곧은 일직선을 그어 시선이 한곳을 향해 곧장 뻗어가는 모습을 표현하여 만든 글자로 '곧다'라는 뜻을 나타내요.

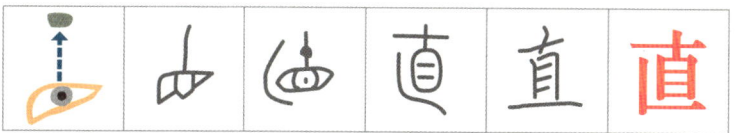

直線(곧을 **직**, 줄 **선**) 꺾이거나 굽은 데가 없이 곧게 뻗은 줄
剛直(단단할 **강**, 곧을 **직**) 심지가 단단하고 곧음

부수 目 필순 총 8획

職 직 [zhí] office (4급)

① 직책

'직(戠)'은 '창(戈)'과 같은 무기 때문에 생긴 상처의 모양을 본뜬 글자로, '표시, 기호'라는 뜻이었어요. 옛날 관리들은 백성들이 나타내는 '표시나 기호'를 귀(耳)를 열고 잘 들어야 했어요. 그래서 '職'이 '직책'이라는 뜻을 가지게 되었어요.

職場(직책 **직**, 장소 **장**) 사람들이 자기가 맡은 직책을 가지고 일을 하는 곳
就職(나아갈 **취**, 직책 **직**) 일정한 직책을 얻어 일하러 나아감

織 직 [zhī] weave (4급)

① 짜다

실(糸)을 가지고 표시나 기호(戠) 등의 무늬를 만드는 일이므로 '짜다'라는 뜻이에요.

織女(짤 **직**, 여자 **녀**) 길쌈하는(베 짜는) 여자, 주로 견우 직녀 설화에 나오는 여주인공을 가리킴
紡織(실 자을 **방**, 짤 **직**) 물레 등의 기계를 이용하여 실을 뽑고, 그 실로 베를 짜는 모든 일을 통틀어 이르는 말

眞 진 [zhēn] truth (4급)

① 참

본래 가려진 것(ㄴ←乙)을 눈으로(目) 잘 살펴 무엇이 참이고 거짓인지를 구별(八)할 줄 알게 된(ヒ←化) 사람을 뜻합니다. 이런 사람을 '신선, 진인'이라고 해요. 여기서 '참, 진짜'라는 뜻이 나왔어요.

眞理(참 **진**, 이치 **리**) 참된 이치나 도리
眞面目(참 **진**, 얼굴 **면**, 눈 **목**) 어떤 사물이나 사람이 본디부터 가지고 있는 그대로의 참된 모습

| 부수 目 | 필순 | 총 10획 |

盡 진 [jìn] exhaust (4급)

① 다하다

손에 붓을 들고(肅←聿) 제기 그릇(皿) 속의 먼지를 털어서 비우는 모습을 본떠 만든 글자로, 깨끗이 정성을 '다하다'라는 뜻을 나타내요.

盡力(다할 **진**, 힘 **력**) 자기가 가진 온 힘을 다함
脫盡(벗을 **탈**, 다할 **진**) 온몸의 기력이 다 빠져나감

| 부수 皿 | 필순 | 총 14획 |

珍 진 [zhēn] treasure (4급)

① 보배

조개(貝)를 품에 안은 모습(㐱)에 옥(玉)을 더하여 '진귀한 보배, 진귀하다'라는 뜻을 나타내요.

珍貴(보배 진, 귀할 귀) 어떤 것이 보배롭고 귀중함
珍味(보배 진, 맛 미) 보배로운 맛, 즉 맛있는 음식의 아주 좋은 맛, 또는 그런 음식물

부수 玉　필순　총 9획　

얽히고설킨 한자

'산해진미'는 무엇일까요?

'山海珍味'(산 산, 바다 해, 보배 진, 맛 미)는 산과 바다에서 나는 맛있는 음식이란 뜻이에요. 사람이 살아가면서 평소에 먹을거리를 얻는 곳은 주로 너른 평야입니다. 너른 평야에서 나는 먹을거리는 대부분 벼나 보리, 밀과 같은 곡식이지요. 그런데 산이나 바다에서 나는 음식은 평소에 쉽게 먹을 수 없는 아주 진귀한 것이랍니다. 사람들은 평소에 보기 힘든 것을 귀하게 여겨요. 보석처럼 말이지요. 그래서 사람들은 산이나 바다에서 나는 오랜만에 맛볼 수 있는 음식을 맛있는 음식이라고 생각하게 되었답니다. 요즘은 산이나 바다에서 나는 음식을 쉽게 먹을 수 있지만 말이에요.

陣 진 [zhèn] disposition (4급)

① 진 치다

언덕(阝) 아래에 전차(車)를 배치한 것입니다. 여기서 '진을 치다'라는 뜻이 나왔어요.

布陣(널리 펼 **포**, 진 칠 **진**) 적과 전쟁을 하거나 혹은 경기를 하기 위해 우리 편을 배치함
退陣(물러날 **퇴**, 진칠 **진**) 군사의 진지를 뒤로 물림, 공공의 지위나 사회적 지위에서 물러남

| 부수 | 阜 | 필순 | 총 10획 |  |

進 진 [zhìn] advance (4급)

① 나아가다

새(隹)가 앞으로 나아가는(辶) 것을 나타낸 글자로 '나아가다'라는 뜻이에요.

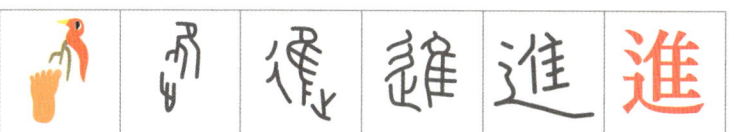

先進(먼저 **선**, 나아갈 **진**) 먼저 나아감
進行(나아갈 **진**, 갈 **행**) 일을 치르러 나아감

| 부수 | 辶 | 필순 | 총 12획 |  |

質 질 [zhì] substance (5급)

① 바탕

원래는 조개 하나(貝)를 도끼 둘(斦)과 바꾼다는 뜻으로 생긴 글자인데, 나중에 '바탕'이라는 뜻을 갖게 되었어요.

質問(바탕 **질**, 물을 **문**) 모르거나 의심나는 점을 근본적인 바탕까지 캐고 들어가 물음
物質(만물 **물**, 바탕 **질**) 물건의 본바탕, 정신과 반대되는 개념으로 객관적으로 존재하는 실체

부수	필순	총 15획

궁금한 건 못 참아! 오빠한테 質問(질문)해 봐야지.

集 집 [zhí] gather (6급)

① 모이다

나무(木) 위로 새들이(隹) 날아 모여드는 모습을 본떠 만든 글자예요.

集團(모일 **집**, 모일 **단**) 여럿이 하나의 떼로 모여 만든 모임
集合(모일 **집**, 합할 **합**) 여럿을 한곳으로 모음

부수 隹 | 필순 총 12획

次 차 [cì] second (4급)

① 버금, 둘째

사람이 피곤하여 하품(欠)하며 일을 다음(二)으로 미룬다는 뜻에서 '버금, 둘째'라는 뜻이 나왔어요.

次例(버금 차, 법식 례) 법식에 따라 순서 있게 구분하여 벌여 나가는 관계
目次(눈 목, 버금 차) 목록이나 제목, 조항 등의 차례

부수 欠　필순　총 6획

책의 내용을 미리 살펴보려면 目次(목차)를 보면 돼.

差 차 [chā] different (4급)

① 다르다, 어긋나다

들쭉날쭉 어긋나게 팬 이삭(垂←乑)과 '부차적인 것, 또는 다른 것'을 나타내는 왼쪽(左)을 합쳐, '다르다, 어긋나다'라는 뜻을 나타내요.

時差(때 시, 다를 차) 표준시를 기준으로 하여 정한 세계 각 지역의 시간 차이

差等(다를 차, 등급 등) 고르거나 가지런하지 않고 등급에 차별이 있음

부수 工 필순 총 10획

얽히고설킨 한자

'차별'의 뜻은 무엇일까요?

'差別'(다를 차, 나눌 별)은 평등한 사람들을 불평등하게 대우하며, 사회에서 떼어 놓는 것이에요. 차별받는 사람들의 실제 행동과는 거의 관계없이 차별하는 사람의 생각에 따라 부당하게 다루는 것이지요. 사람은 저마다 자기 개성이 있고, 나름대로 다 특징이 있어요. 그러니 서로서로 장점을 칭찬하고 키워 주는 것이 좋겠지요?

着 착 [zhuó] stick (5급)

① 붙다 ② 입다

'著'(저)의 속자입니다. '著'는 '풀(艹)을 모아(者) 엮어 만든 것' 또는 그런 것을 몸에 '걸치다, 입다'라는 뜻이에요.

着陸(붙을 착, 뭍 륙) 비행기나 비행선 등이 공중(꽃中)에서 땅으로 내려앉는 일
着用(입을 착, 쓸 용) 옷이나 신발 등을 입거나 신음

讚 찬 [zàn] applaud (4급)

① 기리다

말(言)로 다른 사람을 칭찬한다(贊)는 뜻이에요.

讚辭(기릴 찬, 말씀 사) 기려서 칭찬하거나 찬양하는 말이나 글
稱讚(일컬을 칭, 기릴 찬) 좋은 점이나 착하고 훌륭한 일을 높이 평가하여 기림

察 찰 [chá] watch (4급)

① 살피다

제사(祭)를 잘 지내기 위해 집 안(宀) 곳곳을 자세히 '살핀다'는 뜻이에요.

視察(볼 시, 살필 찰) 두루 돌아다니며 그 지역의 사정을 살펴봄
監察(볼 감, 살필 찰) 단체의 규율과 구성원의 행동을 감독하여 살핌

參 참 [cān] participate (5급)

① 참여하다

원래는 사람이 별을 바라보는 모양을 본떠 만든 글자로 '별자리 이름'을 나타냈어요. 그런데 이 별자리 가운데 세 별이 나란히 빛나 '셋'이라는 뜻이 생겼어요. 또한 고대에는 말 세 마리가 끄는 수레를 타는 대부가 정치에 참여했기에 '참여하다'라는 뜻이 나오게 되었어요.

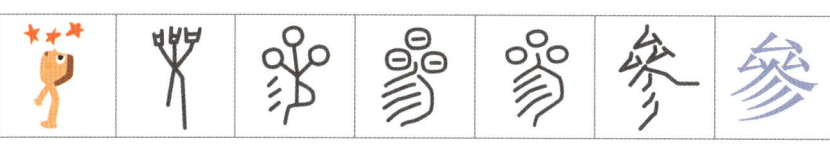

參與(참여할 참, 더불 여) 어떤 일에 더불어 끼어듦
參席(참여할 참, 자리 석) 모임이나 회의 등의 자리에 참여함

創 창 [chuàng] begin (4급)

① 비롯하다, 시작하다 ② 다치다

원래 칼날(刂)에 다친 상처를 본떠 '상처, 다치다'라는 뜻을 나타냈어요. 다친 상처 때문에 피가 흐르게 되었으므로 '시작하다, 비롯하다'는 뜻도 생겼어요.

創作(비롯할 **창**, 지을 **작**) 예술 작품 등을 세상에 처음으로 만들어 내놓음
創傷(다칠 **창**, 상처 **상**) 칼이나 총 등과 같은 것에 다친 상처

부수	필순	
刀	총 12획	

唱 창 [chàng] sing (5급)

① (노래) 부르다

입(口)으로 우렁차게(昌) '소리 낸다'는 것에서 '노래하다'라는 뜻이 나왔어요.

合唱(합할 **합**, 부를 **창**) 많은 사람이 소리를 맞추어서 노래를 부름
愛唱曲(사랑 **애**, 부를 **창**, 노래 **곡**) 좋아하여 즐겨 부르는 노래

부수	필순	
口	총 11획	

窓 창 [chuāng] window (6급)

① 창

'窗'(창)의 속자예요. 구멍을 나타내는 '穴'과 천장 모양을 본뜬 '囪'을 합쳐 집 벽에 뚫은 구멍을 표현했어요. 바로 '창문'을 뜻해요.

窓門(창 창, 문 문) 공기나 빛이 들어올 수 있도록 벽에 만들어 놓은 작은 문
車窓(수레 차, 창 창) 기차나 자동차 등에 달려 있는 창문

| 부수 | 穴 | 필순 | 총 11획 | 窓 窓 窓 窓 窓 窓 窓 窓 窓 窓 窓 |

採 채 [cǎi] pick (4급)

① 따다, 캐다 ② 가려내다

손(爪)으로 나무(木)에서 열매를 따는 모양을 본떠 만든 글자예요. 나중에 '扌'를 덧붙였어요.

採取(캘 채, 취할 취) 풀, 나무, 광석 등을 찾아 따거나 캐거나 하여 얻어 냄
採用(가려낼 채, 쓸 용) 사람을 가려내어 골라서 씀

| 부수 | 手 | 필순 | 총 11획 | 採 採 採 採 採 採 採 採 採 採 採 |

冊 책 [cè] book (4급)

① 책

대나무를 엮어 만든, 옛날 책의 모양을 본뜬 글자예요.

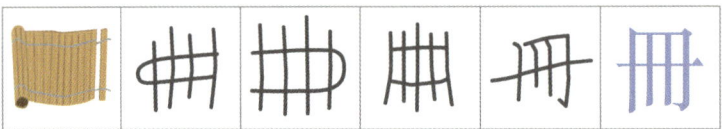

空冊(빌 **공**, 책 **책**) 글씨를 쓸 수 있게 백지로 만든 책
冊床(책 **책**, 상 **상**) 책을 읽거나 글을 쓰기 편하게 만든 가구

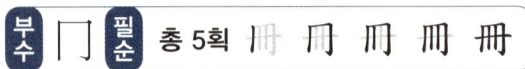

부수 冂 필순 총 5획

責 책 [zé] scold (5급)

① 꾸짖다 ② 책임

뾰족한 공구(主)로 조개(貝)의 입을 벌려 조갯살을 캐내는 모양을 본떠 만들었기에 '찾다, 채취하다'는 뜻을 나타냈습니다. 여기서 뾰족한 공구로 찌르는 것이므로 '꾸짖다'는 뜻이 갈라져 나왔어요. 꾸짖는 것은 해야 할 일을 하지 않았을 때이므로, 여기서 '해야 할 일, 책임'이라는 뜻도 나왔어요.

責任(책임 **책**, 맡길 **임**) 맡겨진 임무

부수 貝 필순 총 11획

處 처 [chù] place (4급)

① 곳 ② 살다

원래는 사람이 걸상(几)으로 걸어가 앉아 머문다는 뜻이에요. 지금의 글자는 '살다'는 뜻의 '居'의 변형인 '虍'(호피무늬 호)와 사람이 걸상에 걸터앉은 모습을 본뜬 '処'를 합쳐, 오래 머무르는 '곳', 또는 머물러 '살다'라는 뜻을 나타내요.

居處(살 거, 곳 처) 일정하게 자리를 잡고 사는 일. 또는 그 장소
處世(살 처, 세상 세) 이 세상에서 사람들과 어울려 살아감

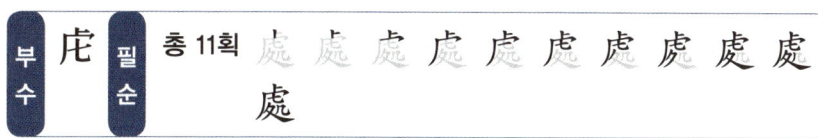

川 천 [chuān] stream (7급)

① 내

양쪽 언덕 사이로 구불구불 흐르는 내를 본떠 만든 글자예요.

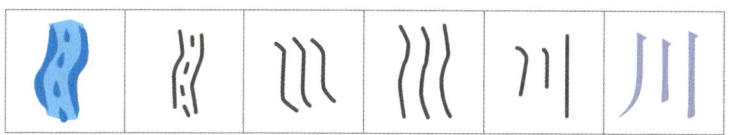

山川(뫼 산, 내 천) 산과 내라는 뜻으로, '자연'을 일컫는 말
天井川(하늘 천, 우물 정, 내 천) 하천 바닥이 주위의 평지보다 높은 하천

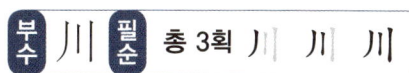

千 천 [qiān] thousand (7급)

① 일천

많은 사람(人)과 하나(一)를 합친 글자로, '1,000'을 뜻해요.

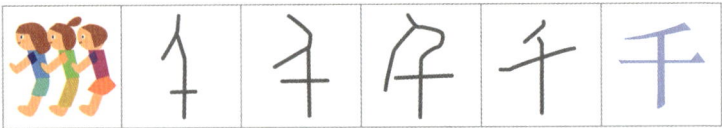

千字文(일천 천, 글자 자, 글월 문) 옛날에 처음 한자를 배울 때 사용하던, 천 글자로 만들어진 한자 교재

千里馬(일천 천, 마을 리, 말 마) 하루에 천리를 달릴 만한 좋은 말

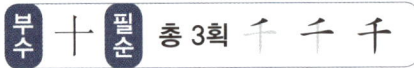

얽히고설킨 한자

'천재일우'는 무슨 뜻일까요?

'千載一遇'(일천 천, 해 재, 하나 일, 만날 우)는 천 년에 한 번 만난다는 뜻으로, 천 년에 한 번 있을까 말까 한, 좀처럼 얻기 어려운 좋은 기회를 가리키는 말이에요. 특히 자기 자신을 알아주는 사람을 만날 기회란 정말 어렵죠. 그래서 어떤 이는 만년 후에라도 자기를 알아주는 사람이 있다면, 그 긴 만년이란 시간도 아침저녁처럼 아주 짧은 시간일 것이라고 말하기도 했답니다.

天 천 [quán] sky (7급)

① 하늘

사람의 머리 모양을 강조하여 '위, 꼭대기'를 나타냈어요. 가장 높은 위, 즉 '하늘'을 뜻해요.

天罰(하늘 천, 벌할 벌) 하늘이 내리는 큰 벌
天使(하늘 천, 사신 사) 하늘나라에서 인간 세계로 파견된 신의 사자

부수 大 필순 총 4획

泉 천 [quán] spring (4급)

① 샘

바위틈에서 물이 솟아 나오는 '샘'의 모양을 본떠 만든 글자예요.

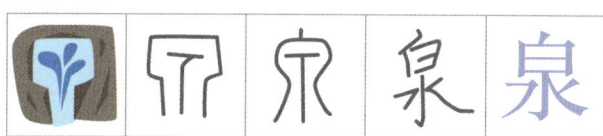

溫泉(따뜻할 온, 샘 천) 지열로 지하수가 그 지역의 평균 기온 이상으로 데워져 솟아 나오는 샘
源泉(근원 원, 샘 천) 물이 흘러나오는 근원

부수 水 필순 총 9획

鐵 철 [tiě] iron (5급)

① 쇠

서 있는 사람이라는 뜻의 '壬'과 피가 뚝뚝 흐르는 창이라는 뜻의 '戈', 그리고 쇠(金)를 합쳐 만든 글자입니다. 즉 서 있는 적에게 상처를 입힐 수 있는 창을 만들 수 있는 쇠라는 뜻이에요.

鐵橋(쇠 철, 다리 교) 쇠를 주재료로 하여 놓은 다리
鐵道(쇠 철, 길 도) 침목 위에 쇠로 만든 궤도를 설치하고, 그 위로 차량을 운전하여 사람과 물건을 운송하는 시설

부수	필순	
金	총 21획	

얽히고설킨 한자

'철면피'는 무슨 뜻일까요?

'鐵面皮'(쇠 철, 얼굴 면, 가죽 피)는 쇠로 된 낯가죽이란 뜻입니다. 보통 사람들은 피부가 얇아 잘못을 하고 나면 부끄러워서 얼굴이 화끈거리고 붉어지죠. 그런데 낯가죽이 쇠로 되어 있다면 화끈거리거나 붉어질 일이 없겠죠? 그래서 이 말은 염치도 없고 부끄러움도 모르는 뻔뻔한 사람을 가리킬 때 쓰는 말이랍니다. 비슷한 뜻으로 '厚顔無恥'(두꺼울 후, 얼굴 안, 없을 무, 부끄러워할 치)라는 말도 있어요.

青 청 [qīng] green (8급)

① 푸르다　② 젊다

방금 자라난(生) 풀과 같은 빛깔의 물감(丹)이라는 뜻이므로 '푸름'이에요.

丹青(붉을 **단**, 푸를 **청**) 붉은색과 푸른색으로, 집의 벽·기둥·천장 등에 여러 가지 빛깔로 그림과 무늬를 그림

青年(젊을 **청**, 해 **년**) 청춘기에 있는 젊은 사람. 특히 남자를 일컬음

清 청 [qīng] clear (6급)

① 맑다

물(氵)이 맑고 푸르다(青)는 뜻이에요.

清明(맑을 **청**, 밝을 **명**) 날씨가 맑고 밝음. 24절기의 하나로 양력으로 4월 5·6일께

清算(맑을 **청**, 셈 **산**) 서로 간에 빌리거나 갚아야 할 것을 셈하여 깨끗이 정리함

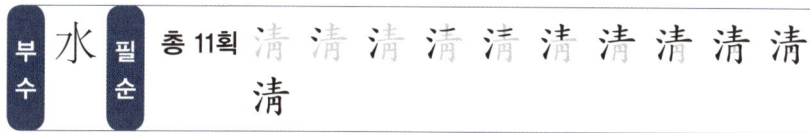

請 청 [qǐng] request (4급)

① 청하다

마음을 맑고 깨끗하게(靑) 비운 상태에서 신에게 기도한다(言)는 뜻입니다. 신에게 하는 말은 주로 부탁하고 간청하는 것이지요.

請婚(청할 **청**, 혼인할 **혼**) 결혼하기를 청함
要請(구할 **요**, 청할 **청**) 필요한 일이 이루어지도록 부탁함

聽 청 [qīng] hear (4급)

① 듣다

원래 여러 사람이 말하는(口) 소리를 귀(耳) 기울여 '듣는' 모습을 표현한 글자예요. 나중에 서 있는 사람(壬)과 반듯한 마음(悳)을 덧붙여서 지금의 글자가 되었어요.

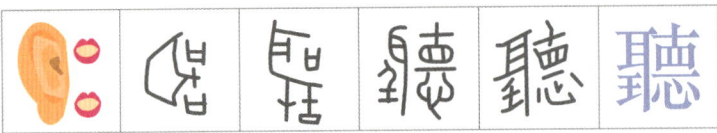

聽衆(들을 **청**, 무리 **중**) 강연이나 설교, 음악 따위를 들으려고 모인 무리
盜聽(도둑 **도**, 들을 **청**) 남의 이야기, 회의 내용, 전화 통화 등을 몰래 엿들음

廳 청 [tīng] government office (4급)

① 관청

백성들의 소리를 듣는(聽) 넓은 집(广)이므로 '관청'을 뜻해요.

官廳(벼슬 관, 관청 청) 나라의 사무를 집행하는 국가 기관
區廳(구역 구, 관청 청) 구(區)의 행정 사무를 맡아보는 관청

부수	필순	총 25획
广		廳 廳

體 체 [tǐ] body (6급)

① 몸 ② 모양

뼈(骨)와 뼈를 둘러싼 풍부한(豊) 살을 합쳐 만든 글자로, 우리 '몸'을 가리켜요.

身體(몸 신, 몸 체) 사람의 몸
筆體(붓 필, 모양 체) 글씨의 모양

부수	필순	총 23획
骨		體 體

招 초 [zhāo] call (4급)

① 부르다

손짓하여(手) 사람을 가까이 부른다(召)는 뜻이에요.

招請(부를 초, 청할 청) 사람을 청하여 부름
招待(부를 초, 대접할 대) 사람을 불러서 대접함

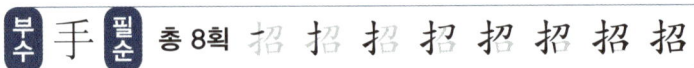
부수 手 | 필순 | 총 8획

初 초 [chū] first (5급)

① 처음

옷(衤)을 만들기 위해 먼저 칼(刀)로 천을 자르는 단계를 나타냈어요. 이 과정이 만들기의 처음 단계이므로 '처음'을 뜻하게 되었습니다.

初等學校(처음 초, 무리 등, 배울 학, 학교 교) 아이들에게 기본적인 교육을 실시하기 위해 세운 학교
初面(처음 초, 얼굴 면) 처음으로 대하는 얼굴. 또는 처음 만나는 처지

부수 刀 | 필순 | 총 7획

草 초 [cǎo] grass (7급)

① 풀

원래는 '艸'만 써서 '풀'을 나타내다가 나중에 '早'(조)라는 소리를 더했어요.

草綠(풀 초, 푸를 록) 풀 빛깔과 같이 푸른빛을 띤 색
草原(풀 초, 벌판 원) 풀이 돋아난 벌판

부수 艸 필순 총 10획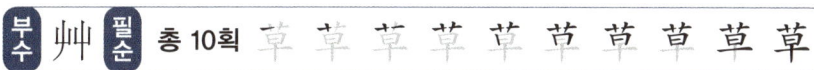

얽히고설킨 한자

'초가집'은 어떤 집일까요?

'草家집'은 풀로 만든 집이란 뜻의 '草家'(풀 초, 집 가)에다 '집'이란 우리말을 덧붙여서 만든 말이랍니다. 옛날 시골에서는 비싼 기와 대신에 추수를 끝내고 남은 볏짚을 이용해서 지붕을 이었답니다. 지금은 대부분 사라졌고, 민속촌이나 민속박물관 같은 곳에 가면 볼 수 있어요.

寸 촌 [cùn] Korean inch (8급)

① 마디 ② 길이의 단위(치)

손목(又)에 손가락(一)을 대어 맥을 짚는 손가락 한 마디 되는 지점을 가리켜요. 여기서 맥을 짚는 손가락 한 마디만큼의 길이 단위(치)도 나타내게 되었어요.

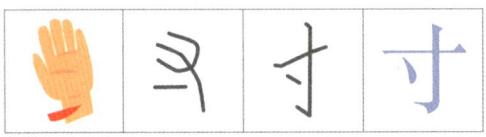

寸數(마디 촌, 셀 수) 멀고 가까운 친족 간의 관계를 나타내는 숫자 체계
三寸(석 삼, 마디 촌) 아버지의 친형제, 즉 큰아버지나 작은아버지

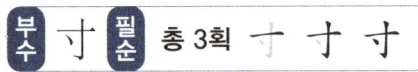

村 촌 [cūn] village (7급)

① 마을 ② 시골

원래 마을을 나타내는 '촌(邨)'의 속자(俗字)입니다. 옛날에는 동네 어귀마다(寸) 큰 나무(木)가 있어, 이 글자로 사람들이 모여 사는 마을을 나타냈어요.

農村(농사 농, 마을 촌) 농토를 끼고 농사를 짓는 사람들이 사는 마을
村老(시골 촌, 늙은이 로) 시골에 사는 노인

銃 총 [chòng] gun (4급)

① 총

쇠(金)로 만들어 화약과 탄알을 채워서(充) 쏘는 것으로, '총'을 뜻해요.

銃器(총 **총**, 그릇 **기**) 권총, 기관총 등 무기를 통틀어 이르는 말
銃擊(총 **총**, 부딪칠 **격**) 총을 쏘아 공격함

| 부수 | 金 | 필순 | 총 14획 | 銃 銃 銃 銃 銃 銃 銃 銃 銃 銃 銃 銃 銃 銃 |

總 총 [zǒng] whole (4급)

① 다, 모두 ② 합하다

원래 여러 갈래의 실(糸)을 재빨리(悤) 하나로 '묶는다'는 뜻입니다. 여기서 '다, 모두, 합치다, 통괄하다'라는 뜻이 나왔어요.

總理(다 **총**, 다스릴 **리**) 전체를 모두 관리함. 또는 그 직책(국무총리)
總計(합할 **총**, 셈할 **계**) 전체를 한데 모아서 셈함

| 부수 | 糸 | 필순 | 총 17획 | 總 總 總 總 總 總 總 總 總 總 總 總 總 總 總 總 總 |

最 최 [zuì] most (5급)

① 가장

원래는 남의 것을 억지로(冒) 빼앗는다(取)는 뜻이었어요. 보통 탐내서 빼앗는 것은 다른 것과 구별되는 특별한 것이기에 '가장, 특히'와 같은 뜻으로 바꿔 쓰게 되었어요.

最高(가장 **최**, 높을 **고**) 가장 높음
最初(가장 **최**, 처음 **초**) 제일 처음

부수: 曰 필순 총 12획

난 우리나라 最初(최초)의 우주선 조종사가 될 거야.

난 最高(최고)로 멋진 패션모델이 될 거야.

推 추/퇴 [tuī] push (4급)

① 밀다

꼬리가 짧은 새(隹)는 밖으로 날아가기를 좋아해서 '밖을 향하다'라는 뜻을 가져왔어요. 그러므로 이 글자는 손(扌)으로 밖을 향해 '밀어내다, 밀다'라는 뜻이에요.

推測(밀 추, 헤아릴 측) 미루어 생각하여 헤아림
推敲(밀 퇴, 두드릴 고) 미느냐 두드리느냐라는 뜻으로, 글을 지을 때 여러 번 생각하여 잘 어울리게 다듬고 고치는 일

부수 手　필순　총 11획

얽히고설킨 한자

'퇴고'는 무슨 뜻일까요?

'推敲'(밀 퇴, 두드릴 고)에 얽힌 이야기를 들려줄게요. 옛날 당(唐)나라 시인 가도(賈島)라는 사람이 "鳥宿池邊樹, 僧推月下門"(새는 연못가 나무에 자고 중은 달 아래 문을 민다)이라는 시를 지었는데, 문을 '민다'(推)는 말이 좋을지 아니면 '두드린다'(敲)고 하는 것이 좋을지 몰라 고민하다가, 길에서 우연히 당시 유명한 한유(韓愈)라는 사람을 만났어요. 그래서 마침 잘됐다 싶어 그에게 물었더니, 한유가 "퇴(推)보다는 고(敲)가 좋겠다."라고 하여 그렇게 고쳤다는 이야기에서 나온 말입니다.

秋 추 [qīu] autumn / fall (7급)

① 가을

벼(禾)가 익어 불볕에 베어 말리는(火) 때, 즉 '가을'을 뜻해요.

秋收(가을 추, 거둘 수) 가을에 익은 곡식을 거둬들이는 일
秋夕(가을 추, 저녁 석) 우리나라 명절의 하나로, 한가위라고도 하며 음력 8월 15일임

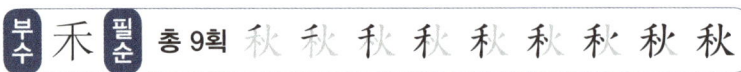
부수 禾 필순 총 9획

祝 축 [zhù] pray / congratulation (5급)

① 빌다 ② 축하하다

신에게 제사 드리는 제단(示) 앞에서 무릎을 꿇고(儿) 기도하며(口) 비는 모습을 표현한 글자예요.

祝福(빌 축, 복 복) 복을 빎
祝賀(축하할 축, 하례 하) 남의 좋은 일을 함께 기뻐하고 즐거워한다는 뜻으로 인사함

부수 示 필순 총 10획

築 축 [zhù] construct (4급)

① 쌓다

공구(工) 같은 연장을 손에 쥐고 나무(木)와 대나무(竹) 따위를 단단하게 쌓는 상황을 묘사한 글자예요.

築城(쌓을 축, 성 성) 성을 쌓음

新築(새로울 신, 쌓을 축) 건물 등을 새로 쌓아 만듦

| 부수 | 竹 | 필순 | 총 16획 | 築 築 築 築 築 築 築 築 築 築 築 築 築 築 築 築 |

蓄 축 [xù] gather (4급)

① 모으다

농작물(艹, 田)과 직물(玄)을 풍부하게 거둬들여서 모아 두었다는 뜻이에요.

貯蓄(쌓을 저, 모을 축) 절약하여 쌓아 모아 둠

蓄積(모을 축, 쌓을 적) 지식, 경험, 자금 따위를 모아서 쌓음. 또는 모아서 쌓은 것

| 부수 | 艹 | 필순 | 총 14획 | 蓄 蓄 蓄 蓄 蓄 蓄 蓄 蓄 蓄 蓄 蓄 蓄 蓄 蓄 |

縮 축 [suō] decrease (4급)

① 오그라들다 ② 줄다

잠자는(宿) 사람이 오그리고 자듯이, 실(糸)이 '오그라들었다'는 뜻입니다. 오그라든 실은 부피가 줄어들기에 '줄어들었다'라는 뜻도 생겼어요.

收縮(거둘 수, 오그라들 축) 어떤 물건의 부피나 규모가 오그라들어 줆
縮小(줄 축, 작을 소) 부피나 규모가 줄어서 작아짐

부수 糸 필순 총 17획 縮縮縮縮縮縮縮縮縮縮縮縮縮縮縮縮縮

春 춘 [chūn] spring (7급)

① 봄 ② 젊은 나이

따뜻한 햇살(日)에 풀(艸)이 무성하게 자라나는(屯) 모습을 표현한 글자예요. '봄'을 뜻해요.

春困症(봄 춘, 피곤할 곤, 증세 증) 봄날에 느끼는, 피곤한 듯 나른한 증세
思春期(생각할 사, 젊은 나이 춘, 때 기) 몸의 생식 기능이 거의 완성되며, 이성에 관심을 가지게 되는 젊은 때

부수 日 필순 총 9획 春春春春春春春春春

出 출 [chū] start (7급)

① 나다(나가다)

어떤 장소에서 한 발이 나가는 모양을 본떠 만든 글자로 '나가다, 나다'라는 뜻이에요.

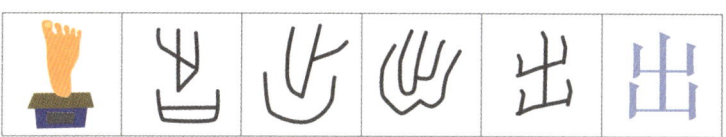

出口(날 출, 입 구) 나갈 수 있도록 뚫은 구멍, 곧 나가는 곳
出發(날 출, 떠날 발) 길을 떠남. 또는 일을 시작함

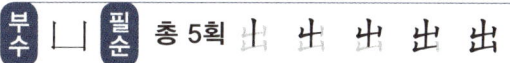

얽히고설킨 한자

'청출어람'은 무슨 뜻일까요?

'靑出於藍'(푸를 청, 날 출, 어조사 어, 쪽 람)은 쪽 풀에서 뽑아낸 푸른 물감이 쪽빛보다 더 푸르다는 뜻인데, 옛날에는 푸른 물감을 쪽이라는 풀에서 뽑아 썼대요. 그런데 쪽에서 뽑아낸 푸른색이 원래 쪽빛보다 더 푸르렀다는군요. 그래서 이 말은 스승에게 배운 제자가 스승보다 더 뛰어나거나 훌륭할 때 비유해서 써요.

充 충 [chōng] fill (5급)

① 차다, 채우다

아이(儿)가 자라는(育) 것과 같이 뭔가 비었던 것이 가득 '찬다'는 뜻입니다. 예를 들어 달이 차는 것은 달이 커지는 것과 같은 의미예요.

充分(찰 **충**, 나눌 **분**) 분량이 적절하여 나누기에 모자람이 없음
充實(찰 **충**, 열매 **실**) 내용이 알차고 단단함

부수 儿 필순 총 6획

忠 충 [zhōng] loyalty (4급)

① 충성 ② 진심

마음(心) 한가운데(中)에서 우러나오는 참된 마음이에요.

忠犬(충성 **충**, 개 **견**) 주인에게 충성스러운 개
忠誠(진심 **충**, 정성 **성**) 임금이나 국가에 대한 진심에서 우러나오는 정성

부수 心 필순 총 8획

蟲 충 [chóng] bug (4급)

① 벌레

땅 위를 기어 다니는 벌레를 본떠 만든 글자예요.

病蟲害(병 병, 벌레 충, 해할 해) 농작물이 병과 해충으로 입은 피해
害蟲(해할 해, 벌레 충) 인간의 생활에 해를 끼치는 벌레를 통틀어 이르는 말

| 부수 | 虫 | 필순 | 총 18획 |

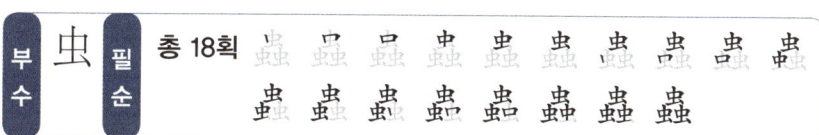

取 취 [qǔ] take (4급)

① 가지다

옛날에 전쟁에서 적을 죽이면 증거물로 왼쪽 귀(耳)를 잘라 손(又)에 들고 왔대요. 여기서 '가지다'라는 뜻이 나왔어요.

取得(가질 취, 얻을 득) 자기 수중에 넣어 자기 것으로 함
取消(가질 취, 사라질 소) 발표한 생각을 거둬들이거나 예정된 일을 없어지게 함

| 부수 | 又 | 필순 | 총 8획 |

趣 취 [qù] dash (4급)

① 달리다 ② 재미

무엇인가를 먼저 가지기(取) 위해 빨리 달려가는(走) 모습을 본떠 '달리다'라는 뜻을 나타냅니다. 그리고 운동회에서처럼 남들보다 먼저 가기 위해 빨리 달리는 것이 흥미를 돋우기에 '재미'라는 뜻이 생겼어요.

趣向(달릴 **취**, 향할 **향**) 하고 싶은 마음이 달려가는 방향. 또는 그런 경향
趣味(재미 **취**, 맛 **미**) 전문적으로 하는 것이 아니라 즐기기 위하여 재미로 하는 일

| 부수 | 走 | 필순 | 총 15획 | 趣 趣 趣 趣 趣 趣 趣 趣 趣 趣 趣 趣 趣 趣 趣 |

내 趣味(취미)는 먹기야. 음식이 보이면 재빨리 뛰어가지.

就 취 [jiù] achieve (4급)

① 이루다, 나아가다

유달리 특별하게(尤) 높은 곳, 또는 건물(京)이라는 뜻이었습니다. 여기에서 그런 좋은 곳을 향해 '나아가다, 다다르다, 이루다'라는 뜻이 나왔어요.

去就(갈 **거**, 나아갈 **취**) 물러감과 나아감. 또는 어떤 사건이나 문제에 대하여 밝히는 태도

成就(이룰 **성**, 나아갈 **취**) 목적한 바를 이룸

測 측 [cè] measure (4급)

① 재다 ② 헤아리다

자(則)를 가지고 물(氵)의 깊이를 '잰다'는 뜻이에요.

測定(잴 **측**, 정할 **정**) 일정한 양을 기준으로 하여 같은 종류의 다른 양을 잼

測量(헤아릴 **측**, 헤아릴 **량**) 기계를 써서 물건의 길이, 무게, 높이, 거리 등을 재어 헤아림

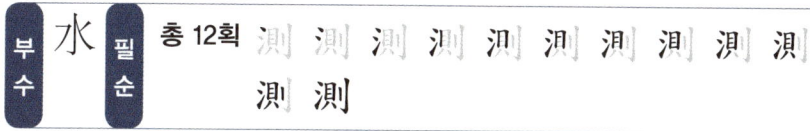

層 층 [céng] floor (4급)

① 층

지붕 위에 지붕이 겹친(曾) 높은 건물(尸)로, 겹쳐진 '층'을 나타내요.

高層(높을 고, 층 층) 여러 층으로 높이 겹쳐 있는 것, 건물의 층수가 높은 것
層階(층 층, 섬돌 계) 걸어서 층 사이를 오르내릴 수 있도록 턱이 지게 만들어 놓은 설비

| 부수 尸 | 필순 | 총 15획 層層層層層層層層層層層層層層層 |

治 치 [zhì] govern (4급)

① 다스리다

사나운 물길(氵)을 순조롭게(台←怡) 만든다는 것으로, '다스리다'라는 뜻이에요.

法治(법 법, 다스릴 치) 법률로 나라를 다스림. 또는 그런 정치
政治(정사 정, 다스릴 치) 통치자가 국민을 위해 나라를 다스리는 일

| 부수 水 | 필순 | 총 8획 治治治治治治治治 |

致 치 [zhì] arrive (5급)

① 이르다

발로 걸어서(夂) 화살이 떨어진 곳에 가는(至) 모습을 본떠 만든 글자로, 목적한 어떤 곳에 '이르다, 도달하다'라는 뜻이에요.

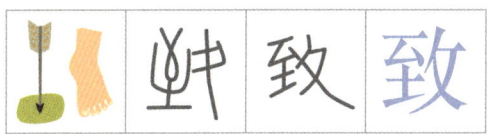

一致(한 일, 이를 치) 어긋남이 없이 한결같이 서로 맞음

致命(이를 치, 목숨 명) 목숨을 잃을 지경에 이름

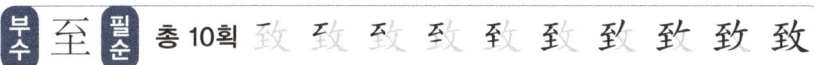

부수 至 / 필순 / 총 10획

얽히고설킨 한자

'夂'는 무슨 뜻일까요?

'夂'는 아래를 향한 발의 모양을 본떠 만든 글자로, 뒤처져서 온다는 뜻이고, '치'라고 읽어요. 이것과 비슷한 글자로 '천천히 걷다'라는 뜻의 쇠(夊)가 있어요. 두 글자를 어떻게 구별하냐고요? '치'와 '쇠'는 다른 글자와 합쳐서 쓸 때 놓이는 위치가 달라요. '夂'는 降이나 致처럼 보통 글자의 위나 옆에 놓이고, '夊'는 항상 愛처럼 글자의 끝에 놓여요.

置 치 [zhì] put (4급)

① 두다

그물(罒←网)을 곧게(直) 쳐서 세워 둔 것이므로, '두다'라는 뜻을 나타내요.

置重(둘 치, 무거울 중) 어떤 일을 특히 중요하게 여겨 무게를 둠
設置(베풀 설, 둘 치) 기계나 장치 등을 어느 곳에 달거나 하여 놓아 두는 것

齒 치 [chǐ] tooth (4급)

① 이

아래위로 가지런한 이를 본떠 만든 글자입니다. 이후 머무른다는 뜻의 '止'를 덧붙여, 물건을 물어 멈추게 하는 아래위의 '이'를 나타냈어요.

蟲齒(벌레 충, 이 치) 벌레 먹은 이
齒藥(이 치, 약 약) 이를 닦는 데 쓰는 약

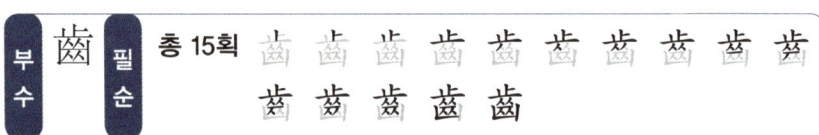

則 칙 [zé] rule (5급)

① 법칙

세발솥(貝←鼎)에 칼(刂)로 새겼던 중요한 '법칙'을 나타내요.

原則(근원 원, 법칙 칙) 어떤 행동이나 이론 등에서 일관되게 지켜야 하는 기본적인 규칙이나 법칙

反則(엎을 반, 법칙 칙) 법칙이나 규정, 규칙 등을 어김

부수 刀　필순 총 9획

親 친 [qīn] friendly (6급)

① 친하다　② 어버이

나아가(亲) 돌본다(見)는 것이므로 '친하다, 가깝다'라는 뜻이에요.

親舊(친할 친, 오랠 구) 오래 사귀어 사이가 가까운 사람

兩親(둘 양, 어버이 친) 아버지와 어머니

부수 見　필순 총 16획

七 칠 [qī] seven (8급)

① 일곱

본래는 칼로 가로세로 벤 모양이어서 '베다'라는 뜻으로 썼어요. 나중에 숫자 '일곱'을 나타내는 글자로 쓰게 되고, 원래 뜻은 '七'에 칼(刀)을 더하여 '切'(끊을 절)로 나타냅니다.

七夕(일곱 **칠**, 저녁 **석**) 견우와 직녀가 오작교를 건너서 만난다는 음력 7월 7일 저녁
七面鳥(일곱 **칠**, 얼굴 **면**, 새 **조**) 얼굴빛이 여러 가지로 변하는 새. 미국이나 유럽에서는 축제일에 주로 이 새로 요리를 함

侵 침 [qīn] invade (4급)

① 침입하다

사람(人)이 손(又)에 빗자루(⺕←帚)를 들고 소를 쓸어 주는 모양을 본떠 만든 글자입니다. 이때 소의 뜻과는 상관없이 사람이 제멋대로 쓸어 주기에 '침입하다, 침범하다'라는 뜻이 생겨났어요.

侵攻(침입할 **침**, 칠 **공**) 다른 나라를 침입하여 공격함
侵入(침입할 **침**, 들 **입**) 침범하여 들어감

寢 침 [qǐn] sleep (4급)

① 잠자다

잠을 자기 위해 집 안(宀)의 침대(爿)를 손(又)에 빗자루(크←帚)를 들고 깨끗하게 쓸어 낸다는 뜻입니다. 여기서 '잠자다'라는 뜻이 나왔어요.

就寢(나아갈 **취**, 잠잘 **침**) 잠자리에 들어 잠을 잠
寢室(잠잘 **침**, 방 **실**) 잠을 자는 방

| 부수 | 宀 | 필순 | 총 14획 |  |

針 침 [zhēn] needle (4급)

① 바늘

'鍼'(침)의 속자. '鍼'은 쇠(金)로 만든 도끼(戌)로 상처(口)를 낸다는 뜻이에요. 여기서 쇠로 만들어 조그만 구멍을 내는 '바늘'이라는 뜻이 나왔어요.

方針(방향 **방**, 바늘 **침**) 방위를 가리키는 자석의 바늘로, 앞으로 일을 처리 나갈 방향과 계획을 뜻함
時針(때 **시**, 바늘 **침**) 시계의 시를 가리키는 짧은 바늘

| 부수 | 金 | 필순 | 총 10획 | 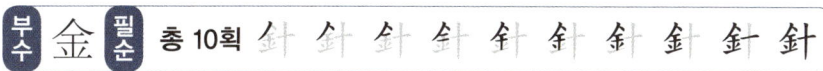 |

稱 칭 [chēng] call (4급)

① 일컫다

원래는 손(爪)으로 물건을 잡고 무게를 '잰다'는 뜻이었어요. 나중에 무게가 얼마나 되는지를 '일컫다'라는 뜻으로 쓰이게 되었어요.

名稱(이름 명, 일컬을 칭) 사람이나 사물 등을 부르는 이름
呼稱(부를 호, 일컬을 칭) 불러 일컬음. 또는 이름을 지어 부름

부수 禾 필순 총 14획

'시계'는 이 물건의 名稱(명칭)이야.

'오빠'는 사람을 부르는 呼稱(호칭)이야.

快 쾌 [kuài] refreshing (4급)

① 상쾌하다, 즐겁다

물결이 터져나가듯(夬) 마음(心)에 걸림이 없고 밝고 상쾌한 느낌, 즉 '상쾌하다, 즐겁다'라는 뜻이에요.

快樂(상쾌할 **쾌**, 즐거울 **락**) 기분이 상쾌하고 즐거움
快感(즐거울 **쾌**, 느낄 **감**) 즐거운 느낌

부수 心 | 필순 총 7획 快 快 快 快 快 快 快

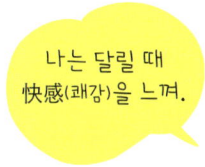

나는 달릴 때 快感(쾌감)을 느껴.

> 얽히고설킨 한자

'쾌도난마'는 무슨 뜻일까요?

셜록 홈스는 명석한 두뇌로 사건을 예리하게 추리해, 기괴한 사건을 '快刀亂麻'(상쾌할 쾌, 칼 도, 어지러울 난, 삼 마)식으로 해결하지요. 그러면 쾌도난마란 무슨 뜻일까요? '麻'(삼 마)는 흔히 베옷을 만드는 재료로 쓰이는 식물입니다. 이 식물은 키가 크게 자라서 서로 헝클어지기 쉽습니다. 쾌도난마는 이런 헝클어진 삼을 잘 드는 칼로 아주 빠른 속도로 자른다는 뜻이에요. 그래서 이 말은 아주 복잡하게 얽히고설킨 사물이나 문제를 솜씨 좋고 바르게 처리하여 풀어 내는 것을 비유하는 말이랍니다.

삼밭

他 타 [tā] another (5급)

① 다르다

사람(人)과 뱀(也)을 합쳐 만든 글자입니다. 사람과 뱀은 다른 것이므로 '다르다' 라는 뜻이 되었어요.

他國(다를 **타**, 나라 **국**) 자기 나라가 아닌 다른 나라
他人(다를 **타**, 사람 **인**) 자기가 아닌 다른 사람, 남

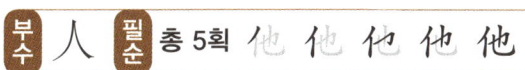
부수 人 | 필순 | 총 5획

打 타 [dǎ] hit (5급)

① 치다, 때리다

손(扌)에 큰 못(丁)을 잡고 무엇인가를 '친다'는 뜻이에요.

打診(칠 **타**, 볼 **진**) 손가락 끝으로 가슴이나 등을 두드려서 그 소리로 병세를 알아냄, 남의 마음이나 사정을 알려고 미리 떠봄

打者(칠 **타**, 사람 **자**) 야구에서 방망이로 공을 치는 사람

부수 手 필순 총 5획

卓 탁 [zhuō] excel (5급)

① 뛰어나다 ② 상

원래는 사람이 그물로 새나 물고기를 잡는 모양을 본떠 만든 글자예요. 여기서 그물로 무언가를 잡는 사람의 실력이 '뛰어나다'라는 뜻이 생겼어요. 또 펼쳐진 그물은 때로 식탁과 같은 '상' 구실도 했어요.

卓見(뛰어날 **탁**, 볼 **견**) 뛰어난 의견이나 견해

食卓(밥 **식**, 상 **탁**) 음식을 차려 놓고 먹는 상

부수 十 필순 총 8획

炭 탄 [tàn] charcoal (5급)

① 숯

산(山)기슭(厂)에서 불을 피워(火) 나무를 태운 것이므로 '숯'을 뜻해요.

木炭(나무 **목**, 숯 **탄**) 나무를 태워서 만든 숯. 주로 그림을 그리는 데 씀
石炭(돌 **석**, 숯 **탄**) 숯처럼 불에 타는 돌. 아주 오랜 옛날 식물이 땅속에 묻혀 퇴적된, 타기 쉬운 광물

| 부수 火 | 필순 | 총 9획 |

歎 탄 [tàn] sigh (4급)

① 한숨 쉬다

어려운 일(難)을 당했을 때 입을 크게 벌리고(欠) '한숨을 짓다, 한탄하다'라는 뜻이에요.

歎息(한숨 쉴 **탄**, 숨 쉴 **식**) 한탄하며 한숨을 푹 쉼
恨歎(한할 **한**, 한숨 쉴 **탄**) 원통하거나 후회가 되어 한숨을 쉬며 탄식함

| 부수 欠 | 필순 | 총 15획 |

彈 탄 [dàn] bullet (4급)

① 탄알 ② 튕기다

활(弓)에 구슬처럼 동그란 것을 올려놓은 모양을 본떠, '탄알'을 나타냈어요. 그리고 여기서 활시위가 탄알을 '튕긴다'는 뜻이 나왔어요. '單'(단)도 원래는 새총 같은 사냥 도구였어요.

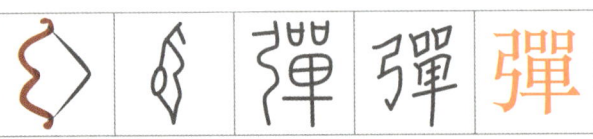

彈丸(탄알 **탄**, 둥글 **환**) 총기에 사용하는 구슬 모양의 탄알
彈力(튕길 **탄**, 힘 **력**) 튕겨 내는 힘. 외부에서 가해지는 힘을 튕겨 내며 원래 모습으로 돌아가려는 힘

| 부수 | 弓 | 필순 | 총 15획 | 彈 彈 彈 彈 彈 彈 彈 彈 彈 彈 彈 彈 彈 彈 彈 |

脫 탈 [tuō] take off (4급)

① 벗다, 벗어나다

살(肉)이 벗겨져 떨어진다(兌)는 것으로, '벗다, 벗어나다'라는 뜻이에요.

脫衣(벗을 **탈**, 옷 **의**) 옷을 벗음
脫出(벗어날 **탈**, 날 **출**) 어떤 곤경으로부터 벗어나 빠져나옴

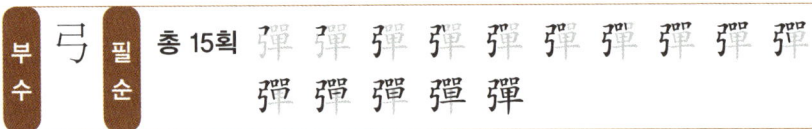

探 탐 [tàn] seek (4급)

① 찾다

깊숙한(深) 곳에 있는 무언가를 손(手)으로 더듬어 '찾는다'는 뜻이에요.

探求(찾을 **탐**, 구할 **구**) 필요한 것들을 찾아 구함
探査(찾을 **탐**, 조사할 **사**) 우리가 아직 모르고 있는 사물이나 사실을 찾아 조사함

부수	手	필순	총 11획	探 探 探 探 探 探 探 探 探 探 探

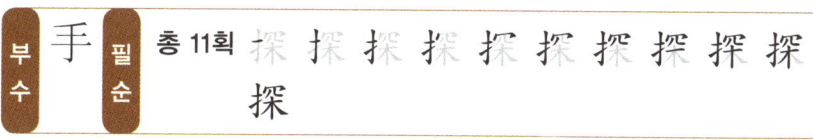

態 태 [tài] attitude (4급)

① 모양, 모습

무엇인가를 할 수 있는(能) 자신감(心) 있는 '모양, 모습, 태도'를 뜻해요.

態度(모습 **태**, 법도 **도**) 몸의 동작이나 몸을 거두는 모양새
形態(모양 **형**, 모양 **태**) 어떤 사물의 생김새나 모양

부수	心	필순	총 14획	態 態 態 態 態 態 態 態 態 態 態 態 態 態

太 태 [tài] big (6급)

① 크다

크다(大)는 것에 점(ヽ)을 더하여, 더 크다는 뜻을 나타냈어요.

太古(클 태, 옛 고) 아주 먼 옛날
太陽(클 태, 볕 양) 가장 큰 볕, 곧 하늘의 해

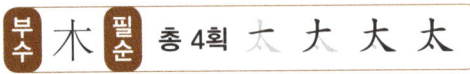

부수 木 필순 총 4획 一 ナ 大 太

얽히고설킨 한자

'태강즉절'은 무슨 뜻일까요?

'太剛則折'(클 태, 굳셀 강, 곧 즉, 꺾을 절)은 너무 강하면 꺾이기 쉽다는 뜻입니다. 어떤 일을 할 때 무엇이든 너무 강하게만 밀어붙이면, 많은 반대에 부닥치게 되어 좌절할 수 있다는 뜻이지요. 지도자가 되려면 무조건 자기 생각대로 밀고 나가기보다 여러 사람의 의견을 고루 듣고, 될 수 있으면 많은 사람들이 기꺼이 동참할 수 있는 방향으로 일을 해 나가야 겠지요.

宅 택 [zhái] house (5급)

① 집

사람이 몸을 편안히 기대고(乇) 사는 집(宀)이에요.

宅地(집 **택**, 땅 **지**) 집을 짓기 위한 땅, 즉 집터
家宅(집 **가**, 집 **택**) 사람이 살림하며 살고 있는 집

부수 宀 필순 총 6획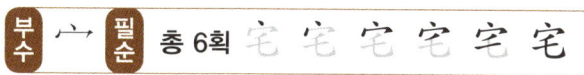

擇 택 [zé] select (4급)

① 고르다

눈으로 살펴보면서(睪) 손(扌)으로 '골라낸다, 고르다'는 뜻으로 쓰이는 글자예요.

擇一(고를 **택**, 하나 **일**) 여러 가지 중에서 하나를 고름
擇日(고를 **택**, 날 **일**) 좋은 날짜를 고름

부수 手 필순 총 16획

土 토 [tǔ] soil (8급)

① 흙

땅 위에 뭉쳐 놓은 흙의 모양을 본떠 만든 글자예요.

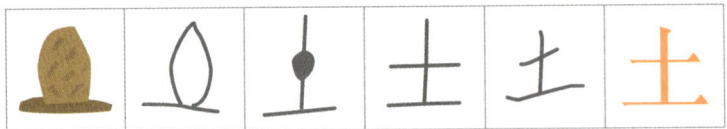

土地(흙 **토**, 땅 **지**) 사람들이 생활이나 여러 활동을 위해 이용하는 땅
國土(나라 **국**, 흙 **토**) 한 나라의 통치권이 미치는 땅

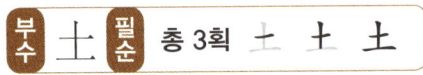

討 토 [tǎo] censure (4급)

① 치다 ② 연구하다

조리 있는(寸) 말(言)로 상대방을 친다는 데서 '(말로) 치다, 토론하다, 연구하다'라는 뜻이 나왔어요.

討伐(칠 **토**, 칠 **벌**) 무력으로 쳐서 없앰
檢討(검사할 **검**, 연구할 **토**) 어떤 사실이나 내용을 검사하고 분석하여 연구함

統 통 [tǒng] unite (4급)

① 거느리다 ② 큰 줄기

여러 가닥의 실(糸)을 한데 모아(充) 만든 실타래 뭉치를 가리킵니다. 큰 뭉치이므로 '거느리다, 큰 줄기'라는 뜻이 나왔어요.

統一(거느릴 **통**, 하나 **일**) 나누어진 것을 합쳐 하나로 만듦
傳統(전할 **전**, 큰 줄기 **통**) 예부터 줄기를 이루어 전해 내려오는 것

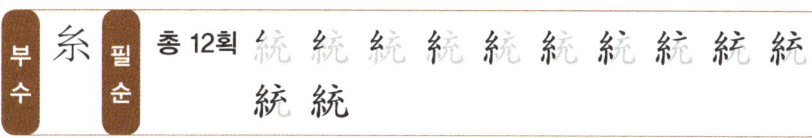

痛 통 [tòng] ache (4급)

① 아프다

바람이 대롱(甬) 속을 지나듯, 몸을 꿰뚫고 지나며 바늘로 찌르는 듯이 아프다(疒)는 뜻이에요.

苦痛(쓸 **고**, 아플 **통**) 몸이나 마음의 괴로움과 아픔
哀痛(슬플 **애**, 아플 **통**) 어떤 일에 대해 슬퍼하고 마음 아파함

通 통 [tōng] through (6급)

① 통하다

물이나 바람이 대롱(甬) 속을 지나가듯이(辶) 잘 통한다는 뜻이에요.

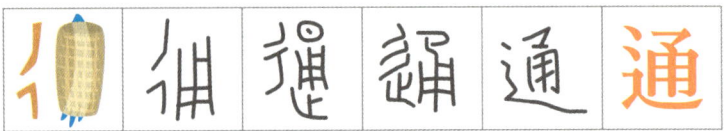

通過(통할 통, 지날 과) 어떤 장소나 때를 통하여 지나감
通路(통할 통, 길 로) 다닐 수 있도록 뚫려 통한 길

부수	辶	필순	총 11획

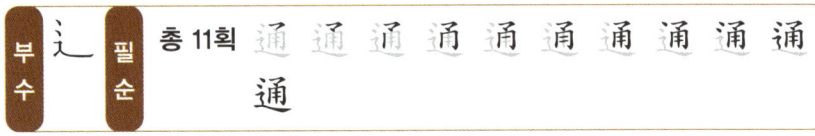

얽히고설킨 한자

'사통팔달'은 무슨 뜻일까요?

'四通八達'(넉 사, 통할 통, 여덟 팔, 통달할 달)은 사방팔방으로 갈 수 있는 길이 모두 뚫려 있어서 다 통한다는 뜻입니다. 예나 지금이나 이런 곳은 교통의 중심지로 아주 적합하지요. 거기서는 어디든 쉽게 갈 수 있으니까요.

退 퇴 [tuì] retreat (4급)

① 물러나다

원래는 '해(日)가 뒤(後)로 물러나다'라는 뜻으로 생겨난 글자였는데, 나중에 모양이 지금과 같이 바뀌었어요.

退勤(물러날 **퇴**, 일 **근**) 직장에서 일하는 시간을 마치고 나옴
後退(뒤 **후**, 물러날 **퇴**) 뒤로 물러남

부수 辶 필순 총 10획

投 투 [tóu] throw (4급)

① 던지다

손(手)에 창(殳)을 들고 '던지는' 모습을 본떠 만든 글자예요.

投票(던질 **투**, 표 **표**) 선거에서 자기 의사를 표시하는 표를 던짐
投手(던질 **투**, 사람 **수**) 야구에서 공을 던지는 사람

부수 手 필순 총 7획

鬪 투 [dòu] fight (4급)

① 싸움, 싸우다

두 사람이 서로 주먹질하며 싸우는 모습을 본떠 만든 글자예요. 지금은 여기에 '깎는다'는 뜻의 '鬥'를 더해서 쓰고 있어요.

鬪志(싸울 **투**, 뜻 **지**) 싸우고자 하는 굳센 뜻
鬪爭(싸울 **투**, 다툴 **쟁**) 어떤 대상을 이기고자 싸우고 다툼

| 부수 | 鬥 | 필순 | 총 20획 | 鬪 鬪 鬪 鬪 鬪 鬪 鬪 鬪 鬪 鬪 鬪 鬪 鬪 鬪 鬪 鬪 鬪 |

特 특 [tè] special (6급)

① 특별하다

옛날 사원(寺)에서 제사를 지낼 때 바친 '수소'(牛)라는 뜻입니다. 제물로 바쳐지는 소는 가장 훌륭하고 '특별한' 소였어요. 여기서 '특별하다, 유다르다'는 뜻이 나왔어요.

特別(특별할 **특**, 다를 **별**) 보통의 것과 유다름
特出(특별할 **특**, 날 **출**) 특별히 뛰어남

| 부수 | 牛 | 필순 | 총 10획 | 特 特 特 特 特 特 特 特 特 特 |

派 파 [pài] clique (4급)

① 갈래

물(水)이 여러 갈래(派)로 흐르는 모습을 본떠 만든 글자입니다. '물의 갈래, 갈라져 나온 계통'을 뜻해요.

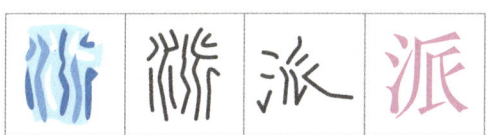

學派(배울 **학**, 갈래 **파**) 학문의 영역에서 서로 주장하는 바가 다른 갈래
親日派(친할 **친**, 해 **일**, 갈래 **파**) 일본과 친한 사람들의 갈래

波 파 [bō] wave (4급)

① 물결

털가죽(皮)처럼 물결치는 물(氵), 즉 '물결, 파도'를 뜻해요.

餘波(남을 **여**, 물결 **파**) 큰 물결이 지나간 뒤에 남는 잔물결, 어떤 일이 끝난 뒤에 남아 미치는 그 영향

風波(바람 **풍**, 물결 **파**) 거센 바람과 험한 물결로, 세상살이의 어려움을 가리킴

부수 水 | 필순 총 8획

얽히고설킨 한자

'파란만장'은 무슨 뜻일까요?

보통 사람들의 삶이나 일의 진행이 여러 가지 우여곡절과 시련이 많고 변화가 심할 때, '波瀾萬丈'(물결 파, 물결 란, 일만 만, 길이 단위 장)하다고 해요. 만 길이나 되는 높은 물결이 치는 것처럼 힘들고 괴로운 상황을 말하지요. 한 길은 오늘날 약 3미터 정도입니다. 그러므로 만 길은 약 3만 미터예요. 파도의 높이가 3만 미터라니, 그런 파도가 상상이 되나요?

破 파 [pò] break (4급)

① 깨뜨리다, 부수다

동물의 몸에서 털가죽(皮)을 벗기듯 바위(石)를 부수는 일이라는 말로, '깨뜨리다, 부수다'라는 뜻이에요.

破格(깨뜨릴 **파**, 격식 **격**) 정해진 격식을 깨뜨림
破局(깨뜨릴 **파**, 판 **국**) 일이나 사태가 잘못되어 결단이 남

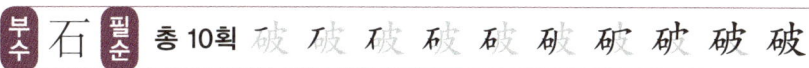
부수 石 필순 총 10획

判 판 [pàn] judge (4급)

① 판가름하다

칼(刀)로 소의 머리를 둘로 나누듯이(半) 분명하게 나눈다는 뜻이에요.

判定(판가름할 **판**, 정할 **정**) 주로 일상에서 어떤 일의 옳고 그름을 판가름하여 결정함
判決(판가름할 **판**, 정할 **결**) 주로 법률에서 어떤 사건의 옳고 그름을 판가름하여 결정함

부수 刀 필순 총 7획

板 판 [bǎn] board (5급)

① 널빤지

쉽게 뒤집을 수 있는(反) 나무(木)로 만든 널찍한 판, 즉 '널빤지'를 뜻해요.

看板(볼 간, 널빤지 판) 상점 등에 내건 표지판
字板(글자 자, 널빤지 판) 글자가 새겨진 판, 즉 컴퓨터 키보드

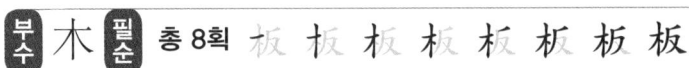

八 팔 [bā] eight (8급)

① 여덟

원래는 사물을 둘로 쪼갠 모양을 본떠 만든 글자예요. '나누다, 나뉘다'의 뜻이 었는데 지금은 '여덟'이라는 뜻으로 써요. '나누다'는 '八'에다 칼(刀)을 더하여 '分'으로 나타내요.

八十(여덟 팔, 열 십) 여든
八月(여덟 팔, 달 월) 열두 달 가운데 여덟 번째 달

얽히고설킨 한자

중국 사람은 숫자 '八'을 좋아해요.

2008년 중국에서 베이징 올림픽이라는 커다란 국가 행사가 있었지요? 그런데 중국에서는 올림픽 개막식을 2008년 8월 8일 저녁 8시 8분에 맞춰서 거행했답니다. 왜 그랬을까요? 그것은 중국인이 8이라는 숫자를 아주 좋아하기 때문이에요. 중국 사람은 돈을 번다고 할 때 '파차이'라고 말하는데, 이 8이라는 숫자의 중국어 발음이 돈을 번다는 '파'라는 발음과 비슷한 '빠'예요. 그래서 중국 사람은 8이라는 숫자가 돈을 많이 버는 행운을 가져다준다고 믿는 것이지요.

중국 사람은 8자를 좋아해요.

敗 패 [bài] defeat (5급)

① 무너지다 ② 지다

조개더미(貝)를 몽둥이로 쳐서(攴) 부수는 모습을 나타낸 글자예요.

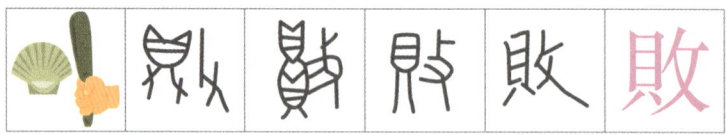

敗家亡身(무너질 **패**, 집 **가**, 망할 **망**, 몸 **신**) 집안의 재산을 다 써 버리고 자신의 몸까지 망침

敗北(질 **패**, 달아날 **배**) 힘을 겨루어 짐

| 부수 | 攴 | 필순 | 총 11획 | 敗 敗 敗 敗 敗 敗 敗 敗 敗 敗 敗 |

便 편/변 [biàn] handy (7급)

① 편하다 (편) ② 똥오줌 (변)

사람(人)이 쓰기에 편하도록 힘을 주어 바꾼다(更)는 것이에요. 바꾸고 나면 편안해지지요. 소변이나 대변 같은 것도 누고 나면 속이 편해지므로 이 글자가 대소변도 가리키게 되었습니다.

便利(편할 **편**, 이로울 **리**) 편하고 이로움
小便(작을 **소**, 똥오줌 **변**) 오줌. 똥은 大便(대변)이라고 함

| 부수 | 人 | 필순 | 총 9획 | 便 便 便 便 便 便 便 便 便 |

篇 편 [piān] sheet (4급)

① 책

원래는 문짝(戶)에 글을 써서 붙이는 대쪽(竹, 冊)의 모습을 본떠 만든 글자인데, 여기서 '서책, 책, 글'과 같은 뜻이 갈라져 나왔어요.

短篇(짧을 **단**, 책 **편**) 문학에서 짤막하게 지은 한 편의 글
長篇(길 **장**, 책 **편**) 주로 문학에서 길고 복잡한 내용을 일정한 분량 이상으로 지은 글

| 부수 | 竹 | 필순 | 총 15획 |

平 평 [píng] flat (7급)

① 평평하다

평평한 물 위에 뜬 물풀을 본떠 만든 글자로 '평평함'을 나타내요.

平面(평평할 **평**, 표면 **면**) 평평한 면
平行線(평평할 **평**, 갈 **행**, 줄 **선**) 같은 평면 위에서 같은 간격으로 나란히 달리는 둘 이상의 직선

| 부수 | 干 | 필순 | 총 5획 |

評 평 [píng] comment (4급)

① 평하다

말(言)로써 옳고 그름이나 좋고 나쁨을 공평하게(平) 논하는 것, 즉 '평하다, 평가하다'라는 뜻이에요.

評價(평할 **평**, 값 **가**) 물건의 값이나 가치 등을 평가하여 매김
批評(칠 **비**, 평할 **평**) 어떤 것의 시비나 가치 등을 따져 논함

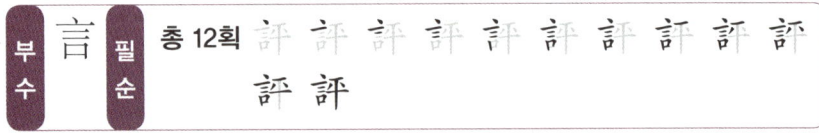

閉 폐 [bì] close (4급)

① 닫다

문(門)을 나무 빗장(才)으로 닫아 건 모양을 본떠 만든 글자예요.

開閉(열 **개**, 닫을 **폐**) 문을 열고 닫음
閉門(닫을 **폐**, 문 **문**) 문을 닫음

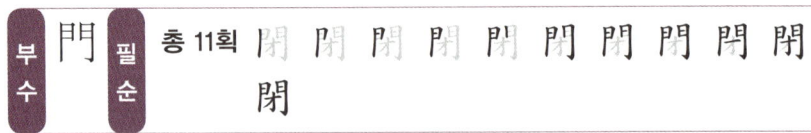

包 포 [bāo] wrap (4급)

① 싸다

태아(巳)를 감싸고 있는(勹) 엄마의 배 모습을 본떠 만든 글자지요. 아이를 밴 모습에서 '싼다'는 뜻을 갖게 되었지요.

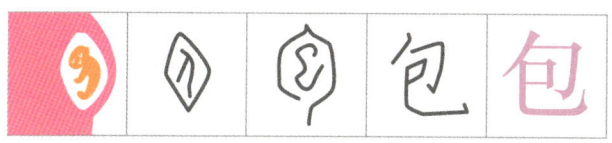

包裝(쌀 포, 꾸밀 장) 물건을 그럴듯하게 꾸며 싸거나 꾸림
包含(쌀 포, 머금을 함) 속에 함께 싸서 넣음

부수 勹 필순 총 5획

胞 포 [bāo] placenta (4급)

① 태보

배고 있는 태아(包)를 감싸고 있는 살(月)을 나타냅니다. 이것을 '태보'(태아를 싸고 있는 막과 태반)라고 해요.

同胞(같을 동, 태보 포) 같은 어머니에서 나온 자식, 나아가 같은 나라 또는 같은 민족을 이르는 말
細胞(가늘 세, 태보 포) 생물체를 이루는 가장 기본이 되는 단위

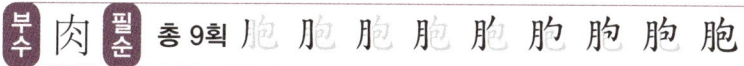
부수 肉 필순 총 9획

砲 포 [pào] cannon (4급)

① 대포(돌 쇠뇌)

큰 돌(石)을 싸서(包) 멀리 날려 보내는 무기의 일종. 돌을 멀리 튀겨 보내는 '돌 쇠뇌'를 가리켜요.

砲手(대포 포, 손 수) 총으로 짐승을 잡는 사냥꾼
大砲(클 대, 대포 포) 화약의 폭발력을 이용하여 커다란 탄환을 멀리 내쏘는 무기

부수 石 필순 총 10획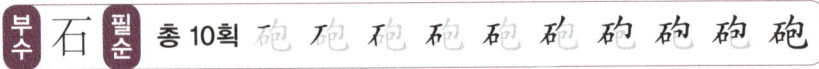

布 포 [bù] calico (4급)

① 베 ② 널리 펴다

손에 몽둥이를 들고(🗌←父) 다듬이질한 천(巾)을 가리켜요.

綿布(솜 면, 베 포) 솜을 자아 만든 실로 짠 베. 무명
分布(나눌 분, 베 포) 널리 퍼져 있음

부수 巾 필순 총 5획

暴 폭/포 [bào] violent (4급)

① 사납다

두 손(廾)에 쌀(米)을 들고 햇볕(日)에 내어(出) 말리는 모습을 표현한 글자예요. 쌀을 말리는 시기의 햇볕은 매우 강하기 때문에 여기서 '사납다'는 뜻이 생겼어요.

暴力(사나울 **폭**, 힘 **력**) 남을 거칠고 사납게 제압하는 힘
暴惡(사나울 **포**, 악할 **악**) 사납고 악함

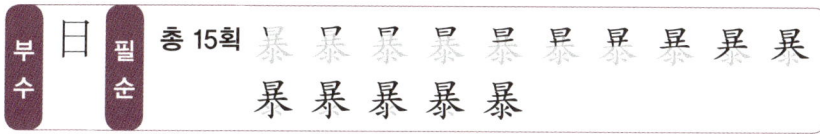
부수 日 / 필순 / 총 15획

爆 폭 [bào] explode (4급)

① 터지다

불(火)이 거칠고 사납게(暴) 붙는 것이므로 '불이 터지다'라는 뜻을 나타내요. 이때 '暴'(폭)은 불이 터질 때 나는 소리를 가리키기도 해요.

爆笑(터질 **폭**, 웃을 **소**) 갑자기 터져 나오는 웃음, 또는 그렇게 웃는 일
爆彈(터질 **폭**, 탄알 **탄**) 금속 용기에 탄약을 채워서 터뜨리는 무기

부수 火 / 필순 / 총 19획

票 표 [piào] vote (4급)

① 표, 쪽지

사람의 머리 부분을 양손으로 들어 올려 보여 나타냈어요. '표, 표시'라는 뜻으로 쓰여요.

郵票(우편 우, 표 표) 우편물을 부칠 때 요금을 냈다는 표시로 붙이는 표
投票(던질 투, 표 표) 선거나 가부를 결정할 때에 자기 의사를 표시하는 일 또는 그런 표

부수	示	필순	총 11획

標 표 [biāo] mark (4급)

① 표시하다

나무(木)에서 가장 잘 보이는(票) 부분이므로 '가지 끝'을 나타내는 글자예요. 여기서 나뭇가지의 끝은 잘 보이므로 '표시하다'라는 뜻이 생겼는데, 지금은 이 글자의 가장 대표적인 뜻이 되었어요.

標示(표시할 표, 보일 시) 특정한 표를 해서 밖으로 내보임
目標(눈 목, 표시할 표) 목적으로 삼는 어떤 대상 또는 도달하려는 지점

부수	木	필순	총 15획

表 표 [biǎo] surface (6급)

① 겉

원래는 털(毛)로 만든 윗 옷(衣)이라는 뜻이었어요. 그런데 털로 만든 옷은 겉옷으로 입었기 때문에, 여기서 '겉'이라는 뜻이 생겼어요.

表面(겉 표, 얼굴 면) 겉
表情(겉 표, 뜻 정) 마음속 감정이 얼굴로 드러나는 모양

부수 衣 | 필순 | 총 8획

얽히고설킨 한자

'표리부동'의 뜻은 무엇일까요?

'表裏不同'(겉 표, 속 리, 아닐 부(불), 같을 동)은 겉과 속이 같지 않다는 뜻으로, 우리말 속담에 '겉 다르고 속 다르다'는 말과 같은 말이에요. 겉으로 하는 말은 번지르르하지만 행동이 뒤따르지 못하는 사람, 또는 겉으로 하는 행동이 속마음과는 다른 사람을 가리키지요. 먹이를 먹을 때 흘린다는 '악어의 눈물'도 비슷한 뜻이랍니다.

品 품 [pǐn] thing (5급)

① 물건 ② 품평하다

물건(口)을 쌓아 놓은 모양을 본떠 만든 글자예요. 여기서 나아가 그 물건이 어떻다고 '품평한다'라는 뜻도 갈라져 나왔어요.

食品(먹을 **식**, 물건 **품**) 사람들이 일상으로 먹는 음식물
品評(품평할 **품**, 평할 **평**) 물건의 좋고 나쁨을 평가하는 일

부수 口 / 필순 / 총 9획

豊 풍 [fēng] abundant (4급)

① 풍성하다

제사를 지낼 때 쓰는 제기(豆) 위에 음식이 가득 담긴 모양을 본떠서 만든 글자예요.

豊年(풍성할 **풍**, 해 **년**) 곡식이 잘 자라 거둘 것이 풍성한 해
豊富(풍성할 **풍**, 부유할 **부**) 무언가가 풍성하고 많음

부수 豆 / 필순 / 총 13획

風 풍 [fēng] wind (6급)

① 바람, 경치

공기의 흐름을 본떠 만든 글자예요. 즉, '바람'을 뜻해요. 또는 봉황새의 모양을 본떠 만들었다고 해요. '虫'(훼)는 바람과 구름을 탄 용을 나타내요.

强風(굳셀 **강**, 바람 **풍**) 매우 세게 부는 바람
風景(바람 **풍**, 볕 **경**) 산이나 들, 강, 바다 등 자연이나 지역의 모습

부수 風 필순 총 9획

疲 피 [pí] weary (4급)

① 지치다

가죽(皮)만 남을 정도로 바짝 말라 병상에 드러누울(疒) 정도로 힘든 상태, 즉 '지치다'라는 뜻이에요.

疲勞(지칠 **피**, 일할 **로**) 일을 너무 많이 하여 몸과 마음이 지친 상태
疲困(지칠 **피**, 괴로울 **곤**) 몸이나 마음이 지쳐서 고달픔

부수 疒 필순 총 10획

避 피 [bì] avoid (4급)

① 피하다

쉬엄쉬엄 간다(辶)는 것과 옆으로 비킨다(辟)는 것을 합쳐 옆으로 '피하다'라는 뜻을 나타내요.

避難(피할 **피**, 어려울 **난**) 어려운 상황이나 재난을 피해 멀리 도망감
避身(피할 **피**, 몸 **신**) 위험한 상황을 피해 몸을 숨김

必 필 [bì] necessarily (5급)

① 반드시

숟가락을 들고 국물을 떠먹을 때, 국물이 떨어지는 모양을 본떠 만든 글자예요. 국물을 떠먹을 때는 숟가락에서 국물 방울이 '반드시' 떨어지기 마련이지요.

必需品(반드시 **필**, 쓰일 **수**, 물건 **품**) 일상생활에 반드시 필요한, 없어서는 안 되는 물품
何必(어찌 **하**, 반드시 **필**) 어째서

筆 필 [bǐ] pen (5급)

① 붓

붓을 손으로 잡고 있는 모습(聿)과 붓의 재료를 나타내는 대나무(竹)를 합쳐서 만든 글자예요.

粉筆(가루 분, 붓 필) 칠판에 글자를 쓸 때 사용하는 도구
筆記(붓 필, 쓸 기) 글자를 씀

부수	필순	총 12회	
竹			

얽히고설킨 한자

'일필휘지'는 무슨 뜻일까요?

'一筆揮之'(한 일, 붓 필, 휘두를 휘, 어조사 지)는 '붓을 한 번 휘둘러 글자를 써 내려간다'는 뜻으로, 단숨에 힘차고 시원하게 쓴다는 뜻의 사자성어입니다. 옛날 한석봉이 붓글씨를 쓸 때, 아마도 이렇게 일필휘지하지 않았을까요? 그리고 그림을 한 번에 쓱쓱 시원스럽게 그릴 때도 이 말을 쓴답니다.

下 하 [xià] under (7급)

① 아래

기준이 되는 가로선 밑에 짧은 선 하나를 그어 '아래'를 나타냈어요.

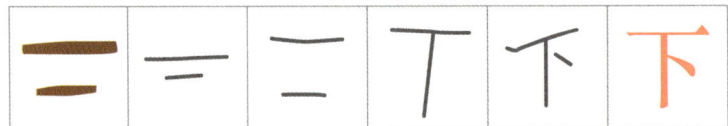

下山(아래 하, 산 산) 산 아래로 내려옴
下手(아래 하, 사람 수) 재주나 솜씨의 수준이 낮은 사람

부수 一 필순 총 3획 下 下 下

바둑은 형보다 내가 잘 두지만, 장기는 내가 下手(하수)다.

河 하 [hé] river (5급)

① 강

갈고리처럼 굽이쳐(可) 흐르는 물(氵)을 나타내요. 원래는 황하(黃河)라는 특정한 강을 가리키던 이름이었는데, 이것이 지금은 모든 '강'을 가리키게 되었습니다.

河口(강 **하**, 입 **구**) 강물이 바다로 흘러드는 어귀
河川(강 **하**, 내 **천**) 크고 작은 강과 시내를 아울러 이르는 말

부수 水 필순 총 8획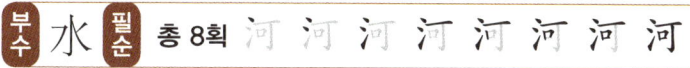

夏 하 [xià] summer (7급)

① 여름

더운 여름날 옷을 벗고 팔다리를 다 드러낸 사람의 모양을 본떠 만든 글자예요. 지금 글자는 얼굴(頁)과 다리(夊) 부분만 간결하게 남겨 놓았지요.

立夏(설 **입**, 여름 **하**) 이때부터 여름이 시작된다는 이십사절기의 하나로, 양력 5월 5일 무렵
夏至(여름 **하**, 이를 **지**) 낮이 가장 긴 날로, 이십사절기의 하나이며 양력 6월 21일 무렵

부수 夊 필순 총 10획

學 학 [xué] learn (8급)

① 배우다

집 안(宀)에 있는 아이(子)가 두 손(曰 ㅋ)에 산가지(爻)를 가지고 셈하는 방법을 공부하는 것으로, '배우다'라는 뜻을 나타내요.

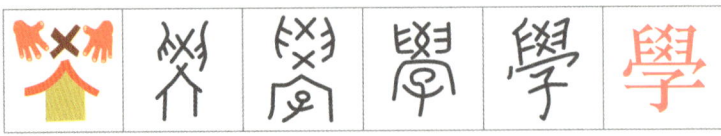

學校(배울 학, 학교 교) 학생들을 가르치는 교육 기관
學生(배울 학, 학생 생) 주로 학교에 다니면서 배우는 사람

부수: 子 필순 총 16획

얽히고설킨 한자

'산가지'가 뭐예요?

산가지(算가지)는 '계산하는 데 쓰는 나뭇가지'라는 뜻이에요. 옛날에 숫자 계산에 쓰이던 도구였어요. 산가지를 다루는 방법은 곧 계산법을 배우는 것이며, 따라서 아이들의 학습 내용 중 중요한 부분을 차지했대요.

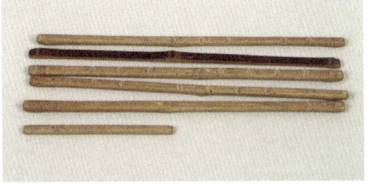

산가지

寒 한 [hán] cold (5급)

① 차갑다

추위(冫)에 얼어서 집 안(宀)에다 풀잎을 잔뜩 깔고(茻) 그 위에 오그리고 누운 사람(人)을 표현한 거예요. '차갑다, 춥다, 얼다'라는 뜻이 있어요.

寒氣(차가울 **한**, 기운 **기**) 차가운 기운
寒波(차가울 **한**, 물결 **파**) 겨울철에 기온이 갑자기 뚝 떨어지는 현상

漢 한 [hàn] Chinese; name of a dynasty (7급)

① 강 이름(한수) ② 나라 이름(한나라) ③ 사나이

뜻을 나타내는 '氵'와 소리를 나타내는 '𦰩'이 결합된 글자예요. 원래는 '漢水'(한수)라는 강 이름이었어요. 이 강 근처에 '漢'이라는 나라가 도읍을 정하면서 나라 이름이 되었어요.

漢江(강 이름 **한**, 강 **강**) 우리나라 서울 한복판을 가로질러 흐르는 강
漢文(나라 이름 **한**, 글월 **문**) 한자로 쓰인 글
好漢(좋을 **호**, 사나이 **한**) 의협심이 많아 불의에 굴하지 않는 사람

韓 한 [hán] Korea (8급)

① 한국

해 뜨는(𣎴: 나뭇가지에 해가 걸린 모습) 곳에 있는 나라(韋), 즉 한반도에 있는 우리 나라를 가리켜요.

韓國(나라 이름 **한**, 나라 **국**) 대한민국(大韓民國)의 줄인 말
韓屋(나라 이름 **한**, 집 **옥**) 한국의 전통 방식으로 지은 집

恨 한 [hèn] hate (4급)

① 한하다, 뉘우치다

계속 뒤를 되돌아보는(艮) 마음(忄←心), 즉 '뉘우치는 마음, 한'이라는 뜻을 나타내요.

恨歎(뉘우칠 **한**, 한숨 쉴 **탄**) 한스럽거나 뉘우침이 있을 때 한숨을 쉬며 탄식함
餘恨(남을 **여**, 한할 **한**) 풀리지 않고 여전히 남아 있는 원한

限 한 [xiàn] limit (4급)

① 한계

높은 언덕(阝)을 사람이 고개를 돌리고 바라보는(艮) 모습을 본떠, 넘어갈 수 없는 언덕이란 뜻을 나타냈어요. 여기서 넘어갈 수 없는 '한계'라는 뜻이 생겼어요.

限界(한계 **한**, 경계 **계**) 능력이나 책임 등이 실제로 적용될 수 있는 범위
權限(권세 **권**, 한계 **한**) 권리나 권력이 미칠 수 있는 한계

부수 阜 / 필순 / 총 9획

閑 한 [xián] idle (4급)

① 한가하다

처음에는 문(門)에 빗장(木)을 둘러 막는다는 뜻을 나타냈습니다. 지금은 '閒'(한)과 같은 뜻인 '한가하다'라는 뜻으로 쓰여요.

閑暇(한가할 **한**, 겨를 **가**) 특별히 할 일이 없이 겨를이 생김
閑寂(한가할 **한**, 고요할 **적**) 한가하고 고요함

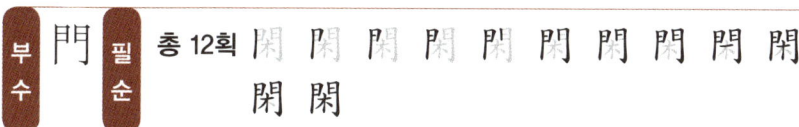
부수 門 / 필순 / 총 12획

合 합 [hé] join (6급)

① 합하다

그릇에 뚜껑이 딱 들어맞게 합쳐진 모양을 본떠 만든 글자예요.

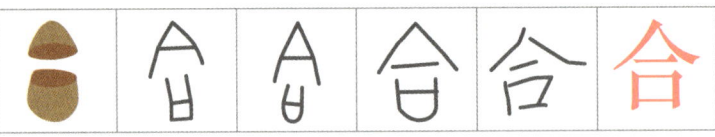

合心(합할 **합**, 마음 **심**) 마음을 하나로 합침
合一(합할 **합**, 한 **일**) 의견 등을 하나로 합침

부수 口 · 필순 총 6획 合 合 合 合 合 合

港 항 [gǎng] harbor (4급)

① 항구

물(氵) 위의 길(巷)이에요.

港口(항구 **항**, 입 **구**) 바닷가에 부두 등을 설비하여 배가 드나들 수 있도록 만든 곳
空港(빌 **공**, 항구 **항**) 비행기가 뜨고 날 수 있도록 여러 설비를 갖춘 곳

부수 水 · 필순 총 12획 港 港 港 港 港 港 港 港 港 港 港 港

抗 항 [kàng] resist (4급)

① 맞서다, 겨루다, 막다

'亢'은 원래 다리에 차꼬를 찬 사람의 모습이에요. 이런 사람들은 두 다리에 힘을 주고 힘써 버티기에, 여기서 '맞서다'라는 뜻이 나왔어요. 그러므로 '抗'은 손(扌)을 들어 맞서다(亢)라는 뜻입니다.

反抗(되돌릴 **반**, 맞설 **항**) 상대방에게 반대하여 대듦
抗爭(막을 **항**, 다툴 **쟁**) 맞서 싸움

부수 手 필순 총 7획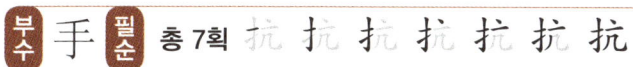

航 항 [háng] navigate (4급)

① (배로) 건너다

배(舟)가 물결에 맞서(亢) 나아간다는 뜻이에요. 즉 배로 물길을 '건너다'라는 뜻이에요.

航路(건널 **항**, 길 **로**) 배나 비행기가 지나다니는 뱃길이나 항공로
航海(건널 **항**, 바다 **해**) 배를 타고 바다를 건너감

부수 舟 필순 총 10획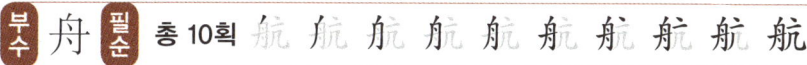

海 해 [hǎi] sea (7급)

① 바다

너무 넓고 깊어서 그 속이 어둡게(每) 보이는 물(氵)이라는 뜻이에요. 즉 깊고 어두운 '바다'를 뜻해요.

海女(바다 해, 여자 녀) 바다에 들어가 해산물을 따거나 줍는 여자
海外(바다 해, 밖 외) 바다 밖. 일반적으로 바다 밖 다른 나라를 가리킴

부수 水 필순 총 10획 海 海 海 海 海 海 海 海 海 海

얽히고설킨 한자

바다도 바다 나름!

바다를 나타내는 한자로는 '海'(바다 해)와 '洋'(바다 양)이 있어요. '海'에는 어둡다(每)는 글자가 붙어서 깊고 어두운 '바다'를 나타내고 있어요. 그런데 '洋'에는 '매애' 하고 우는 양(羊)이 붙어 있어요. 왜 그럴까요? 여러분은 양 떼나 양떼구름을 본 적이 있나요? 하얀 거품을 일렁이며 넘실대는 파도가 꼭 양 떼 같다고 해서 그런 바다에는 '羊'이 붙었지요. 그리고 '海'와 '洋'은 같은 바다라도 작은 바다, 큰 바다로 나누어 써요. 육지와 가까운 바다에는 주로 地中海(지중해)·西海(서해)·東海(동해)처럼 '海'를 쓰고, 큰 배들이 다니는 먼바다는 太平洋(태평양)·大西洋(대서양)처럼 주로 '洋'을 쓴답니다.

害 해 [hài] harm (5급)

① 해치다

감옥 같은 곳(宀)에서 혀(舌)를 자르는(丿) 형벌을 받는다는 것인데, 여기서 '해치다'라는 뜻이 나왔어요.

水害(물 수, 해칠 해) 홍수나 장마 등 큰물로 생긴 피해
有害(있을 유, 해칠 해) 해로운 것이 있음

| 부수 | 宀 | 필순 | 총 10획 |

解 해 [jiě] explain (4급)

① 풀다

칼(刀)로 소(牛)의 뿔(角)을 뽑는 모양을 본떠 만든 글자예요. 그러니까 소를 '해체하다, 풀다'라는 뜻이에요.

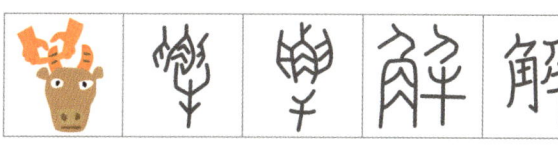

解決(풀 해, 결단할 결) 제시된 문제나 얽힌 일을 풀어헤쳐 잘 처리함
分解(나눌 분, 풀 해) 여러 부분으로 결합된 것을 하나하나 나누어 풀어헤침

| 부수 | 角 | 필순 | 총 13획 |

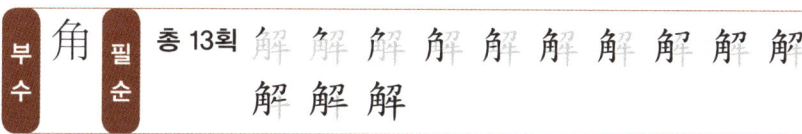

核 핵 [hé] seed (4급)

① 씨

나무(木)에 달린 과일의 한가운데에 있는 검은 돼지(亥)처럼 까만 '씨앗'을 가리켜요.

核心(씨 **핵**, 마음 **심**) 알맹이. 사물의 가장 중요한 한가운데 부분
核武器(씨 **핵**, 굳셀 **무**, 그릇 **기**) 핵 반응으로 생기는 강한 힘을 이용한 무기. 원자폭탄, 수소폭탄 따위

부수 木 **필순** 총 10획

幸 행 [xìng] fortunate (6급)

① 다행

원래는 쇠고랑을 본떠 만든 글자예요. 다행히 쇠고랑을 차지 않게 되어(벌을 받지 않게 되어) 한시름 놓았다는 뜻이에요.

多幸(많을 **다**, 다행 **행**) 운이 많이 따라 뜻밖에 일이 잘됨
幸福(다행 **행**, 복 **복**) 다행스럽고 복된 운수, 또는 만족과 기쁨을 느끼는 흐뭇한 상태

부수 干 **필순** 총 8획 幸 幸 幸 幸 幸 幸 幸 幸

行 행/항 [xíng] act / line (6급)

① 가다, 행실 (행) ② 줄 (항)

사람들이 많이 다니는 네거리 모양을 본떠 만든 글자로 '가다'라는 뜻이에요.

同行(같을 동, 갈 행) 길을 함께 감
行爲(행실 행, 할 위) 사람이 자신의 의지를 가지고 하는 행실
行列(줄 항, 줄 렬) 한 핏줄을 나눈 친족 사이에 형제나 자매처럼 수평적인 관계를 뜻함

부수 行 필순 총 6획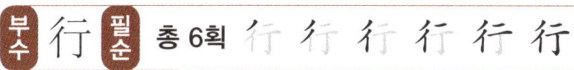

얽히고설킨 한자

삼십육계 줄행랑! 줄행랑?

줄행랑은 '줄'이라는 우리말과 '行廊'(갈 행, 복도 랑)이라는 한자말을 합쳐서 만든 말이랍니다. 이 말은 원래 예전 대문간에 죽 붙어 있던, 하인들이 살던 방을 가리키던 말인데, 도망치는 모습이 줄줄이 이어진다고 해서 '도망'을 일컫기도 한답니다. '三十六計'(석 삼, 열 십, 여섯 육, 꾀 계)는 옛날 병법의 서른여섯 가지 계책이란 말이며, 그중의 한 가지가 도망가는 것이었기에 '삼십육계 줄행랑'이라고 해요. 이때 '도망'은 무작정 도망치기가 아니라, 지금은 상황이 불리하니까 잠깐 후퇴했다가 뒷날을 도모하자는 것이지요. 즉, 이보 전진을 위한 일보 후퇴라고나 할까요?

向 향 [xiàng] toward (6급)

① 향하다

벽에 뚫은 창문 모양을 본떠 만든 글자입니다. 볕이 들어오는 방향을 가리키지요.

方向(방위 **방**, 향할 **향**) 어떤 특정한 방위를 향한 쪽

向上(향할 **향**, 위 **상**) 실력이나 수준 등이 현재보다 더 위쪽으로 올라감

부수 口　필순　총 6획　

香 향 [xiāng] fragrant (4급)

① 향기롭다

맛있는(日←甘) 기장밥(禾←黍)을 지을 때 나는 향긋한 냄새를 뜻합니다.

香氣(향기로울 **향**, 기운 **기**) 풀이나 꽃에서 나는 향긋한 냄새

香水(향기로울 **향**, 물 **수**) 향긋한 냄새가 나는 액체

부수 香　필순　총 9획　

鄉 향 [xiāng] country (4급)

① 시골

원래는 두 사람이 상을 마주하고 앉아 음식을 먹는다는 뜻이었어요. 음식을 먹으며 잔치를 벌인다는 뜻의 '饗'(향)의 본래 글자였지요. 그러나 나중에 마을(乡←邑)과 마을(阝←邑)이 서로 마주하여 길(皀)이 통한다는 글자로 바뀌면서, '시골, 마을'을 뜻하게 되었어요.

鄉愁(시골 **향**, 시름 **수**) 고향을 그리며 시름겨워하는 마음
故鄉(옛 **고**, 시골 **향**) 자기가 태어나 자란 곳

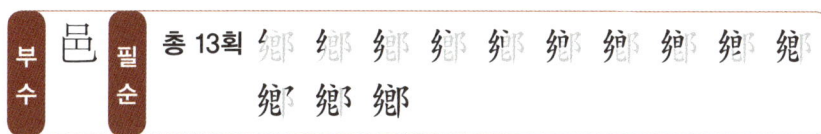

許 허 [xǔ] allow (5급)

① 허락하다

말(言)이 통하다(午)라는 뜻입니다. 그러므로 '허락한다'는 의미예요.

許諾(허락할 **허**, 대답할 **락**) 바라는 바를 들어줌
許容(허락할 **허**, 담을 **용**) 허락하여 받아들임

虛 허 [xū] void (4급)

① 비다

원래는 호랑이 가죽 무늬(虍)처럼 눈에 쉽게 띄는 높은 언덕(丘)이라는 뜻이었어요. 여기서 큰 언덕은 넓고 넓어 아무것도 없다는 뜻이 갈라져 나와 텅 '비다'는 뜻을 갖게 되었어요.

虛空(빌 **허**, 빌 **공**) 텅 빈 공중
虛事(빌 **허**, 일 **사**) 아무런 결과가 없는 헛일

부수 虍 / 필순 / 총 12획

憲 헌 [xū] constitution (4급)

① 법

눈(罒 ←目)을 멀게 하는(害) 형벌을 나타내는 글자예요. 나중에 두려워하는 마음(心)을 더하여 모두가 지켜야 할 '법'을 뜻하게 되었어요.

制憲節(만들 **제**, 법 **헌**, 마디 **절**) 우리나라의 헌법을 제정, 공포한 것을 기념하기 위하여 만든 국경일. 7월 17일
憲法(법 **헌**, 법 **법**) 한 나라 정치 체제의 근본 원칙을 정한 법

부수 心 / 필순 / 총 16획

險 험 [xiǎn] rugged (4급)

① 험하다

언덕(阝)이 풀과 나무로 꽉 막혀 있어(僉) 넘기 힘든 상황을 묘사한 글자예요.

危險(위태할 **위**, 험할 **험**) 해로움이나 손실이 생길 우려가 있음

保險(지킬 **보**, 험할 **험**) 재해나 사고 등이 생겼을 때 손해를 보상해 주는 제도

부수 阜 / 필순 / 총 16획

驗 험 [yàn] examine (4급)

① 시험하다

원래는 꽉 막혀 있어(僉) 말을 듣지 않는 말(馬)을 가리키는 낱말이었는데 지금은 이런 뜻으로는 쓰이지 않아요. 뒤에 이런 말을 길들여 쓰기 위해 살펴본다는 데서, '시험하다, 조사하다, 증거'와 같은 뜻이 갈라져 나왔어요.

經驗(지날 **경**, 시험할 **험**) 자신이 실제로 보고 듣고 겪음, 또는 그런 일
試驗(시험할 **시**, 시험할 **험**) 재능이나 실력 등을 살펴 따져보고 평가하는 일

부수	필순	
馬	총 23획	驗驗驗驗驗驗驗驗驗驗驗驗驗驗驗驗驗驗驗驗驗驗驗

革 혁 [gé] leather, revolute (4급)

① 가죽 ② (뒤집어) 고치다

머리부터 꼬리까지 털을 벗긴 짐승의 가죽을 본떠 만든 글자로, '가죽'을 뜻해요. 또 가죽은 몸통으로부터 완전히 뒤집어 벗기는 것이기에 '뒤집어 고치다'는 뜻도 나타내게 되었어요.

皮革(가죽 **피**, 가죽 **혁**) 생가죽과 부드럽게 가공한 가죽을 모두 일컫는 말
改革(고칠 **개**, 고칠 **혁**) 법이나 제도, 체제 등을 새롭게 뜯어고침

부수	필순	
革	총 9획	

現 현 [xiàn] appear (6급)

① 나타나다

옥빛(玉)이 나타나 보인다(見)는 뜻이에요.

現實(나타날 **현**, 열매 **실**) 지금 실제로 눈앞에 나타나 존재하는 사실이나 상태
現在(나타날 **현**, 있을 **재**) 눈앞에 나타나 있는 지금 이 시간

顯 현 [xiǎna] prominent (4급)

① 나타나다

사람(頁)이 태양(日) 아래서 실(絲)을 자세히 살펴보는 모습을 표현한 글자예요. 실의 모양이 낱낱이 다 '나타나다, 드러나다, 명백하다'라는 뜻이 되었어요.

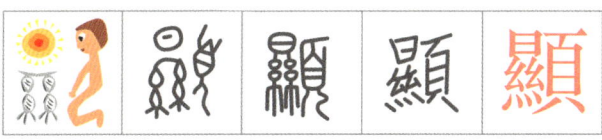

顯示(나타날 **현**, 보일 **시**) 나타내 보임
顯著(나타날 **현**, 분명할 **저**) 분명하고 뚜렷하게 나타남

賢 현 [xián] wise (4급)

① 어질다

나라의 보물(貝)이 될 만큼 의지가 굳고(臤←堅) 다재다능한 사람, 즉 '슬기로운 사람, 어진 이'를 뜻해요.

賢明(어질 **현**, 밝을 **명**) 마음이 어질고 이치에 밝음
聖賢(성스러울 **성**, 어질 **현**) 덕망이 높아 우러러볼 만한 성스럽고 어진 사람

부수 貝 | 필순 | 총 15획

血 혈 [xiě] blood (4급)

① 피

옛날 신에게 바치던 희생물을 담은 그릇(皿)에 떨어진 피(丿)의 모양을 본떠, '피'라는 뜻을 나타냈어요.

血肉(피 **혈**, 고기 **육**) 피와 살. 나아가 피와 살을 함께 나눈 부모 자식, 형제자매
出血(날 **출**, 피 **혈**) 피가 혈관 밖으로 흘러나옴

부수 血 | 필순 | 총 6획

協 협 [xié] cooperate (4급)

① (힘을) 합치다

많은(十) 사람이 힘을 합친다(劦)는 뜻이에요.

協同(힘 합칠 **협**, 같을 **동**) 서로 힘과 마음을 함께 합침
協助(힘 합칠 **협**, 도울 **조**) 힘을 합쳐 서로 도움

부수 十 | 필순 총 8획

兄 형 [xiōng] elder brother (8급)

① 맏이

원래는 하늘을 향해 주문을 외는(口) 사람(儿)으로, 한 무리의 '우두머리'였어요. 여기서 한집안 형제자매의 '맏이, 형'의 뜻이 나왔어요.

父兄(아비 **부**, 맏이 **형**) 아버지와 형
兄夫(맏이 **형**, 지아비 **부**) 언니의 남편

부수 儿 | 필순 총 5획

얽히고설킨 한자

'난형난제'는 무슨 뜻일까요?

'難兄難弟'(어려울 난, 맏이 형, 어려울 난, 아우 제)는 형 되기도 어렵고 동생 되기도 어렵다는 뜻으로, 두 사람의 실력 또는 능력을 평가하거나 판단할 때 어느 쪽이 더 낫다고 말하기 힘든 경우에 씁니다. 즉 두 사람의 실력이 비슷하다는 뜻이지요. 그런데 이 말은 실력이 뛰어난 경우에 쓴다는 사실을 잊지 마세요. 실력이 안 좋은 게 서로 비슷하다는 말은 아니랍니다.

刑 형 [xíng] punishment (4급)

① 형벌

모두가 따라야 할 어떤 특정한 틀(开)을 지키기 위해 칼(刂)로 형벌을 가한다는 뜻이에요.

刑罰(형벌 형, 벌 벌) 죄를 지은 사람에게 주는 벌
重刑(무거울 중, 형벌 형) 아주 무거운 벌

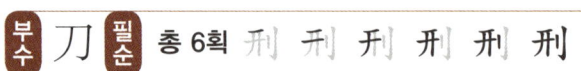
부수 刀 필순 총 6획 刑 刑 刑 刑 刑 刑

形 형 [xíng] form (6급)

① 모양

어떤 특정한 틀(开)과 무늬(彡)를 합친 글자로, '모양'을 나타내요.

形式(모양 형, 법 식) 겉으로 드러나 보이는 사물의 모양. 모습
形態(모양 형, 모양 태) 사물의 생김새나 모양

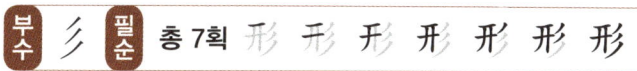
부수 彡 필순 총 7획 形 形 形 开 形 形 形

惠 혜 [huì] favor (4급)

① 은혜

빙빙 도는 실패(叀)처럼 오로지 한결같이 베푸는 마음(心)을 가리켜요.

恩惠(은혜 은, 은혜 혜) 남에게 베풀어 주거나 또는 남에게서 받은 고마운 신세나 혜택
特惠(특별할 특, 은혜 혜) 특별한 은혜

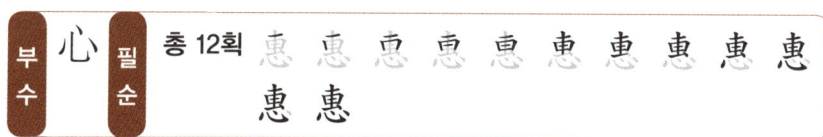
부수 心 필순 총 12획 惠 惠 惠 惠 惠 惠 惠 惠 惠 惠 惠 惠

呼 호 [hū] breath out, call (4급)

① 숨을 내쉬다 ② 부르다

원래는 기운이 위를 향해 올라가는 모양(乎)을 본떠 만든 글자로, 나중에 입(口)을 더해 사람이 '숨을 내쉰다'는 뜻을 나타냈습니다. 보통 누군가를 부를 때 입 밖으로 숨을 내쉬기에 '부른다'는 뜻이 갈라져 나왔어요.

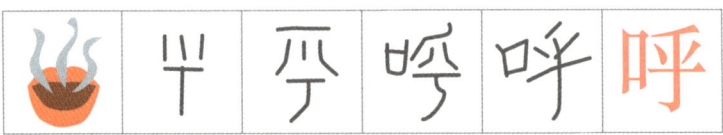

呼吸(숨 내쉴 호, 숨 들이쉴 흡) 숨을 내쉬고 들이쉼
呼名(부를 호, 이름 명) 이름을 부름

부수 口 필순 총 8획 呼 呼 呼 呼 呼 呼 呼 呼

공부할 때도 呼吸(호흡)이 중요해. 천천히 길게 가는 공부 호흡 말이지.

好 호 [hǎo] like, good (4급)

① 좋아하다 ② 좋다

엄마(女)가 아기(子)를 안고 어르는 모양을 본떠 만든 글자예요. 그 모습이 보기 '좋다'는 뜻이에요.

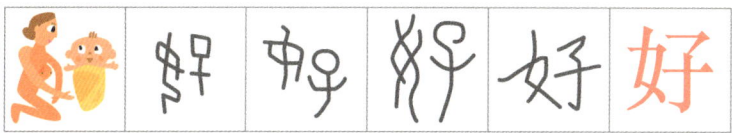

好奇心(좋아할 호, 기이할 기, 마음 심) 새롭고 기이한 것을 좋아하여 끌리는 마음
良好(좋을 양, 좋을 호) 아주 좋음

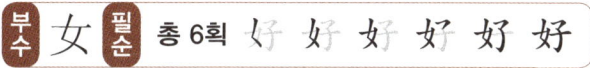
부수 女 필순 총 6획

湖 호 [hú] lake (5급)

① 큰 못

큰 소의 목덜미 살(胡)처럼 모여 있는 커다란 물(氵), 즉 '큰 못, 호수'를 뜻해요.

湖水(큰 못 호, 물 수) 땅이 우묵하게 파여 물이 괴어 있는 큰 못
江湖(강 강, 큰 못 호) 강과 호수를 이르는 말로, 은자들이 숨어 사는 넓은 세상을 가리킴

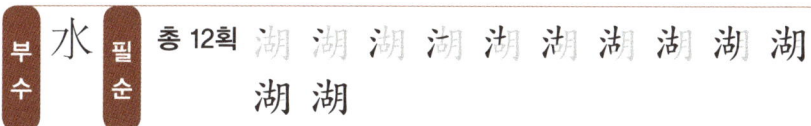
부수 水 필순 총 12획

戶 호 [hù] door (4급)

① 지게문, 집

문의 반쪽을 본떠 한쪽만 열리는 문짝을 나타냈어요. 여기서 나아가 일반 사람들의 '집'을 가리키는 것으로도 쓰여요.

窓戶(창 **창**, 지게문 **호**) 온갖 창과 문의 통칭
家家戶戶(집 **가**, 집 **가**, 집 **호**, 집 **호**) 집집마다

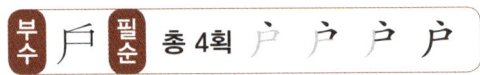

부수 戶 필순 총 4획

號 호 [hào] roar (6급)

① 부르짖다, 부르다   ② 이름

호랑이(虎)가 입을 크게 벌리고 소리를 내는(号) 모습을 본떠 만든 글자이므로 '부르짖다, 부르다'라는 뜻이에요.

口號(입 **구**, 부르짖을 **호**) 집회나 시위 따위에서 어떤 요구나 주장을 알리기 위해 부르짖는 말

國號(나라 **국**, 이름 **호**) 나라 이름

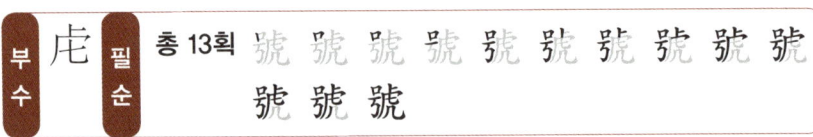

부수 虍 필순 총 13획

護 호 [hù] protect (4급)

① 보호하다

말(言)로 위로하고 지켜보며(蒦) '보호하다'는 뜻이에요.

看護(볼 **간**, 보호할 **호**) 다친 사람이나 노약자를 보살펴 돌보아 줌
保護(지킬 **보**, 보호할 **호**) 위험이나 곤란 등으로부터 잘 보살피고 지킴

或 혹 [huò] maybe, or (4급)

① 혹(괴이쩍다) ② 혹은

원래는 창(戈)을 들고 사람들(口)과 땅(一)을 지킨다는 뜻이에요. 그런데 지킨다는 것은 적의 침입을 막는다는 것이고, 이것은 늘 적이 침입하지 않나 의심해서 하는 것이므로 '혹시(괴이쩍다)'란 뜻을 나타내게 되었어요.

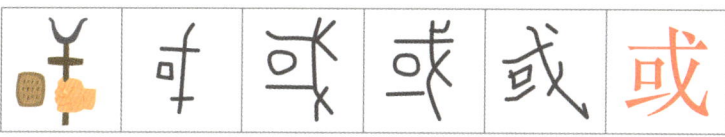

或是(혹 **혹**, 옳을 **시**) 그럴 리는 없지만 만약에 어쩌면
間或 (사이 **간**, 혹은 **혹**) 어쩌다가 가끔

얽히고설킨 한자

어라 닮았네? 或, 域, 國

본래 '或'은 창을 들고 영토와 국민을 지킨다는 뜻이었어요. 뜻풀이에서 알 수 있듯이 이 글자엔 이미 땅, 영토, 나라라는 의미가 포함되어 있답니다. 그런데 이 글자가 무언가를 의심하는 '혹'이라는 뜻으로 주로 쓰이게 되자, 영토를 나타내기 위한 글자가 필요하게 되었지요. 그래서 이 글자에 땅을 의미하는 '土'가 붙어서 '域'(지경 역)이라는 글자를 만들었고, 또 영토의 사방을 성곽으로 에워쌌다는 뜻의 'ㅁ'를 붙여 '國'(나라 국)을 만들기도 했어요. 이 글자들은 서로 사촌간인 셈이지요.

婚 혼 [hūn] marry (4급)

① 혼인하다

옛날 결혼은 해가 지고 달이 떠오르는 저녁때 주로 여자가 남자 집으로 시집가는 것이었기에, '女'(여자)와 '昏'(저녁때)를 합쳐 '혼인하다'라는 뜻을 나타냈어요.

結婚(맺을 결, 혼인할 혼) 남녀가 정식으로 부부의 인연을 맺음. 혼인
婚禮(혼인할 혼, 예도 례) 혼인(결혼식)의 예절

混 혼 [hùn] confused (4급)

① 섞다, 섞이다

서로 다른 물길(氵)이 함께(昆) 섞여 나란히 흐르는 것이므로 '섞다, 섞이다'라는 뜻을 나타내요.

混同(섞을 **혼**, 같을 **동**) 이것과 저것을 구분하지 못하고 뒤섞어서 보거나 생각함
混食(섞을 **혼**, 먹을 **식**) 잡곡과 섞어 지은 밥을 먹음

부수 水 필순 총 11획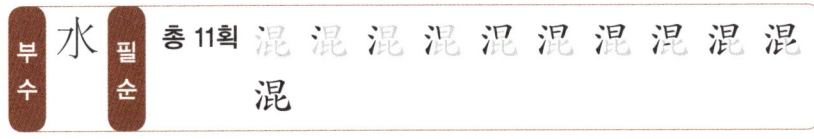

紅 홍 [hóng] red (4급)

① 붉다

원래 실(糸)에 물을 들이는 공예(工)를 가리켰어요. 그런데 주로 붉게 물을 들였기에 '붉다'라는 뜻으로 쓰게 되었어요.

粉紅色(가루 **분**, 붉을 **홍**, 빛 **색**) 흰빛이 섞인 엷은 붉은색
紅疫(붉을 **홍**, 돌림병 **역**) 얼굴과 몸에 좁쌀 같은 붉은 물집이 돋는 어린이의 돌림병

부수 糸 필순 총 9획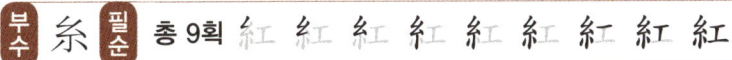

火 화 [huǒ] fire (8급)

① 불

타오르는 불꽃의 모양을 본떠 만든 글자예요.

火山(불 화, 산 산) 땅속 가스나 마그마가 땅 위의 갈라진 틈으로 솟구쳐 나와 쌓여 만들어진 산

火星(불 화, 별 성) 태양계의 네 번째 행성으로, 지구 다음에 있음

부수 火 필순 총 4획 火 火 火 火

얽히고설킨 한자

정말 화나요!

여러분은 어떤 일이나 상황이 몹시 못마땅하거나 언짢아서 성이 날 때 '화가 난다'고 하지요? 그런데 그때 나는 '화'가 무슨 글자인지 알고 있나요? 바로 '火'(불 화)예요. 성이 날 때, 우리는 가슴속에서 무언가 뜨거운 것이 치밀어 올라 '속에서 불이 난다'고 말하지요? 바로 마음속에서 불길이 치밀어 올라서 그런 거랍니다. 그리고 '感氣'(감기)의 순우리말은 '고뿔'인데, '코에 불이 난다'는 뜻이에요. 왜 감기에 걸리면 코로 뜨거운 숨을 뱉잖아요. 감기도 '불'이지요.

化 화 [huà] change (5급)

① (바뀌게) 되다

서 있는 사람(亻)과 뒤집어진 사람(匕)을 좌우로 나란히 놓아, 사람의 변화, 즉 삶에서 죽음으로 바뀌는 것을 나타내었습니다.

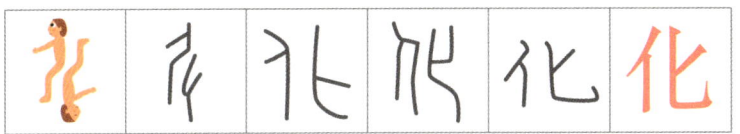

化石(될 **화**, 돌 **석**) 아주 오랜 옛날의 생물들이 죽어 돌로 굳어진 것
進化(나아갈 **진**, 될 **화**) 갈수록 점점 나아지게

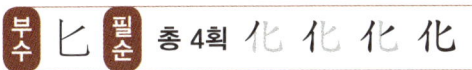

和 화 [hé] harmony (6급)

① 화합하다

수확한 벼(禾)를 여럿이(口) 화목하게 나누어 먹는다는 것이므로 '화합하다'라는 뜻이 나왔어요.

平和(평평할 **평**, 화합할 **화**) 전쟁이나 분쟁 또는 갈등이 없이 평온하고 화목함
和合(화합할 **화**, 합할 **합**) 서로 화목하게 하나로 어울림

畵 화 [huà] picture (6급)

① 그림

손에 붓을 잡고(聿) 땅(田)의 경계를 긋는(一) 모양을 본떠 만든 글자예요. '그림, 그리다'라는 뜻이에요.

畵家(그림 **화**, 전문가 **가**) 그림을 전문으로 그리는 사람
名畵(이름 **명**, 그림 **화**) 아주 뛰어난 그림, 또는 이름난 그림

華 화 [huá] flowery (4급)

① 화려하다, 빛나다

'花'(꽃 화)의 원래 글자입니다. 가지 위에 무성하게 핀 꽃의 모양을 본떠 만든 글자예요. 여기서 무성한 꽃처럼 아름답다는 '화려하다'는 뜻이 갈라져 나왔어요.

華婚(화려할 **화**, 혼인할 **혼**) 남의 결혼을 아름답게 이르는 말
井華水(우물 **정**, 빛날 **화**, 물 **수**) 첫새벽에 길은 우물물

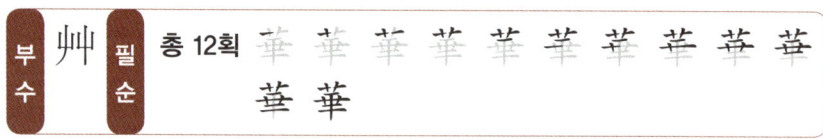

花 화 [huā] flower (7급)

① 꽃

나무에 핀 꽃을 뜻하는 '華'(화)와 같은 글자예요. 나중에 간단하게 '花'로 바꾸어 썼어요.

花盆(꽃 화, 동이 분) 꽃이나 풀, 또는 나무를 심어 가꾸는 그릇
花草(꽃 화, 풀 초) 보기 좋은 온갖 꽃이 피는 풀이나 나무

부수 艹 필순 총 8획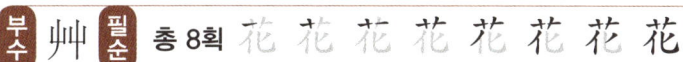

話 화 [huà] talk (7급)

① 말하다 ② 말씀, 이야기

혀(舌)에서 나오는 말(言)이라는 뜻이에요.

對話(대할 **대**, 말할 **화**) 얼굴을 마주하고 이야기를 주고받음
童話(아이 **동**, 이야기 **화**) 동심을 바탕으로 어린이를 위해 지은 이야기

| 부수 | 言 | 필순 | 총 13획 | 話話話話話話話話話話話話話 |

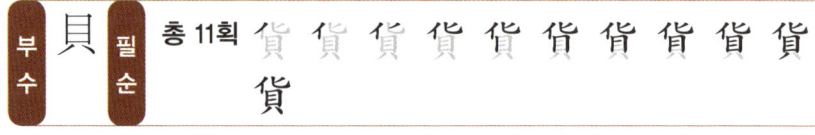

貨 화 [huò] goods (4급)

① 재물, 재화

다른 물건과 바꿀(化) 수 있는 돈(貝)이라는 뜻이에요. 여기서 더 나아가 '재화, 재산'이라는 뜻으로 쓰이게 되었어요.

貨物(재화 **화**, 물건 **물**) 운반할 수 있는 물품을 통틀어서 일컫는 말
外貨(바깥 **외**, 재화 **화**) 다른 나라의 돈

| 부수 | 貝 | 필순 | 총 11획 | 貨貨貨貨貨貨貨貨貨貨貨 |

確 확 [què] solid (4급)

① 굳다

멀리(冂) 날아오르는 새(隹)처럼 굳세고, 바위(石)처럼 단단하다는 것이므로 '굳다, 확실하다'라는 뜻이에요.

確信(굳을 **확**, 믿을 **신**) 굳게 믿음

確認(굳을 **확**, 알 **인**) 틀림이 없는지, 또는 어떤 상태인지를 단단히 알아봄

부수: 石 · 필순 · 총 15획

患 환 [huàn] worry (5급)

① 근심

마음을(心) 꿰어 찌르는 것(串)이 있어 '근심하다'라는 뜻이에요.

病患(병들 **병**, 근심 **환**) 병. 어른의 병을 높여 이르는 말

患者(근심 **환**, 사람 **자**) 아픈 사람

부수: 心 · 필순 · 총 11획

歡 환 [huān] joyous (4급)

① 기뻐하다

너무 기뻐서 눈은 부엉이(雚)처럼 동그랗게 뜨고, 입은 하품(欠)을 하듯 크게 벌린 모습이에요. '기뻐하다'라는 뜻이에요.

歡聲(기뻐할 **환**, 소리 **성**) 기뻐서 내지르는 소리
歡呼(기뻐할 **환**, 부를 **호**) 기뻐하여 큰 소리로 부르짖음

環 환 [huán] ring (4급)

① 고리

원래 둥근 고리(睘) 모양의 옥(玉←玉)을 가리켜요. 여기서 '고리'라는 뜻이 나왔어요.

循環(돌 **순**, 고리 **환**) 쉬지 않고 되풀이하여 돎
環境(고리 **환**, 지경 **경**) 인간과 만물을 둘러싸고 영향을 주는 자연 조건

活 활 [huó] live (7급)

① 살다

살아 있는 사람의 혀(舌)는 촉촉이 젖어(氵) 있다는 데서, '살아 있다'는 뜻을 나타내요.

生活(날 **생**, 살 **활**) 사람이나 동물이 일정한 환경에서 태어나 활동하며 살아감

活氣(살 **활**, 기운 **기**) 활발하게 움직이는 생기 있는 기운

부수 水 필순 총 9획

얽히고설킨 한자

〈금속 활자〉 글자가 살아 움직인다고?

옛날에는 책을 인쇄하거나 신문을 찍어 내기 위해서 먼저 인쇄판을 만들어야 했어요. 인쇄판을 짜려면 각각의 글자를 낱낱이 떼어서 만들어야 되는데, 이렇게 만들어진 글자를 '活字'(살 활, 글자 자), 즉 살아 있는 글자라고 했어요. 사진의 오른쪽 그림을 보면 각 글자가 낱낱으로 떼어져 있지요? 이것들을 필요한 낱말이나 문장이 되도록 짜 맞추어 만든 것이 왼쪽의 모습입니다. 活字는 재료와 꼴과 크기에 따라 여러 가지가 있었어요.

금속 활자

況 황 [kuàng] situation (4급)

① 상황

물가(氵)에 사람이 무릎을 꿇고 앉아(兄) 물의 흐름이 어떤지를 살펴보는 모양을 본떠 만든 글자예요. '상황, 상태'라는 뜻을 나타내요.

狀況(형상 **상**, 상황 **황**) 어떤 일이 되어 가는 과정이나 상태 또는 형편
盛況(성할 **성**, 상황 **황**) 어떤 일에 사람들이 많이 모여 활기차고 성대한 상태

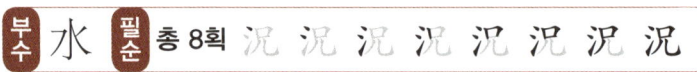

黃 황 [huáng] yellow (6급)

① 누렇다

사람이 허리에 차는 누런 패옥(田)을 가리키는 말이었어요. 패옥의 색깔에서 누렇다는 뜻이 나왔어요.

黃金(누럴 **황**, 쇠 **금**) 누런 쇠, 즉 금을 뜻함
黃土(누럴 **황**, 흙 **토**) 누런 흙

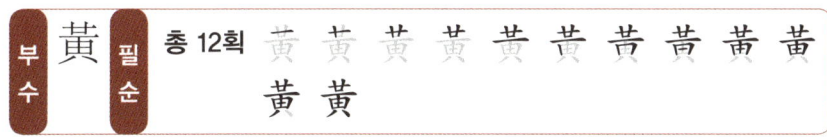

回 회 [huí] turn around (4급)

① 돌다

물결이 빙빙 도는 모양을 본떠 만든 글자로 '돌다'라는 뜻을 나타내요.

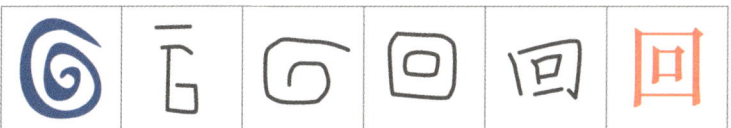

回生(돌 **회**, 날 **생**) 다시 살아남
回復(돌 **회**, 돌아올 **복**) 나빠진 상태에서 원래 상태로 돌아옴

灰 회 [huī] ash (4급)

① 재

손(ナ)으로 불(火)을 끄고 난 뒤에 남은 것이므로 '재'를 뜻해요.

灰分(재 **회**, 나눌 **분**) 석탄이나 목탄 등이 다 탄 뒤에 남는 석회질의 성분
灰色(재 **회**, 빛 **색**) 잿빛. 자기 주관이나 경향이 뚜렷하지 않은 상태를 비유함

會 회 [huì] meet (6급)

① 모이다

시루의 물을 끓이는 부분(日)과 김을 통하게 하는 부분(㲼), 그리고 뚜껑(스)이 딱 맞아 들어가는 모양을 본떠 만든 글자입니다. '두 가지가 서로 모이다, 잘 맞다'라는 뜻을 나타내요.

會社(모일 **회**, 단체 **사**) 다양한 영리 행위를 목적으로 모여 만든 단체. 주식회사, 유한회사, 합자회사, 합명회사 네 가지가 있음
會議(모일 **회**, 의논할 **의**) 여러 사람들이 모여 어떤 일을 의논함

孝 효 [xiào] filial (7급)

① 효도

어린아이(子)가 노인(耂←老)을 부축하고 있는 모습을 본떠 만든 글자예요.

孝道(효도 효, 길 도) 자식이 부모를 정성껏 잘 섬기는 도리
孝子(효도 효, 아들 자) 부모를 정성껏 잘 섬기는 자식

부수 子 필순 총 7획

候 후 [hòu] symptoms (4급)

① 살피다 ② 기후

사람(亻)이 활을 쏘기 전에 과녁(矦)을 재어 본다는 데서, '살피다'라는 뜻이 나왔어요. 그리고 여기서 과녁의 '상태나 조짐'이라는 뜻도 생겼습니다.

斥候兵(가리킬 척, 살필 후, 병사 병) 적의 상황이나 지형 등을 살피고 탐색하는 병사
氣候(기운 기, 조짐 후) 날씨. 기온이나 눈비, 바람 등 공기의 상태

부수 人 필순 총 10획

後 후 [hòu] after (7급)

① 뒤

종종걸음으로 천천히(夂) 조금씩(幺) 걸어간다(彳)는 것입니다. '뒤처지다, 뒤'라는 뜻이에요.

後門(뒤 후, 문 문) 집이나 건물의 뒤쪽에 있는 문
老後(늙을 노, 뒤 후) 나이가 들어 늙고 난 뒤

부수 彳 필순 총 9획

얽히고설킨 한자

'후회'는 무슨 뜻일까요?

아무리 빨라도 늦은 것은? '後悔'(뒤 후, 뉘우칠 회)이지요. 이 세상에서 아무리 빨리 해도 늦은 게 후회입니다. 후회는 이전에 한 잘못을 뉘우치는 것인지라, 늘 어떤 일이 일어나고 난 뒤에 따르는 행동입니다.

厚 후 [hòu] thick (4급)

① 두텁다

높은(旲) 벼랑(厂)이라는 뜻이에요. 보통 높은 벼랑은 흙이 높고 두껍게 쌓여 만들어지므로 '두텁다'는 뜻이 되었어요.

厚待(두터울 후, 대접할 대) 정성을 다해서 아주 잘 대접함
重厚(무거울 중, 두터울 후) 자세나 태도가 점잖고 무게가 있음

訓 훈 [xùn] instruction (6급)

① 가르치다

물길을 따라 흐르는 물(川)처럼 말씀(言)으로 사람을 가르쳐 이끈다는 뜻이에요.

家訓(집 가, 가르칠 훈) 한집안의 조상이나 어른들이 자손들에게 주는 가르침
敎訓(가르칠 교, 가르칠 훈) 앞으로 행동하는 데나 삶에 지침이 될 만한 가르침

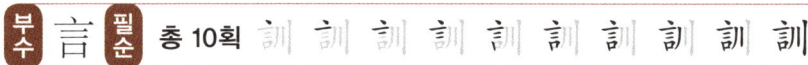

揮 휘 [huī] wield (4급)

① 휘두르다

손(扌)을 흔들어 군대(軍)를 지휘하는 것이므로 '휘두르다'라는 뜻이에요.

發揮(시작할 **발**, 휘두를 **휘**) 재능, 능력 따위를 떨치어 나타냄
指揮(가리킬 **지**, 휘두를 **휘**) 목적을 이루기 위해 단체를 이끎

| 부수 | 手 | 필순 | 총 12획 | 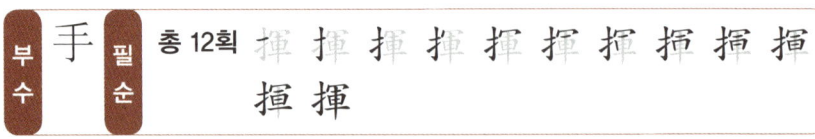 |

休 휴 [xiū] rest (7급)

① 쉬다

사람(亻)이 나무(木)에 기대어 쉬고 있는 모습을 나타내는 글자예요.

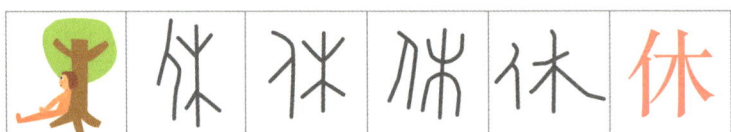

休息(쉴 **휴**, 숨 쉴 **식**) 하던 일을 잠깐 멈추고 한숨 돌리고 쉼
休日(쉴 **휴**, 날 **일**) 일을 하지 않고 쉬는 날

| 부수 | 人 | 필순 | 총 6획 |  |

凶 흉 [xiōng] ominous (5급)

① 흉하다

함정(凵)에 빠진 사람(乂)이니까 '좋지 않음, 흉하다'라는 뜻이에요.

凶家(흉할 **흉**, 집 **가**) 사는 사람마다 나쁜 일을 당하는 불길한 집
凶惡(흉할 **흉**, 악할 **악**) 성질이 몹시 악함

부수 凵 | 필순 총 4획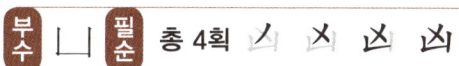

黑 흑 [hēi] black (5급)

① 검다

세찬 불길(炎)에 이는 짙은 연기(⿊)를 가리키던 글자였어요. 그 짙은 연기에 그을린 검댕이의 '검은빛'을 나타내게 되었지요.

黑白(검을 **흑**, 흰 **백**) 검은색과 흰색
暗黑(어두울 **암**, 검을 **흑**) 매우 캄캄함

부수 黑 | 필순 총 12획

吸 흡 [xī] breathe (4급)

① 숨을 들이쉬다

'及'(급)은 뒤따라 잡는다는 뜻이에요. 입(口)으로 숨을 들이쉴 때, 계속해서 뒤의 공기가 먼저 들어온 공기를 따라 들어오기에 '及'을 썼어요.

吸水(들이쉴 **흡**, 물 **수**) 물을 빨아들임
吸着(들이쉴 **흡**, 붙을 **착**) 어떤 물질이 달라붙음

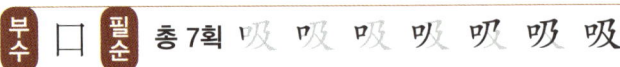

興 흥 [xīng] flourish, interest (4급)

① 일어나다, 일으키다 ② 흥겹다

두 사람이 네 손으로(舁) 힘을 합쳐 함께(同) 무언가를 '일으키다, 들어 올리다'라는 뜻이에요. 나아가 힘을 합쳐 함께 일을 하니 그 일이 '흥겹다'라는 뜻도 생겨났어요.

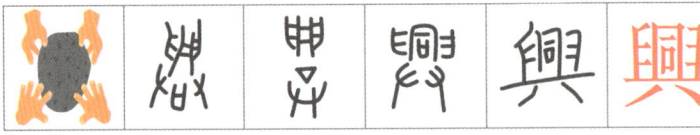

復興(다시 **부**, 일으킬 **흥**) 쇠퇴했던 것이 다시 일어남
興味(흥겨울 **흥**, 맛 **미**) 흥을 느끼는 재미

喜 희 [xǐ] pleasant (4급)

① 기쁘다

끈에 매단 타악기(壴)를 치며 입(口)으로 노래를 부르니 '즐겁고 기쁘다'라는 뜻이에요.

喜悲(기쁠 **희**, 슬플 **비**) 기쁨과 슬픔
歡喜(기쁠 **환**, 기쁠 **희**) 매우 기뻐함. 또는 큰 기쁨

| 부수 | 口 | 필순 | 총 12획 | 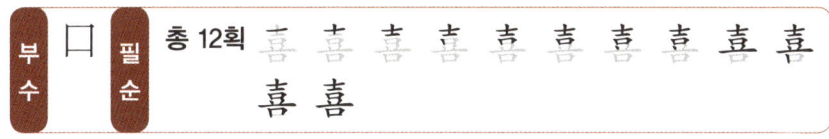 |

希 희 [xī] wish (4급)

① 바라다

천(巾)의 짜임새가 성긴(㐅←爻) 모양을 본떠, '성기다, 드물다'란 뜻을 나타냅니다. 아주 드물고 귀한 것을 바라는 것은 누구나 마찬가지지요. 그래서 '바라다'란 뜻도 생겨났어요.

希求(바랄 **희**, 구할 **구**) 바라고 구함
希望(바랄 **희**, 바랄 **망**) 앞일에 대해 어떤 기대를 가지고 바람

| 부수 | 巾 | 필순 | 총 7획 |  |

급수별 한자 찾기

8급

 ㄱ

校 학교 교 · 80
教 가르치다 교 · 81
九 아홉 구 · 84
國 나라 국 · 89
軍 군사 군 · 90
金 쇠 금 · 104
南 남쪽 남 · 116
女 여자 녀 · 118
年 해 년 · 119

ㄷ

大 크다 대 · 132
東 동쪽 동 · 144

ㄹ

六 여섯 륙 · 176

ㅁ

萬 일만 만 · 183
母 어미 모 · 193
木 나무 목 · 194
門 문 문 · 199
民 백성 민 · 204

ㅂ

白 희다 백 · 218
父 아비 부 · 235
北 북쪽 북 · 240

 ㅅ

四 넉 사 · 253
山 산 산 · 264
三 석 삼 · 267
生 나다 생 · 273
西 서쪽 서 · 274
先 먼저 선 · 278
小 작다 소 · 295
水 물 수 · 306
室 방 실 · 330
十 열 십 · 333
五 다섯 오 · 367
王 임금 왕 · 371
外 밖 외 · 373
月 달 월 · 392
二 두 이 · 412
人 사람 인 · 417
一 하나 일 · 420
日 해 일 · 421

 ㅈ

長 길다 장 · 429
弟 아우 제 · 466
中 가운데 중 · 492

ㅊ

青 푸르다 청 · 519
寸 마디 촌 · 524
七 일곱 칠 · 540

 ㅌ

土 흙 토 · 552

ㅍ

八 여덟 팔 · 560

ㅎ

學 배우다 학 · 576
韓 한국 한 · 578
兄 맏이 형 · 593
火 불 화 · 602

7급

 ㄱ

家 집 가 · 18
歌 노래 가 · 19
間 사이 간 · 25
江 강 강 · 31
車 수레 거/차 · 36
工 장인 공 · 69
空 비다 공 · 70
口 입 구 · 83
氣 기운 기 · 106
記 기록하다 기 · 108
旗 기 기 · 110

 ㄴ

男 남자 남 · 117
內 안 내 · 118
農 농사 농 · 120

答 대답하다 답 • 129
道 길 도 • 136
同 한가지 동 • 145
洞 골 동 • 145
冬 겨울 동 • 146
動 움직이다 동 • 147
登 오르다 등 • 151

ㄹ

來 오다 래 • 157
力 힘 력(역) • 163
老 늙다 로 • 169
里 마을 리 • 178
林 수풀 림 • 181
立 서다 립 • 181

每 늘 매 • 186
面 낯 면 • 189
名 이름 명 • 190
命 명하다 명 • 192
問 묻다 문 • 199
文 글월 문 • 200
物 물건 물 • 201

ㅂ

方 모 방 • 210
百 일백 백 • 218
夫 지아비 부 • 236
不 아니다 불/부 • 242

事 일 사 • 253
算 세다 산 • 265
上 위 상 • 267
色 빛 색 • 273
夕 저녁 석 • 276
姓 성 성 • 285
世 세대 세 • 292
少 적다 소 • 295
所 곳 소 • 296
手 손 수 • 304
數 세다 수 • 306
時 때 시 • 316
市 시장 시 • 318
食 밥 식 • 322
植 심다 식 • 323
心 마음 심 • 332

安 편안하다 안 • 336
語 말 어 • 349
然 그러하다 연 • 357
午 낮 오 • 368
右 오른쪽 우 • 378
有 있다 유 • 398
育 기르다 육 • 402
邑 마을 읍 • 406
入 들어가다 입 • 422

子 아들 자 • 423

字 글자 자 • 424
自 스스로 자 • 425
場 마당 장 • 432
全 온전하다 전 • 446
前 앞 전 • 447
電 번개 전 • 451
正 바르다 정 • 461
祖 조상 조 • 471
足 발 족 • 478
左 왼쪽 좌 • 484
主 주인 주 • 485
住 살다 주 • 486
重 무겁다 중 • 492
地 땅 지 • 495
紙 종이 지 • 501
直 곧다 직 • 501

川 내 천 • 515
千 일천 천 • 516
天 하늘 천 • 517
草 풀 초 • 523
村 마을 촌 • 524
秋 가을 추 • 528
春 봄 춘 • 530
出 나다 출 • 531

便 편하다 편 • 562
平 평평하다 평 • 563

下 아래 하 · 574
夏 여름 하 · 575
漢 강 이름 한 · 577
海 바다 해 · 582
花 꽃 화 · 605
話 말하다 화 · 606
活 살다 활 · 609
孝 효도 효 · 613
後 뒤 후 · 614
休 쉬다 휴 · 616

6급

角 뿔 각 · 22
各 저마다 각 · 23
感 느끼다 감 · 28
强 굳세다 강 · 32
開 열다 개 · 34
京 서울 경 · 49
界 경계 계 · 56
計 셈 계 · 57
高 높다 고 · 62
古 옛 고 · 63
苦 쓰다 고 · 63
功 공 공 · 70
共 함께 공 · 71
公 공평하다 공 · 71
科 과목 과 · 73
果 열매 과 · 74
光 빛 광 · 78
交 사귀다 교 · 80

區 구역 구 · 84
球 공 구 · 87
郡 고을 군 · 92
根 뿌리 근 · 101
近 가깝다 근 · 102
今 이제 금 · 104
急 급하다 급 · 105
級 등급 급 · 105

多 많다 다 · 122
短 짧다 단 · 123
堂 집 당 · 130
代 대신하다 대 · 132
對 대하다 대 · 133
待 기다리다 대 · 133
圖 그림 도 · 137
度 법도 도/탁 · 138
讀 읽다 독/두 · 142
童 아이 동 · 147
頭 머리 두 · 149
等 가지런하다 등 · 152

樂 즐기다 락/악/요 · 154
例 법식 례 · 167
禮 예도 례 · 168
路 길 로 · 169
綠 푸르다 록 · 170
理 다스리다 리 · 178
利 이롭다 리 · 179
李 오얏나무 리 · 180

明 밝다 명 · 191
目 눈 목 · 195
聞 듣다 문 · 200
米 쌀 미 · 201
美 아름답다 미 · 203

朴 순박하다 박 · 206
反 돌이키다 반 · 208
半 반 반 · 208
班 나누다 반 · 209
發 쏘다 발 · 209
放 놓다 방 · 212
番 갈마들다 번 · 219
別 나누다 별 · 225
病 병들다 병 · 226
服 옷 복 · 231
本 밑 본 · 234
部 떼 부 · 240
分 나누다 분 · 241

使 부리다 사 · 254
社 모이다 사 · 254
死 죽다 사 · 255
書 글 서 · 275
石 돌 석 · 277
席 자리 석 · 278
線 줄 선 · 279
雪 눈 설 · 283

成 이루다 성 · 287
省 살피다 성 · 287
消 사라지다 소 · 296
速 빠르다 속 · 299
孫 손자 손 · 302
樹 나무 수 · 307
術 재주 술 · 314
習 익히다 습 · 315
勝 이기다 승 · 315
始 처음 시 · 318
式 법 식 · 324
信 믿다 신 · 325
新 새롭다 신 · 326
身 몸 신 · 326
神 귀신 신 · 328
失 잃다 실 · 330

愛 사랑 애 · 341
野 들 야 · 342
夜 밤 야 · 343
弱 약하다 약 · 343
藥 약 약 · 344
洋 바다 양 · 345
陽 볕 양 · 348
言 말씀 언 · 351
業 일 업 · 352
英 뛰어나다 영 · 362
永 길다 영 · 363
溫 따뜻하다 온 · 370
用 쓰다 용 · 377

勇 날래다 용 · 377
運 움직이다 운 · 384
遠 멀다 원 · 385
園 동산 원 · 386
由 말미암다 유 · 399
油 기름 유 · 399
銀 은 은 · 403
音 소리 음 · 405
飮 마시다 음 · 405
意 뜻 의 · 407
醫 의원 의 · 408
衣 옷 의 · 408

者 사람 자 · 427
作 짓다 작 · 427
昨 어제 작 · 428
章 글 장 · 431
才 재주 재 · 435
在 있다 재 · 437
戰 싸우다 전 · 450
庭 뜰 정 · 459
定 정하다 정 · 461
第 차례 제 · 467
題 표제 제 · 470
朝 아침 조 · 474
族 겨레 족 · 477
注 물 대다 주 · 487
晝 낮 주 · 489
集 모이다 집 · 507

窓 창 창 · 513
淸 맑다 청 · 519
體 몸 체 · 521
親 친하다 친 · 539

太 크다 태 · 550
通 통하다 통 · 554
特 특별하다 특 · 556

表 겉 표 · 569
風 바람 풍 · 571

合 합하다 합 · 580
幸 다행 행 · 584
行 가다 행 · 585
向 향하다 향 · 586
現 나타나다 현 · 591
形 모양 형 · 595
號 부르짖다 호 · 598
和 화합하다 화 · 603
畵 그림 화 · 604
黃 누렇다 황 · 611
會 모이다 회 · 612
訓 가르치다 훈 · 615

5급

ㄱ

可 옳다 가 · 19
加 더하다 가 · 20
價 값 가 · 22
改 고치다 개 · 34
客 손 객 · 36
擧 들다 거 · 37
去 가다 거 · 37
建 세우다 건 · 40
件 물건 건 · 41
健 튼튼하다 건 · 41
格 격식 격 · 43
見 보다 견 · 45
決 결단하다 결 · 47
結 맺다 결 · 48
景 볕 경 · 49
敬 받들다 경 · 50
競 겨루다 경 · 51
輕 가볍다 경 · 52
固 굳다 고 · 64
告 알리다 고 · 65
考 헤아리다 고 · 65
曲 굽다 곡 · 67
課 과정 과 · 74
過 지나다 과 · 75
關 빗장 관 · 75
觀 보다 관 · 76
廣 넓다 광 · 79
橋 다리 교 · 82

舊 옛 구 · 85
具 갖추다 구 · 86
救 구원하다 구 · 87
局 관청 국 · 89
貴 귀하다 귀 · 98
規 법 규 · 99
給 주다 급 · 106
汽 김 기 · 107
己 자기 기 · 107
基 터 기 · 110
期 기약하다 기 · 111
技 재주 기 · 111
吉 길하다 길 · 114

ㄴ

念 생각하다 념 · 121
能 능하다 능 · 121

ㄷ

團 둥글다 단 · 123
壇 단 단 · 124
談 말씀 담 · 129
當 마땅하다 당 · 131
德 덕 덕 · 135
到 이르다 도 · 138
島 섬 도 · 139
都 도읍 도 · 140
獨 홀로 독 · 142

ㄹ

落 떨어지다 락 · 154
朗 밝다 랑 · 157

冷 차다 랭 · 158
良 좋다 량 · 159
量 헤아리다 량 · 159
旅 군사 려 · 161
歷 지내다 력 · 163
練 익히다 련 · 164
令 명령하다 령 · 166
領 옷깃 령 · 167
勞 일하다 로 · 170
料 되질하다 료 · 172
類 무리 류 · 174
流 흐르다 류 · 174
陸 뭍 륙 · 176

ㅁ

馬 말 마 · 182
末 끝 말 · 184
亡 망하다 망 · 185
望 바라다 망 · 185
買 사다 매 · 186
賣 팔다 매 · 187
無 없다 무 · 197

ㅂ

倍 곱 배 · 215
法 법 법 · 222
變 변하다 변 · 224
兵 군사 병 · 226
福 복 복 · 232
奉 받들다 봉 · 235
比 견주다 비 · 243
鼻 코 비 · 244

費 쓰다 비 · 244
氷 얼음 빙 · 251

士 선비 사 · 255
仕 벼슬하다 사 · 256
史 역사 사 · 256
思 생각하다 사 · 257
寫 베끼다 사 · 258
査 조사하다 사 · 258
産 낳다 산 · 265
相 서로 상 · 268
商 장사 상 · 268
賞 상 주다 상 · 270
序 차례 서 · 275
仙 신선 선 · 280
鮮 곱다 선 · 280
善 착하다 선 · 281
船 배 선 · 281
選 가리다 선 · 282
說 말씀 설 · 283
性 성품 성 · 286
洗 씻다 세 · 292
歲 해 세 · 293
束 묶다 속 · 300
首 머리 수 · 307
宿 잠자다 숙 · 311
順 따르다 순 · 313
示 보이다 시 · 319
識 알다 식 · 324
臣 신하 신 · 328

實 열매 실 · 331

兒 아이 아 · 335
惡 악하다 악 · 336
案 책상 안 · 337
約 묶다 약 · 344
養 기르다 양 · 346
魚 물고기 어 · 349
漁 고기 잡다 어 · 350
億 억 억 · 350
熱 덥다 열 · 361
葉 잎 엽 · 362
屋 집 옥 · 369
完 완전하다 완 · 370
要 요긴하다 요 · 373
曜 빛나다 요 · 374
浴 씻다 욕 · 376
雨 비 우 · 380
友 벗 우 · 381
牛 소 우 · 381
雲 구름 운 · 384
雄 수컷 웅 · 385
元 으뜸 원 · 387
院 담 원 · 388
原 근원 원 · 389
願 바라다 원 · 389
偉 훌륭하다 위 · 393
位 자리 위 · 393
以 써 이 · 412
耳 귀 이 · 413

因 말미암다 인 · 417
任 맡기다 임 · 421

材 재목 재 · 436
財 재물 재 · 436
再 다시 재 · 437
災 재앙 재 · 438
爭 다투다 쟁 · 439
貯 쌓다 저 · 440
的 과녁 적 · 441
赤 붉다 적 · 445
典 법 전 · 446
傳 전하다 전 · 448
展 펼치다 전 · 450
切 끊다 절 · 453
節 마디 절 · 455
店 가게 점 · 456
停 머무르다 정 · 458
情 뜻 정 · 459
操 잡다 조 · 473
調 고르다 조 · 476
卒 군사 졸 · 480
種 씨 종 · 482
終 마치다 종 · 483
罪 허물 죄 · 485
州 고을 주 · 487
週 돌다 주 · 488
知 알다 지 · 498
止 멈추다 지 · 500
質 바탕 질 · 506

着 붙다 착 · 510
參 참여하다 참 · 511
唱 (노래)부르다 창 · 512
責 꾸짖다 책 · 514
鐵 쇠 철 · 518
初 처음 초 · 522
最 가장 최 · 526
祝 빌다 축 · 528
充 차다 충 · 532
致 이르다 치 · 537
則 법칙 칙 · 539

ㅌ

他 다르다 타 · 545
打 치다 타 · 546
卓 뛰어나다 탁 · 546
炭 숯 탄 · 547
宅 집 택 · 551

ㅍ

板 널빤지 판 · 560
敗 무너지다 패 · 562
品 물건 품 · 570
必 반드시 필 · 572
筆 붓 필 · 573

ㅎ

河 강 하 · 575
寒 차갑다 한 · 577
害 해치다 해 · 583
許 허락하다 허 · 587

湖 큰 못 호 · 597
化 (바뀌게)되다 화 · 603
患 근심 환 · 607
凶 흉하다 흉 · 617
黑 검다 흑 · 617

4급

街 거리 가 · 20
假 거짓 가 · 21
暇 겨를 가 · 21
刻 새기다 각 · 24
覺 깨닫다 각 · 24
簡 대쪽 간 · 25
看 보다 간 · 27
干 방패 간 · 27
減 덜다 감 · 28
監 살펴보다 감 · 29
甘 달다 감 · 29
敢 감히 감 · 30
甲 갑옷 갑 · 30
康 편안하다 강 · 32
講 익히다 강 · 33
降 내리다 강/항 · 33
個 낱 개 · 35
巨 크다 거 · 38
拒 막다 거 · 39
據 기대다 거 · 39
居 살다 거 · 40
傑 뛰어나다 걸 · 42
儉 검소하다 검 · 42

檢 검사하다 검 · 43
擊 부딪치다 격 · 44
激 과격하다 격 · 45
堅 굳다 견 · 46
犬 개 견 · 46
缺 빠지다 결 · 47
潔 깨끗하다 결 · 48
警 경계하다 경 · 50
驚 놀라다 경 · 51
經 날실 경 · 54
境 경계 경 · 54
鏡 거울 경 · 54
慶 기쁜 일 경 · 55
傾 기울다 경 · 55
更 고치다 경/갱 · 56
係 걸리다 계 · 58
繼 잇다 계 · 58
階 섬돌 계 · 59
戒 경계하다 계 · 60
季 끝 계 · 61
鷄 닭 계 · 61
故 연고 고 · 64
孤 외롭다 고 · 66
庫 곳집 고 · 66
穀 곡식 곡 · 68
困 괴롭다 곤 · 68
骨 뼈 골 · 69
孔 구멍 공 · 72
攻 치다 공 · 73
官 벼슬 관 · 76
管 대롱 관 · 77

鑛 쇳돌 광·79
究 다하다 구·85
求 구하다 구·86
句 글귀 구·88
構 얽다 구·88
君 임금 군·90
群 무리 군·93
屈 굽다 굴·93
宮 집 궁·94
窮 다하다 궁·95
勸 권하다 권·96
權 권력 권·96
卷 책 권·97
券 문서 권·97
歸 돌아가다 귀·98
均 고르다 균·99
極 다하다 극·100
劇 심하다 극·101
筋 힘줄 근·102
勤 힘쓰다 근·103
禁 금하다 금·103
起 일어나다 기·108
紀 벼리 기·109
器 그릇 기·112
奇 기이하다 기·112
機 틀 기·113
寄 의뢰하다 기·114

ㄴ
暖 따뜻하다 난·115
難 어렵다 난·116
納 들이다 납·117

勞 힘쓰다 노·119
怒 성내다 노·120

ㄷ
檀 박달나무 단·125
斷 끊을 단·126
端 바르다 단·126
單 홑 단·127
段 층층대 단·127
達 다다르다 달·128
擔 메다 담·128
黨 무리 당·131
隊 대 대·134
帶 띠 대·135
導 이끌다 도·137
徒 무리 도·140
逃 달아나다 도·141
盜 훔치다 도·141
督 감독하다 독·143
毒 독 독·143
銅 구리 동·146
豆 콩 두·148
斗 말 두·149
得 얻다 득·151
燈 등잔 등·152

ㄹ
羅 그물 라·153
亂 어지럽다 란·155
卵 알 란·156
覽 보다 람·156
略 빼앗다 략·158

糧 양식 량·160
兩 두 량·160
慮 생각하다 려·161
麗 곱다 려·162
連 잇다 련·164
列 줄 렬·165
烈 세차다 렬·165
錄 기록하다 록·171
論 논의하다 론·171
龍 용 룡·173
柳 버들 류·175
輪 바퀴 륜·177
律 법 률·177
離 떠나다 리·180

ㅁ
滿 차다 만·184
妹 손아래 누이 매·188
脈 맥 맥·188
勉 힘쓰다 면·190
鳴 울다 명·192
毛 털 모·193
模 법 모·194
牧 치다 목·195
妙 묘하다 묘·196
墓 무덤 묘·196
舞 춤추다 무·197
務 일 무·198
未 아니다 미·203
味 맛 미·204
密 빽빽하다 밀·205

ㅂ

博 넓다 박 • 207
拍 치다 박 • 207
髮 터럭 발 • 210
防 둑 방 • 212
房 방 방 • 213
妨 방해하다 방 • 214
訪 찾다 방 • 214
配 나누다 배 • 216
背 등 배 • 216
拜 절 배 • 217
罰 벌 벌 • 220
範 법 범 • 221
犯 범하다 범 • 221
壁 벽 벽 • 223
邊 가 변 • 223
辯 말을 잘하다 변 • 224
報 갚다 보 • 227
寶 보배 보 • 228
保 지키다 보 • 229
步 걸음 보 • 229
普 널리 보 • 231
復 돌아오다 복 • 232
伏 엎드리다 복 • 233
複 겹치다 복 • 234
婦 지어미 부 • 237
富 넉넉하다 부 • 237
副 버금 부 • 238
府 곳집 부 • 238
否 아니다 부 • 239
負 지다 부 • 239

粉 가루 분 • 241
憤 분하다 분 • 242
佛 부처 불 • 243
批 치다 비 • 245
備 갖추다 비 • 246
悲 슬프다 비 • 246
非 아니다 비 • 247
飛 날다 비 • 247
秘 숨기다 비 • 249
碑 돌기둥 비 • 249
貧 가난하다 빈 • 250

ㅅ

射 쏘다 사 • 259
謝 사례하다 사 • 260
師 군사 사 • 261
舍 집 사 • 261
寺 절 사 • 262
辭 말 사 • 262
私 사사롭다 사 • 263
絲 실 사 • 263
散 흩어지다 산 • 266
殺 죽이다 살 • 266
想 생각하다 상 • 269
常 늘 상 • 269
狀 형상 상 • 271
床 상 상 • 271
象 코끼리 상 • 272
傷 다치다 상 • 272
宣 베풀다 선 • 282
城 성 성 • 288

盛 성하다 성 • 288
誠 정성 성 • 289
聖 성인 성 • 289
聲 소리 성 • 290
星 별 성 • 291
勢 기세 세 • 293
稅 세금 세 • 294
掃 쓸다 소 • 297
笑 웃다 소 • 298
素 본디 소 • 299
俗 풍속 속 • 300
續 잇다 속 • 301
屬 엮다 속 • 301
損 덜다 손 • 302
松 소나무 송 • 303
送 보내다 송 • 303
頌 기리다 송 • 304
收 거두다 수 • 308
受 받다 수 • 308
修 닦다 수 • 309
守 지키다 수 • 310
秀 빼어나다 수 • 310
肅 엄숙하다 숙 • 312
叔 아재비 숙 • 312
純 순수하다 순 • 313
崇 높다 숭 • 314
承 받들다 승 • 316
詩 시 시 • 319
視 보다 시 • 320
試 시험하다 시 • 320
施 베풀다 시 • 321

是 옳다 시 · 321
息 숨쉬다 식 · 325
申 펴다 신 · 327
深 깊다 심 · 333
氏 성 씨 · 334

ㅇ

眼 눈 안 · 338
暗 어둡다 암 · 340
壓 누르다 압 · 340
液 진 액 · 341
額 이마 액 · 342
羊 양 양 · 347
樣 모양 양 · 348
嚴 엄하다 엄 · 351
如 같다 여 · 352
餘 남다 여 · 354
與 주다 여 · 355
逆 거스르다 역 · 355
易 바꾸다 역 · 356
域 지역 역 · 356
燃 타다 연 · 357
煙 연기 연 · 358
演 펴다 연 · 358
研 갈다 연 · 359
延 끌다 연 · 359
緣 인연 연 · 360
鉛 납 연 · 360
映 비추다 영 · 363
榮 영화 영 · 364
營 경영하다 영 · 365

迎 맞이하다 영 · 365
藝 재주 예 · 366
議 의논하다 의 · 411
疑 의심하다 의 · 411
異 다르다 이 · 414
移 옮기다 이 · 416
益 더하다 익 · 416
認 알다 인 · 418
印 도장 인 · 418
引 끌다 인 · 419
仁 어질다 인 · 419

ㅈ

姿 맵시 자 · 425
資 재물 자 · 426
姉 손위 누이 자 · 426
殘 해치다 잔 · 428
雜 섞이다 잡 · 429
張 베풀다 장 · 430
帳 휘장 장 · 431
障 가로막다 장 · 432
腸 창자 장 · 433
壯 씩씩하다 장 · 433
將 장수 장 · 434
奬 권면하다 장 · 434
裝 꾸미다 장 · 435
低 낮다 저 · 439
底 밑 저 · 440
敵 겨루다 적 · 441
適 마땅하다 적 · 442
賊 도둑 적 · 443

積 쌓다 적 · 443
績 공 적 · 444
籍 문서 적 · 444
專 오로지 전 · 447
轉 구르다 전 · 449
田 밭 전 · 451
錢 돈 전 · 452
折 꺾다 절 · 453
絶 끊다 절 · 454
占 차지하다 점 · 456
點 점 점 · 457
接 사귀다 접 · 457
丁 넷째 천간 정 · 458
精 세밀하다 정 · 460
靜 고요하다 정 · 460
政 정치 정 · 463
整 가지런하다 정 · 463
程 정도 정 · 464
制 만들다 제 · 464
製 짓다 제 · 465
帝 임금 제 · 465
濟 건너다 제 · 467
祭 제사 제 · 468
際 가장자리 제 · 469
除 덜다 제 · 470
助 돕다 조 · 471
組 짜다 조 · 472
條 가지 조 · 472
早 일찍 조 · 473
潮 밀물 조 · 475
造 만들다 조 · 476

鳥 새 조 • 477
存 있다 존 • 479
尊 높다 존 • 480
宗 마루 종 • 481
從 따르다 종 • 481
鍾 쇠북 종 • 483
座 자리 좌 • 484
周 두루 주 • 488
朱 붉다 주 • 489
走 달리다 주 • 490
酒 술 주 • 490
竹 대나무 죽 • 491
準 법도 준 • 491
衆 무리 중 • 493
增 더하다 증 • 493
證 증거 증 • 495
志 뜻 지 • 496
誌 기록하다 지 • 496
指 손가락 지 • 497
持 지키다 지 • 497
智 슬기 지 • 499
支 가르다 지 • 499
至 이르다 지 • 500
職 직책 직 • 502
織 짜다 직 • 502
眞 참 진 • 503
盡 다하다 진 • 503
陣 진 치다 진 • 505
進 나아가다 진 • 505

次 버금 차 • 508
差 다르다 차 • 509
讚 기리다 찬 • 510
察 살피다 찰 • 511
創 비롯하다 창 • 512
採 따다 채 • 513
冊 책 책 • 514
處 곳 처 • 515
泉 샘 천 • 517
請 청하다 청 • 520
聽 듣다 청 • 520
廳 관청 청 • 521
招 부르다 초 • 522
銃 총 총 • 525
總 다 총 • 525
推 밀다 추 • 527
築 쌓다 축 • 529
蓄 모으다 축 • 529
縮 오그라들다 축 • 530
忠 충성 충 • 532
蟲 벌레 충 • 533
取 가지다 취 • 533
趣 달리다 취 • 534
就 이루다 취 • 535
測 재다 측 • 535
層 층 층 • 536
治 다스리다 치 • 536
置 두다 치 • 538
齒 이 치 • 538

侵 침입하다 침 • 540
寢 잠자다 침 • 541
針 바늘 침 • 541
稱 일컫다 칭 • 542

快 상쾌하다 쾌 • 543

歎 한숨 쉬다 탄 • 547
彈 탄알 탄 • 548
脫 벗다 탈 • 548
探 찾다 탐 • 549
態 모양 태 • 549
擇 고르다 택 • 551
討 치다 토 • 552
統 거느리다 통 • 553
痛 아프다 통 • 553
退 물러나다 퇴 • 555
投 던지다 투 • 555
鬪 싸움 투 • 556

派 갈래 파 • 557
波 물결 파 • 558
破 깨뜨리다 파 • 559
判 판가름하다 판 • 559
篇 책 편 • 563
評 평하다 평 • 564
閉 닫다 폐 • 564
包 싸다 포 • 565
胞 태보 포 • 565

砲 대포 포 · 566
布 베 포 · 566
暴 사납다 폭 · 567
爆 터지다 폭 · 567
票 표 표 · 568
標 표시하다 표 · 568
豊 풍성하다 풍 · 570
疲 지치다 피 · 571
避 피하다 피 · 572

恨 한하다 한 · 578
限 한계 한 · 579
閑 한가하다 한 · 579
港 항구 항 · 580
抗 맞서다 항 · 581
航 (배로) 건너다 항 · 581
解 풀다 해 · 583
核 씨 핵 · 584
香 향기롭다 향 · 586
鄕 시골 향 · 587
虛 비다 허 · 588
憲 법 헌 · 588
險 험하다 험 · 589
驗 시험하다 험 · 590
革 가죽 혁 · 590
顯 나타나다 현 · 591
賢 어질다 현 · 592
血 피 혈 · 592
協 합치다 협 · 593
刑 형벌 형 · 594

惠 은혜 혜 · 595
呼 숨을 내쉬다 호 · 596
好 좋아하다 호 · 597
戶 지게문 호 · 598
護 보호하다 호 · 599
或 혹 혹 · 599
婚 혼인하다 혼 · 600
混 섞다 혼 · 601
紅 붉다 홍 · 601
華 화려하다 화 · 604
貨 재화 화 · 606
確 굳다 확 · 607
歡 기뻐하다 환 · 608
環 고리 환 · 608
況 상황 황 · 610
回 돌다 회 · 611
灰 재 회 · 612
候 살피다 후 · 613
厚 두텁다 후 · 615
揮 휘두르다 휘 · 616
吸 (숨을) 들이쉬다 흡 · 618
興 일어나다 흥 · 618
喜 기쁘다 희 · 619
希 바라다 희 · 619

획수별 한자 찾기

1획

一 하나 일 · 420

2획

九 아홉 구 · 84
力 힘 력(역) · 163
十 열 십 · 333
二 두 이 · 412
人 사람 인 · 417
入 들어가다 입 · 422
丁 넷째 천간 정 · 458
七 일곱 칠 · 540
八 여덟 팔 · 560

3획

干 방패 간 · 27
工 장인 공 · 69
口 입 구 · 83
己 자기 기 · 107
女 여자 녀 · 118
大 크다 대 · 132
亡 망하다 망 · 185
士 선비 사 · 255
山 산 산 · 264
三 석 삼 · 267
上 위 상 · 267
夕 저녁 석 · 276
小 작다 소 · 295
子 아들 자 · 423

才 재주 재 · 435
川 내 천 · 515
千 일천 천 · 516
寸 마디 촌 · 524
土 흙 토 · 552
下 아래 하 · 574

4획

犬 개 견 · 46
公 공평하다 공 · 71
孔 구멍 공 · 72
今 이제 금 · 104
內 안 내 · 118
斗 말 두 · 149
六 여섯 륙(유) · 176
毛 털 모 · 193
木 나무 목 · 194
文 글월 문 · 200
方 모 방 · 210
父 아비 부 · 235
夫 지아비 부 · 236
分 나누다 분 · 241
不 아니다 불/부 · 242
比 견주다 비 · 243
少 적다 소 · 295
手 손 수 · 304
水 물 수 · 306
心 마음 심 · 332
氏 성 씨 · 334
五 다섯 오 · 367

午 낮 오 · 368
王 임금 왕 · 371
友 벗 우 · 381
牛 소 우 · 381
元 으뜸 원 · 387
月 달 월 · 392
引 끌다 인 · 419
仁 어질다 인 · 419
日 해 일 · 421
切 끊다 절 · 453
中 가운데 중 · 492
支 가르다 지 · 499
止 멈추다 지 · 500
天 하늘 천 · 517
太 크다 태 · 550
戶 지게문 호 · 598
火 불 화 · 602
化 바뀌게 되다 화 · 603
凶 흉하다 흉 · 617

5획

甘 달다 감 · 29
甲 갑옷 갑 · 30
去 가다 거 · 37
巨 크다 거 · 38
古 옛 고 · 63
功 공 공 · 70
句 글귀 구 · 88
代 대신하다 대 · 132
冬 겨울 동 · 146

令 명령하다 령 · 166	田 밭 전 · 451	名 이름 명 · 190
立 서다 립 · 181	占 차지하다 점 · 456	米 쌀 미 · 201
末 끝 말 · 184	正 바르다 정 · 461	朴 순박하다 박 · 206
母 어미 모 · 193	左 왼쪽 좌 · 484	百 일백 백 · 218
目 눈 목 · 195	主 주인 주 · 485	伐 치다 벌 · 219
未 아니다 미 · 203	册 책 책 · 514	伏 엎드리다 복 · 233
民 백성 민 · 204	出 나다 출 · 531	死 죽다 사 · 255
半 반 반 · 208	充 차다 충 · 532	寺 절 사 · 262
白 희다 백 · 218	他 다르다 타 · 545	色 빛 색 · 273
犯 범하다 범 · 221	平 평평하다 평 · 563	西 서쪽 서 · 274
本 밑 본 · 234	包 싸다 포 · 565	先 먼저 선 · 278
北 북쪽 북 · 240	布 베 포 · 566	舌 혀 설 · 284
氷 얼음 빙 · 251	必 반드시 필 · 572	收 거두다 수 · 308
四 넉 사 · 252	兄 맏이 형 · 593	守 지키다 수 · 310
史 역사 사 · 256		式 법 식 · 324
仕 벼슬하다 사 · 256	**6획**	臣 신하 신 · 328
生 나다 생 · 273		安 편하다 안 · 336
石 돌 석 · 277	各 저마다 각 · 23	羊 양 양 · 347
仙 신선 선 · 280	江 강 강 · 31	如 같다 여 · 352
世 세대 세 · 292	件 물건 건 · 41	危 위태하다 위 · 395
市 시장 시 · 318	考 헤아리다 고 · 65	有 있다 유 · 398
示 보이다 시 · 319	曲 굽다 곡 · 67	肉 고기 육 · 402
申 펴다 신 · 327	共 함께 공 · 71	衣 옷 의 · 408
失 잃다 실 · 330	光 빛 광 · 78	耳 귀 이 · 413
永 길다 영 · 363	交 사귀다 교 · 80	因 말미암다 인 · 417
玉 옥 옥 · 369	吉 길하다 길 · 114	印 도장 인 · 418
外 밖 외 · 373	年 해 년 · 119	任 맡기다 임 · 421
用 쓰다 용 · 377	多 많다 다 · 122	字 글자 자 · 424
右 오른쪽 우 · 378	同 한가지 동 · 145	自 스스로 자 · 425
由 말미암다 유 · 399	列 줄 렬 · 165	在 있다 재 · 437
以 써 이 · 412	老 늙다 로 · 169	再 다시 재 · 437

全 온전하다 전 • 446
早 일찍 조 • 473
存 있다 존 • 479
州 고을 주 • 487
朱 붉다 주 • 489
竹 대나무 죽 • 491
地 땅 지 • 495
至 이르다 지 • 500
次 버금 차 • 508
充 차다 충 • 532
宅 집 택 • 551
合 합하다 합 • 580
行 가다 행/항 • 585
向 향하다 향 • 586
血 피 혈 • 592
刑 형벌 형 • 594
好 좋아하다 호 • 597
回 돌다 회 • 611
灰 재 회 • 612
休 쉬다 휴 • 616

7획

角 뿔 각 • 22
改 고치다 개 • 34
車 수레 거/차 • 36
見 보다 견 • 45
決 결단하다 결 • 47
更 고치다 경
　　다시 갱 • 56
系 잇다 계 • 57

戒 경계하다 계 • 60
告 알리다 고 • 65
困 괴롭다 곤 • 68
攻 치다 공 • 73
究 다하다 구 • 85
求 구하다 구 • 86
局 관청 국 • 89
君 임금 군 • 90
均 고르다 균 • 99
汽 김 기 • 107
技 재주 기 • 111
男 남자 남 • 117
努 힘쓰다 노 • 119
豆 콩 두 • 148
卵 알 란 • 156
冷 차다 랭 • 158
良 좋다 량 • 159
里 마을 리 • 178
利 이롭다 리 • 179
李 오얏나무 리 • 180
每 늘 매 • 186
妙 묘하다 묘 • 196
防 둑 방 • 212
妨 방해하다 방 • 214
別 나누다 별 • 225
兵 군사 병 • 226
步 걸음 보 • 229
否 아니다 부 • 239
佛 부처 불 • 243
批 치다 비 • 245
私 사사롭다 사 • 263

床 상 상 • 271
序 차례 서 • 275
成 이루다 성 • 287
束 묶다 속 • 300
秀 빼어나다 수 • 310
身 몸 신 • 326
言 말씀 언 • 351
延 끌다 연 • 359
完 완전하다 완 • 370
位 자리 위 • 393
邑 마을 읍 • 406
作 짓다 작 • 427
壯 씩씩하다 장 • 433
材 재목 재 • 436
災 재앙 재 • 438
低 낮다 저 • 439
赤 붉다 적 • 445
折 꺾다 절 • 453
弟 아우 제 • 466
助 돕다 조 • 471
足 발 족 • 478
住 살다 주 • 486
走 달리다 주 • 490
志 뜻 지 • 496
初 처음 초 • 522
村 마을 촌 • 524
快 상쾌하다 쾌 • 543
投 던지다 투 • 555
判 판가름하다 판 • 559
抗 맞서다 항 • 581
形 모양 형 • 595

孝 효도 효 · 613
吸 (숨을) 들이쉬다 흡 · 618
希 바라다 희 · 619

8획

刻 새기다 각 · 24
拒 막다 거 · 39
居 살다 거 · 40
京 서울 경 · 49
季 끝 계 · 61
固 굳다 고 · 64
孤 외롭다 고 · 66
空 비다 공 · 70
果 열매 과 · 74
官 벼슬 관 · 76
具 갖추다 구 · 86
屈 굽다 굴 · 93
卷 책 권 · 97
券 문서 권 · 97
近 가깝다 근 · 102
金 쇠금 · 104
奇 기이하다 기 · 112
念 생각하다 념 · 121
到 이르다 도 · 138
毒 독 독 · 143
東 동쪽 동 · 144
來 오다 래 · 157
兩 두 량 · 160
例 법식 례 · 167
妹 손아래 누이 매 · 188

明 밝다 명 · 191
命 명하다 명 · 192
牧 치다 목 · 195
武 무사 무 · 198
門 문 문 · 199
物 물건 물 · 201
味 맛 미 · 204
拍 치다 박 · 207
放 놓다 방 · 212
房 방 방 · 213
法 법 법 · 222
服 옷 복 · 231
奉 받들다 봉 · 235
府 곳집 부 · 238
非 아니다 비 · 247
事 일 사 · 253
使 부리다 사 · 254
社 모이다 사 · 254
舍 집 사 · 261
狀 형상 상 · 271
姓 성 성 · 285
性 성품 성 · 286
所 곳 소 · 296
松 소나무 송 · 303
受 받다 수 · 308
叔 아재비 숙 · 312
承 받들다 승 · 316
始 처음 시 · 318
兒 아이 아 · 335
夜 밤 야 · 343
易 바꾸다 역

易 쉽다 이 · 356
迎 맞이하다 영 · 365
往 가다 왕 · 372
雨 비 우 · 380
委 맡기다 위 · 397
油 기름 유 · 399
乳 젖 유 · 400
育 기르다 육 · 402
依 의지하다 의 · 409
姉 손위 누이 자 · 426
長 길다 장 · 429
爭 다투다 쟁 · 439
底 밑 저 · 440
的 과녁 적 · 441
典 법 전 · 446
店 가게 점 · 456
定 정하다 정 · 461
制 만들다 제 · 464
卒 군사 졸 · 480
宗 마루 종 · 481
注 물대다 주 · 487
周 두루 주 · 488
知 알다 지 · 498
直 곧다 직 · 501
靑 푸르다 청 · 519
招 부르다 초 · 522
忠 충성 충 · 532
取 가지다 취 · 533
治 다스리다 치 · 536
卓 뛰어나다 탁 · 546
波 물결 파 · 558

板 널빤지 판 · 560
表 겉 표 · 569
河 강 하 · 575
幸 다행 행 · 584
協 (힘을) 합치다 협 · 593
呼 숨을 내쉬다 호 · 596
或 혹 혹 · 599
和 화합하다 화 · 603
花 꽃 화 · 605
況 상황 황 · 610

度 법도 도 · 138
洞 골 동 · 145
柳 버들 류 · 175
律 법률 률 · 177
面 낯 면 · 189
勉 힘쓰다 면 · 190
美 아름답다 미 · 203
背 등 배 · 216
拜 절 배 · 217
保 지키다 보 · 229
負 지다 부 · 239
思 생각하다 사 · 257
査 조사하다 사 · 258
相 서로 상 · 268
宣 베풀다 선 · 282
省 살피다 성
　　덜다 생 · 287
星 별 성 · 291
洗 씻다 세 · 292
俗 풍속 속 · 300
首 머리 수 · 307
施 베풀다 시 · 321
是 옳다 시 · 321
食 밥 식 · 322
信 믿다 신 · 325
室 방 실 · 330
約 묶다 약 · 344
洋 바다 양 · 345
英 뛰어나다 영 · 362
映 비추다 영 · 363
屋 집 옥 · 369

要 요긴하다 요 · 373
勇 날래다 용 · 377
圓 둥글다 원 · 391
怨 원망하다 원 · 391
威 위엄 위 · 396
音 소리 음 · 405
姿 맵시 자 · 425
者 사람 자 · 427
昨 어제 작 · 428
前 앞 전 · 447
政 정치 정 · 463
帝 임금 제 · 465
重 무겁다 중 · 492
指 손가락 지 · 497
持 지키다 지 · 497
珍 보배 진 · 504
泉 샘 천 · 517
秋 가을 추 · 528
春 봄 춘 · 530
則 법칙 칙 · 539
侵 침입하다 침 · 540
炭 숯 탄 · 547
派 갈래 파 · 557
便 편하다 편
　　오줌 변 · 562
胞 태보 포 · 565
品 물건 품 · 570
風 바람 풍 · 571
恨 한하다 한 · 578
限 한계 한 · 579
香 향기 향 · 586

9획

看 보다 간 · 27
降 내리다 강
　　항복하다 항 · 33
客 손 객 · 36
建 세우다 건 · 40
界 경계 계 · 56
計 셈 계 · 57
係 걸리다 계 · 58
苦 쓰다 고 · 63
故 연고 고 · 64
科 과목 과 · 73
軍 군사 군 · 90
急 급하다 급 · 105
紀 벼리 기 · 109
南 남쪽 남 · 116
怒 성내다 노 · 120
段 층층대 단 · 127
待 기다리다 대 · 133

革 가죽 혁 · 590
紅 붉다 홍 · 601
活 살다 활 · 609
後 뒤 후 · 614
厚 두텁다 후 · 615

10획

家 집 가 · 18
個 낱 개 · 35
格 격식 격 · 43
缺 빠지다 결 · 47
高 높다 고 · 62
庫 곳집 고 · 66
骨 뼈 골 · 69
校 학교 교 · 80
郡 고을 군 · 92
宮 집 궁 · 94
根 뿌리 근 · 101
級 등급 급 · 105
氣 기운 기 · 106
記 기록하다 기 · 108
起 일어나다 기 · 108
納 들이다 납 · 117
能 능하다 능 · 121
島 섬 도 · 139
徒 무리 도 · 140
逃 달아나다 도 · 141
旅 군사 려 · 161
烈 세차다 렬 · 165
料 되질하다 료 · 172

流 흐르다 류 · 174
留 머무르다 류 · 175
馬 말 마 · 182
脈 맥, 줄기 맥 · 188
班 나누다 반 · 209
倍 곱, 갑절 배 · 215
配 나누다 배 · 216
病 병들다 병 · 226
粉 가루 분 · 241
秘 숨기다 비 · 249
射 쏘다 사 · 259
師 군사 사 · 261
書 쓰다 서 · 275
席 자리 석 · 278
姓 성 성 · 285
消 사라지다 소 · 296
笑 웃다 소 · 298
素 본디 소 · 299
孫 손자 손 · 302
送 보내다 송 · 303
修 닦다 수 · 309
純 순수하다 순 · 313
時 때 시 · 316
息 숨 쉬다 식 · 325
神 귀신 신 · 328
案 책상 안 · 337
弱 약하다 약 · 343
逆 거스르다 역 · 355
浴 씻다 욕 · 376
容 담다 용 · 378
院 담 원 · 388

原 언덕 원 · 388
員 인원 원 · 390
恩 은혜 은 · 404
益 더하다 익 · 416
財 재물 재 · 436
展 펼치다 전 · 450
庭 뜰 정 · 459
除 덜다 제 · 470
祖 조상 조 · 471
座 자리 좌 · 484
酒 술 주 · 490
紙 종이 지 · 501
眞 참 진 · 503
陣 진 치다 진 · 505
差 다르다 차 · 509
草 풀 초 · 523
祝 빌다 축 · 528
致 이르다 치 · 537
針 바늘 침 · 541
討 치다 토 · 552
退 물러나다 퇴 · 555
特 특별하다 특 · 556
破 깨뜨리다 파 · 559
砲 대포 포 · 566
疲 지치다 피 · 571
夏 여름 하 · 575
航 건너다 항 · 581
海 바다 해 · 582
害 해치다 해 · 583
核 씨 핵 · 584
候 살피다 후 · 613

訓 가르치다 훈 · 615

11획

假 거짓 가 · 21
康 편안하다 강 · 32
健 튼튼하다 건 · 41
堅 굳다 견 · 46
敎 가르치다 교 · 81
區 구역 구 · 84
球 공 구 · 87
救 구원하다 구 · 87
國 나라 국 · 89
規 법 규 · 99
基 터 기 · 110
寄 의뢰하다 기 · 114
堂 집 당 · 130
帶 띠 대 · 135
動 움직이다 동 · 147
得 얻다 득 · 151
朗 밝다 랑 · 157
略 빼앗다 략 · 158
連 잇다 련 · 164
陸 뭍 륙 · 176
理 다스리다 리 · 178
望 바라다 망 · 185
務 일 무 · 198
問 묻다 문 · 199
密 빽빽하다 밀 · 205
訪 찾다 방 · 214
婦 지어미 부 · 237

副 버금 부 · 238
部 떼 부 · 240
貧 가난하다 빈 · 250
産 낳다 산 · 265
殺 죽이다 살 · 266
商 장사 상 · 268
常 늘 상 · 269
船 배 선 · 281
雪 눈 설 · 283
設 베풀다 설 · 284
細 가늘다 세 · 294
掃 쓸다 소 · 297
速 빠르다 속 · 299
授 주다 수 · 309
宿 잠자다 숙 · 311
術 재주 술 · 314
崇 높다 숭 · 314
習 익히다 습 · 315
深 깊다 심 · 333
眼 눈 안 · 338
液 진액 · 341
野 들 야 · 342
魚 물고기 어 · 349
域 지역 역 · 356
硏 갈다 연 · 359
郵 우편 우 · 383
偉 훌륭하다 위 · 393
陰 응달 음 · 406
異 다르다 이 · 414
移 옮기다 이 · 416
將 장수 장 · 434

張 베풀다 장 · 430
帳 휘장 장 · 431
章 글 장 · 431
專 오로지 전 · 447
接 사귀다 접 · 457
停 머무르다 정 · 458
情 뜻 정 · 459
第 차례 제 · 467
祭 제사 제 · 468
組 짜다 조 · 472
條 가지 조 · 472
造 만들다 조 · 476
鳥 새 조 · 477
族 겨레 족 · 477
從 따르다 종 · 481
終 마치다 종 · 483
晝 낮 주 · 489
着 붙다 착 · 510
參 참여하다 참 · 511
唱 부르다 창 · 512
窓 창 창 · 513
採 따다 채 · 513
責 꾸짖다 책 · 514
處 곳 처 · 515
淸 맑다 청 · 519
推 밀다 추/퇴 · 527
脫 벗다 탈 · 548
探 찾다 탐 · 549
通 통하다 통 · 554
敗 무너지다 패 · 562
閉 닫다 폐 · 564

票 표 표 · 568
許 허락하다 허 · 587
現 나타나다 현 · 591
婚 혼인하다 혼 · 600
混 섞다 혼 · 601
貨 재화 화 · 606
患 근심 환 · 607

12획

街 거리 가 · 20
間 사이 간 · 25
減 덜다 감 · 28
敢 감히 감 · 30
强 굳세다 강 · 32
開 열다 개 · 34
傑 뛰어나다 걸 · 42
結 맺다 결 · 48
景 볕 경 · 49
階 섬돌 계 · 59
貴 귀하다 귀 · 98
筋 힘줄 근 · 102
給 주다 급 · 106
期 기약하다 기 · 111
短 짧다 단 · 123
單 홑 단 · 127
答 대답하다 답 · 129
隊 대 대 · 134
都 도읍 도 · 140
盜 훔치다 도 · 141
童 아이 동 · 147

登 오르다 등 · 151
等 가지런하다 등 · 152
量 헤아리다 량 · 159
勞 일하다 로 · 170
買 사다 매 · 186
無 없다 무 · 197
博 넓다 박 · 207
發 쏘다 발 · 209
番 갈마들다 번 · 219
報 갚다 보 · 227
普 널리 보 · 231
復 돌아오다 복/부 · 232
富 넉넉하다 부 · 237
費 쓰다 비 · 244
備 갖추다 비 · 246
悲 슬프다 비 · 246
絲 실 사 · 263
散 흩어지다 산 · 266
象 코끼리 상 · 272
善 착하다 선 · 281
盛 성하다 성 · 288
稅 세금 세 · 294
順 따르다 순 · 313
勝 이기다 승 · 315
視 보다 시 · 320
植 심다 식 · 323
惡 악하다 악
　　 미워하다 오 · 336
陽 볕 양 · 348
然 그러하다 연 · 357
雲 구름 운 · 384

雄 수컷 웅 · 385
援 돕다 원 · 392
圍 에워싸다 위 · 394
爲 하다 위 · 395
殘 해치다 잔 · 428
場 마당 장 · 432
貯 쌓다 저 · 440
絶 끊다 절
　　 모두 체 · 453
程 정도 정 · 464
提 들다 제 · 469
朝 아침 조 · 474
尊 높다 존 · 480
週 돌다 주 · 488
衆 무리 중 · 493
智 슬기 지 · 499
進 나아가다 진 · 505
集 모이다 집 · 507
着 붙다 착 · 510
創 비롯하다 창 · 512
最 가장 최 · 526
就 이루다 취 · 535
測 재다 측 · 535
統 거느리다 통 · 553
痛 아프다 통 · 553
評 평하다 평 · 564
筆 붓 필 · 573
寒 차갑다 한 · 577
閑 한가하다 한 · 579
港 항구 항 · 580
虛 비다 허 · 588

惠 은혜 혜·595	碑 돌기둥 비·249	賊 도둑 적·443
湖 큰 못 호·597	想 생각하다 상·269	傳 전하다 전·448
畫 그림 화·604	傷 다치다 상·272	電 번개 전·451
華 화려하다 화·604	聖 성인 성·289	罪 허물 죄·485
黃 누렇다 황·611	歲 해 세·293	準 법도 준·491
揮 휘두르다 휘·616	勢 기세 세·293	置 두다 치·538
黑 검다 흑·617	損 덜다 손·302	豊 풍성하다 풍·570
喜 기쁘다 희·619	頌 기리다 송·304	解 풀다 해·583
	肅 엄숙하다 숙·312	鄕 시골 향·587
13획	詩 시 시·319	號 부르짖다 호·598
	試 시험하다 시·320	話 말하다 화·606
暇 겨를 가·21	新 새롭다 신·326	會 모이다 회·612
感 느끼다 감·28	暗 어둡다 암·340	
敬 받들다 경·50	愛 사랑 애·341	**14획**
經 날실 경·52	業 일 업·352	
傾 기울다 경·55	煙 연기 연·358	歌 노래 가·19
過 지나다 과·75	鉛 납 연·360	監 살펴보다 감·29
群 무리 군·93	葉 잎 엽·362	輕 가볍다 경·52
極 다하다 극·100	溫 따뜻하다 온·370	境 경계 경·54
勤 힘쓰다 근·103	遇 만나다 우·382	管 대롱 관·77
禁 금하다 금·103	運 움직이다 운·384	構 얽다 구·88
暖 따뜻하다 난·115	園 동산 원·386	旗 기 기·110
農 농사 농·120	源 근원 원·389	團 둥글다 단·123
達 다다르다 달·128	圓 둥글다 원·391	端 바르다 단·126
當 마땅하다 당·131	遊 놀다 유·401	對 대하다 대·133
道 길 도·136	飮 마시다 음·405	圖 그림 도·137
督 감독하다 독·143	意 뜻 의·407	銅 구리 동·146
落 떨어지다 락·154	義 옳다 의·409	領 옷깃 령·167
亂 어지럽다 란·155	資 재물 자·426	綠 푸르다 록·170
路 길 로·169	腸 창자 장·433	滿 차다 만·184
萬 일만 만·183	裝 꾸미다 장·435	鳴 울다 명·192

墓 무덤 묘 · 196
舞 춤추다 무 · 197
聞 듣다 문 · 200
罰 벌 벌 · 220
福 복 복 · 232
複 겹치다 복 · 234
鼻 코 비 · 244
算 세다 산 · 265
說 말씀 설 · 283
誠 정성 성 · 289
實 열매 실 · 331
語 말 어 · 349
漁 고기 잡다 어 · 350
與 주다 여 · 355
演 펴다 연 · 358
榮 영화 영 · 364
誤 그르치다 오 · 368
遠 멀다 원 · 385
銀 은 은 · 403
疑 의심하다 의 · 411
認 알다 인 · 418
障 가로막다 장 · 432
奬 권면하다 장 · 434
精 세밀하다 정 · 460
製 짓다 제 · 465
際 가장자리 제 · 469
種 씨 종 · 482
誌 기록하다 지 · 496
盡 다하다 진 · 503
察 살피다 찰 · 511
銃 총 총 · 525

蓄 모으다 축 · 529
寢 잠자다 침 · 541
稱 일컫다 칭 · 542
態 모양 태 · 549
漢 강 이름 한 · 577

15획

價 값 가 · 22
儉 검소하다 검 · 42
潔 깨끗하다 결 · 48
慶 기쁜 일 경 · 55
穀 곡식 곡 · 68
課 과정 과 · 74
廣 넓다 광 · 79
窮 다하다 궁 · 95
劇 심하다 극 · 101
談 말씀 담 · 129
德 덕 덕 · 135
樂 즐기다 락
    악기 악
    좋아하다 요 · 154
慮 생각하다 려 · 161
練 익히다 련 · 164
論 논의하다 론 · 171
輪 바퀴 륜 · 177
賣 팔다 매 · 187
模 법 모 · 194
髮 터럭 발 · 210
範 법 범 · 221
憤 분하다 분 · 242

寫 베끼다 사 · 258
賞 상 주다 상 · 270
線 줄 선 · 279
數 세다 수 / 몇 삭 · 306
養 기르다 양 · 346
樣 모양 양 · 348
億 억 억 · 350
緣 인연 연 · 360
熱 덥다 열 · 361
慰 위로하다 위 · 397
儀 거동 의 · 410
敵 겨루다 적 · 441
適 마땅하다 적 · 442
節 마디 절 · 455
潮 밀물 조 · 475
調 고르다 조 · 476
增 더하다 증 · 493
質 바탕 질 · 506
請 청하다 청 · 520
趣 달리다 취 · 534
層 층 층 · 536
齒 이 치 · 538
歎 한숨 쉬다 탄 · 547
彈 탄알 탄 · 548
篇 책 편 · 563
暴 사납다 폭/포 · 567
標 표시하다 표 · 568
賢 어질다 현 · 592
確 굳다 확 · 607

16획

據 기대다 거 · 39
激 과격하다 격 · 45
橋 다리 교 · 82
器 그릇 기 · 112
機 틀 기 · 113
壇 단 단 · 124
擔 메다 담 · 128
導 이끌다 도 · 137
獨 홀로 독 · 142
頭 머리 두 · 149
燈 등잔 등 · 152
歷 지내다 력 · 163
龍 용 룡 · 173
壁 벽 벽 · 223
選 가리다 선 · 282
樹 나무 수 · 307
餘 남다 여 · 354
燃 타다 연 · 357
豫 미리 예 · 366
衛 지키다 위 · 394
遺 잃어버리다 유 · 400
儒 선비 유 · 401
積 쌓다 적 · 443
戰 싸우다 전 · 450
錢 돈 전 · 452
靜 고요하다 정 · 460
整 가지런하다 정 · 463
操 잡다 조 · 473
築 쌓다 축 · 529

17획

親 친하다 친 · 539
擇 고르다 택 · 551
學 배우다 학 · 576
憲 법 헌 · 588
險 험하다 험 · 589
興 일어나다 흥 · 618

講 익히다 강 · 33
檢 검사하다 검 · 43
擊 부딪치다 격 · 44
檀 박달나무 단 · 125
謝 사례하다 사 · 260
鮮 곱다 선 · 280
聲 소리 성 · 290
壓 누르다 압 · 340
營 경영하다 영 · 365
謠 노래 요 · 376
優 광대 우 · 383
隱 숨다 은 · 404
應 응하다 응 · 407
績 공 적 · 444
點 점 점 · 457
濟 건너다 제 · 467
鍾 종 종 · 483
總 다 총 · 525
縮 오그라들다 축 · 530
避 피하다 피 · 572
韓 한국 한 · 578
環 고리 환 · 608

18획

簡 대쪽 간 · 25
擧 들다 거 · 37
舊 옛 구 · 85
歸 돌아가다 귀 · 98
斷 끊다 단 · 126
糧 양식 량 · 160
禮 예도 례 · 168
額 이마 액 · 342
曜 빛나다 요 · 374
醫 의원 의 · 408
雜 섞이다 잡 · 429
轉 구르다 전 · 449
題 표제 제 · 470
職 직책 직 · 502
織 짜다 직 · 502
蟲 벌레 충 · 533

19획

鏡 거울 경 · 54
關 빗장 관 · 75
難 어렵다 난 · 116
羅 그물 라 · 153
麗 곱다 려 · 162
類 무리 류 · 174
離 떠나다 리 · 180
邊 가 변 · 223
辭 말 사 · 262
識 알다 식 · 324
藥 약 약 · 344